AUTOCAD 기계제도실습

구민사

저자 소개

- 이호근

대덕대학교 미래자동차과 교수
사)한국운행차배출가스교육기관협의회 이사
사)한국자동차공학회 평의원
사)한국자동차튜닝산업협회 이사
사)한국제품안전학회 회장
사)한국자동차공학회 이사
대전지방법원 민사조정위원
대전경찰청감찰위원

AUTOCAD 기계제도실습

초판 인쇄 | 2024년 4월 10일
초판 발행 | 2024년 4월 20일

저 자 | 이호근
발행인 | 조규백
발행처 | 도서출판 구민사
(07293) 서울특별시 영등포구 문래북로 116, 604호(문래동3가 46, 트리플렉스)
전화 | (02) 701-7421
팩스 | (02) 3273-9642
홈페이지 | www.kuhminsa.co.kr
신고번호 | 제2012-000055호 (1980년 2월 4일)

ISBN | 979-11-6875-377-8 (93590)
값 | 25,000원

머·리·말

기계제품을 만들기 위해서는 설계자가 구상한 것을 관련된 모든 사람이 이해할 수 있도록 나타낸 도면이 필요하고, 물체의 모양, 크기, 재료, 가공방법, 구조 등이 표현된 도면을 일정한 법칙과 규격에 따라 선, 문자, 기호 등을 사용하여 정확하고 간결하게 작성하는 것을 제도라 한다. 종래에는 제도판, 자, 각도기, 펜 등의 도구를 사용하여 수작업으로 종이에 도면을 작성하는 제도작업이 행하여졌으나, 근래에는 컴퓨터의 발달과 CAD 소프트웨어의 성능 향상에 힘입어, 빠르고 정확한 도면의 작성, 전산을 통한 효율적인 도면관리 및 활용 등 많은 장점을 갖고 있는 CAD로 제도작업이 이루어지고 있다. 따라서, 기계설계자는 기계 제도 도구인 CAD 소프트웨어의 활용능력과 제도규격의 이해와 도면해독 능력을 필수적으로 갖추어야 하게 되었다.

이 책에서는 대표적인 CAD 소프트웨어 중 하나인 Auto CAD 사용방법과 KS 기계제도 규격의 내용을 다루고, 제도 규격에 따른 예제 도면을 작성하도록 하여, Auto CAD 활용 능력을 배양하고, 도면작성 및 해독능력을 향상할 수 있도록 하였다.

PartⅠ에서는 처음으로 CAD에 접하는 누구나 따라 하면서 Auto CAD 사용법을 익힐 수 있도록 알기 쉽게 설명하였으며, 배운 기능의 예제를 통하여 바로 사용해 볼 수 있도록 구성하여 혼자 스스로 학습하는 데 어려움이 없도록 하였고, 각 장의 마지막 부분에는 충분히 연습할 수 있는 실습도면을 담고 있어, Auto CAD 활용능력의 배양뿐만 아니라, 실습도면을 직접 작성하면서 KS 기계제도 규격을 이해하고 도면작성 능력을 향상할 수 있도록 하였다.

PartⅡ에서는 KS 규격에서 나타내는 내용을 바탕으로 투상도의 이해, 단면 표현방법, 치수 기입법, 치수공차와 기하공차 및 표면 거칠기의 표시 등의 내용을 다루어 기계제도에 대한 이해도를 높이고, 규격에 따라 정확하게 도면을 작성할 수 있도록 하였다.

저자 일동

CONTENTS

차 례

PART I. AutoCAD 도면실습

PART Ⅱ. 기계제도 기초

⊙CHAPTER 07. 치수공차 및 끼워 맞춤 ———— 301

⊙CHAPTER 08. 기하공차 ———— 307

⊙CHAPTER 09. 표면 거칠기 ———— 317

PART I

AutoCAD 도면실습

CHAPTER 01

AutoCAD와 친하기

1. AutoCAD 시작하기

① AutoCAD 아이콘을 더블 클릭한다. 

② 창 오른쪽 위 모서리의 □를 클릭하여 전체화면으로 확대한다. 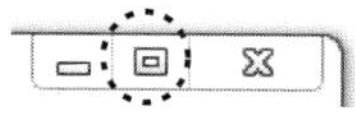 화면구성을 살펴본다.

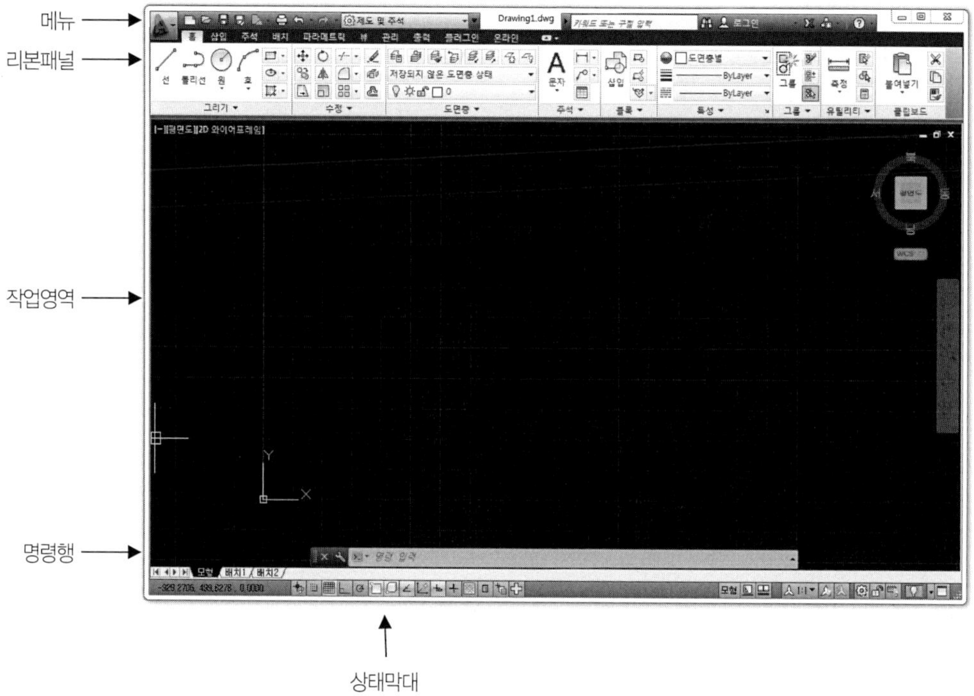

1. 2. 선 그리기(L)

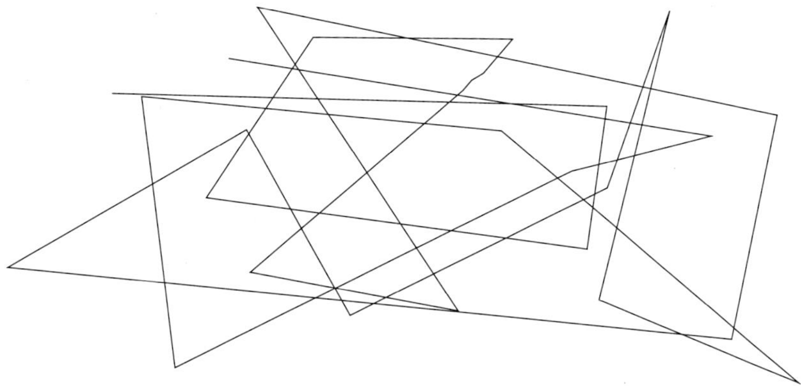

① 키보드로 “LINE” 또는 첫 글자 “L” 을 입력하고, Enter↵ 키를 누른다.

② 화면 아래의 명령행에서 메시지를 확인한다.

③ 화면 중앙의 작업영역 내에 마우스 포인터를 두고 마우스 왼쪽 버튼을 클릭한다.

④ 화면 아래의 명령행에서 메시지를 확인한다.

⑤ 마우스 포인터를 이동하여 마우스 왼쪽 버튼을 클릭한다.

⑥ 마우스 이동과 클릭을 반복하여 연속적으로 선을 그린다.

⑦ 화면 아래의 명령행에서 메시지를 확인한다.

⑧ 보드로 U Enter↵ 를 입력하여 직전의 선 그리기를 취소한다.

⑨ 마우스 이동과 클릭을 반복하여 연속적으로 선을 그린다.

⑩ Enter↵ 키를 눌러 선 그리기를 종료한다.

1. 3. 객체 선택하기(마우스 클릭, 드래그)

1.3.1. 선택하기

① 마우스 포인트를 선택할 대상으로 이동하여 마우스 왼쪽 버턴을 클릭한다.
 -마우스 클릭하면 하나씩 선택된다.

② 마우스를 선택할 대상의 왼쪽 위 부근의 화면을 클릭하고, 오른쪽 아래로 이동한다.
 -왼쪽위에서 오른쪽 아래로 드래그하면 영역 안에 전부 포함된 객체가 선택된다.

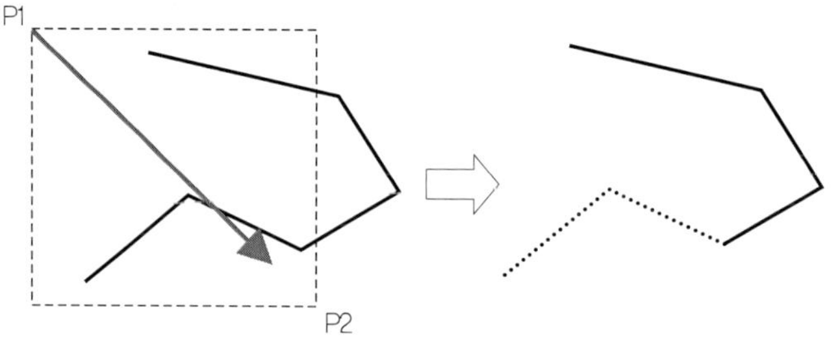

③ 마우스를 오른쪽 아래에서 화면 클릭, 왼쪽위로 이동한다.
 -오른쪽 아래에서 왼쪽위로 드래그하면 영역 안에 걸치거나 모두 포함된 객체가 선택된다.

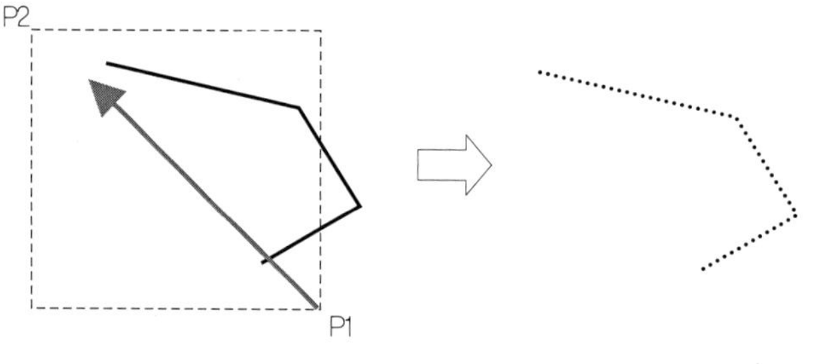

④ Esc 키를 누른다. 실행이 취소되어 선택된 모든 것이 취소된다.
 -선택된 모든 객체의 선택이 취소된다.

⑤ 마우스 왼쪽 버턴 클릭, 마우스 드래그 등의 방법으로 객체들을 선택한다.

1.3.2. 선택 취소하기

① 선택되어 점선으로 표시된 객체를 [Shift] 키를 누른채 마우스 왼쪽 버턴을 클릭한다.
  -점선에서 실선으로 바뀌면서 하나씩 선택이 취소된다.

② 선택되어 점선으로 표시된 객체를 [Shift] 키를 누른채 마우스 드래그 한다.
  -점선에서 실선으로 바뀌면서 여러 개의 선택이 취소된다.

③ [Esc] 키를 눌러 실행을 취소한다.

1. 4. 지우기(E)

① "ERASE" 또는 첫 글자 "E" 을 입력하고, [Enter↵] 키를 누른다.

② 명령행에서 메시지를 확인한다.

③ 마우스 포인트를 선택할 대상으로 이동하여 마우스 왼쪽 버턴을 클릭한다.

④ 선택된 객체는 점선으로 표시된다.

⑤ 마우스를 이동, 클릭하여 또 다른 객체를 선택한다.

⑥ [Enter↵] 키를 눌러 선택된 객체를 지운다.

⑦ E [Enter↵]

⑧ 마우스 왼쪽 버턴 클릭, 마우스 드래그 등의 방법으로 객체들을 선택

⑨ [Enter↵]

1. 5. 실행중인 명령취소([Esc])

① "LINE" 또는 첫 글자 "L" 을 입력하고, [Enter↵] 키를 누른다.

② 키보드의 왼쪽 위에 위치한 [Esc] 키를 누른다.

③ 실행이 취소되어 대기상대가 되었음을 명령행에서 확인한다.

1. 6. 되돌리기(U, Ctrl+z)

① "U" 를 입력하고, Enter↵ 키를 누르거나, Ctrl키와 "z" 를 같이 누른다.

② 이전에 한 작업이 되돌려진다.

1. 7. 명령 반복(Enter↵)

① "LINE" 또는 첫 글자 "L" 을 입력하고, Enter↵ 키를 누른다.

② 마우스 이동과 클릭을 반복하여 연속적으로 선을 그리고 Enter↵하여 마친다.

③ L Enter↵, 연속적으로 선을 그리고, Enter↵

④ 명령행에서 "L" 을 입력하지 않고 그냥 Enter↵ 한다.

-명령행에서 명령 문자없이 Enter↵하면 직전의 명령을 입력한 것과 같다.

-여기서는 직전에 사용한 명령이 "L" 이므로 선 그리기가 실행된다.

⑤ 연속적으로 선을 그리고, Enter↵하여 마친다.

⑥ "E" 을 입력하고, Enter↵ 키를 누른다.

⑦ 지울 대상을 마우스 클릭, 드래그로 선택하고, Enter↵로 선택 종료하여 지운다.

⑧ 명령행에서 그냥 Enter↵한다.

\- 직전에 사용한 명령이 "E" 이므로 지우기가 실행된다.

⑨ 지울 대상을 선택하고, Enter↵로 선택 종료하여 지운다.

1. 8. 화면 확대 · 축소(마우스 휠 회전)

① 마우스 포인터를 확대 할 중심으로 이동한다.

② 마우스 휠을 돌린다. 당겨서 돌리면 확대되고, 밀어서 돌리면 축소된다.

③ 마우스 포인터를 다른 곳으로 이동하여 마우스 휠을 돌린다.

1. 9. 화면이동(마우스 휠 드래그)

① 마우스 포인트가 손바닥 모양으로 바뀔 때까지 마우스 휠을 누른다.

② 휠을 누른 채 마우스를 이동하면 화면이 따라 움직인다.

1. 10. 파일관리

1.10.1. 저장하기

① 화면창의 왼쪽 위 모서리의 를 클릭한다.

② 메뉴에서 다른 이름으로 저장 을 클릭한다.

③ 저장할 폴더를 선택하고 파일명을 입력하여 저장한다.

1.10.2. 파일 닫기

1.10.3. 파일 열기

1. 11. 단원체크

할 수 있는 항목을 ☑로 표시하시오.

☐ Autocad를 실행시킬 수 있다.

☐ 선을 그릴 수 있다.

☐ 실행중인 명령을 취소할 수 있다.

☐ 선을 선택하여 지울 수 있다.

☐ 여러 개의 선을 선택할 수 있다.

☐ 선택을 취소 할 수 있다.

☐ 화면의 원하는 부분을 확대할 수 있다.

☐ 화면을 좌우, 상하로 이동시킬 수 있다.

☐ 그린 도면을 파일로 저장할 수 있다.

☐ 저장된 파일을 열 수 있다.

☐ Autocad를 종료 시킬 수 있다.

1. 12. 실습

① Autocad를 실행시키고 선 그리기를 사용하여 나무와 집을 마음대로 그리시오.

② 화면확대, 축소, 이동 시키면서 선 그리기를 사용하여 세밀하게 그리시오.

③ 그린 선들 중 일부를 지우시오.

④ [내문서] 폴더 아래에 [캐드실습] 폴더를 만드시오.

⑤ [캐드실습]폴더에 파일명을 “실습 1” 로 하여 도면을 저장하시오.

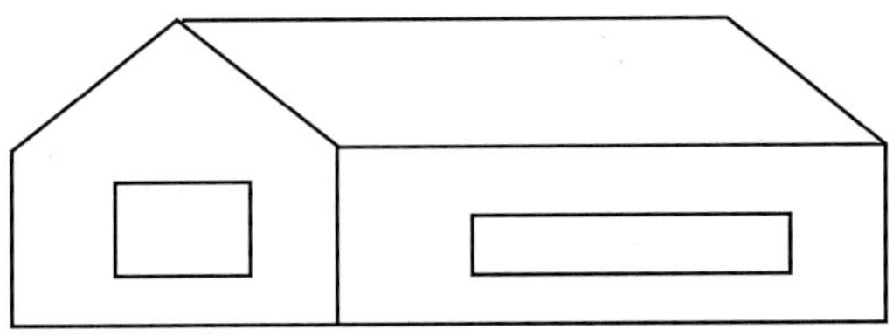

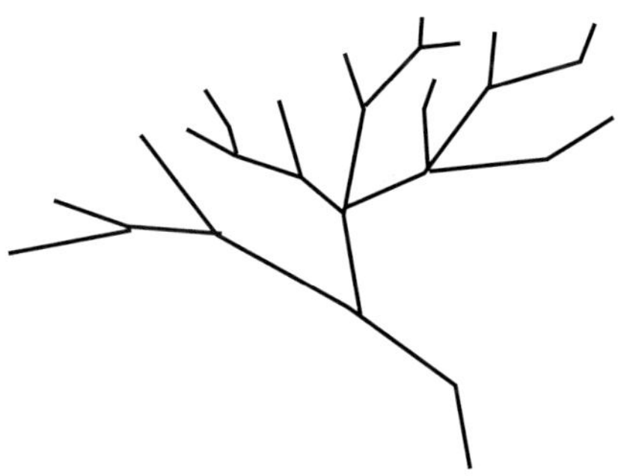

AutoCAD 학생용 무료 다운로드 및 설치

① http://www.autodesk.co.kr/education에서 "무료 소프트웨어 다운로드" 를 클릭한다.

② "AutoCAD" 를 선택하여 [무료 소프트웨어 다운로드 〉 AutoCAD] 창을 연다.

③ "계정 생성" 을 클릭한다. 계정이 있는 경우에는 바로 "로그인" 을 클릭 후 로그인한다.

④ "교육기관의 국가" 는 대한민국, 교육 역학" 은 학생, 생일 선택 후 다음을 클릭한다.

⑤ 등록 화면의 내용을 입력하고 등록을 클릭한다.

⑥ [무료 소프트웨어 다운로드 〉 AutoCAD]창에서 "로그인" 을 클릭 후 로그인한다.

⑦ AutoCAD 버전, 운영체계, 언어를 선택하면 일련번호와 제품키가 등록한 메일로 전송된다.

⑧ 전송받은 일련번호와 제품키를 사용하여 AutoCAD를 설치한다.

CHAPTER 02

선 그리기

2. 1. 수평선, 수직선 그리기

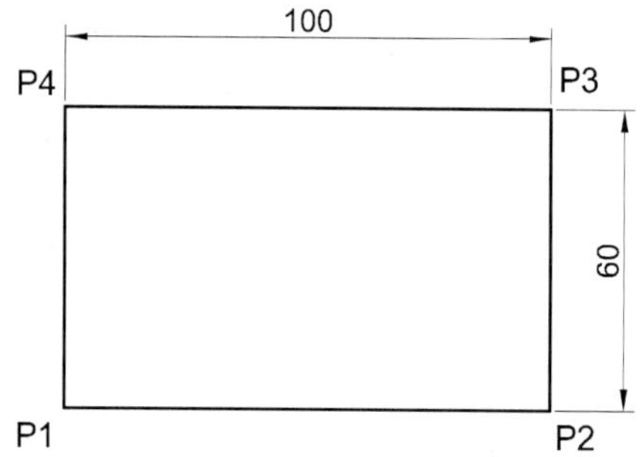

① 선그리기 명령을 한다. ; "L" 을 입력하고 Enter↵ 또는 Space Bar 한다.

② 작업영역의 적당한 곳에 마우스 포인터를 두고 클릭한다(점 P1).

③ 마우스를 오른쪽으로 움직여 수평으로 초록색 점신이 표시되도록 한다.

④ 길이 "100" 을 입력하고 Enter↵ 한다(점 P2).

⑤ 선이 너무 크거나 작아서 보기 어려우면 마우스 휠을 회전시켜 화면을 확대 또는 축소한다.

⑥ 마우스를 위로 움직여 수직으로 초록색 점선이 표시되도록 한다.

⑦ 길이 "60" 을 입력하고 Enter↵ 한다(점 P3).

⑧ 마우스를 왼쪽으로 움직여 수평으로 초록색 점선이 표시되도록 한다.

⑨ 길이 "100" 을 입력하고 Enter↵ 한다(점 P4).

⑩ 마우스를 아래쪽으로 움직여 수직으로 초록색 점선이 표시되도록 한다.

⑪ 길이 "60" 을 입력하고 Enter↵ 한다(점 P1).

⑫ Enter↵ 하여 선 그리기를 종료한다.

Guide

초록색 점선이 표시되지 않을 때는 화면바닥에 있는 상태막대의 극좌표추적(화살표시)을 켠다. 밝은 색이면 켜진 상태이다.

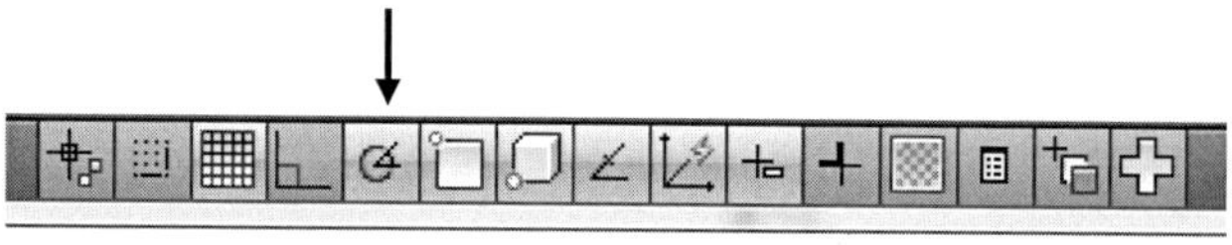

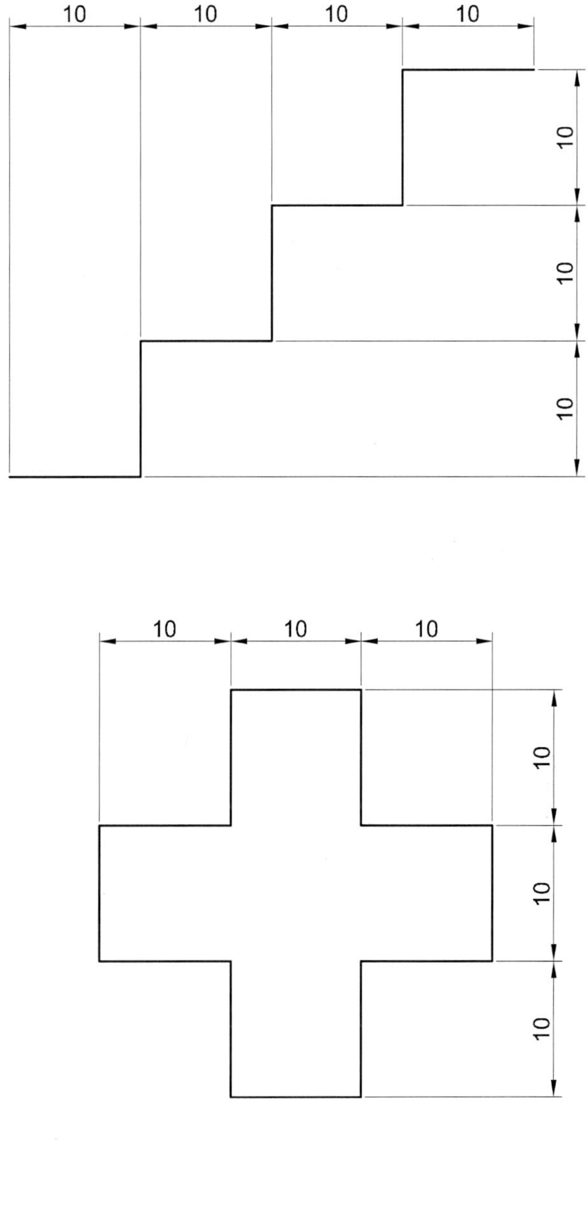
10
10
10
10
10
10
10
10
10
10
10
10
10

2. 2. 경사선 그리기

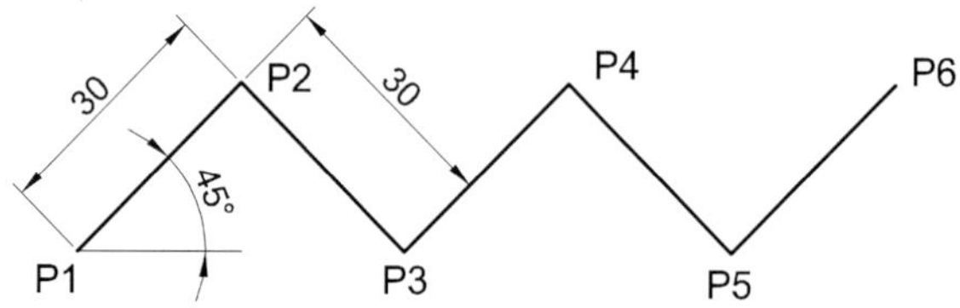

① 선 그리기 명령으로 L Enter↵ 한다. Enter↵ 를 대신하여 Space Bar 하여도 된다.

② 적당한 곳(점 P1)에 마우스 포인터를 두고 클릭한다.

③ 마우스 포인터를 P2 방향으로 움직인다.

④ 길이를 입력한다. : 30 ⭾ (Tab 키)

⑤ 각도를 입력한다. : 45 Enter↵

⑥ 마우스 포인터를 P3 방향으로 움직인다.

⑦ 길이를 입력한다. : 30 ⭾ (Tab 키)

⑧ 각도를 입력한다. : 45 Enter↵

⑨ 마우스 포인터를 P3 방향으로 움직인다.

⑩ 길이를 입력한다. : 30 ⭾ (Tab 키)

⑪ 각도를 입력한다. : 45 Enter↵

⑫ P4, P5, P6 반복한다.

⑬ Enter↵ 하여 선 그리기를 종료한다.

Guide

30 ⭾ (Tab 키)에도 각도를 입력할 수 없는 경우, 화면바닥에 있는 상태막대의 동적입력(화살표시)을 켠다. 밝은 색이면 켜진 상태이다.

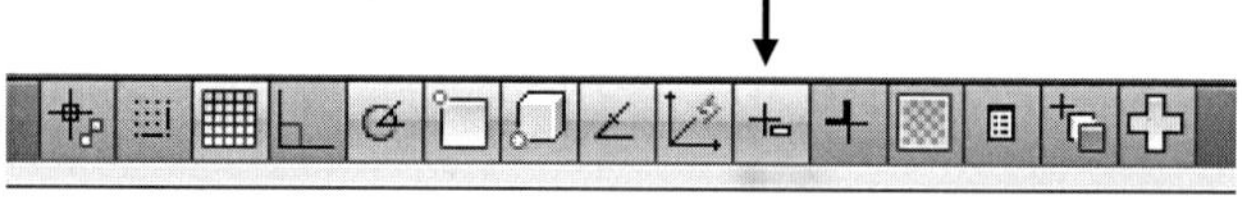

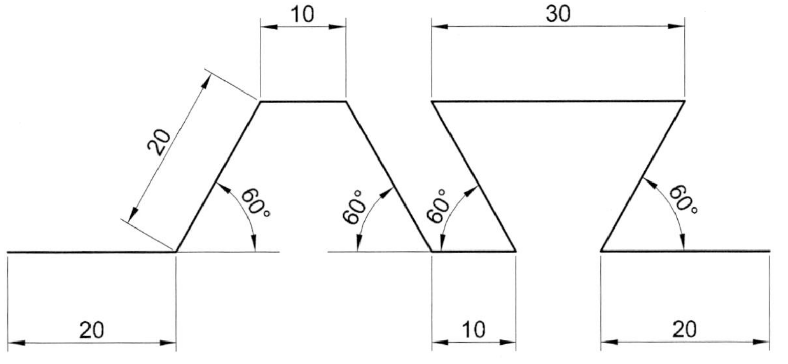
10
30
20
60°
60°
60°
60°
20
10
20

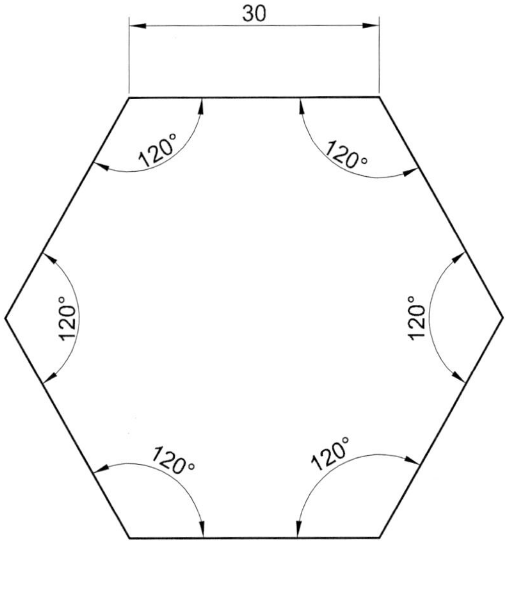
30
120°
120°
120°
120°
120°
120°

2. 3. 점 선택(객체 스냅 F3)

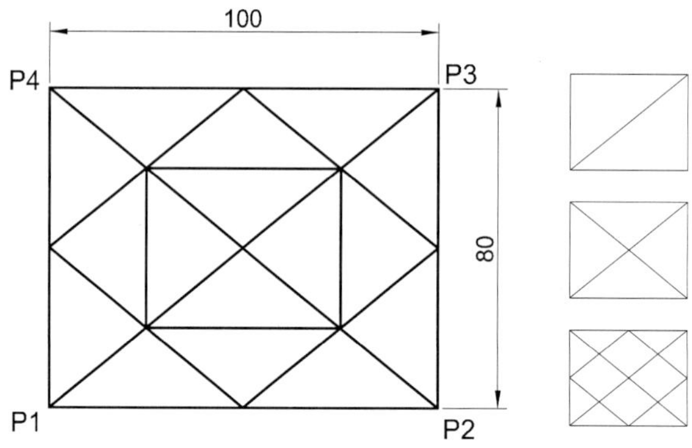

① 사각형(P1, P2, P3, P4)을 그린다(2.2 수직선, 수평선 그리기 참조).

② L Enter↵

③ P1 근처에서 초록색 □ (끝점 표시)가 나타나면 클릭한다.

④ P3 근처에서 초록색 □ (끝점 표시)가 나타나면 클릭한다.

⑤ Enter↵

⑥ L Enter↵, (P2 클릭), (P4 클릭), Enter↵

⑦ L Enter↵

⑧ P1 – P2 선의 중간 근처에서 초록색 △ (중간점표시) 가 나타나면 클릭한다.

⑨ P2 – P3 선의 중간 근처에서 초록색 △ (중간점표시) 가 나타나면 클릭한다.

⑩ (P3 – P4 선의 중간점 클릭), (P4 – P1 선의 중간점 클릭) Enter↵

⑪ 끝점(□), 중간점(△), 교차점(×)을 사용하여 나머지 선을 그린다.

Guide

끝점, 중간점 표시가 나타나지 않는 경우, 상태막대의 객체스냅(화살표시)을 켠다. 마우스 포인터를 객체스냅 위에 두고 마우스 오른쪽 버튼을 누른다. 끝점(□), 중간점(△), 교차점(×)이 켜져 있는지 확인하고 켠다.

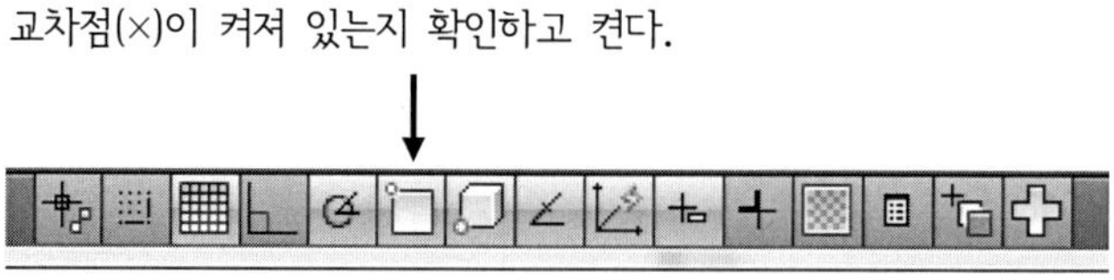

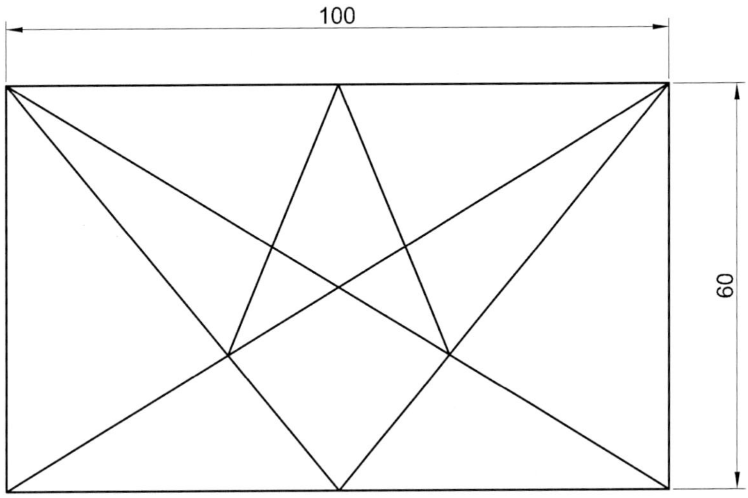
100
60

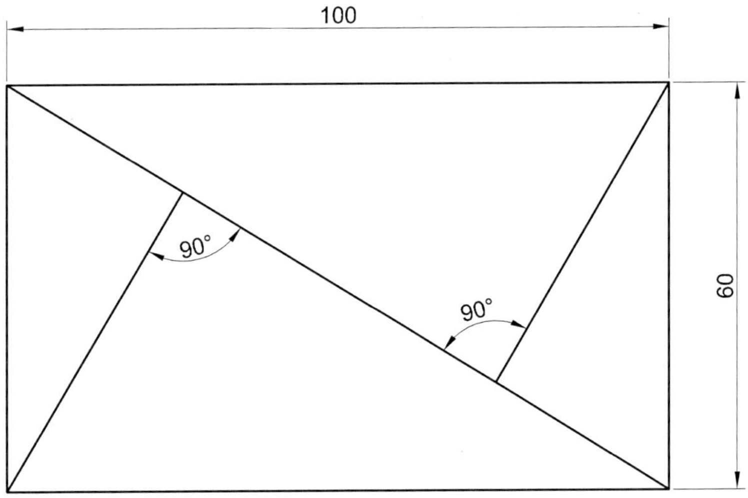
100
90°
90°
60

2. 4. 자르기(TR, Trim)

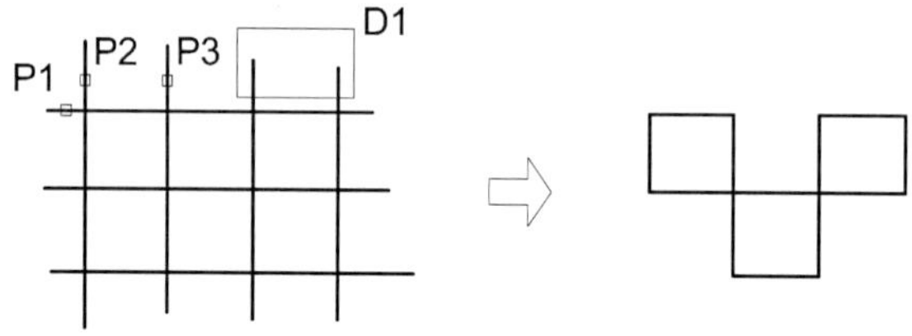

① 가로선 3개, 세로선 4개가 서로 교차하도록 선을 그린다(길이 무관).

② "TRIM" 또는 "TR" 을 입력하고 [Enter↵] 하여 자르기 명령을 실행한다.

③ 명령행의 메시지에 따라 절단 보서리(자를 때 경계가 되는 선) P1을 클릭하여 선택한다.

④ [Enter↵] 하여 선택이 끝낸다.

⑤ 경계선을 기준으로 잘라서 버리는 부분을 선택한다.
 -선 P2 클릭, P3 클릭(클릭하면 1 개씩 선택된다)
 -D1 드래그(드래그하면 여러 개를 선택할 수 있다)

⑥ [Enter↵] 하여 명령을 끝낸다.

⑦ TR [Enter↵]

⑧ 명령행 "TRIM 객체 선택 또는 〈모두 선택〉:" 에서 객체를 선택하지 않고, 그냥 [Enter↵] 하면 모든 선이 절단 모서리로 선택된다.

⑨ 잘라서 버리는 부분을 클릭 또는 드래그하여 완성한다.

⑩ [Enter↵] 하여 명령이 끝낸다.

⑪ 잘려서 남아있는 부스러기들은 지우기(E) 명령을 사용하여 지운다.

Guide

명령행에서 < > 안의 내용을 선택할 때는, 입력하지 않고 [Enter↵] 또는 [Space Bar] 키를 누른다.

예) <모두선택> 일 때 [Enter↵] 하면, 모두 선택한 것과 같다.
 <10.0> 일 때 [Enter↵] 하면, 10 입력 후 [Enter↵] 한 것과 같다.

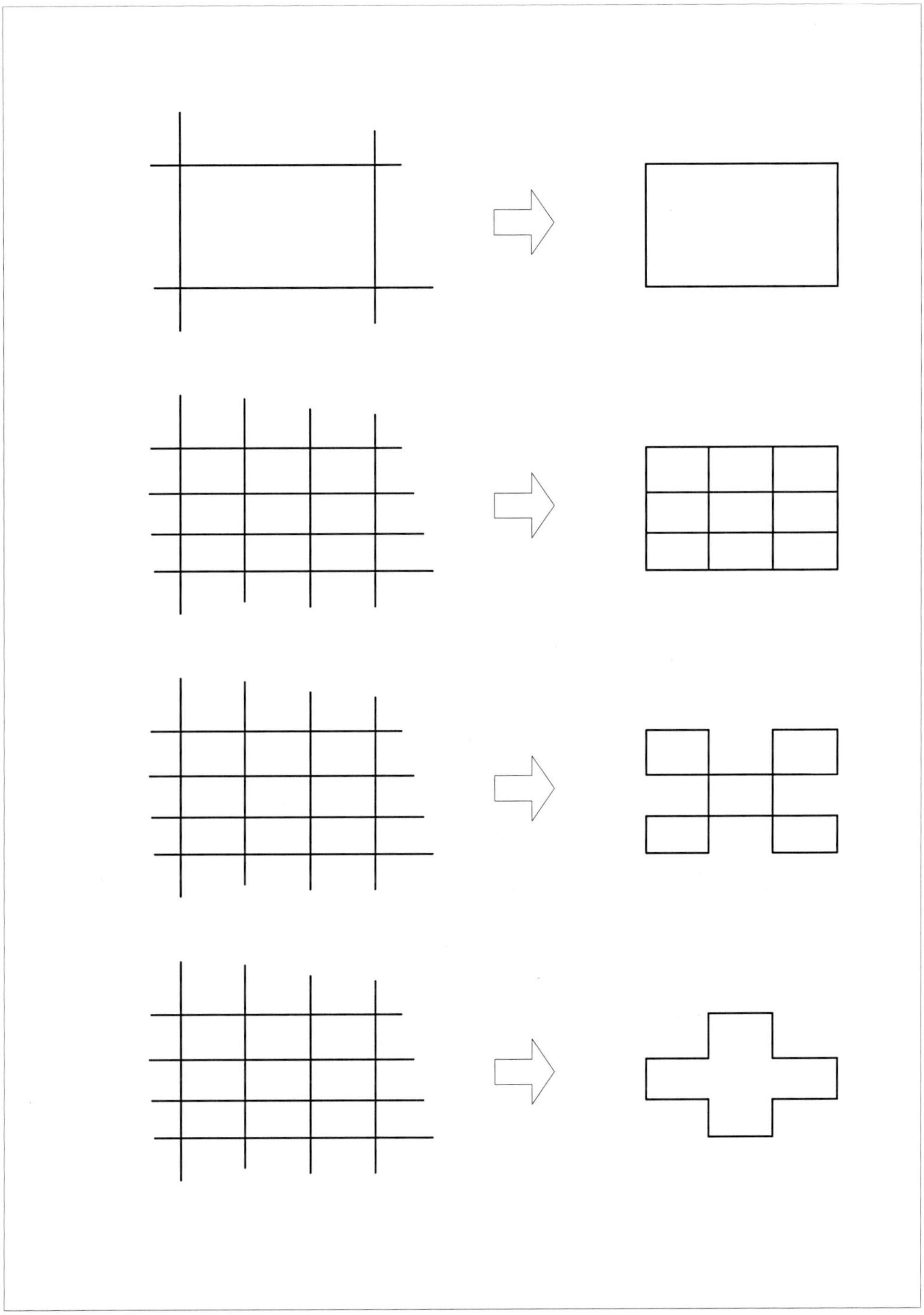

2. 5. 간격 띄우기(O, Offset)

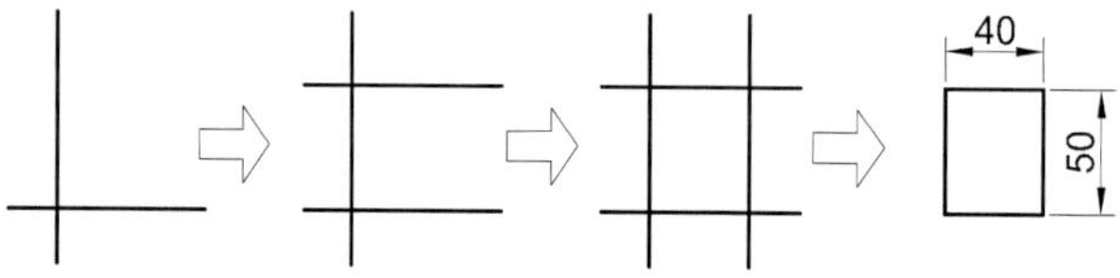

① 도형의 크기에 비해 충분히 긴 수평선과 교차하는 수직선을 그린다.

② "Offset" 또는 "O" 를 입력하고 [Enter↵] 하여 간격띄우기 명령을 실행한다.

③ 50 [Enter↵] 하여 간격띄우기 거리를 지정한다.

④ 수평선을 클릭하여 간격띄우기 할 선을 선택한다.

⑤ 수평선 위쪽의 적당한 곳을 클릭하여 간격을 띄울 방향을 선택한다.

⑥ [Enter↵] 하여 간격띄우기 명령을 끝낸다.

⑦ "O" 를 입력하고 [Enter↵] 하여 간격띄우기 명령을 실행한다.

⑧ 40 [Enter↵] 하여 간격띄우기 거리를 지정한다.

⑨ 수직선을 클릭하여 간격띄우기 할 선을 선택한다.

⑩ 수평선 위쪽의 적당한 곳을 클릭하여 간격을 띄울 방향을 선택한다.

⑪ [Enter↵] 하여 간격띄우기 명령을 끝낸다.

⑫ 자르기 명령 TR [Enter↵] 실행하여 사각형 밖의 선들을 자른다.

Guide

직전에 사용한 명령을 다시 실행할 경우에는 명령어 입력 없이 그냥 [Enter↵] 또는 [Space Bar] 키를 누르면 된다. 예를 들어 끊어진 여러 개의 선을 그리고자 할 때는 L [Enter↵] (시작점 클릭) (끝점 클릭) [Enter↵] 하여 선 하나를 그리고, 다음 선을 그릴 때는 그냥 [Enter↵] 하여도 L [Enter↵] 한 것과 동일하다.

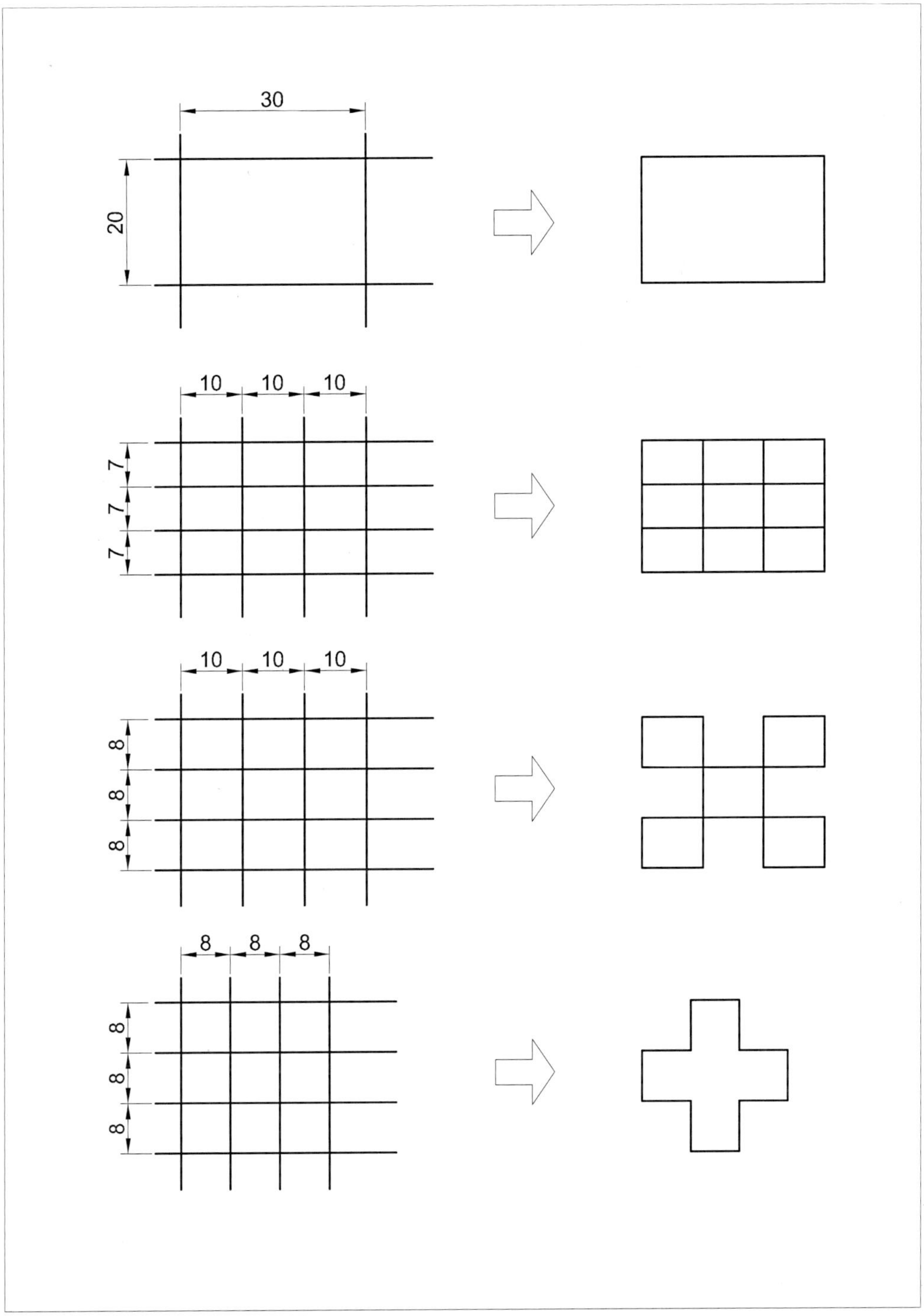
30
20
10 10 10
7 7 7
10 10 10
8 8 8
8 8 8
8 8 8

2. 6. 단원체크

할 수 있는 항목을 ☑로 표시하시오.

☐ 수평선, 수직선을 길이에 맞추어 그릴 수 있다.

☐ 각도가 있는 경사진 선을 그릴 수 있다.

☐ 끝점, 중간점, 교차점 등을 선택하여 선을 그릴 수 있다.

☐ 객체스냅을 켜고, 끌 수 있다.

☐ 객체 스냅의 각 점들을 필요에 따라 켜고, 끌 수 있다.

☐ 자르기 명령으로 선의 일부를 잘라서 지울 수 있다.

☐ 간격띄우기 명령으로 선으로부터 일정 거리에 있는 선을 그릴 수 있다.

2. 7. 실습

실습 2-1

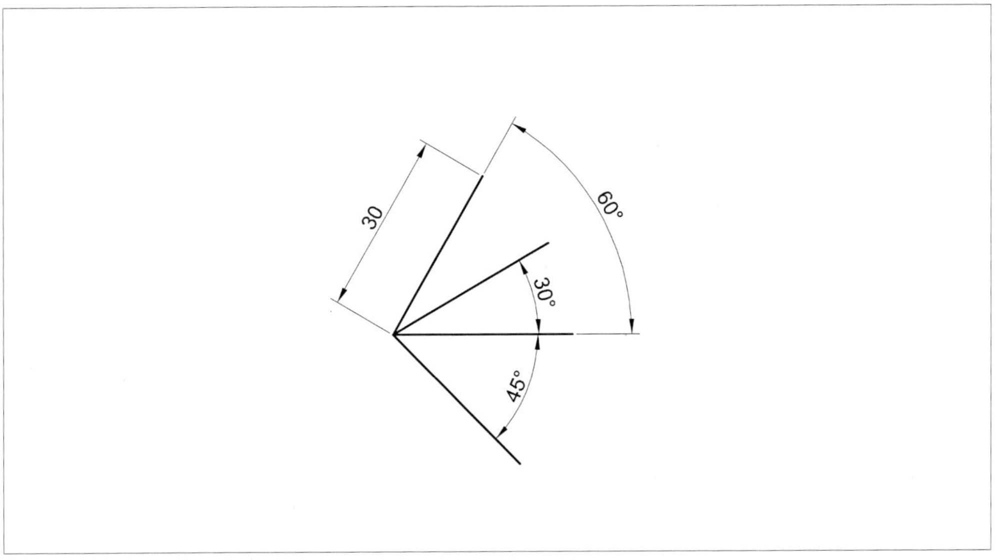

실습 2-2

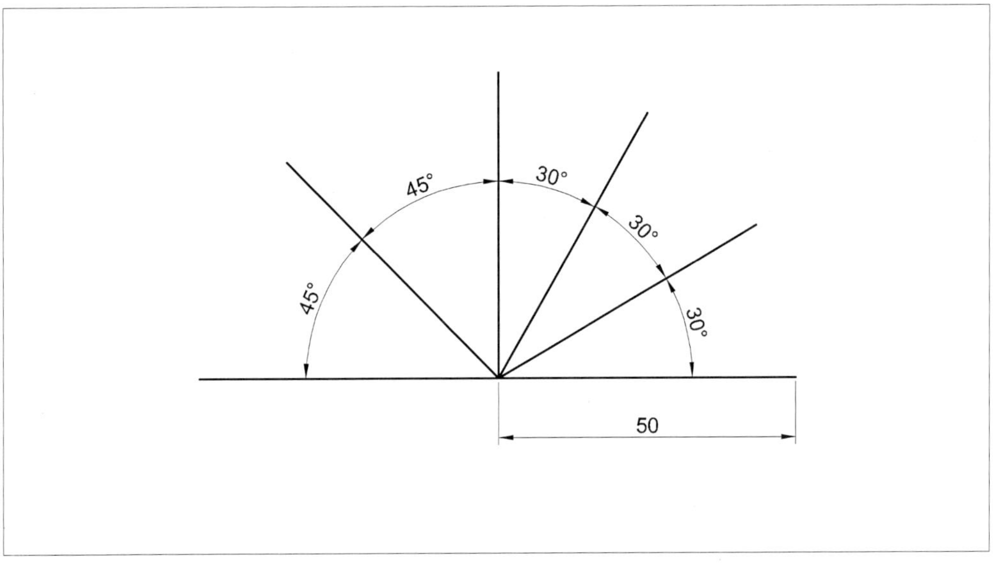

실습 2-3

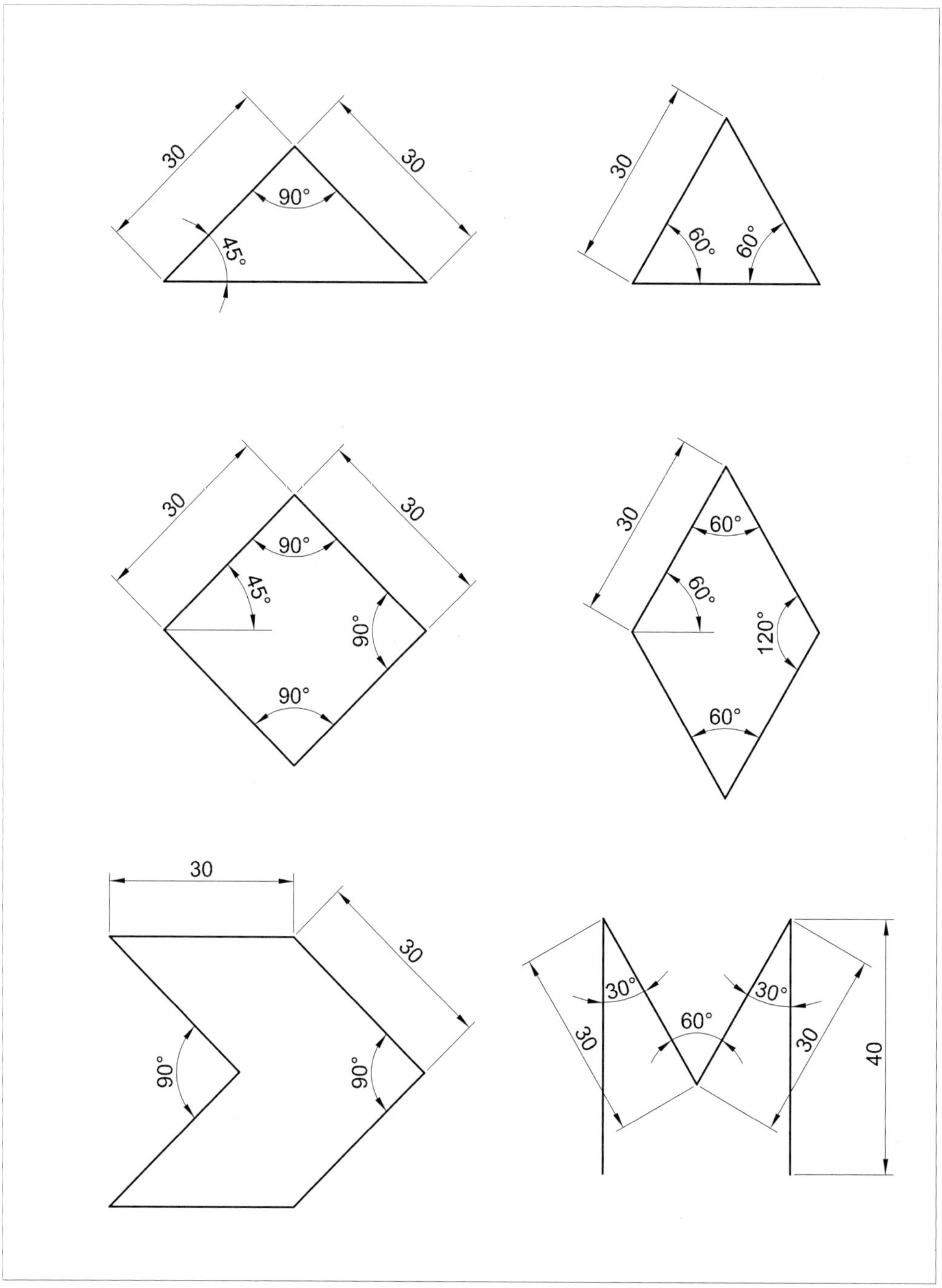
30
30
90°
45°
30
60°
60°
30
30
90°
45°
90°
90°
30
60°
60°
120°
60°
30
30
90°
90°
30°
30°
60°
30
30
40

실습 2-4

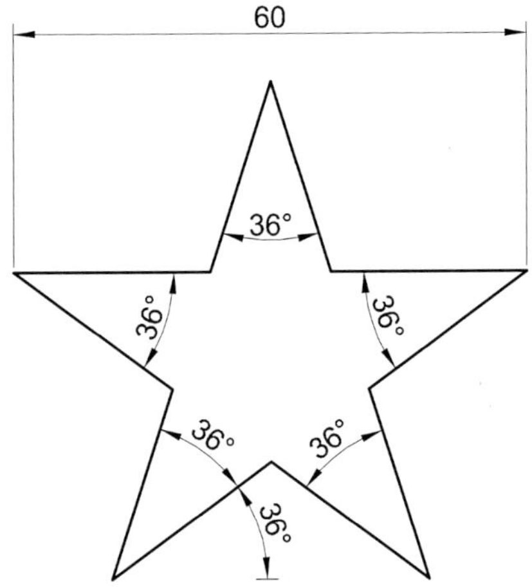

실습 2-5

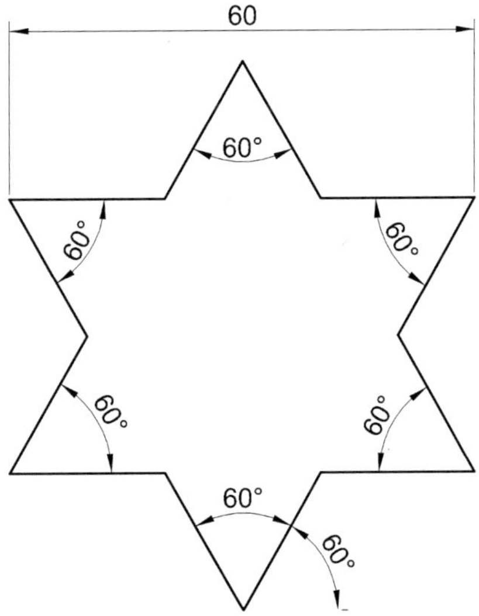

실습 2-6

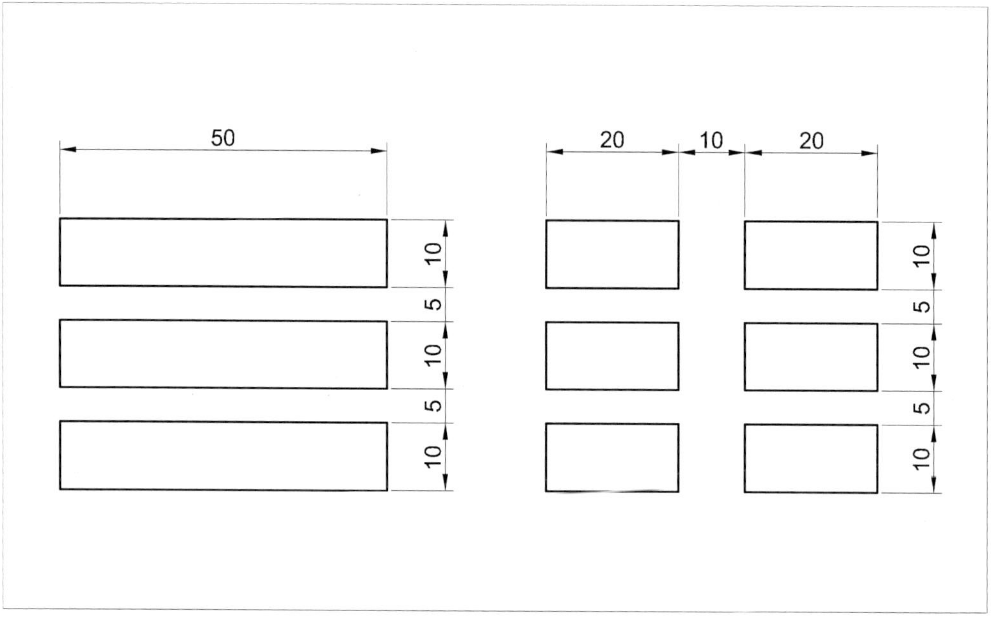
50
10
5
10
5
10
20
10
20
10
5
10
5
10

실습 2-7

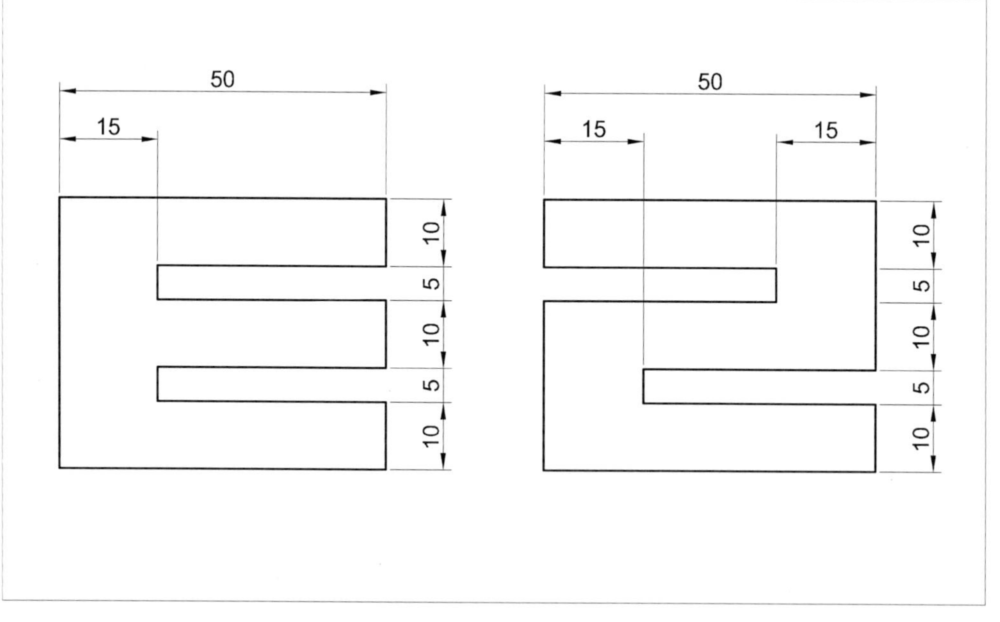
50
15
10
5
10
5
10
50
15
15
10
5
10
5
10

실습 2-8

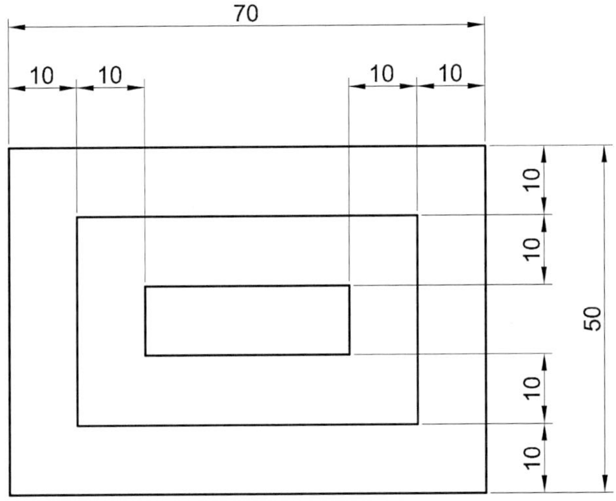

실습 2-9

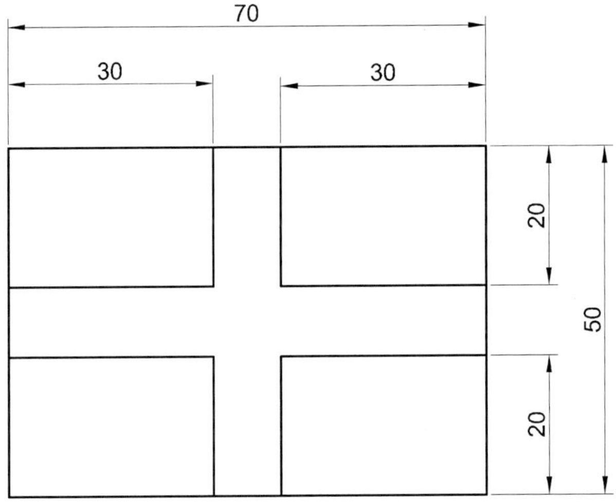

실습 2-10

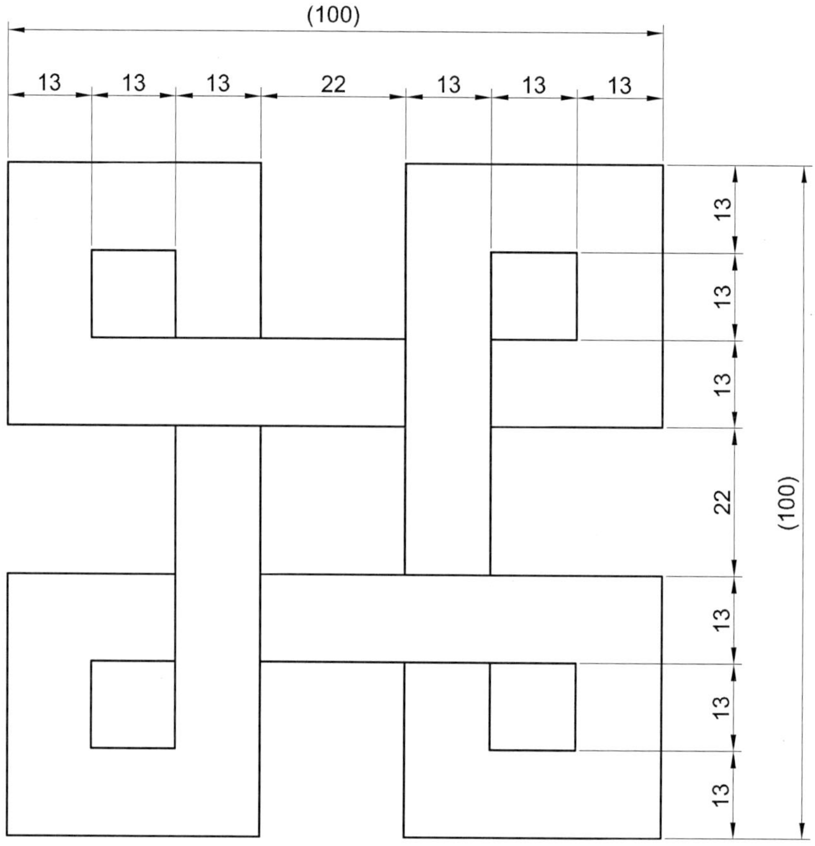

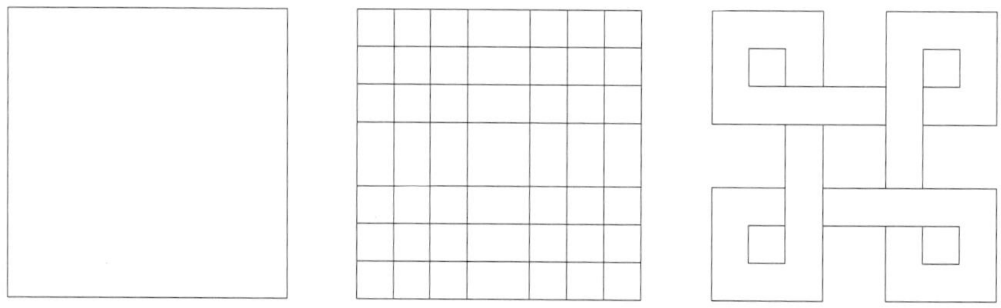

실습 2-11

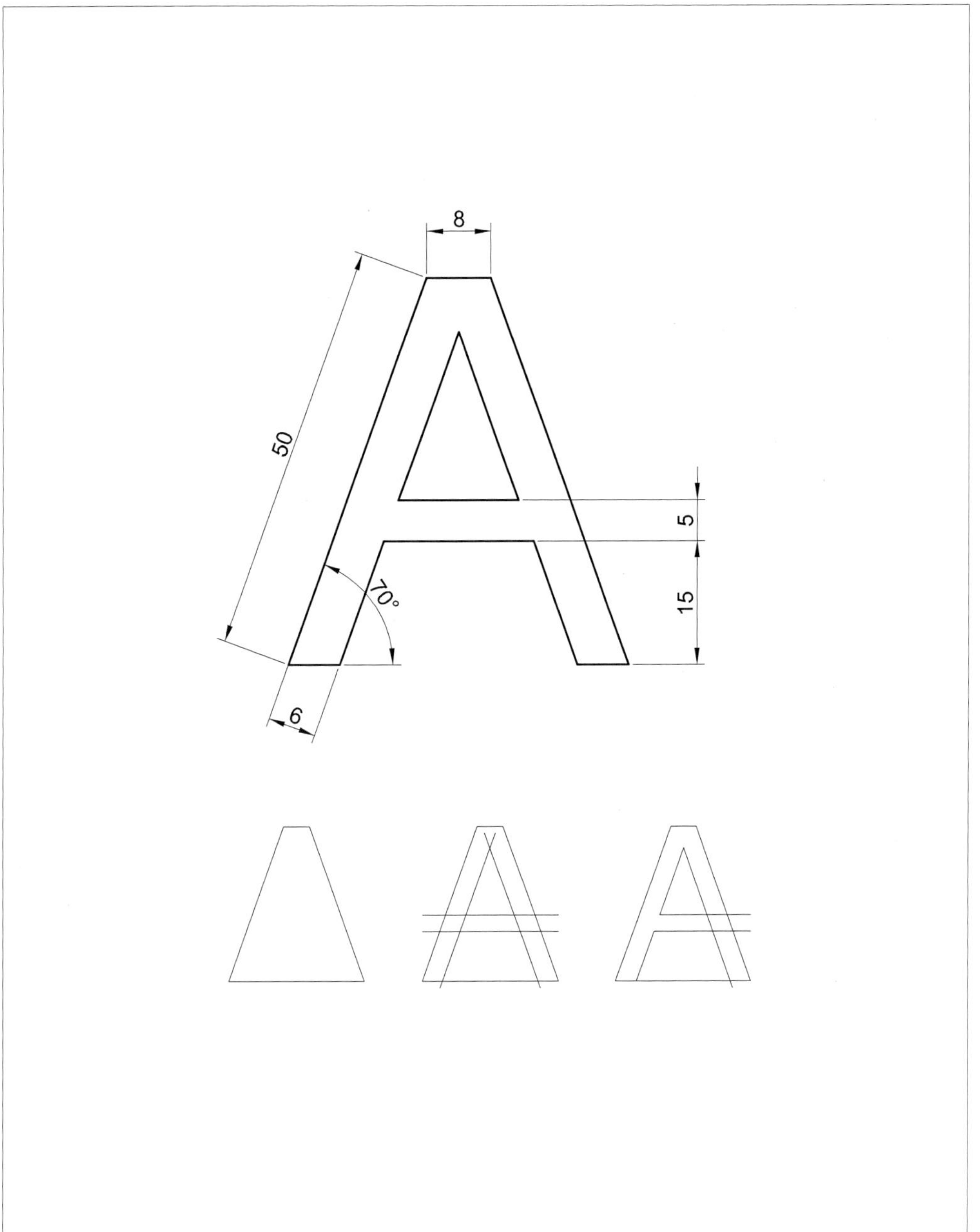

실습 2-12

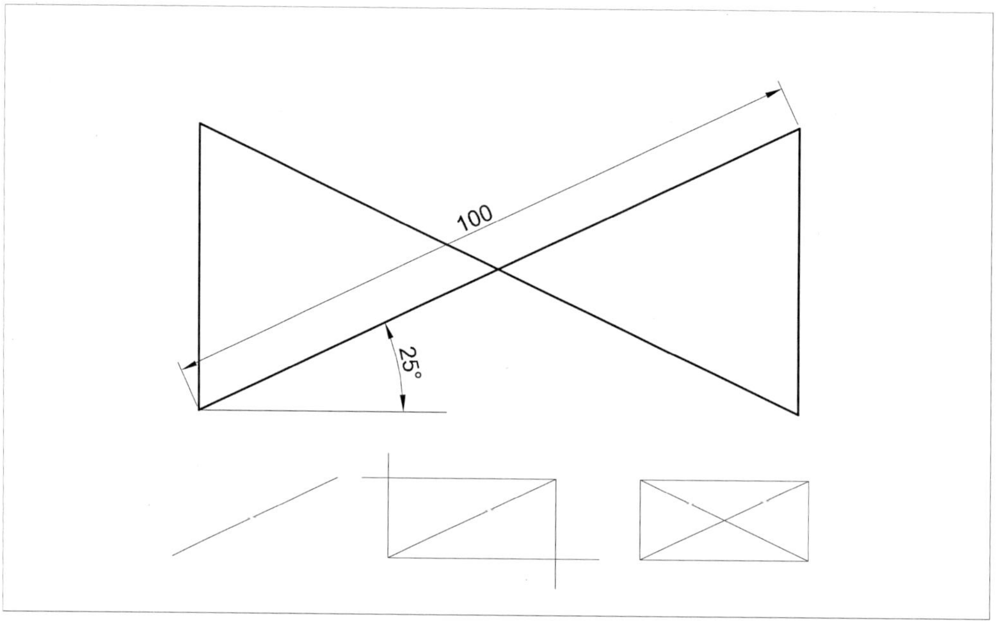

실습 2-13

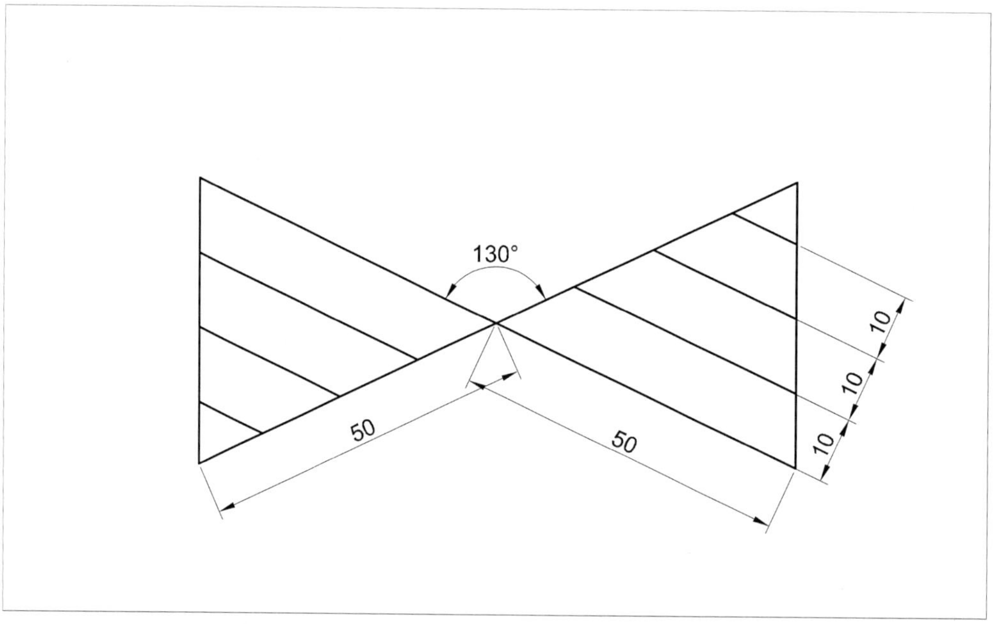

CHAPTER 03

원 그리기

3. 1. 중심선과 반지름으로 원 그리기(C, Circle)

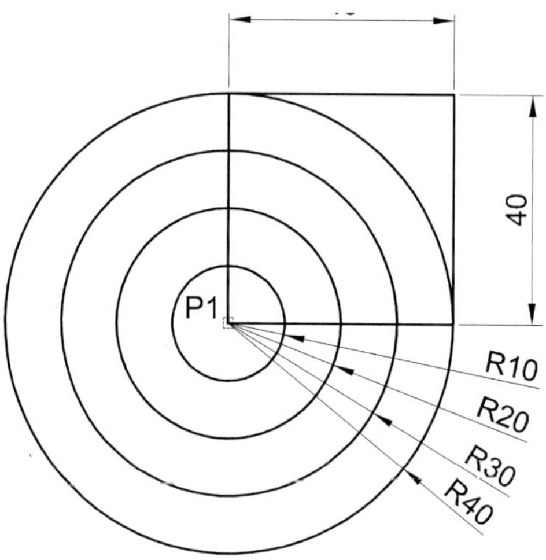

① 한변의 길이가 40인 사각형을 그린다.

② C Enter↵ 한다(원 그리기 명령).

③ 중심점으로 사각형 왼쪽 아래 끝점 P1을 클릭한다.

④ 반지름으로 10 Enter↵ 한다.

⑤ C Enter↵, (중심점 클릭), 20 Enter↵

⑥ C Enter↵, (중심점 클릭), 30 Enter↵

⑦ C Enter↵, (중심점 클릭), 40 Enter↵

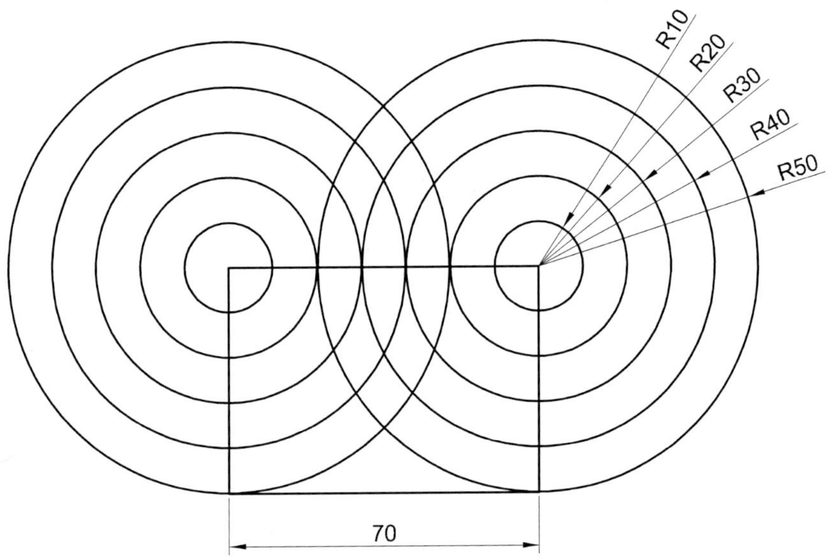
R10
R20
R30
R40
R50
70

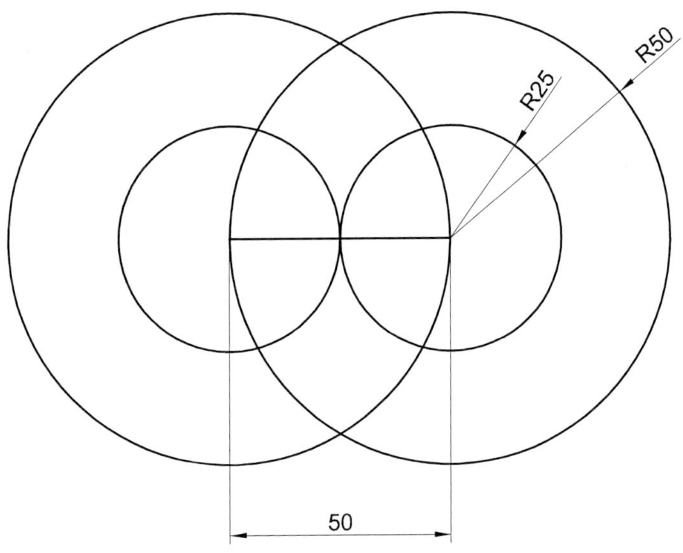
R25
R50
50

3. 2. 3점을 지나는 원 그리기(C, 3P)

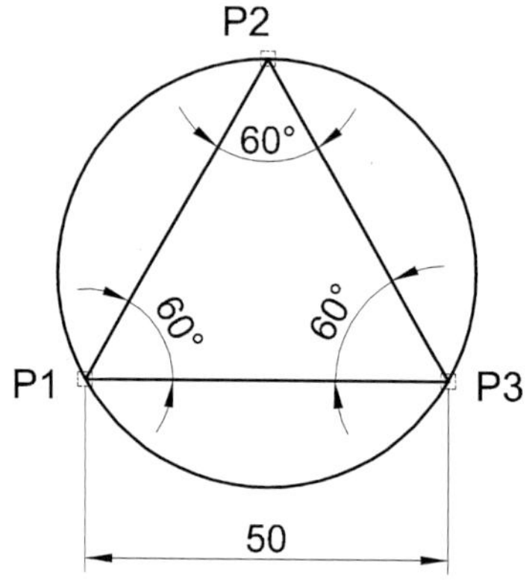

① 한변의 길이가 50인 정삼각형을 그린다.

② C Enter↵ 한다.

③ 명령행의 메시지를 확인한다.

" 원에 대한 중심점 지정 또는 [3점(3P) 2점(2P), Ttr-접선 접선 반지름(T)]:"

④ 3P Enter↵ 또는 명령행의 (3P)를 클릭하여, 3점으로 원 그리기를 지정한다.

⑤ 원이 지나가는 삼각형 모서리의 끝점 3개를 차례로 클릭한다.

Guide

각도를 입력할 수 없는 경우, 화면바닥에 있는 상태막대의 동적입력(화살표시)을 켜져 있는지 확인한다. 밝은 색이면 켜진 상태이다.

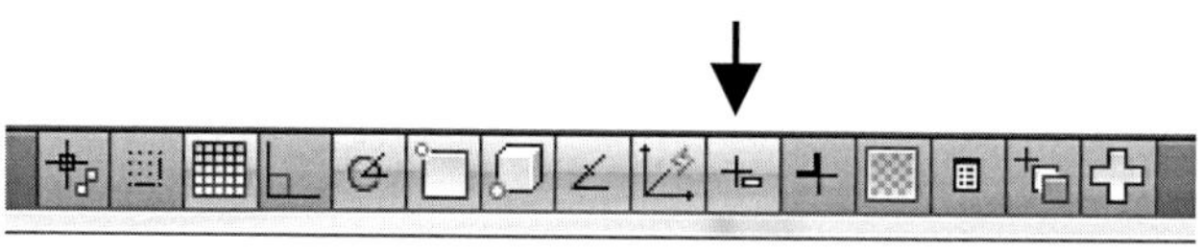

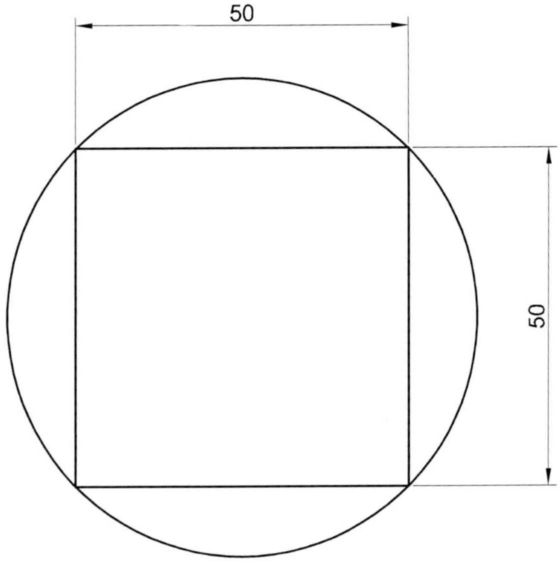
50
50

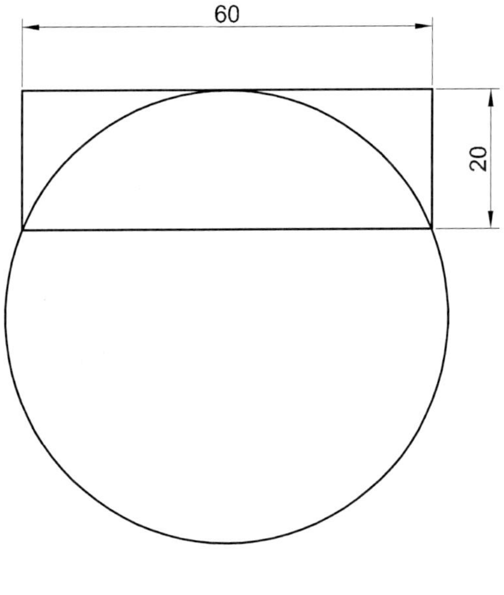
60
20

3. 3. 2점을 지름으로 원 그리기(C, 2P)

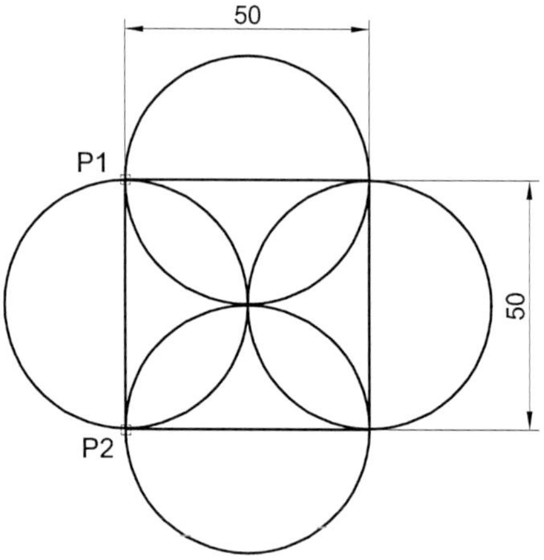

① 한변의 길이가 50인 사각형을 그린다.

② C Enter↵ 한다(원 그리기 명령).

③ 명령행의 메시지를 확인한다.

" 원에 대한 중심점 지정 또는 [3점(3P) 2점(2P), Ttr-접선 접선 반지름(T)]:"

④ 2P Enter↵ 또는 명령행의 (2P)를 클릭하여, 2점으로 원 그리기를 지정한다.

⑤ 명령행 "원지름의 첫 번째 끝점 지정" 에서 P1을 클릭 한다.

⑥ 명령행 "원지름의 두 번째 끝점 지정" 에서 P2를 클릭 한다.

⑦ C Enter↵, 2p Enter↵, (사각형 다음 모서리 클릭), (인접 모서리 클릭)

⑧ C Enter↵, 2p Enter↵, (사각형 다음 모서리 클릭), (인접 모서리 클릭)

⑨ C Enter↵, 2p Enter↵, (사각형 다음 모서리 클릭), (인접 모서리 클릭)

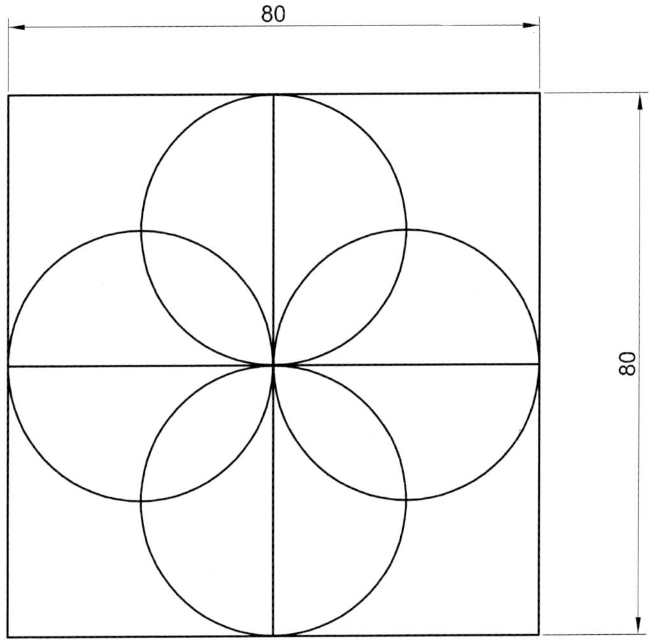
80
80

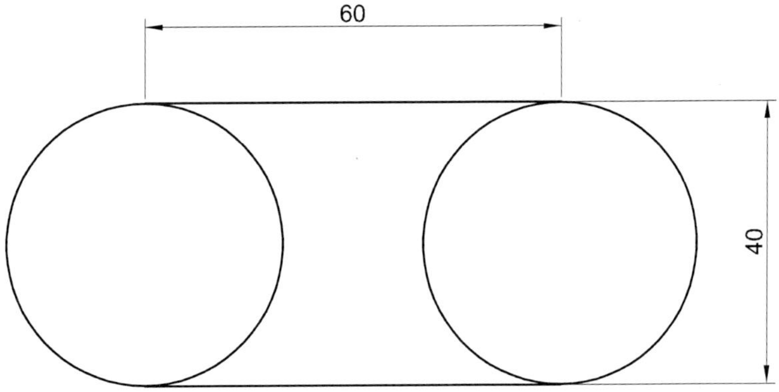
60
40

3. 4. 두선에 접하고 반지름이 있는 원 그리기(C, Ttr)

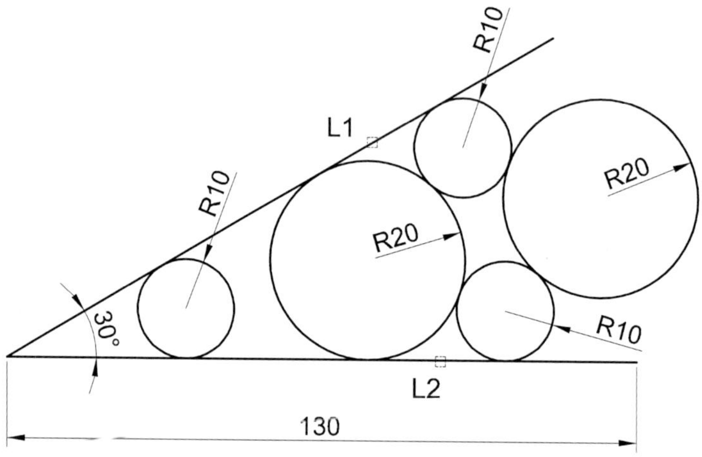

① 직선 2개를 그린다.

② C [Enter↵] 한다.

③ 명령행의 메시지를 확인한다.

" 원에 대한 중심점 지정 또는 [3점(3P) 2점(2P), Ttr-접선 접선 반지름(T)]:"

④ T [Enter↵] 또는 명령행의 (T)를 클릭하여, 접선 접선 반지름으로 원 그리기를 지정한다.

⑤ 첫째 접선으로 직선을 클릭한다.

⑥ 둘째 접선으로 다음 직선을 클릭한다.

⑦ 반지름으로 10 [Enter↵] 한다.

⑧ C [Enter↵] , (직선 클릭), (다음 직선 클릭), 20 [Enter↵]

⑨ C [Enter↵] , (직선 클릭), (반지름 20인 원 클릭), 10 [Enter↵]

⑩ C [Enter↵] , (다음 직선 클릭), (반지름 20인 원 클릭), 10 [Enter↵]

⑪ C [Enter↵] , (반지름 10 인 원 클릭), (반지름 10인 다음 원 클릭), 30 [Enter↵]

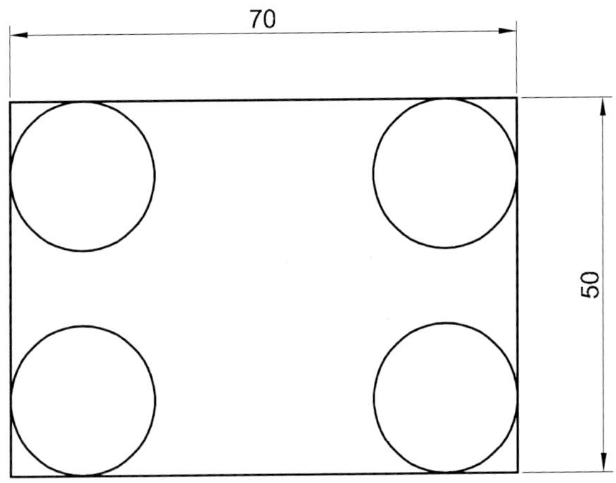
70
50

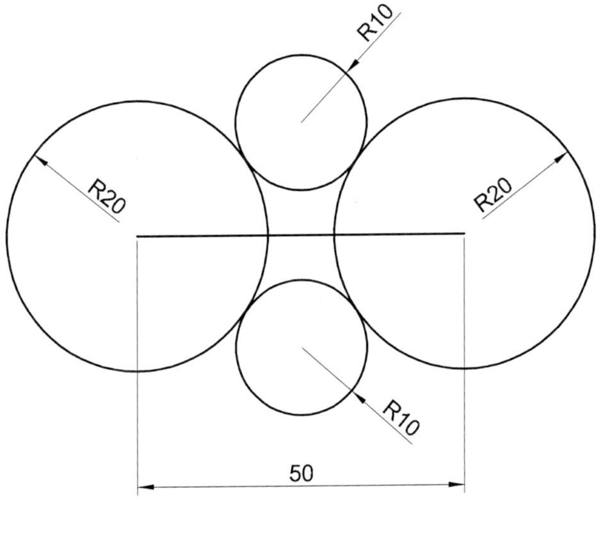
R10
R20
R20
R10
50

3. 5. 지름 입력 원 그리기(C, Circle)

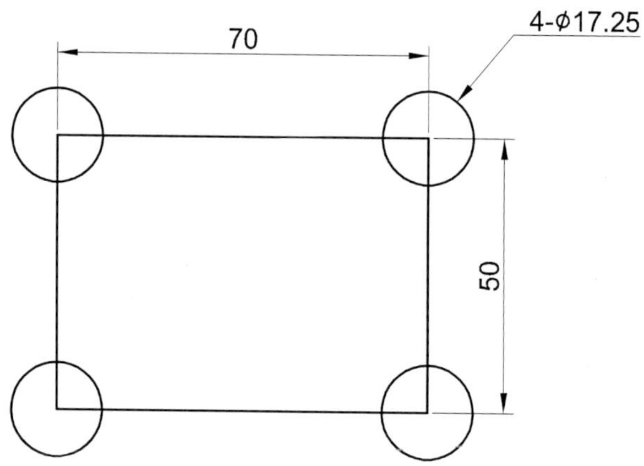

① 70×50인 사각형을 그린다.

② C [Enter↵] 한다(원 그리기 명령).

③ 중심점으로 사각형 모서리의 끝점을 클릭한다.

④ 명령행의 메시지를 확인한다.
"원의 반지름 지정 또는 [지름(D)]"

⑤ 지름입력이 되도록 D [Enter↵] 한다.

⑥ 지름으로 17.25 [Enter↵]한다.

⑦ C [Enter↵], (다음 모서리 끝점 클릭), D [Enter↵] , 17.25 [Enter↵]

⑧ C [Enter↵], (다음 모서리 끝점 클릭), D [Enter↵] , [Enter↵]

⑨ C [Enter↵], (다음 모서리 끝점 클릭), D [Enter↵] , [Enter↵]

Guide

1) "원의 지름을 지정함 <17.2500>:" 에서 [Enter↵] 하면 17.25가 입력된다.
2) 4-∅17.25 : "4 - "는 같은 크기의 원이 4개 있다는 뜻이다.
3) "∅(파이)"는 지름을 표시하는 기호이다.

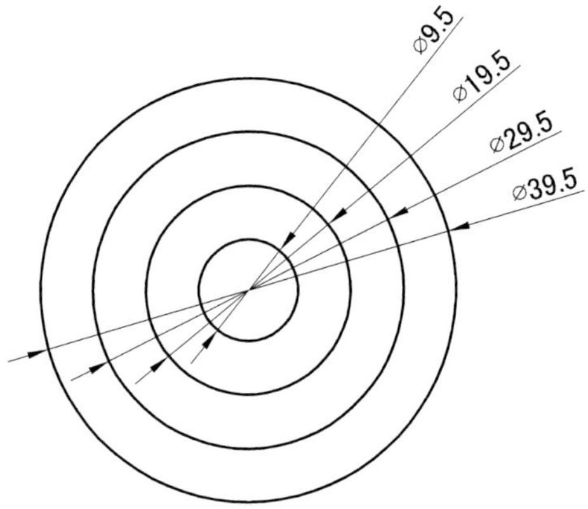
⌀9.5
⌀19.5
⌀29.5
⌀39.5

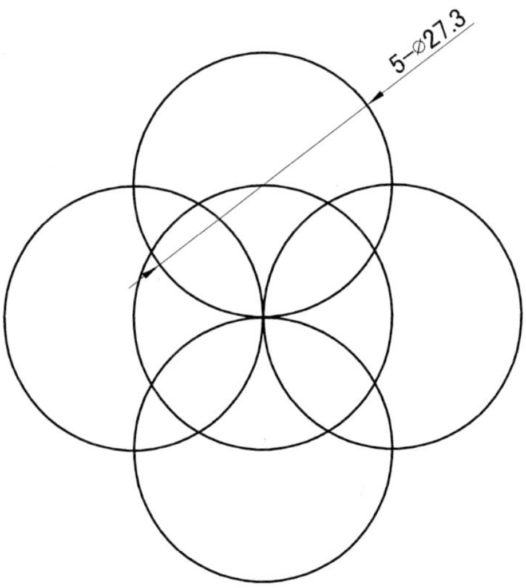
5–⌀27.3

3. 6. 호 그리기(원 그리기 C + 자르기 Tr)

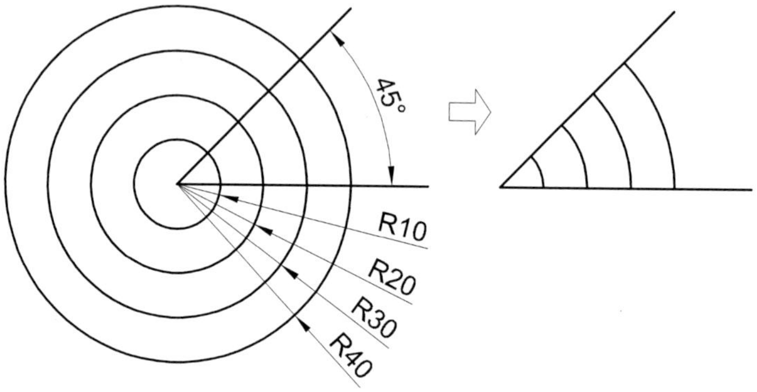

① 호 그리기는 원을 그린 다음, 자르기 명령(TR)을 사용하여 필요한 부분만 남긴다.

② 직선과 원을 그린다.

③ TR [Enter↵] 한다(자르기 명령).

④ 절단 모서리(자르기 경계가 되는 선)로 직선 2개를 클릭한다.

⑤ [Enter↵] (절단모서리 선택 종료)

⑥ 원의 필요 없는 부분을 드래그하여 잘라 버린다.

⑦ [Enter↵] (자르기 명령 종료)

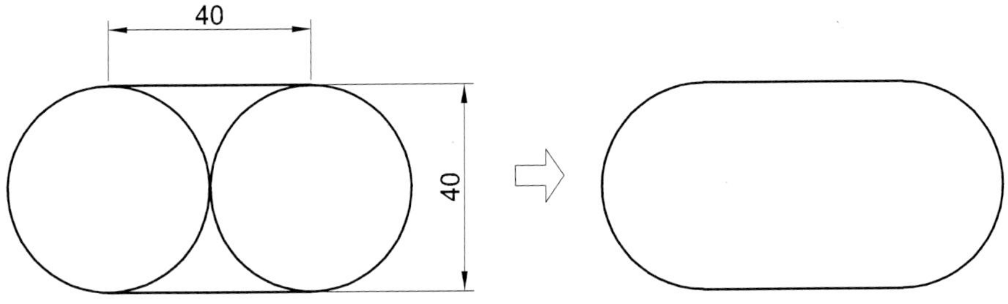
40
40

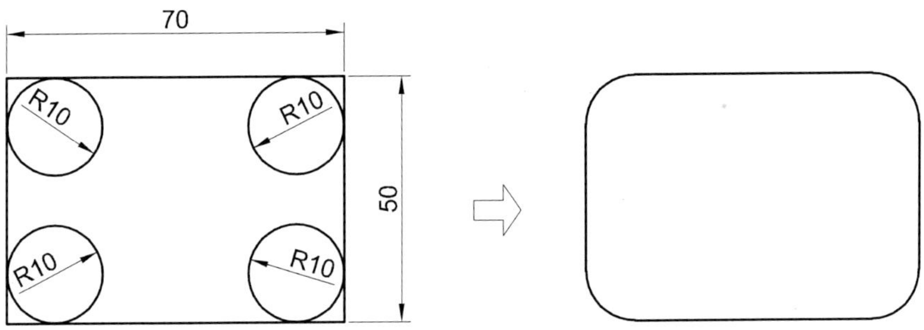
70
R10
R10
R10
R10
50

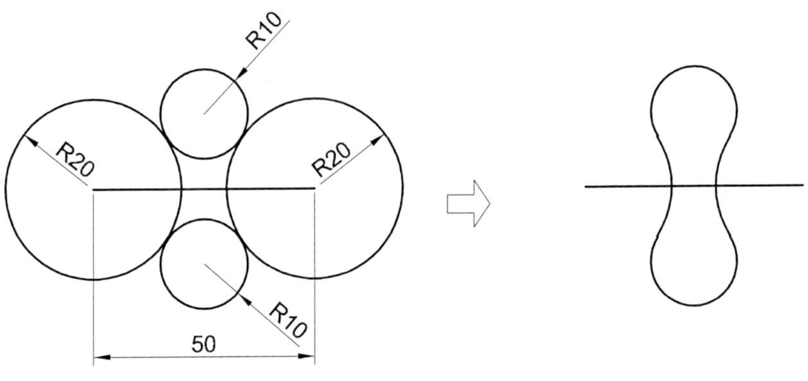
R10
R20
R20
R10
50

3. 7. 원호에 접하는 접선 그리기

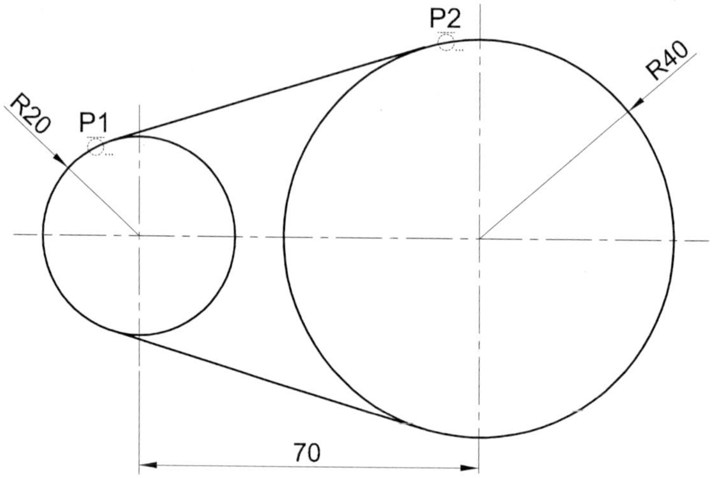

① 수평선, 수직선을 그려, 원의 중심이 될 교차점을 만든다.

② 수직선을 간격 띄우기 70 하여 다음 원의 중심이 될 교차점을 만든다.

③ 각각의 중심(교차점)에 원을 그린다.

④ L [Enter↵] 한다(선그리기).

⑤ [Shift] 키를 누른 채 마우스 오른쪽 버턴을 클릭한다.

⑥ 팝업 메뉴에서 [접점(C)] (접점)을 선택한다.

⑦ 마우스를 P1 부근의 원으로 이동하여, 초록색 ō. 모양이 나타날 때 클릭한다.

⑧ ([Shift] + 마우스 오른쪽 버턴), (메뉴에서 접점 선택), (P2 클릭)

⑨ [Enter↵]

⑩ 아래의 접선도 ④ ~ ⑨와 동일하게 그린다.

Guide

접선을 선택할 때, ([Shift]+마우스 오른쪽 버턴), (메뉴에서 접점 선택)을 하지 않고, 키보드로 tan [Enter↵] 하여도 된다.

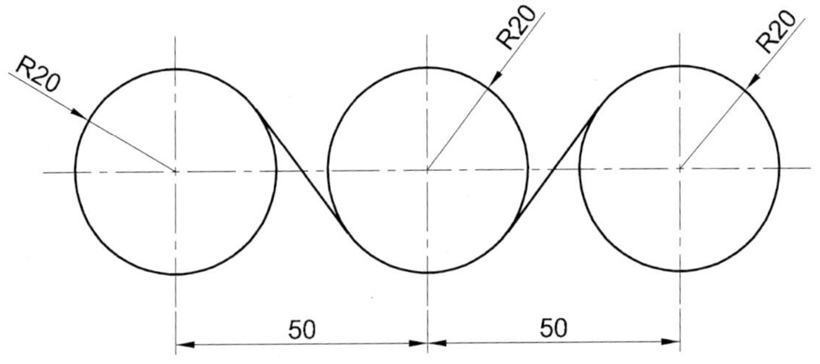
R20
R20
R20
50
50

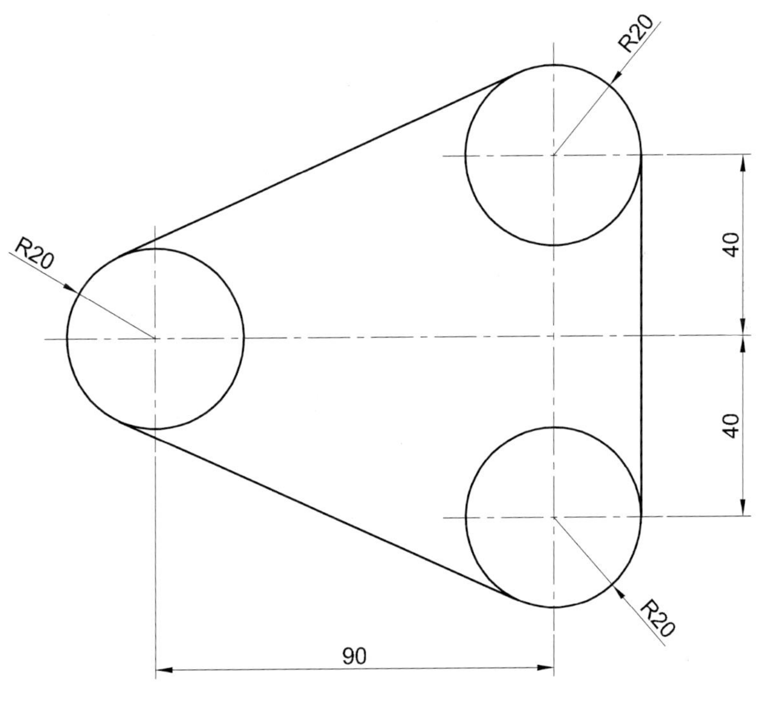
R20
R20
R20
40
40
90

3. 8. 단원체크

할 수 있는 항목을 ☑로 표시하시오.

☐ 중심을 지정하고 반지름을 입력하여 원을 그릴 수 있다.

☐ 중심의 위치를 선 그리기(L)와 간격띄우기(O) 등을 사용하여 그릴 수 있다.

☐ 3점을 지나는 원을 그릴 수 있다.

☐ 2점을 지름으로 하는 원을 그릴 수 있다.

☐ 2선에 접하고 반지름이 있는 원을 그릴 수 있다.

☐ 반지름을 대신하여 지름을 입력하여 원을 그릴 수 있다.

☐ 원 그리기와 자르기를 사용하여 호를 그릴 수 있다.

☐ 원 호에 접하는 선을 그릴 수 있다.

3. 9. 실습

실습 3-1

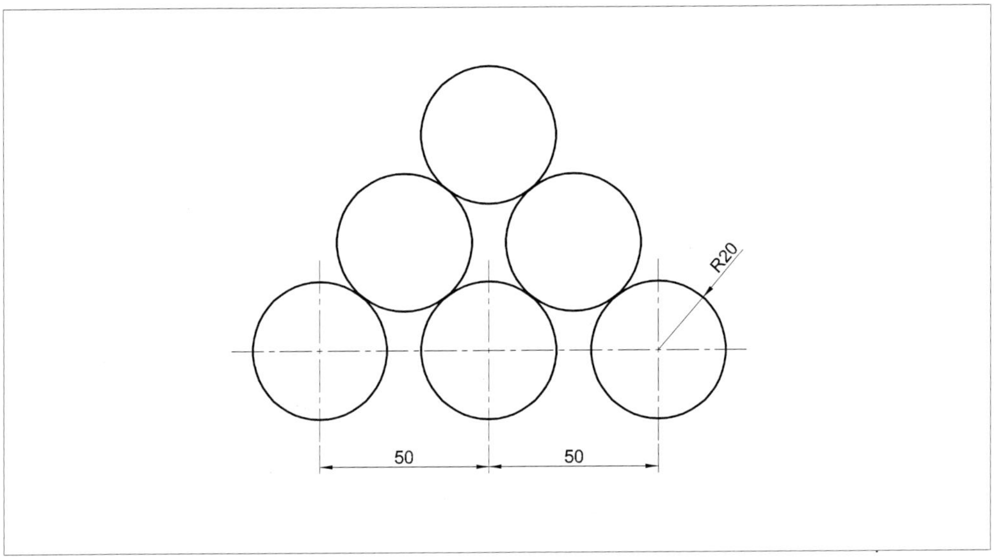

실습 3-2

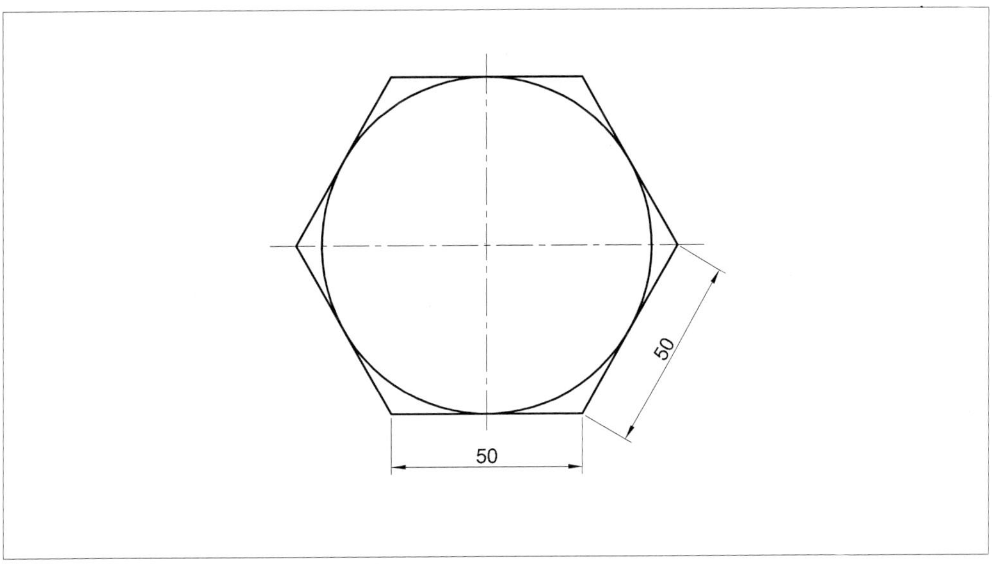

실습 3-3

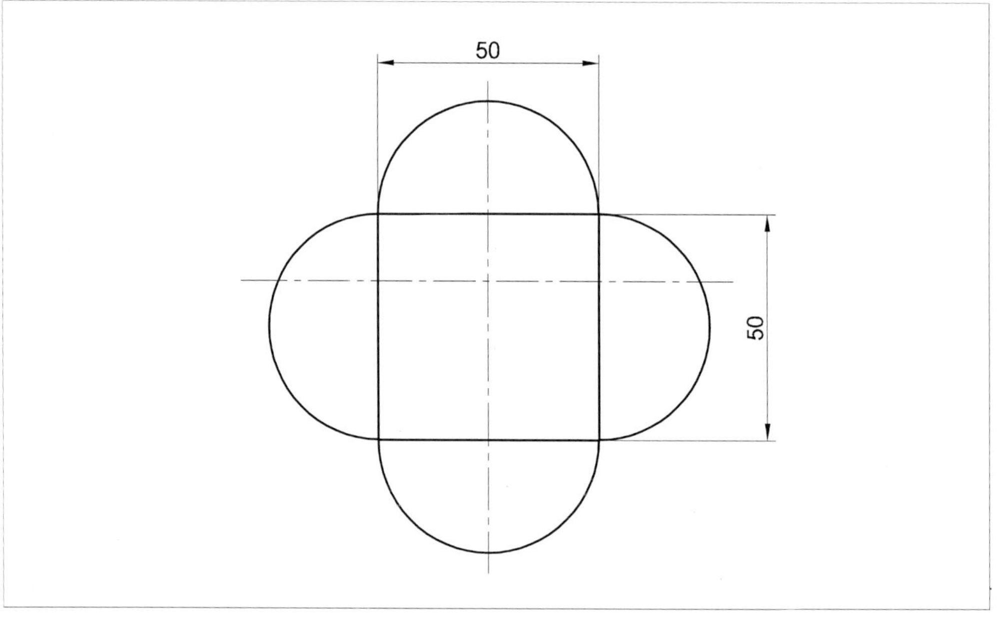

실습 3-4

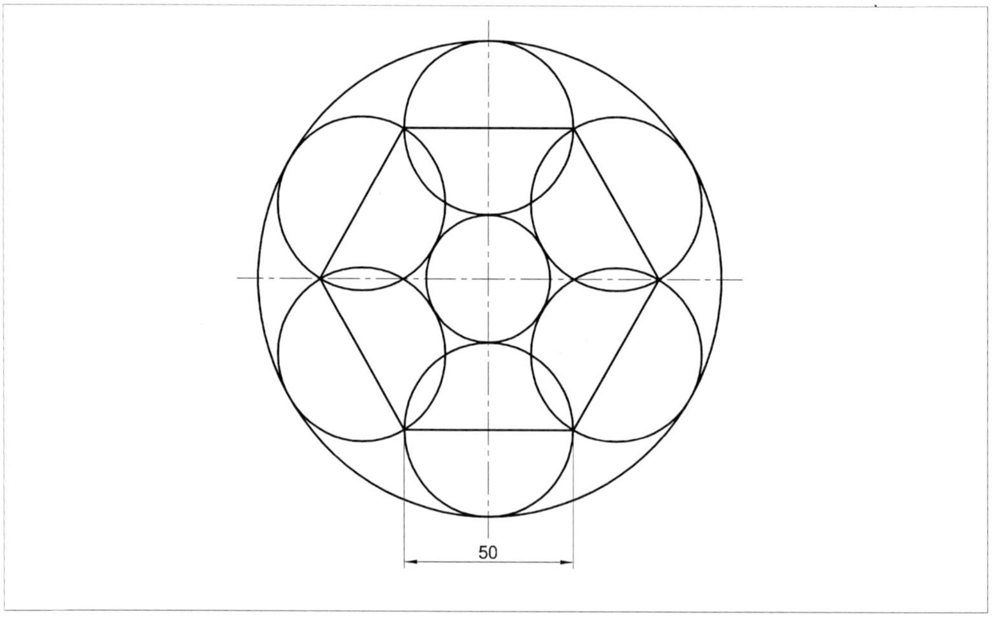

실습 3-5

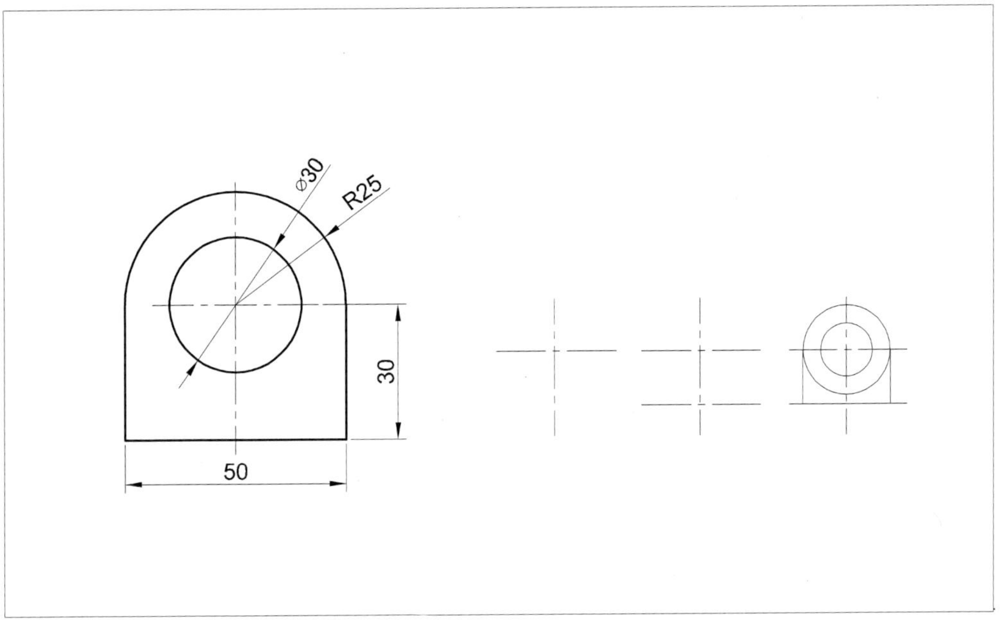

실습 3-6

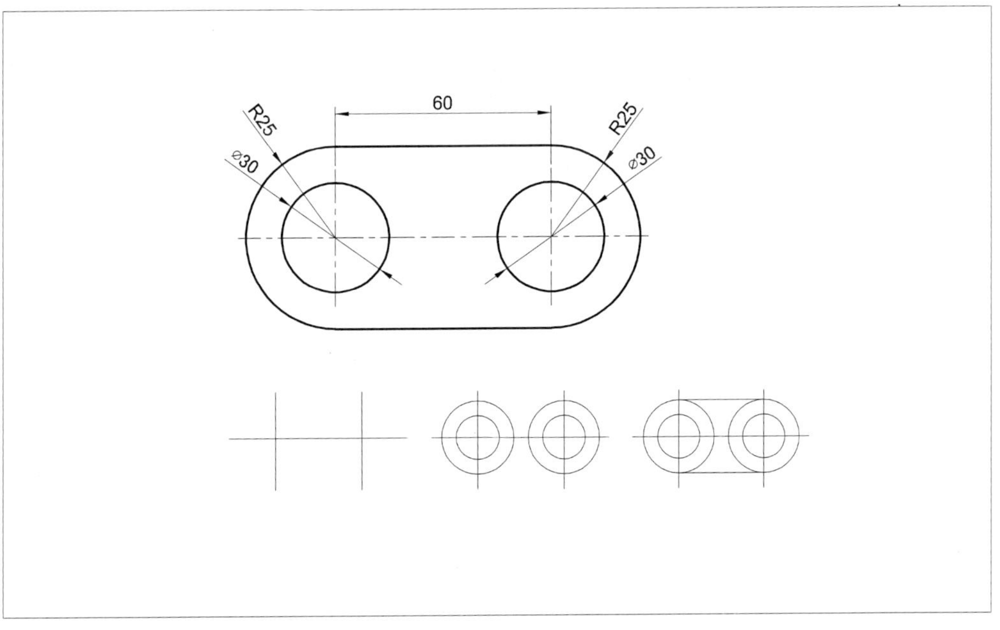

실습 3-7

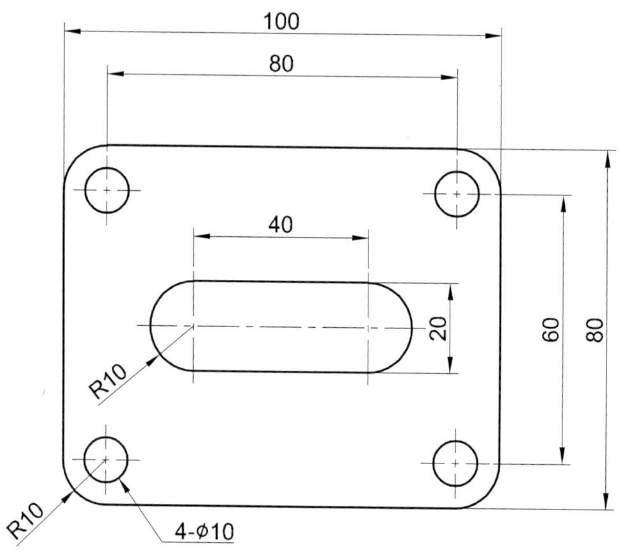

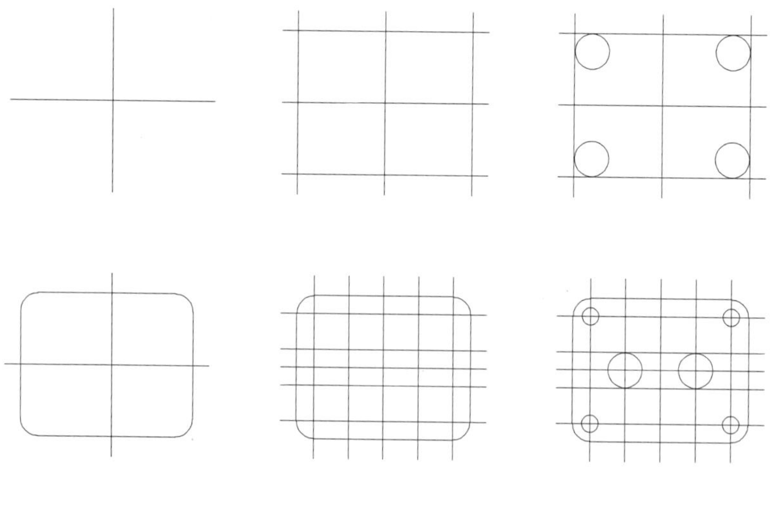

실습 3-8

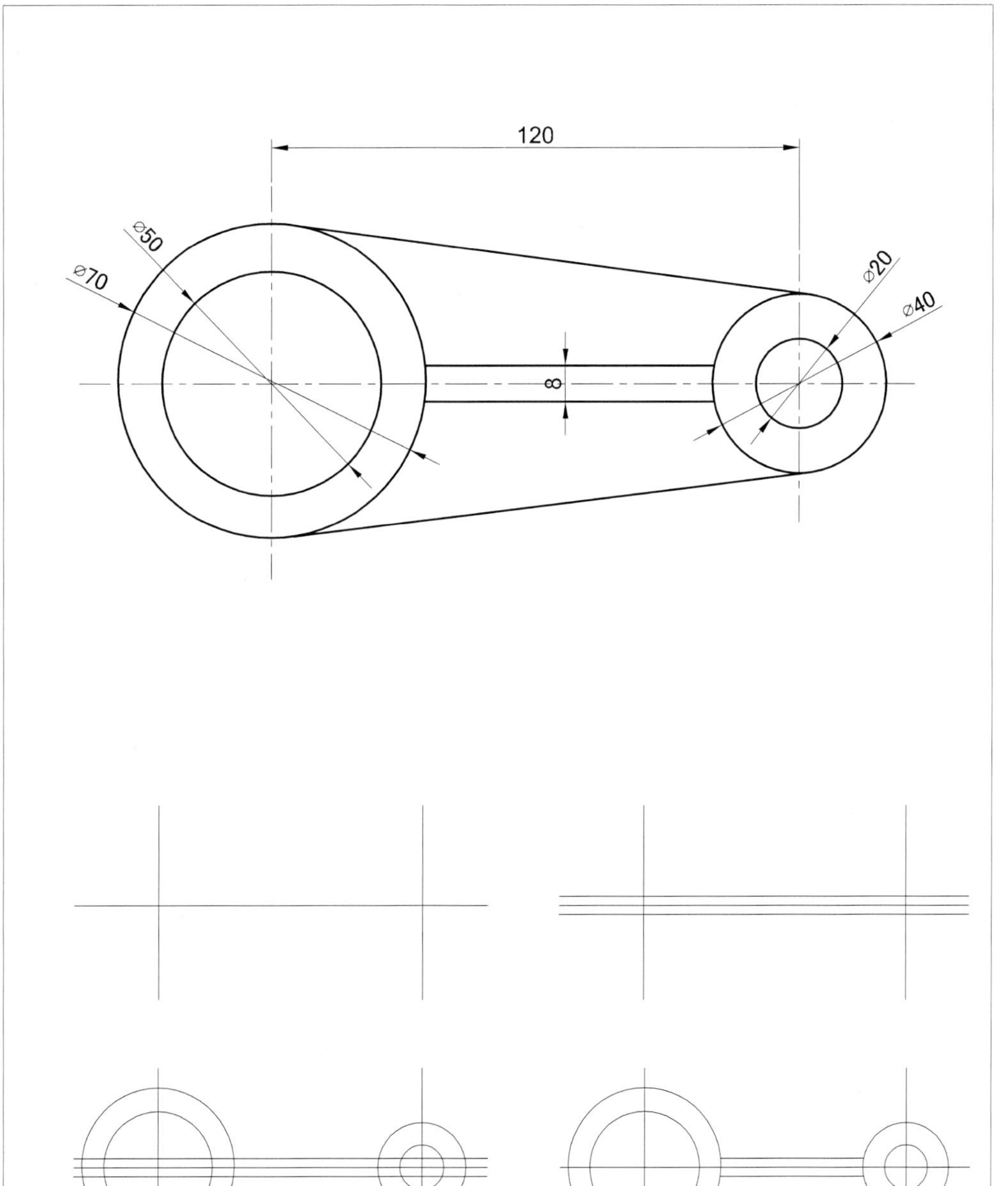

실습 3-9

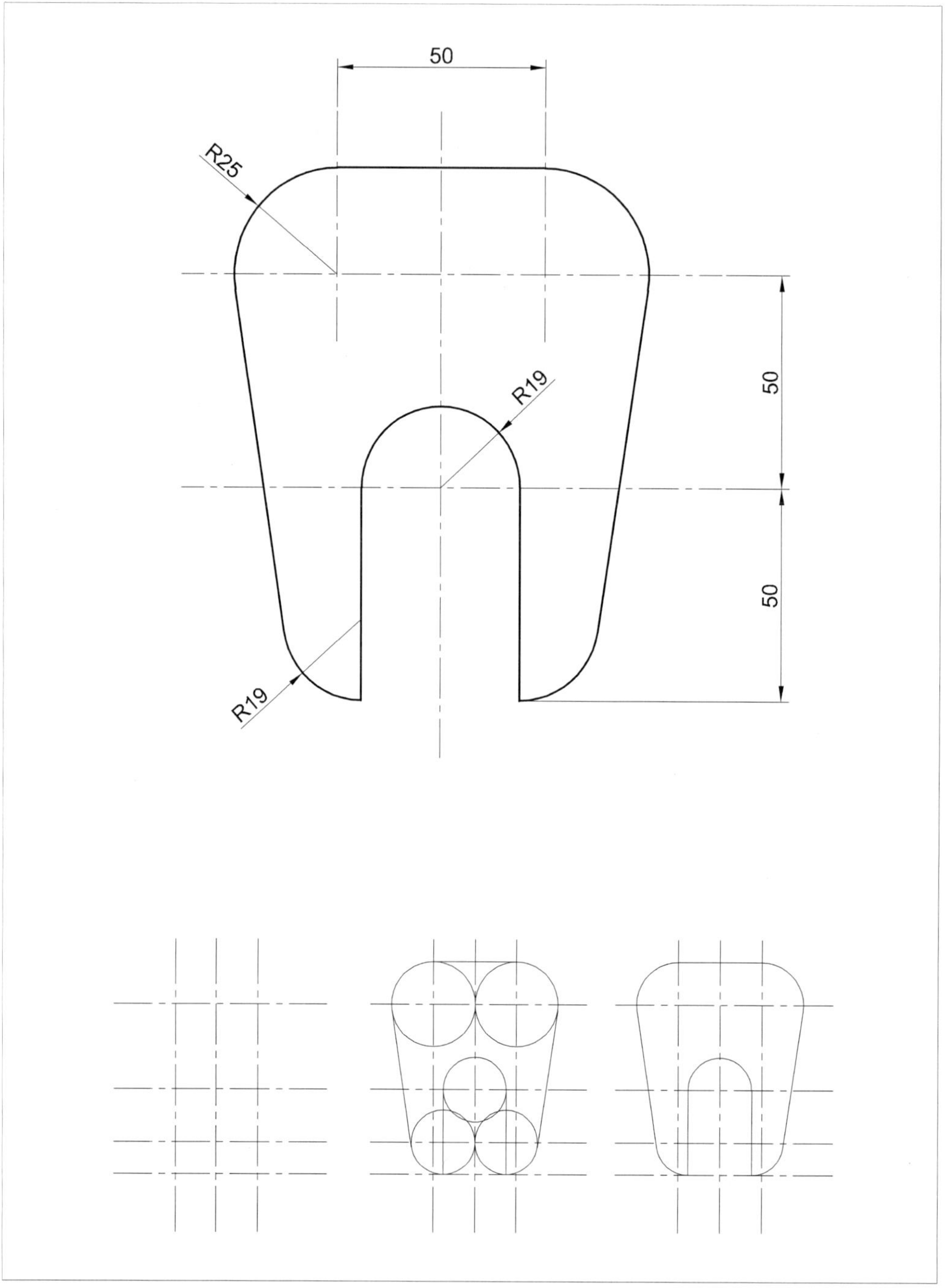

실습 3-10

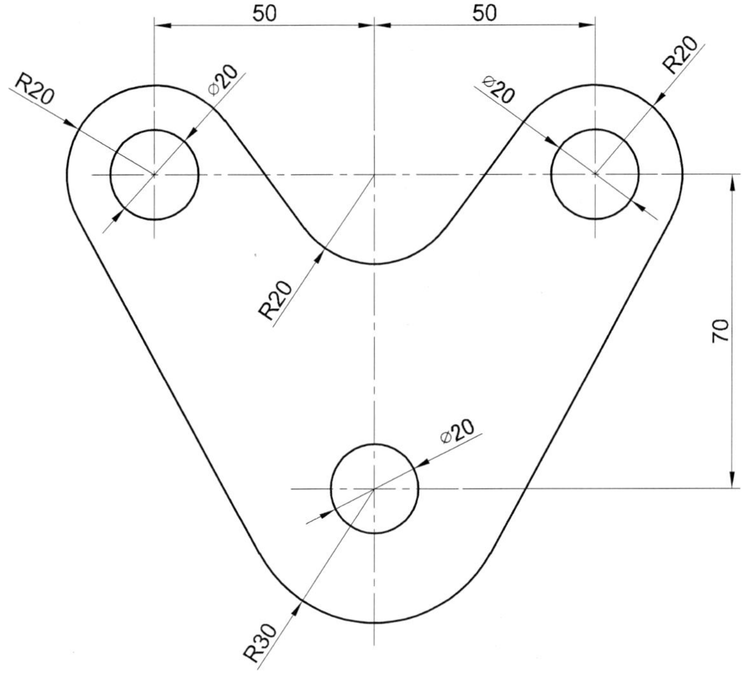

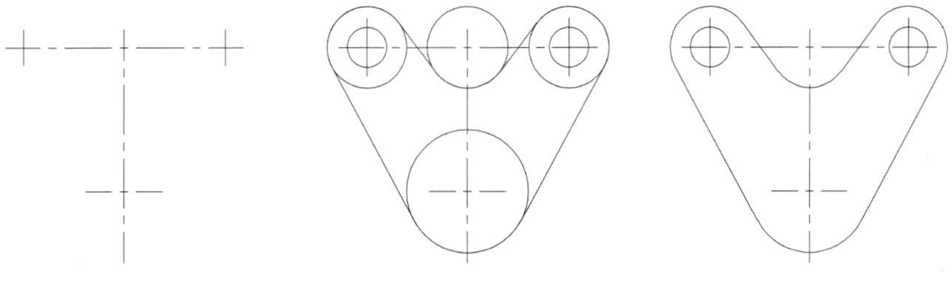

실습 3-11

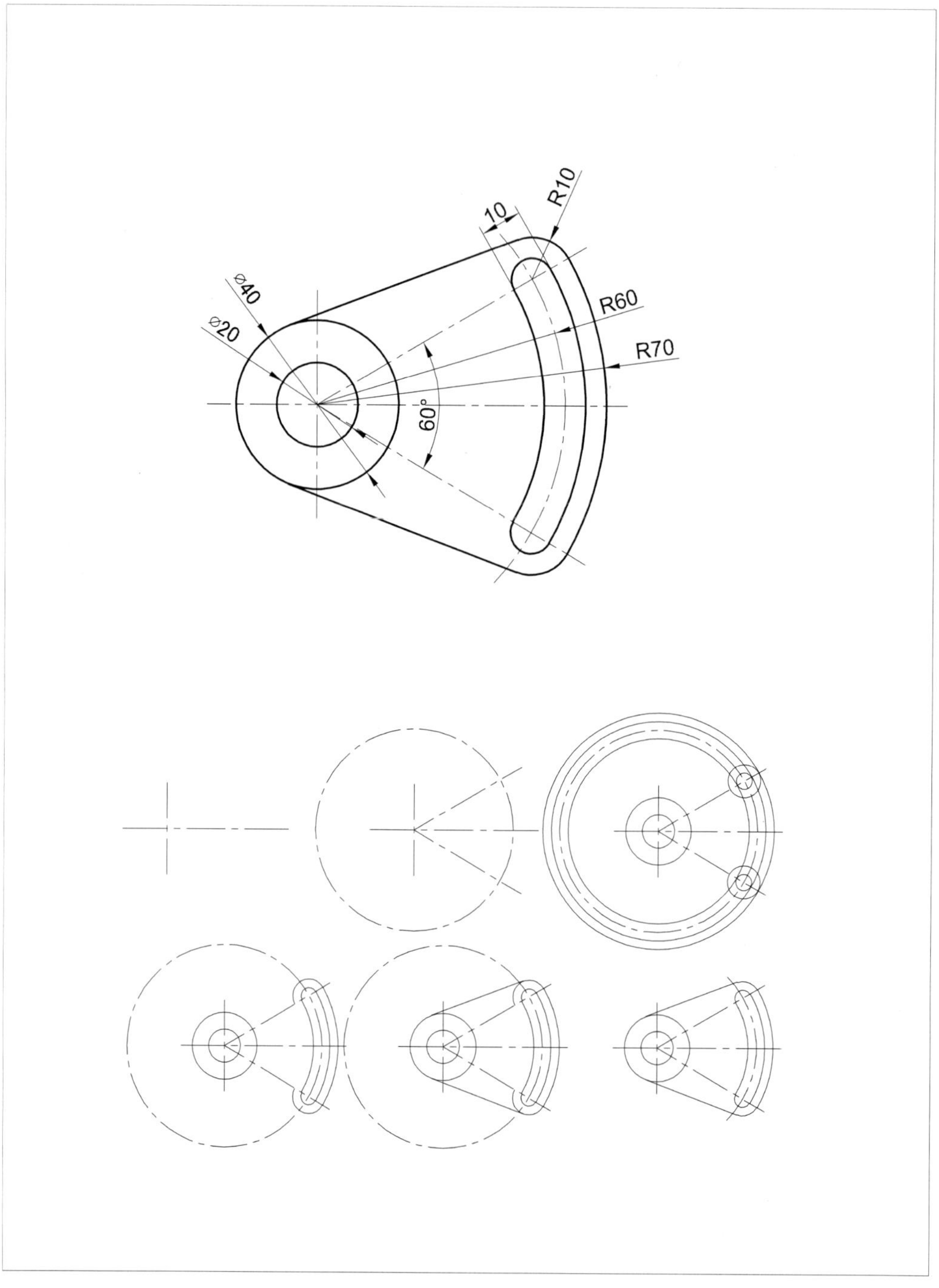

CHAPTER 04

수 정

4. 1. 복사(CO, Copy)

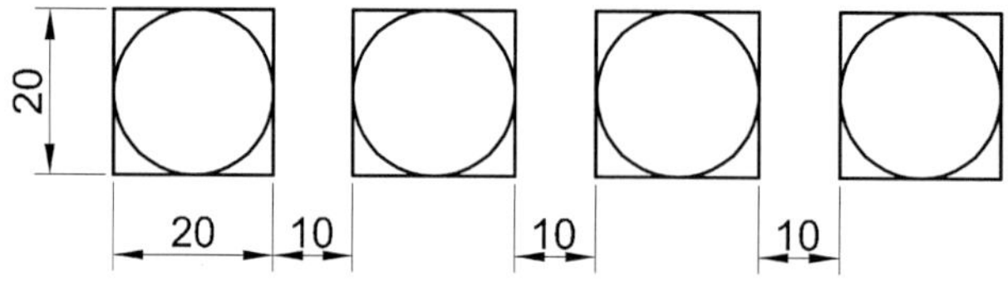

① 한 변의 길이가 20인 사각형을 그리고, 사각형 선의 중간점 2점으로 원을 그린다.
  - C [Enter↵], 2P [Enter↵], (선의 중간점 클릭), (마주보는 선의 중간점 클릭)

② CO [Enter↵] 하여 복사 명령을 시작한다.

③ 명령행 "COPY 객체 선택: " 에 따라 복사할 원본으로 사각형과 원을 드래그 선택한다.

④ [Enter↵] (객체 선택의 종료를 의미한다.)

⑤ 명령행 "COPY 기본점 지정 또는 ..." 에 따라 기본점으로 화면상의 적당한 곳을 클릭한다.

⑥ 명령행 "COPY 두 번째 점 지정 또는 ... " 에 따라 길이 30의 수평선을 그린다.
  - (마우스 포인트를 수평으로 이동), 30 [Enter↵]

⑦ [Enter↵] (복사 명령의 종료를 의미한다.

⑧ CO [Enter↵] (복사 시작)

⑨ 복사할 원본으로 오른 쪽에 복사한 사각형과 원을 드래그 선택한다.

⑩ [Enter↵] (객체 선택의 종료)

⑪ 기본점으로 왼쪽 원의 중심점을 클릭한다.

⑫ 두 번째 점으로 오른쪽 원의 중심점을 클릭한다.

⑬ [Enter↵] (복사 명령의 종료)

⑭ ⑧~⑬을 반복하여 완성한다.
  - CO [Enter↵], (오른 쪽에 복사한 사각형과 원 선택), [Enter↵],
  (왼쪽 원의 중심점을 클릭), (오른쪽 원의 중심점을 클릭), [Enter↵]

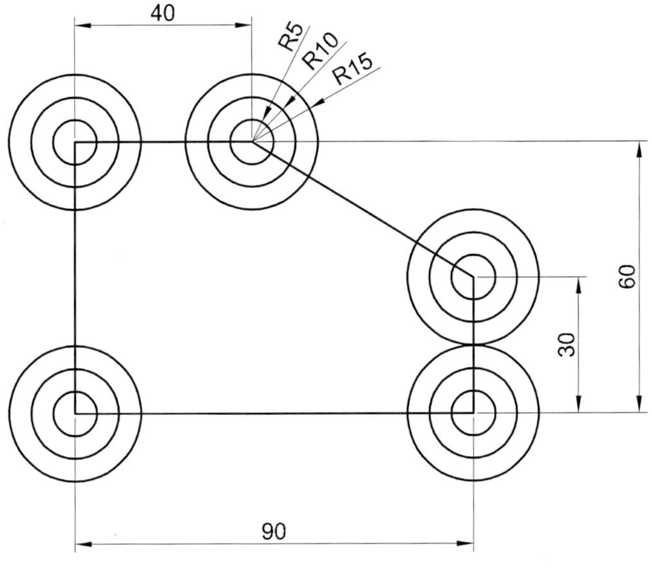
40
R5
R10
R15
60
30
90

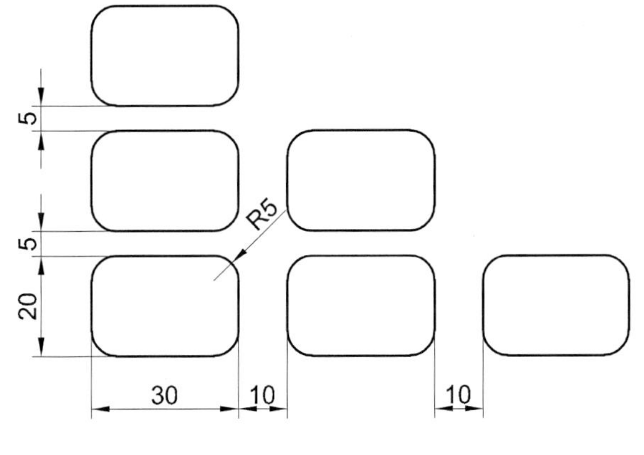
5
5
20
R5
30
10
10

4. 2. 이동(M, Move)

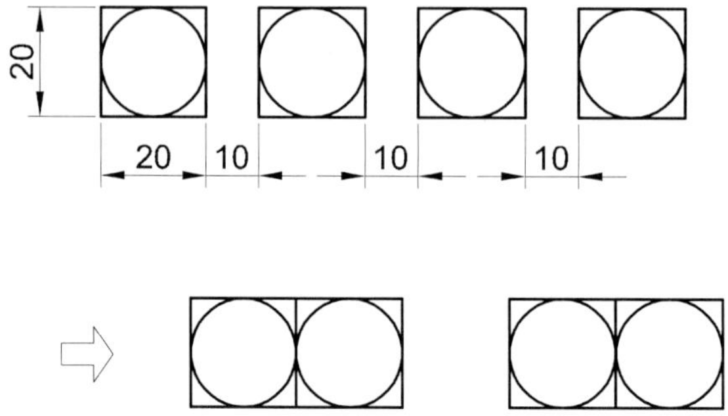

① 4.1 복사에서 만든 원과 사각형 4개를 복사하여 활용한다.

② M Enter↵ 하여 이동 명령을 시작한다.

③ 명령행 “MOVE 객체 선택: ” 에 따라 이동할 왼쪽 사각형과 원을 드래그 선택한다.

④ Enter↵ (객체 선택의 종료를 의미한다)

⑤ 명령행 “MOVE 기본점 지정 또는 ...” 에 따라 기본점으로 화면상의 적당한 곳을 클릭한다.

⑥ 명령행 “MOVE 두 번째 점 지정 또는 ... “ 에 따라 길이 10의 수평선을 그린다.
   - (마우스 포인트를 수평으로 이동), 10 Enter↵

⑦ M Enter↵ (이동시작)

⑧ 이동할 대상으로 세 번째 사각형과 원을 선택한다.

⑨ 기본점으로 세 번째 사각형 오른쪽 아래 꼭지점을 클릭한다.

⑩ 두 번째 점으로 네 번째 사각형 왼쪽 아래 꼭지점을 클릭한다.

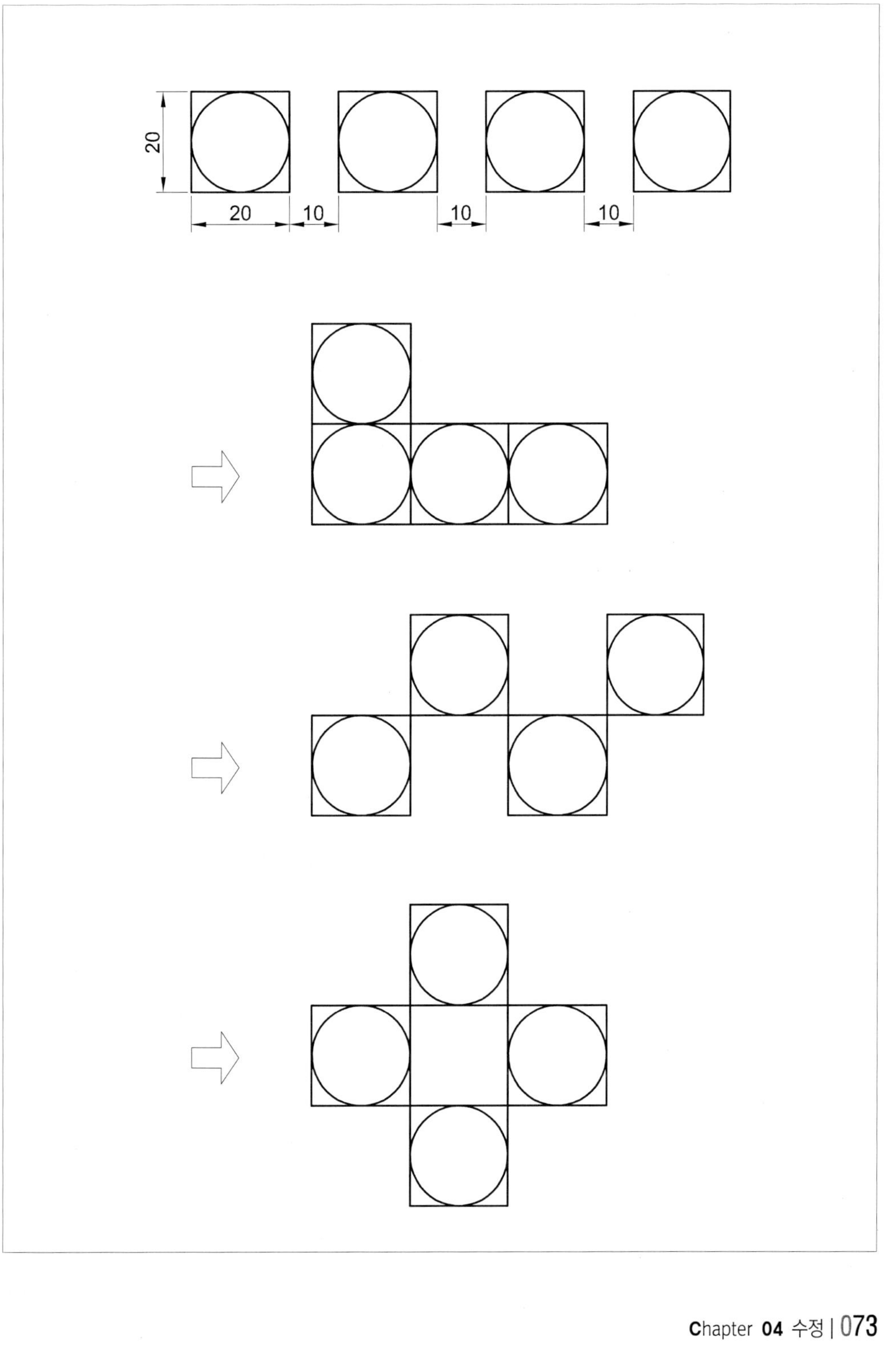
20
20
10
10
10

4. 3. 대칭(MI, Mirror)

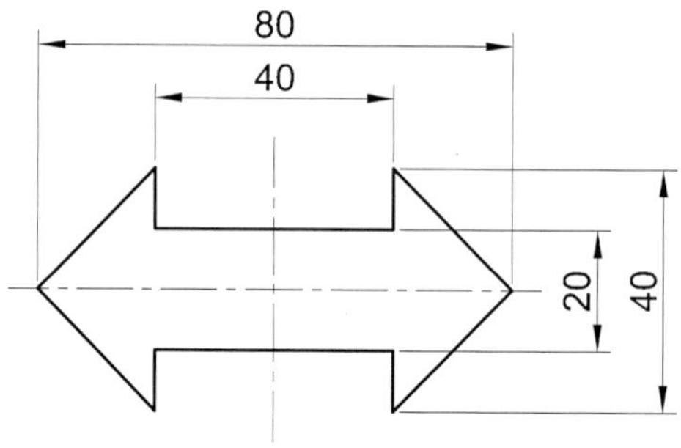

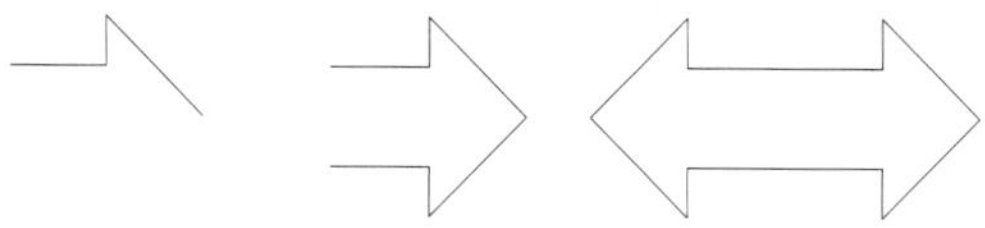

① 선 그리기, 간격띄우기, 자르기 등으로 화살표의 1/4을 그린다.

② MI Enter↵ 하여 대칭 명령을 시작한다.

③ 명령행 "MIRROR 객체선택 :" 에 따라 대칭시킬 객체로 화살표 1/4을 모두 선택한다.

④ Enter↵ (객체 선택의 종료를 의미한다.)

⑤ 명령행 "대칭선의 첫 번째점 지정" 에 따라 화살표의 끝점을 클릭한다.

⑥ 명령행 "대칭선의 두 번째점 지정" 에 따라 마우스 포이트를 수평으로 이동하여 클릭한다.

⑦ 명령행 "원본 객체를 지우시겠습니까 ? [예(Y), 아니오(N)] 〈N〉" 에서 Enter↵하면 〈 〉안의 N이 입력된다.

⑧ MI Enter↵ , (화살표 1/2 선택), Enter↵,

⑨ (위 수평선의 왼쪽 끝점 클릭), (아래 수평선의 왼쪽 끝점 클릭)

⑩ Enter↵

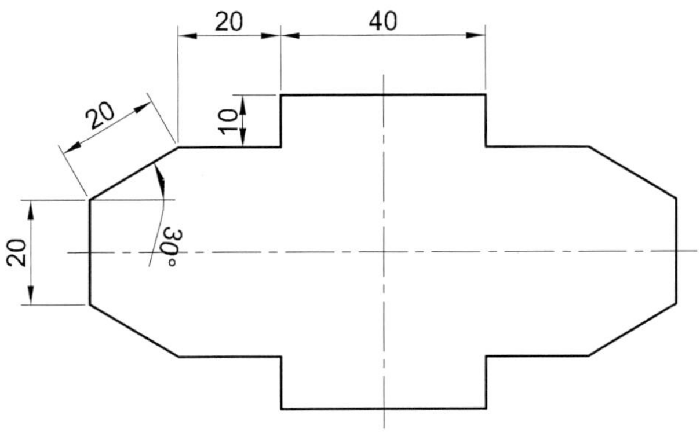

20
40
20
10
20
30°

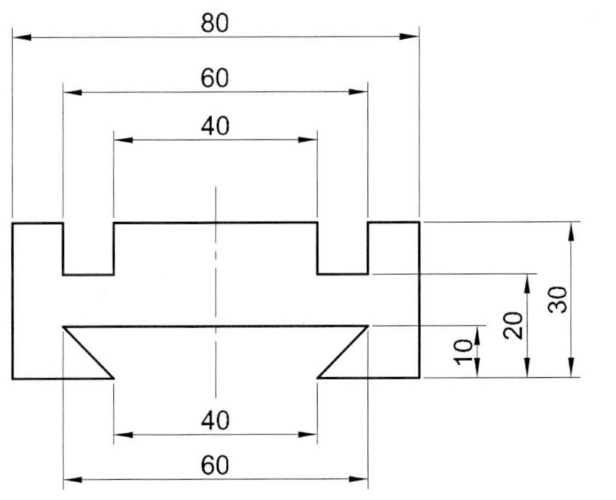

80
60
40
30
20
10
40
60

4. 모깎기(F, Fillet)

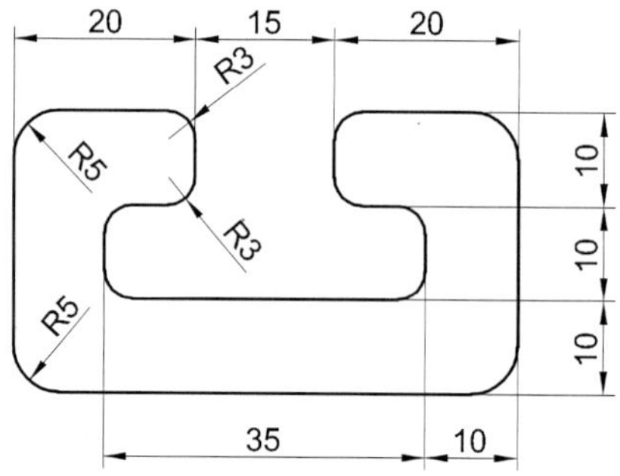

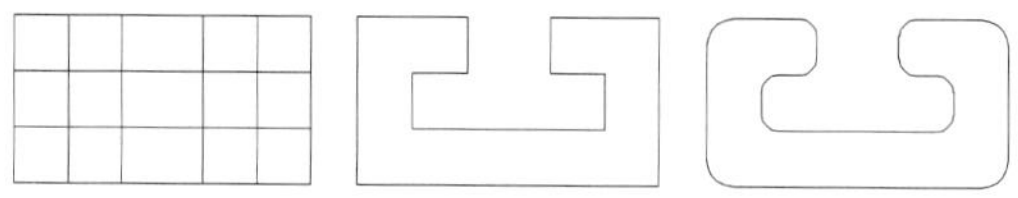

① 선 그리기, 간격띄우기, 자르기로 아래의 두 번째와 같은 모양으로 그린다.

② F Enter↵한다.

③ 명령행에서 현재 설정 반지름 값을 확인하고, 반지름 변경을 위해서 R Enter↵한다.

```
현재 설정: 모드 = 자르기, 반지름 = 0.0000
FILLET 첫 번째 객체 선택 또는 [명령 취소(U) 폴리선(P) 반지름(R) 자르기(T) 다중(M)]:
```

④ 명령행 “모깎기 반지름 지정 〈0.0000〉:” 에서 반지름으로 5 Enter↵한다.

⑤ 왼쪽 아래 모서리의 수평선을 클릭한다.

⑥ 왼쪽 아래 모서리의 수직선을 클릭한다.

⑦ F Enter↵ , (명령행에서 반지름 값을 확인), (왼쪽 위 모서리 수평선 클릭), (수직선 클릭)

⑧ 오른쪽 위, 아래 두 모서리도 동일한 방법으로 모깎기 한다.

⑨ F Enter↵ , R Enter↵ , 3 Enter↵ (모깎기를 실행하고 반지름을 3으로 변경한다)

⑩ 반지름 3인 모서리의 두 선을 차례로 클릭한다.

⑪ 반복하여 완성한다.

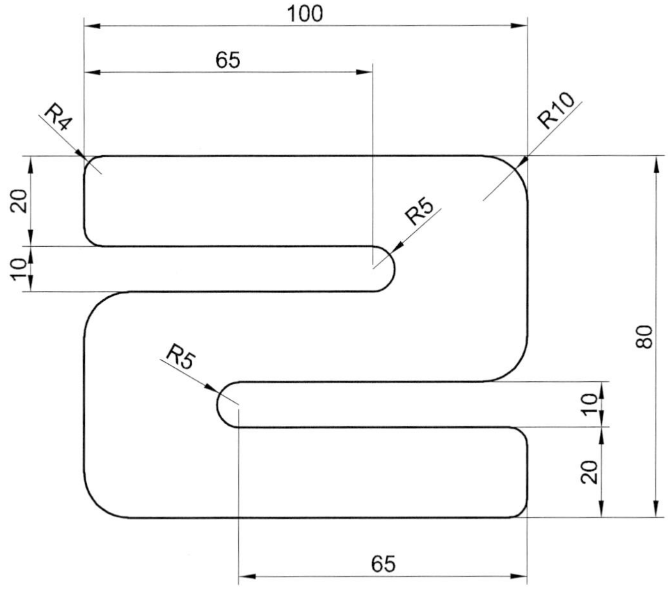
100
65
R4
R10
20
R5
10
R5
80
10
20
65

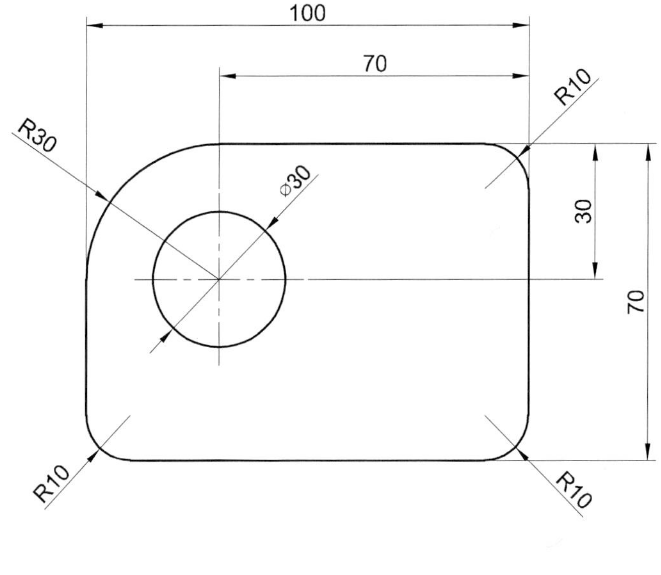
100
70
R10
R30
⌀30
30
70
R10
R10

4. 5. 모따기(CHA, Chamfer)

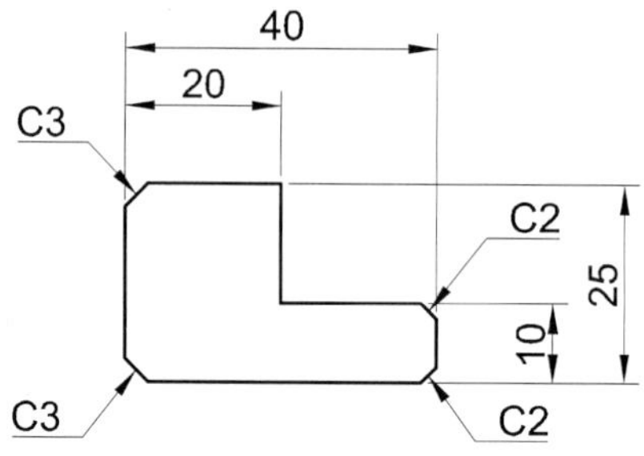

① 기본 도형을 그린다.

② 아이콘 메뉴에서 모따기를 선택한다.

- 또는, 명령 "CHA" 입력 후 Enter↵한다.

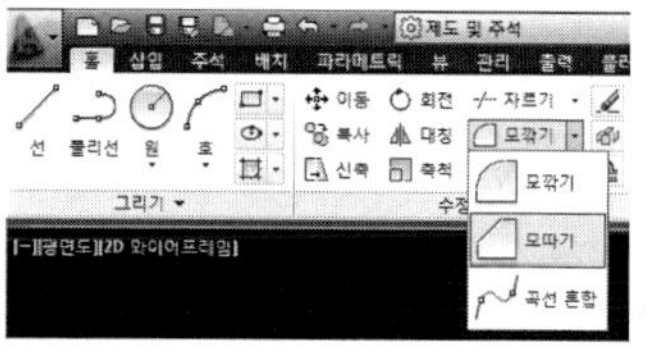

③ 명령행에서 현재 모따기 거리를 확인하고, 거리 변경을 위해서 D Enter↵한다.

④ "첫 번째 모따기 거리 지정 〈0.0000〉:" 에서 3 Enter↵한다.

⑤ "두 번째 모따기 거리 지정 〈3.0000〉:" 에서 Enter↵한다(〈 〉안의 값인 3이 입력된다).

⑥ C3으로 모따기를 할 왼쪽 위 모서리의 두선을 차례로 클릭한다.

⑦ Enter↵ 한다(직전에 실행한 명령인 모따기가 다시 실행된다).

⑧ 명령행에서 "현재 모따기 거리1 = 3.000, 거리2 = 3.0000" 이므로, 거리 변경 없이 왼쪽 아래 모서리의 두선을 차례로 클릭한다.

⑨ Enter↵, D Enter↵, 2 Enter↵, 2 Enter↵, (오른쪽 위 모서리 수평선 클릭), (수직선 클릭)

⑩ Enter↵, (오른쪽 아래 모서리 수평선 클릭), (수직선 클릭)

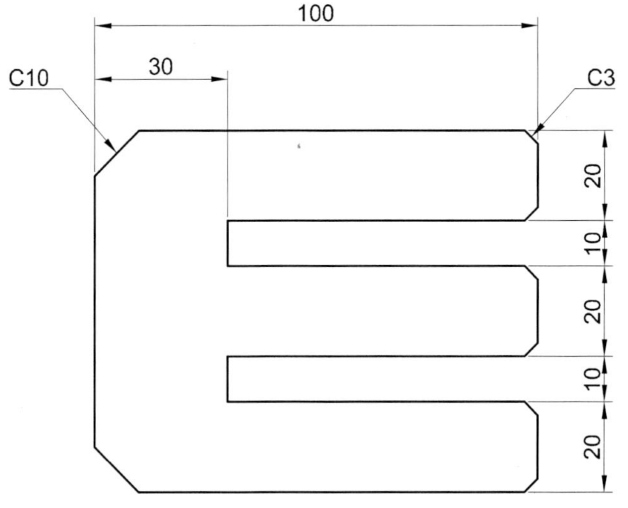
100
30
C10
C3
20
10
20
10
20

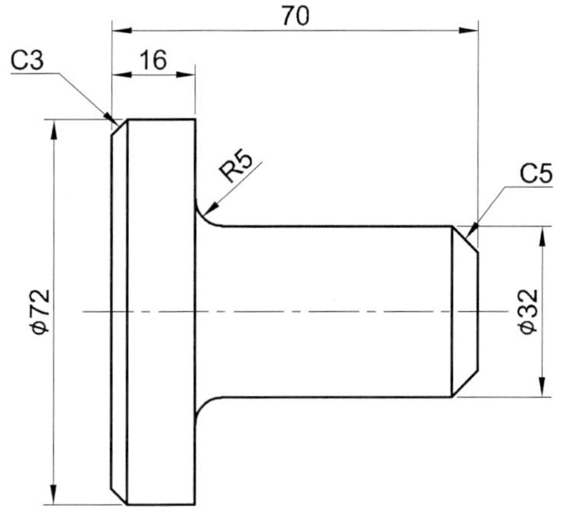
70
16
C3
R5
C5
ϕ72
ϕ32

4. 6. 배열(AR, Array) ; 원형 배열

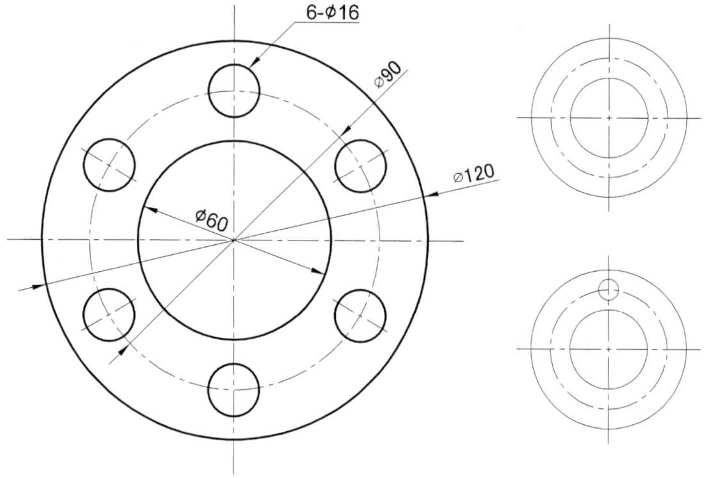

① 중심선으로 수평선, 수직선을 그린다.

② 교차점을 중심으로 하는 3 개의 원을 그린다(지름 60. 90, 120).

③ 수직선과 두번째 원(지름 90)의 교차점을 중심으로 지름 16인 원을 그린다.

④ 아이콘 메뉴에서 원형 배열을 선택한다.

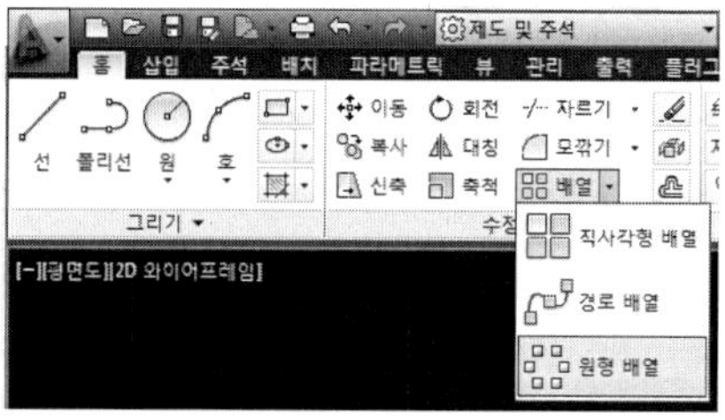

⑤ 지름 16 원을 선택한다.

⑥ Enter↵ (객체 선택의 종료를 의미한다)

⑦ 배열의 중심점으로 큰 원들의 중심점을 클릭한다.

⑧ 메뉴에서 항목수, 사이 각도, 채우기 각도를 확인하고, 필요시 변경한다.

⑨ Enter↵ 또는 배열 닫기를 클릭한다.

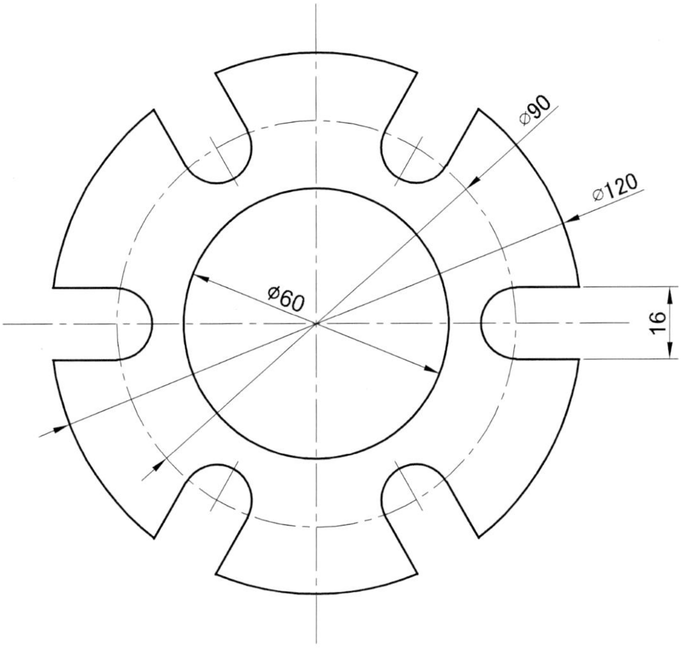
⌀90
⌀120
⌀60
16

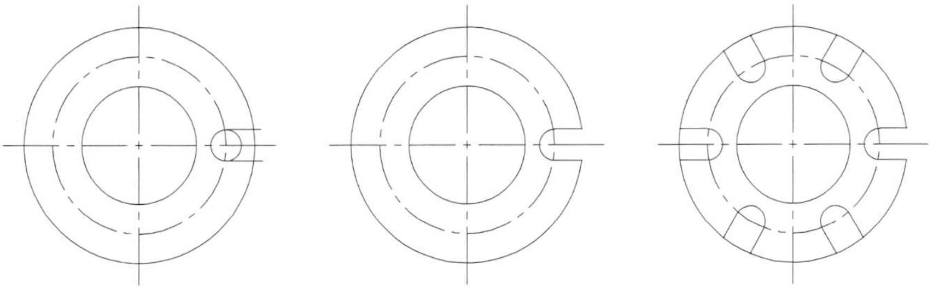

4. 7. 단원체크

할 수 있는 항목을 ☑로 표시하시오.

☐ 수평선, 수직선을 길이에 맞추어 그릴 수 있다.

☐ 각도가 있는 경사진 선을 그릴 수 있다.

☐ 끝점, 중간점, 교차점 등을 선택하여 선을 그릴 수 있다.

☐ 객체스냅을 켜고, 끌 수 있다.

☐ 객체스냅의 각 점들을 필요에 따라 켜고, 끌 수 있다.

☐ 자르기 명령으로 선의 일부를 잘라서 지울 수 있다.

☐ 간격 띄우기 명령으로 선으로부터 일정 거리에 있는 선을 그릴 수 있다.

4. 8. 실습

실습 4-1

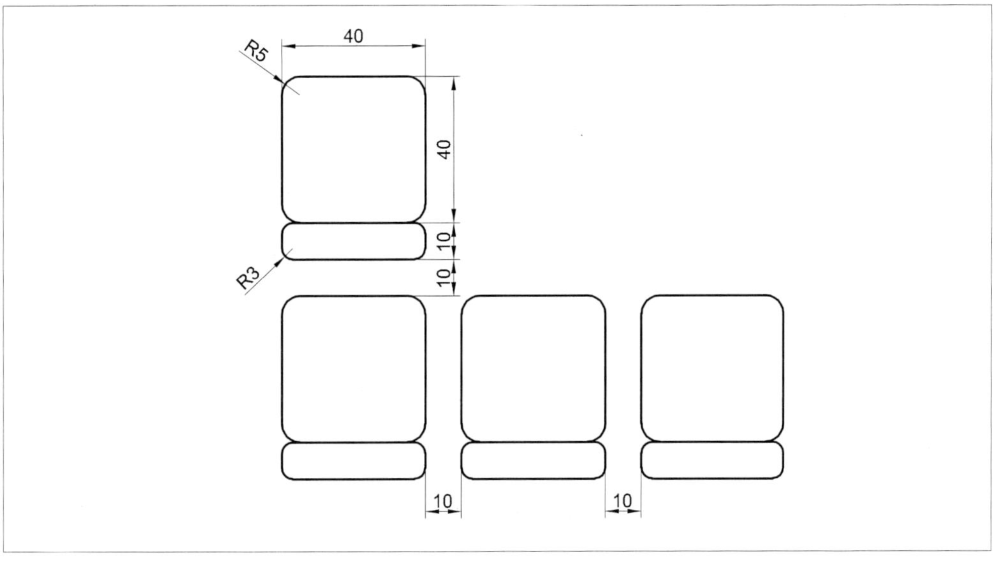

실습 4-2

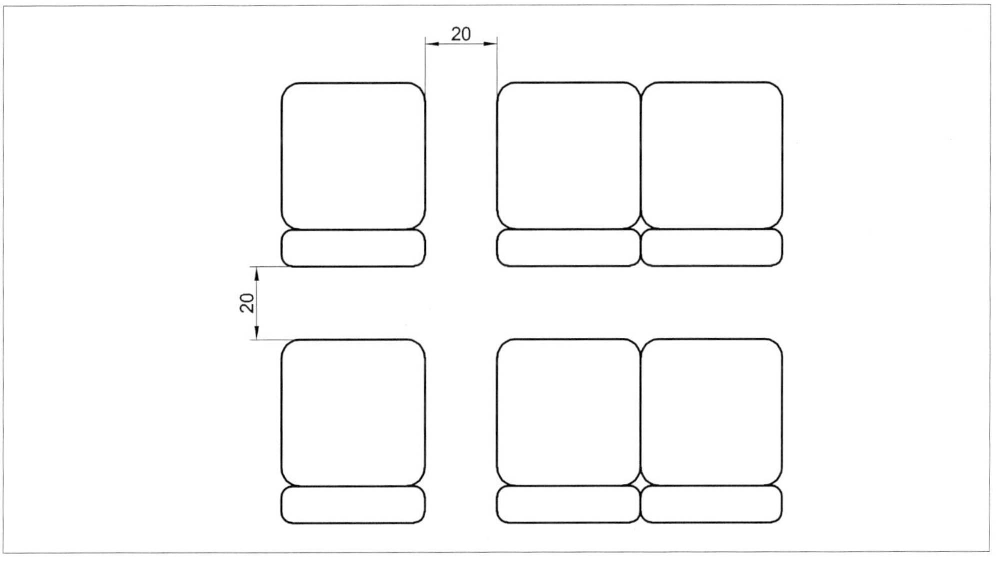

실습 4-3

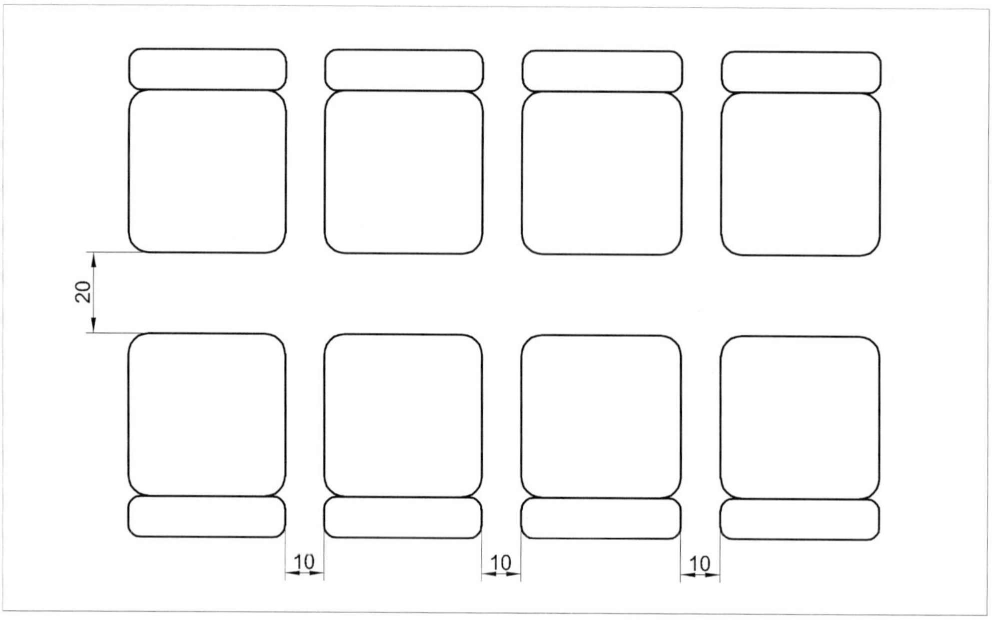

실습 4-4

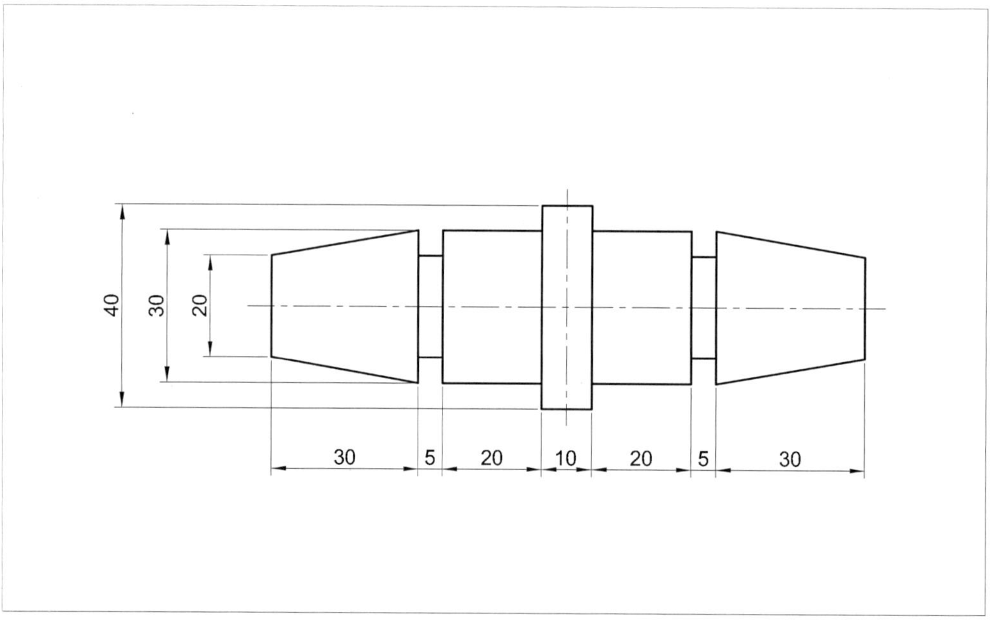

실습 4-5

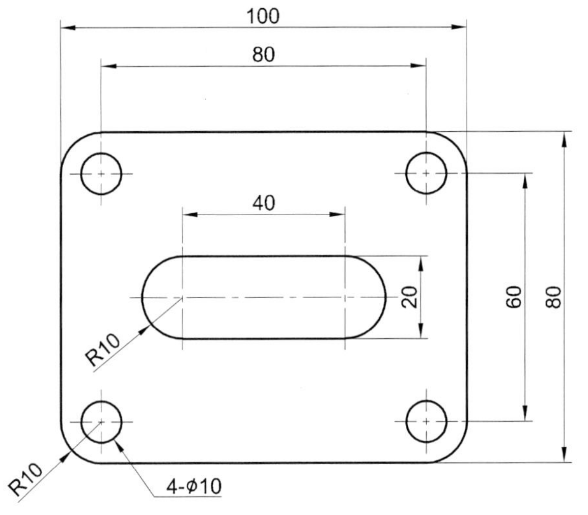

실습 4-6

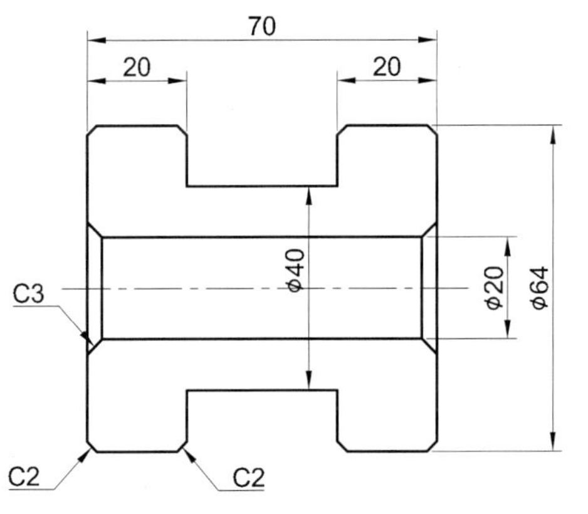

실습 4-7

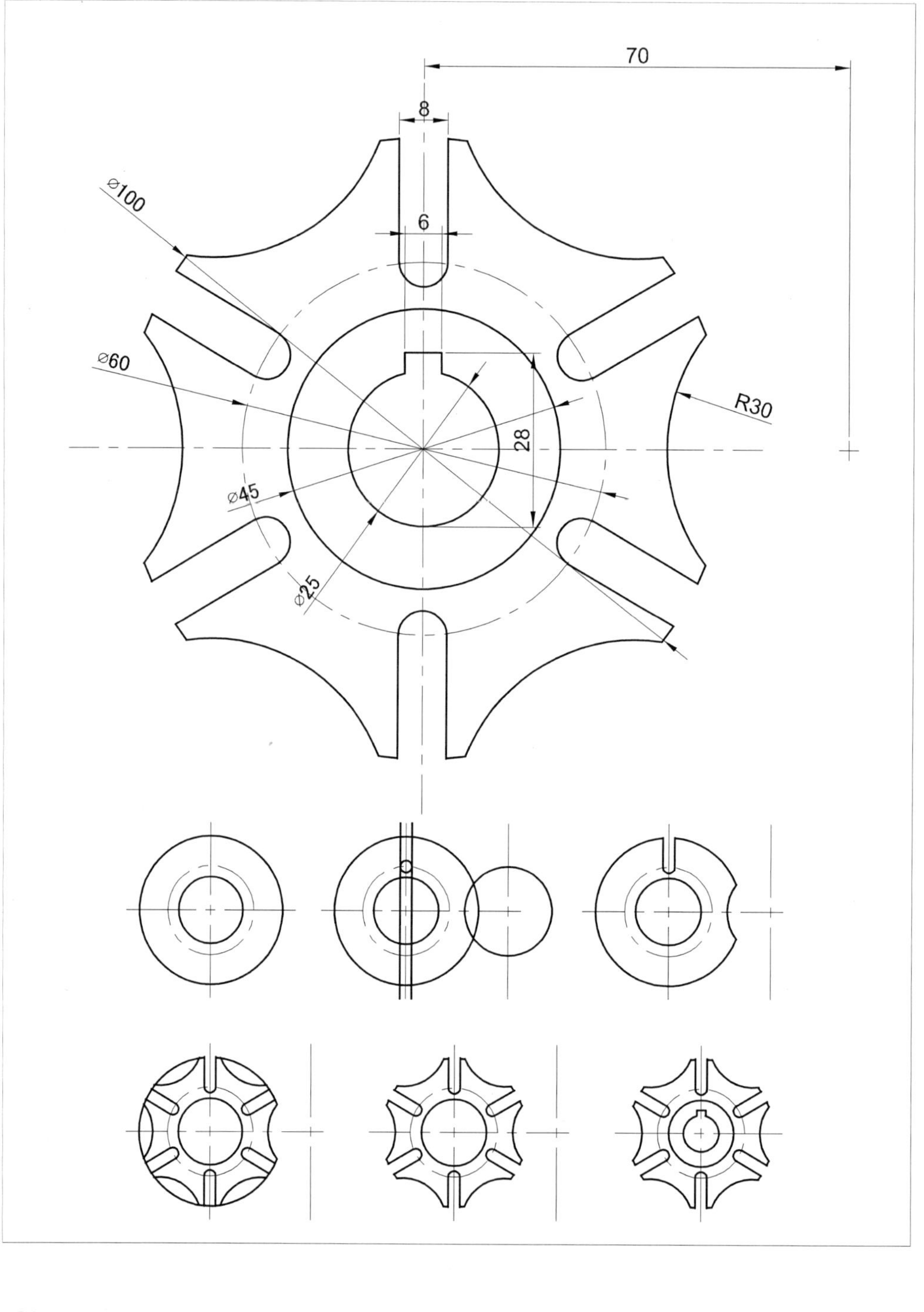

실습 4-8

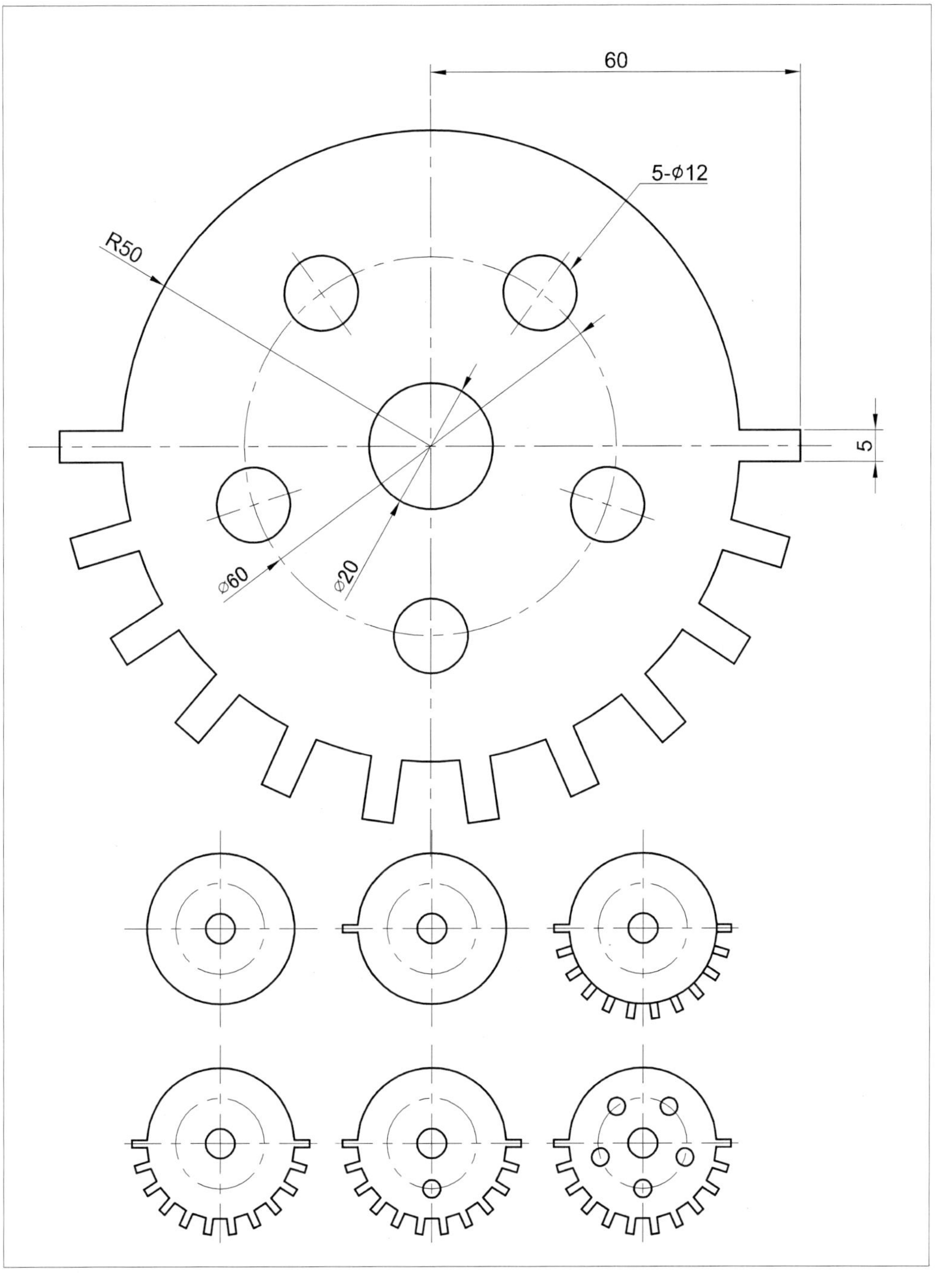

실습 4-9

◎ 배열(Array), 분해(Explode), 자르기(Trim) 명령 사용

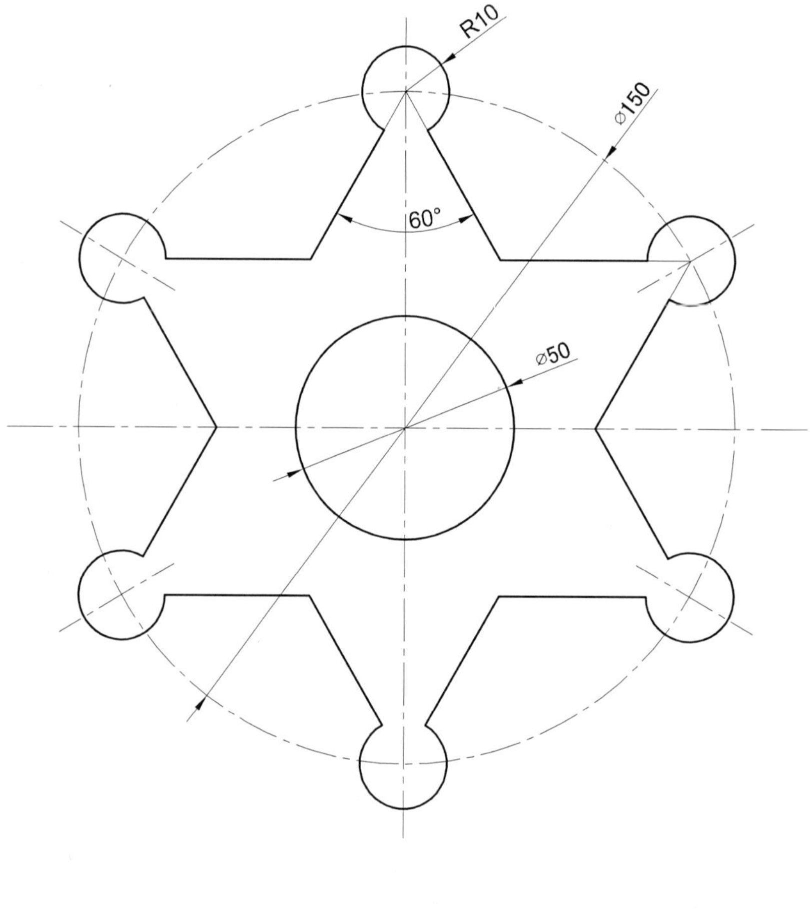

CHAPTER 05

투상도 기초

5. 1. 정면도, 평면도, 우측면도

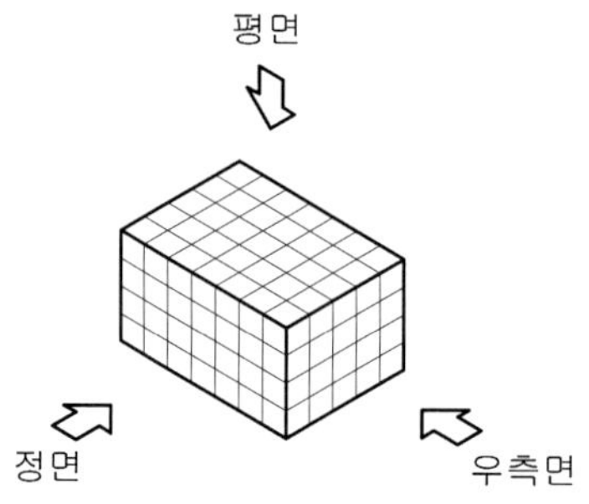

5.1.1. 형상

명 칭	설 명	형 상	크 기	
			가 로	세 로
정면도	정면에서 바라본 모양	사각형	7칸	4칸
우측면도	오른쪽에서 바라본 모양	사각형	5칸	4칸
평면도	위에서 내려다본 모양	사각형	7칸	5칸

5.1.2. 배치(3각법)

① 정면도를 기준으로 우측면도는 오른쪽에, 평면도는 위에 배치한다.

② 정면도와 우측면도는 위 아래면이, 정면도와 평면도는 측면이 일치해야 한다.

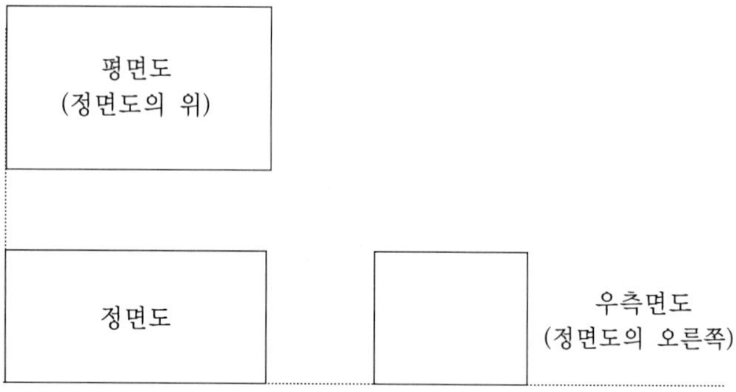

5.1.3. 투상도 그리기

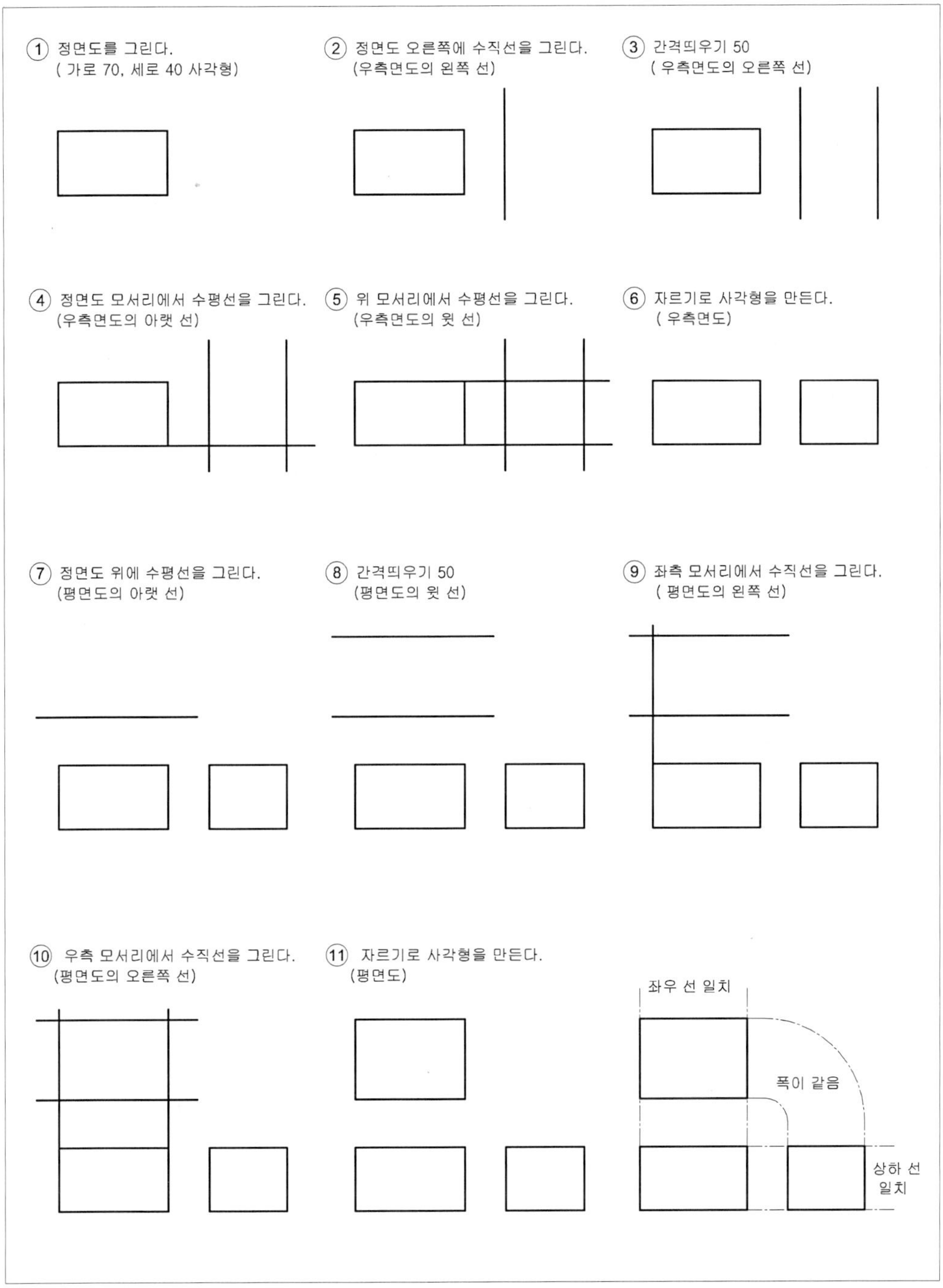
① 정면도를 그린다.
(가로 70, 세로 40 사각형)
② 정면도 오른쪽에 수직선을 그린다.
(우측면도의 왼쪽 선)
③ 간격띄우기 50
(우측면도의 오른쪽 선)
④ 정면도 모서리에서 수평선을 그린다.
(우측면도의 아랫 선)
⑤ 위 모서리에서 수평선을 그린다.
(우측면도의 윗 선)
⑥ 자르기로 사각형을 만든다.
(우측면도)
⑦ 정면도 위에 수평선을 그린다.
(평면도의 아랫 선)
⑧ 간격띄우기 50
(평면도의 윗 선)
⑨ 좌측 모서리에서 수직선을 그린다.
(평면도의 왼쪽 선)
⑩ 우측 모서리에서 수직선을 그린다.
(평면도의 오른쪽 선)
⑪ 자르기로 사각형을 만든다.
(평면도)
좌우 선 일치
폭이 같음
상하 선
일치

1 칸 = 10 mm

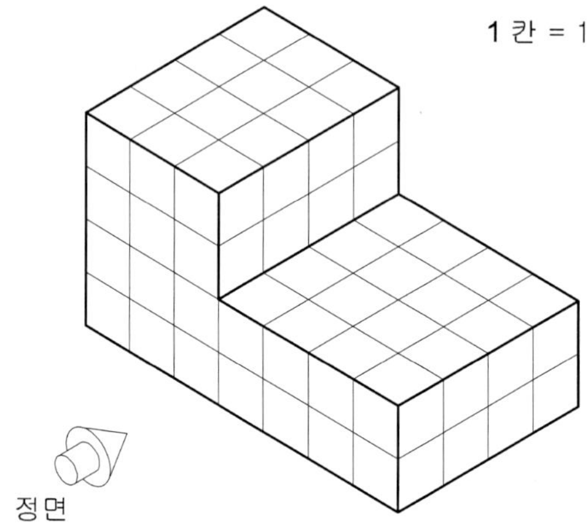

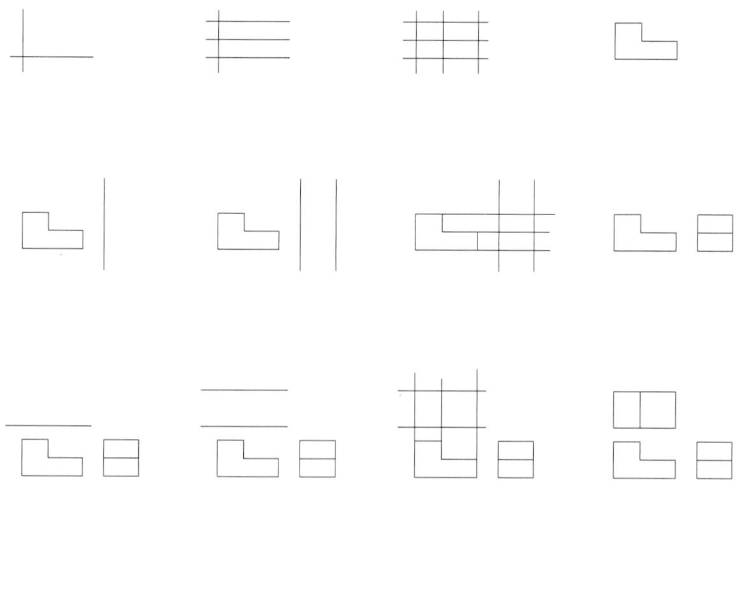

1 칸 = 10 mm

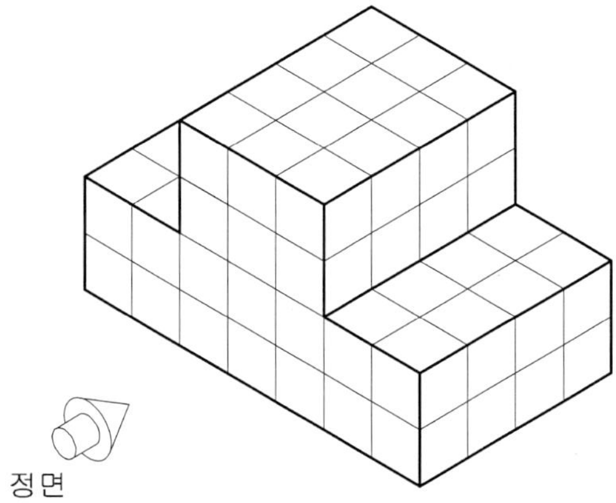

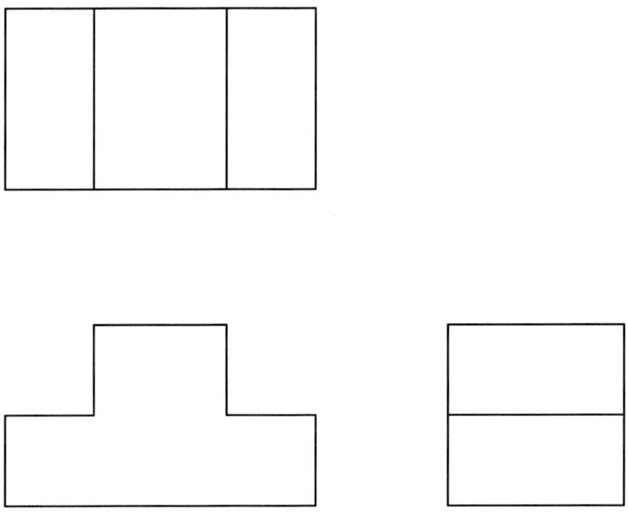

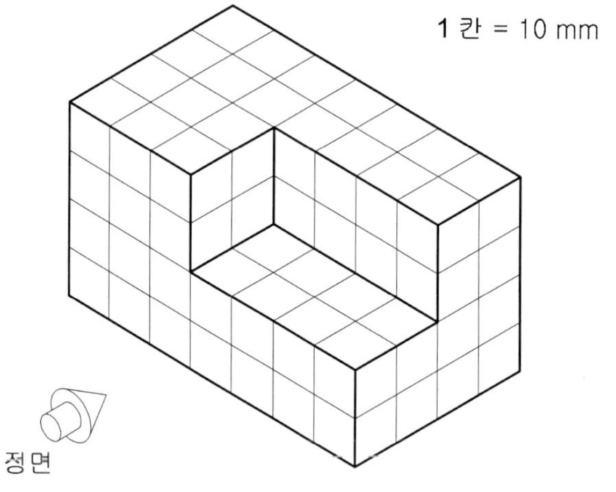
1 칸 = 10 mm
정면

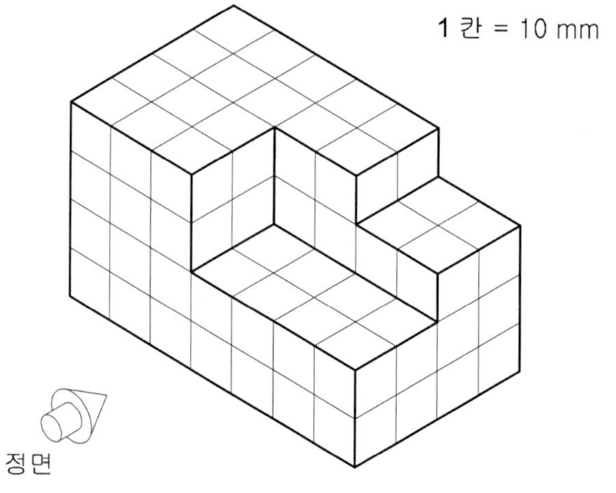
1 칸 = 10 mm
정면

1 칸 = 10 mm

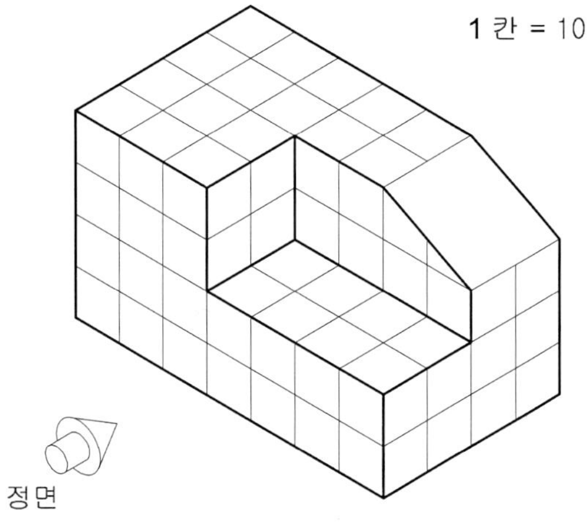

1 칸 = 10 mm

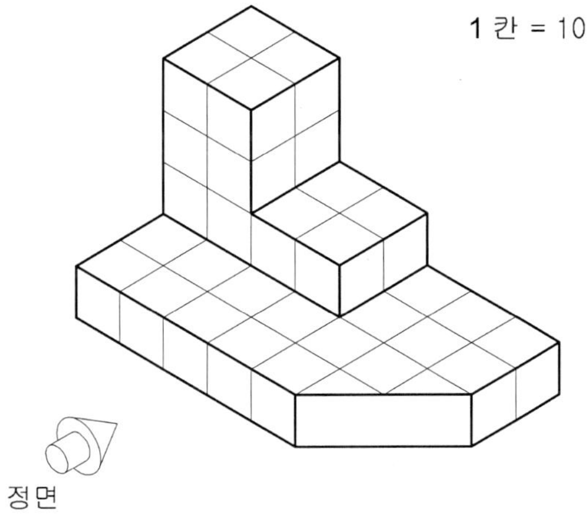

5. 2. 숨은선 표시

5.2.1 숨은선

물체의 보이지 않븐 부분의 모양을 표시하는데 사용하는 선으로 파선 (- - - - -) 모양의 선이다.

5.2.2. 선 모양 로드하기

① 아이콘 메뉴 특성에서 선 종류를 표시하고 있는 막대를 클릭한다.

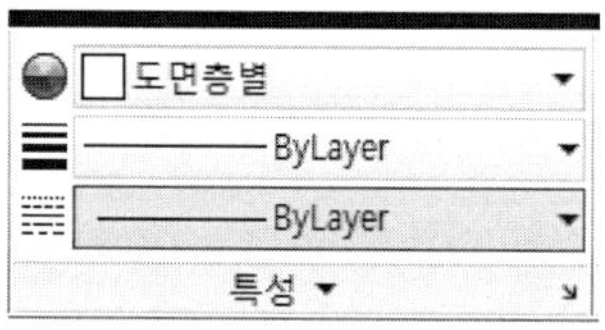

② 원하는 선인 파선(- - - - -) 모양이 없으므로 기타를 클릭한다.

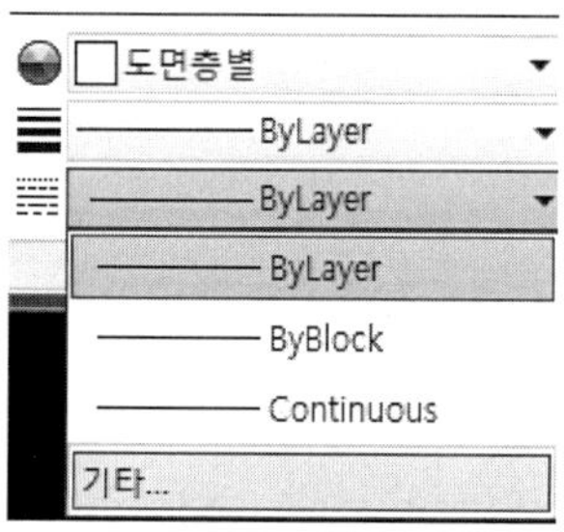

③ 선 종류 관리자 팝업창에서 로드(L)를 클릭한다.

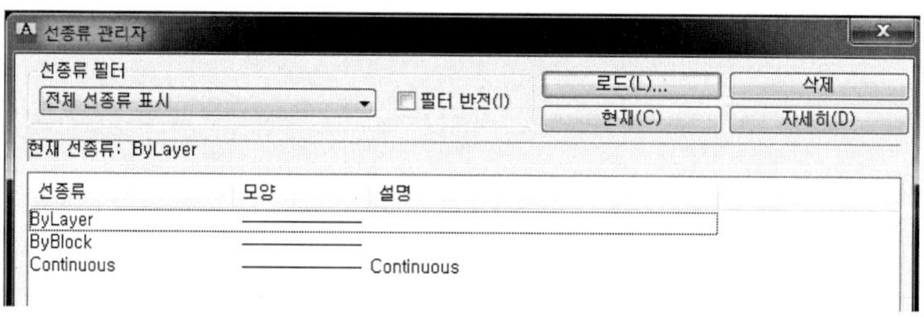

④ 사용 가능한 선종류에서 HIDDEN을 찾아 선택하고, 확인 클릭한다.

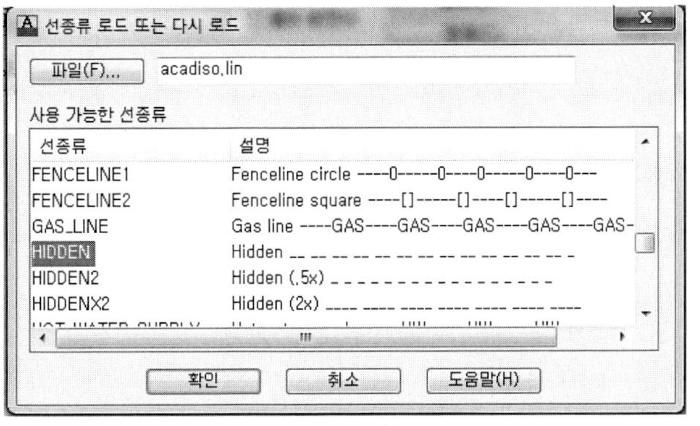

⑤ 선종류 관리자 창에서 HIDDEN이 로드된 것을 확인하고, 확인 클릭한다.

⑥ 아이콘 메뉴 특성에서 선 종류를 표시하고 있는 막대를 클릭, "– – HIDDEN" 클릭한다.

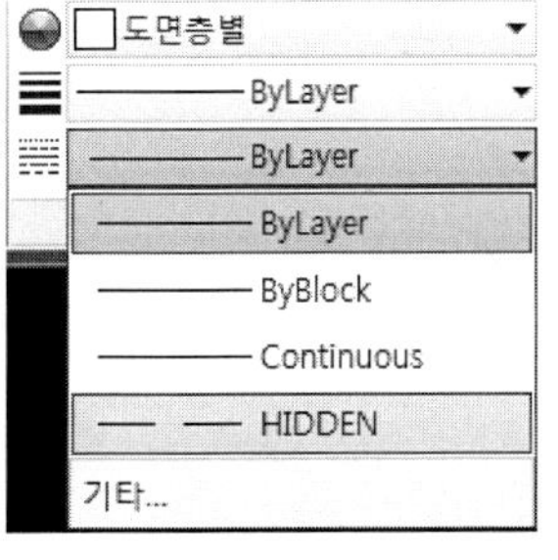

⑦ 길이 100 정도의 선을 그린 다음, 파선 모양으로 그려진 것을 확인한다.
 – L Enter↵, (화면 한 곳 클릭), (다음 점 클릭), Enter↵

⑧ 아이콘 메뉴 특성에서 선 종류를 원래대로(– ByLayer) 돌려놓는다.
 – 필요할 때 선종류를 변경하여 사용하면 된다.

5.2.3. 숨은선 그리기

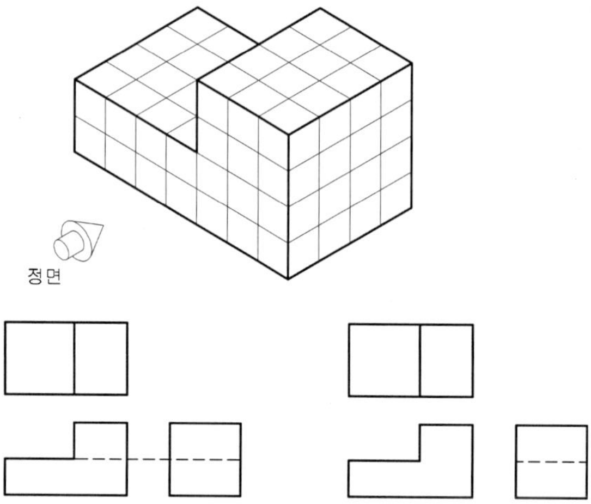

① 정면도, 평면도, 측면도를 보이는 대로 실선으로 그린다.
② 숨은선을 표시하기 위해 선종류를 HIDDEN으로 변경한다.

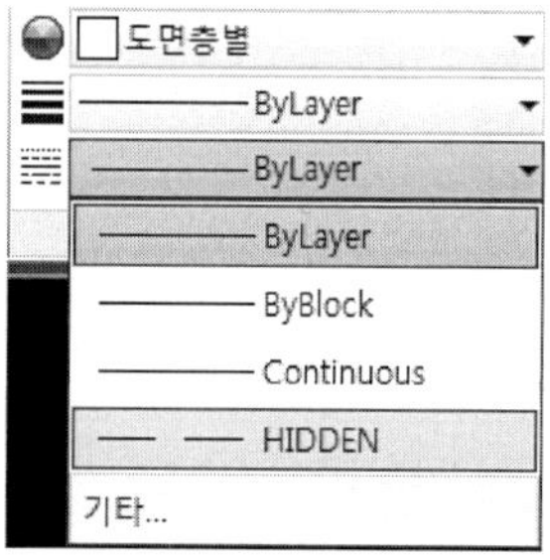

③ 숨은 면과 같은 높이로 정면도에서 끌어서 우측 면도까지 파선으로 선을 그린다.
④ 자르기로 필요 없는 선을 정리한다.

1 칸 = 10 mm

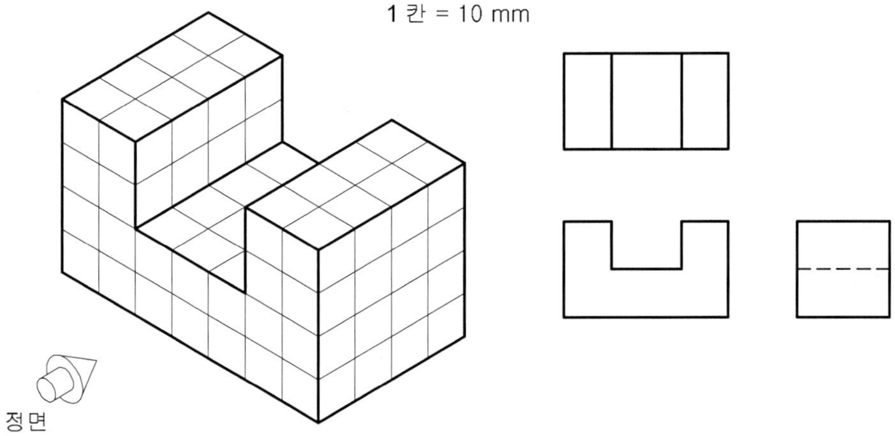

1 칸 = 10 mm

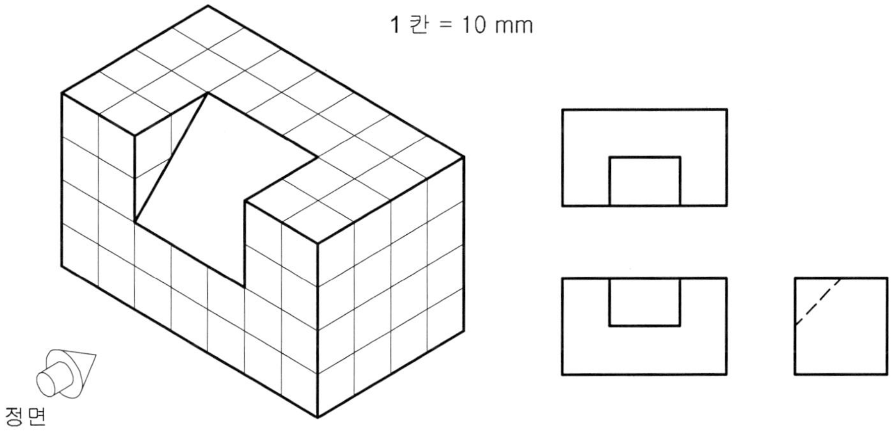

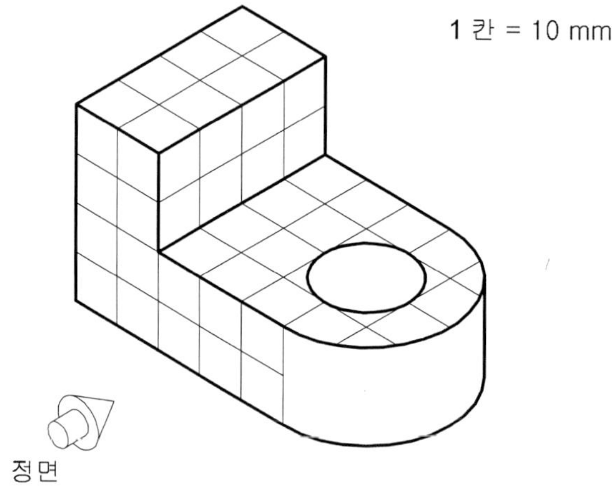
1 칸 = 10 mm
정면

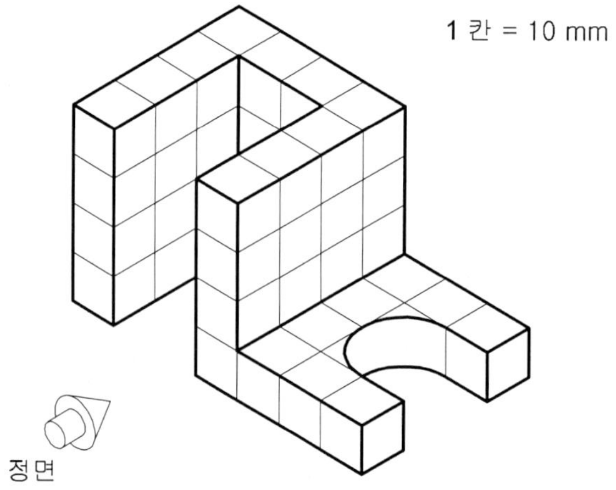
1 칸 = 10 mm
정면

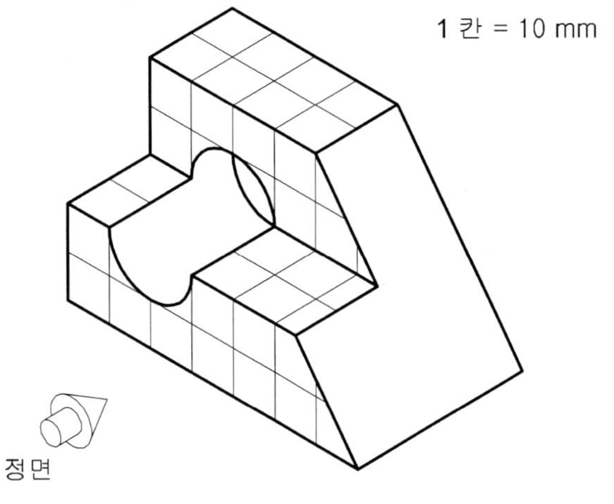
1 칸 = 10 mm
정면

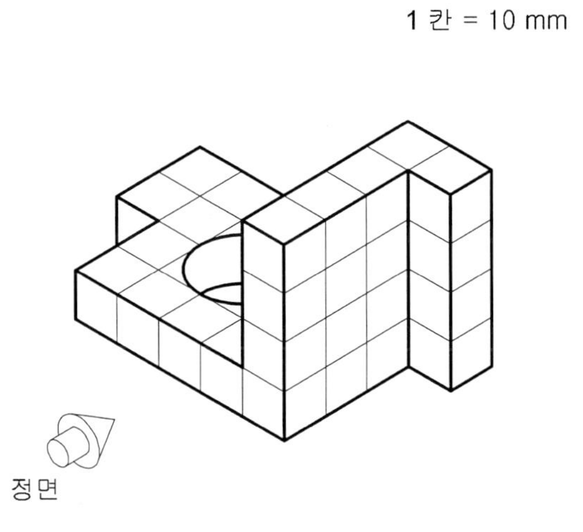
1 칸 = 10 mm
정면

5. 3. 단원체크

할 수 있는 항목을 ☑로 표시하시오.

☐ 정면도, 평면도, 우측면도의 의미를 알고 있다.

☐ 입체도형의 정면도를 그릴 수 있다.

☐ 정면도의 우측에 우측 면도를 그릴 수 있다.

☐ 정면도의 위에 평면도를 그릴 수 있다.

☐ 우측면도, 평면도를 알맞게 배치할 수 있다.

☐ 숨은을 표시할 수 있다,

5.3. 실습

실습 5-1

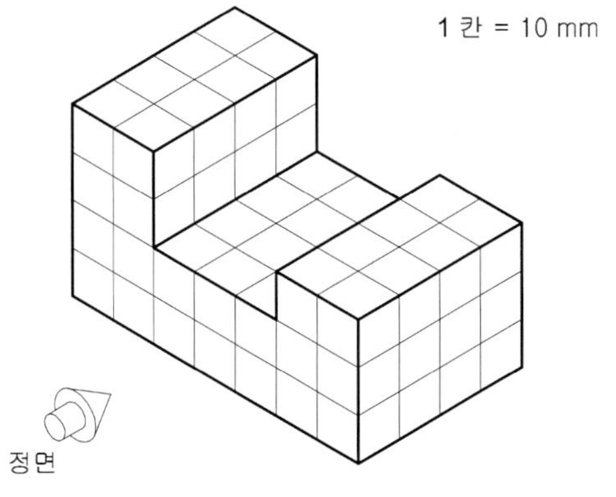

실습 5-2

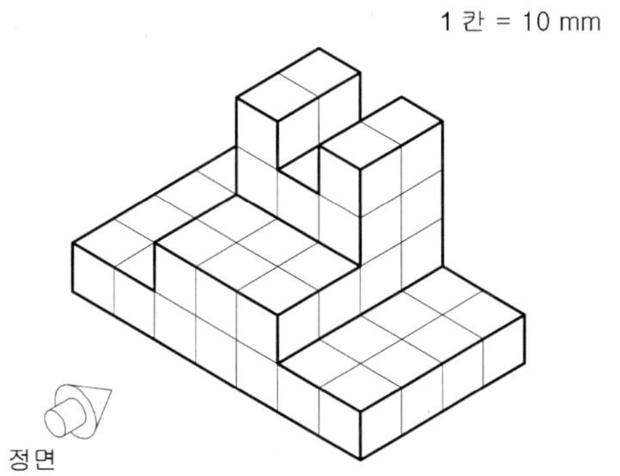

실습 5-3

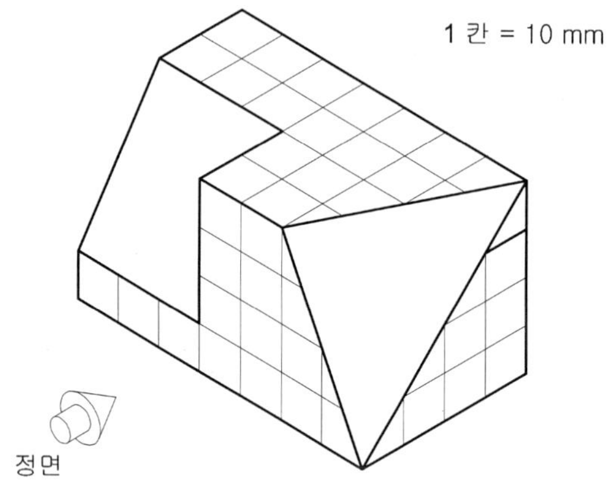

실습 5-4

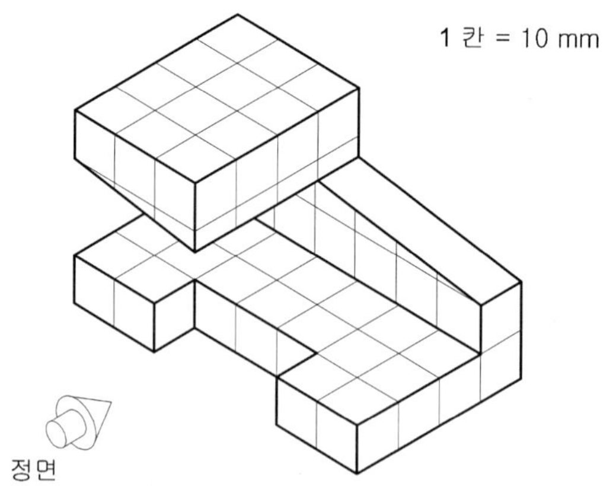

실습 5-5

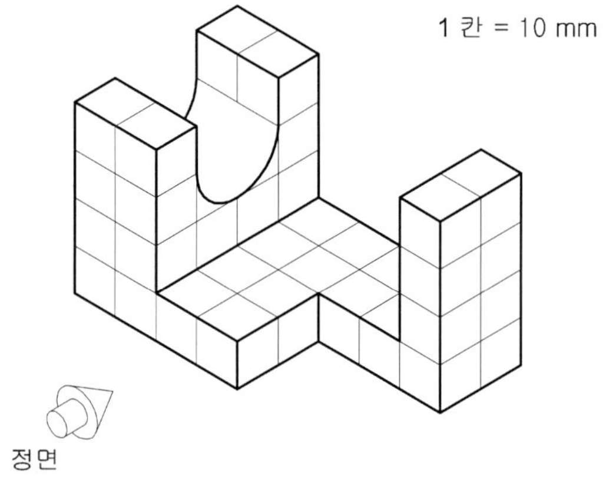

실습 5-6

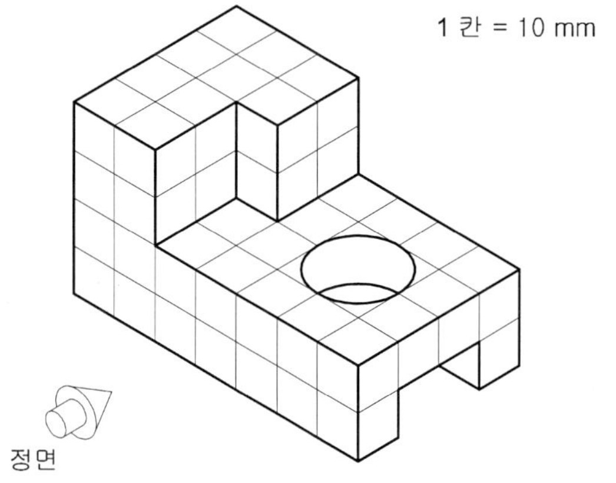

실습 5-7

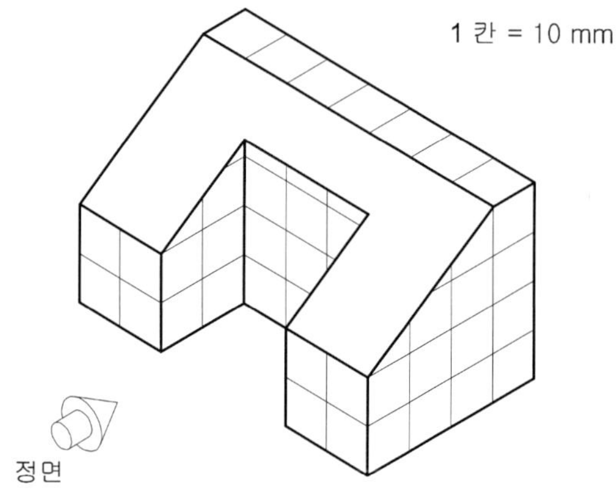

실습 5-8

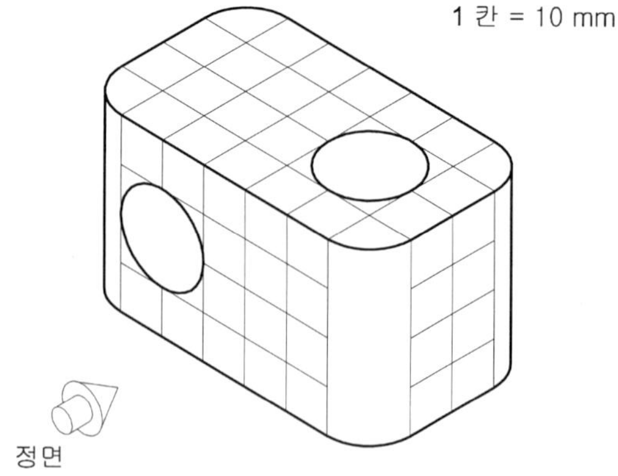

CHAPTER 06

도면층

6. 1. 도면층 이해하기

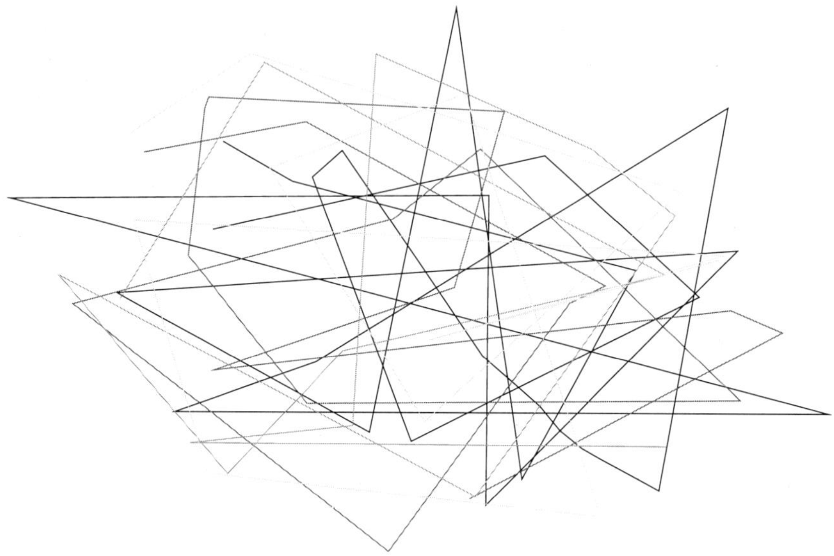

① 선을 10개 이상 마음대로 그린다.

② 아이콘 메뉴 특성에서 객체색상을 빨간색으로 변경하고, 선을 10개 이상 마음대로 그린다.

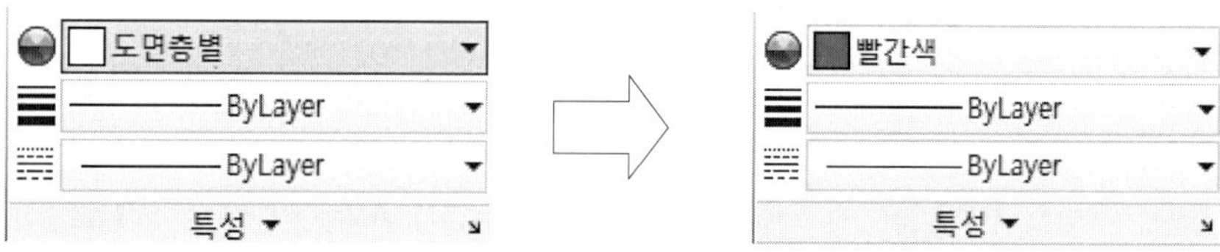

③ 아이콘 메뉴 특성에서 객체색상을 노란색으로 변경하고, 선을 10개 이상 마음대로 그린다.

④ 아이콘 메뉴 특성에서 객체색상을 초록색으로 변경하고, 선을 10개 이상 마음대로 그린다.

⑤ 아이콘 메뉴 특성에서 객체색상을 도면층 별로 변경한다.

⑥ 빨간색 선만 지운다.(가능할까?)

■ 투명한 비닐위에 따로 그려서 겹치면, 한 장의 종이 위에 그린 것과 같은 모양이 된다.

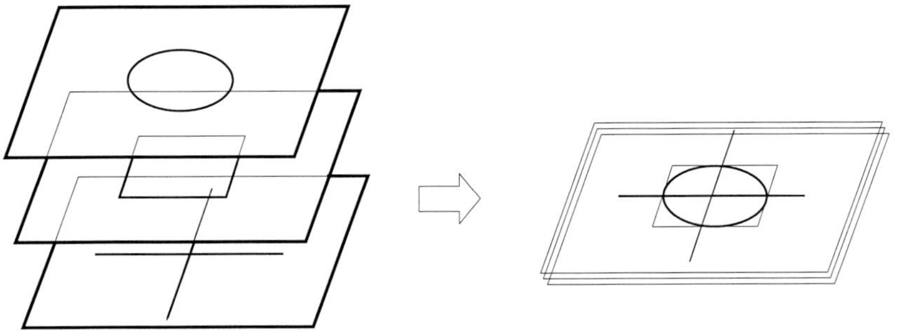

■ 원이 그려진 1장의 비닐을 빼내면

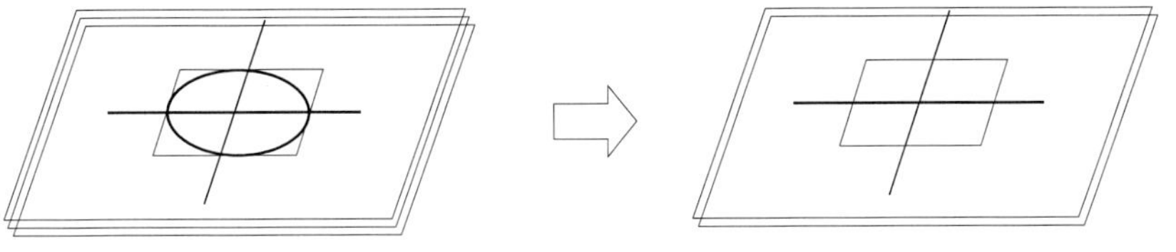

■ 사각형이 그려진 비닐만 남기고 모두 빼낸 다음, 남은 비닐 위의 사각형을 지우고, 다시 합치면

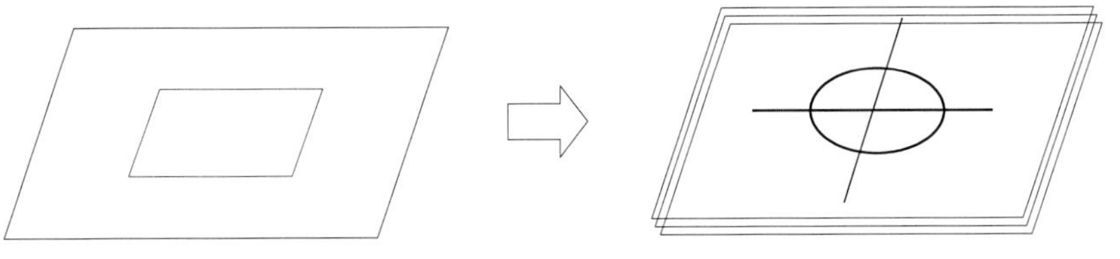

■ 상별로 다른 비닐위에 선을 그렸다면, 앞 페이지에서 빨간색 선을 지우기가 쉽지 않았을까 ?

■ 투명한 비닐을 도면층이라 하고, 이름과 색상 등을 지정하여 보자.

6. 2. 도면층 만들기

① 아이콘 메뉴 도면층에서 도면층 특성 아이콘을 클릭한다.

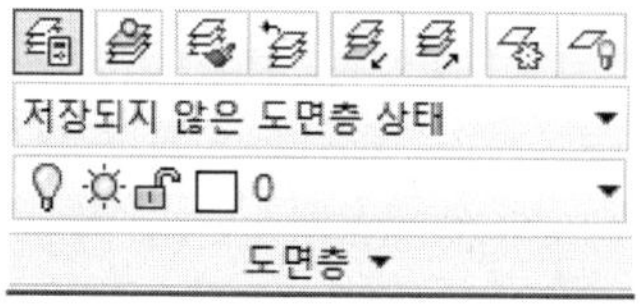

② 팝업창에서 새 도면층을 클릭한다.

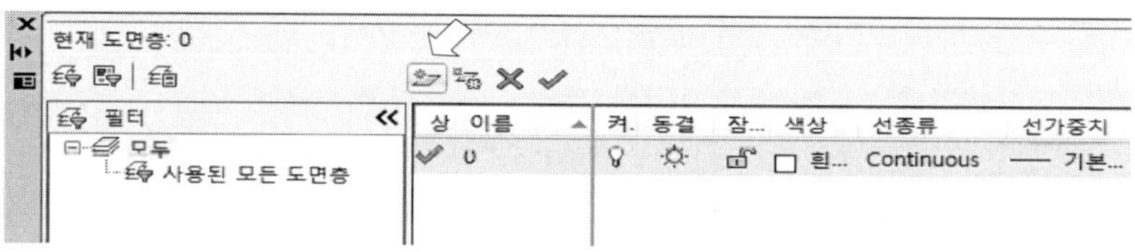

③ 이름에 흰색 [Enter↵]

④ (새 도면층 클릭), 빨간 [Enter↵]

⑤ (새 도면층 클릭), 노랑 [Enter↵]

⑥ [Enter↵], 녹색 [Enter↵]

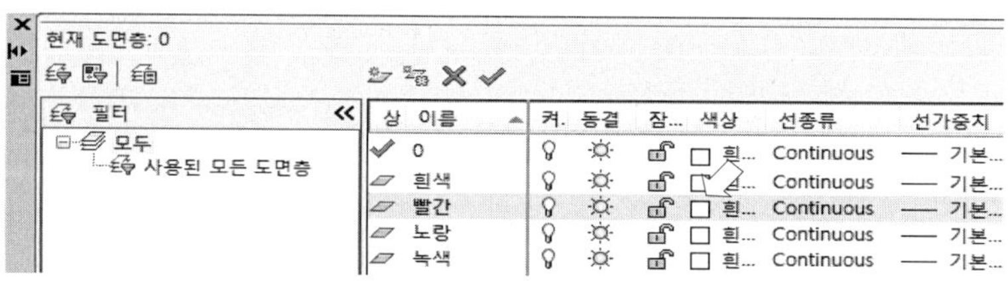

⑦ 도면층 이름이 "빨간" 의 색상 □ 흰...을 클릭한다.

⑧ 색상 선택 팝업창에서 빨간색 선택 후 확인한다.

⑨ 노란, 녹색의 도면층도 같은 방법으로 색상을 선택한다.

⑩ 왼쪽 위 모서리의 X를 클릭하여, 도면층 특성 관리자 창을 닫는다.

6. 3. 도면층 끄기

① 아이콘 메뉴 도면층에서 현재 도면층 막대를 클릭하여 도면층 빨강을 선택한다.

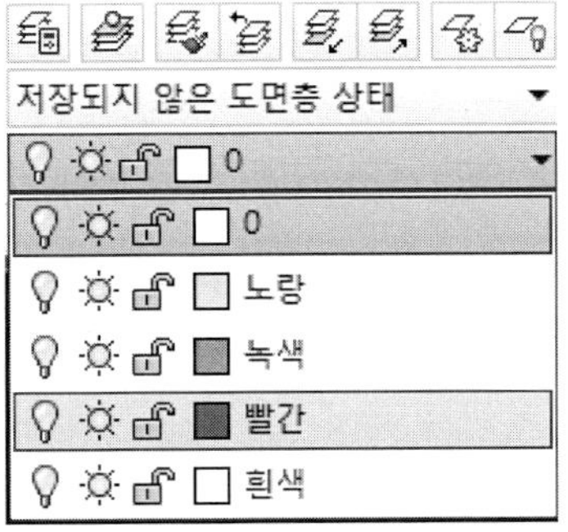

② 선을 10개 이상 마음대로 그린다.

③ (현재 도면층 막대를 클릭하여 도면층 노랑을 선택), (선 그리기 10개 이상)

④ (현재 도면층 막대를 클릭하여 도면층 녹색을 선택), (선 그리기 10개 이상)

⑤ (현재 도면층 막대를 클릭하여 도면층 흰색을 선택), (선 그리기 10개 이상)

⑥ 현재 도면층 막대를 클릭하여, 노랑 도면층의 전구 모양을 클릭하여 도면층을 끈다.

⑦ 노랑 도면층의 전구 모양을 다시 클릭하여 도면층을 켠다.

⑧ 현재 도면층 막대를 클릭하여 도면층 빨강을 선택하고, 노랑, 녹색, 흰색 도면층을 끈다.

⑨ 빨간색 선들을 모두 지운다.

⑩ 노랑, 녹색, 흰색 도면층을 켠다.

6. 4. 도면층 선 설정

■ 도면층을 다음과 같이 설정하시오.

이 름	색 상	선 종류	선가중치
외형선	흰색	Continuous	0.53
숨은선	노랑색	HIDDEN	0.3
중심선	빨간색	CENTER	0.15
해칭선	파랑색	Continuous	0.15

① 아이콘 메뉴 도면층에서 도면층 특성 아이콘을 클릭한다.

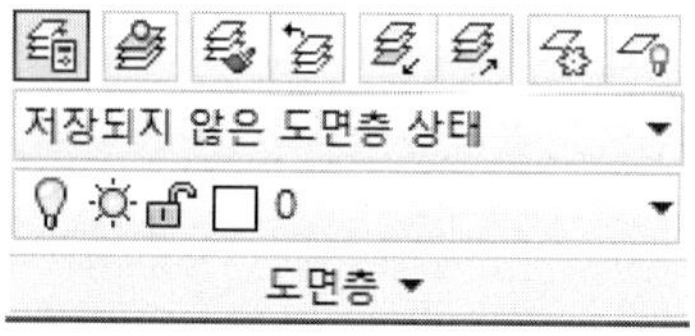

② 팝업창에서 새 도면층을 클릭한다.

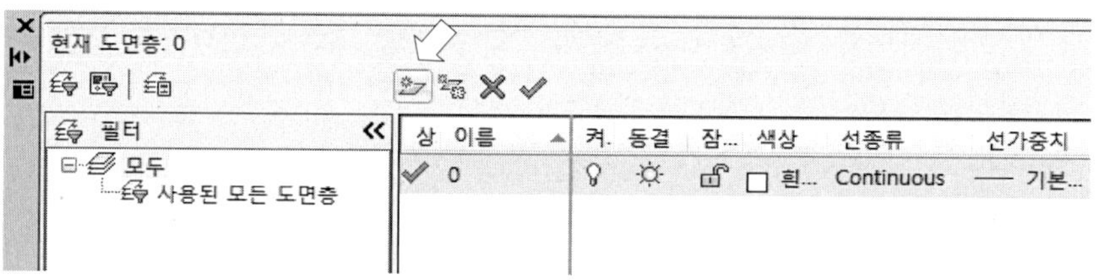

③ 외형선 [Enter↵]하여 도면층 이름을 입력한다.

④ [Enter↵], 숨은선 [Enter↵]

⑤ [Enter↵], 중심선 [Enter↵]

⑥ [Enter↵], 해칭선 [Enter↵]

⑦ 색상의 □를 클릭하여, 도면층 별로 색상을 흰색, 노랑색, 빨간색, 파란색으로 지정한다.

⑧ 숨은선 도면층의 선종류 Continuous를 클릭하여 선종류 선택 팝업창을 연다.

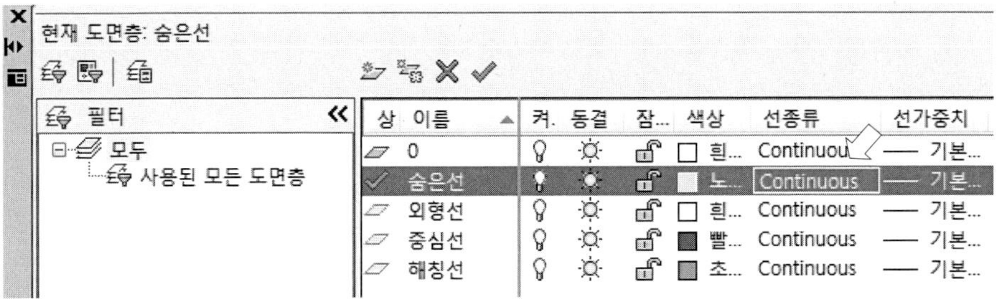

⑨ 로드된 선종류에 Hidden이 없으면, 로드를 클릭하여 선종류 로드 팝업창을 연다.

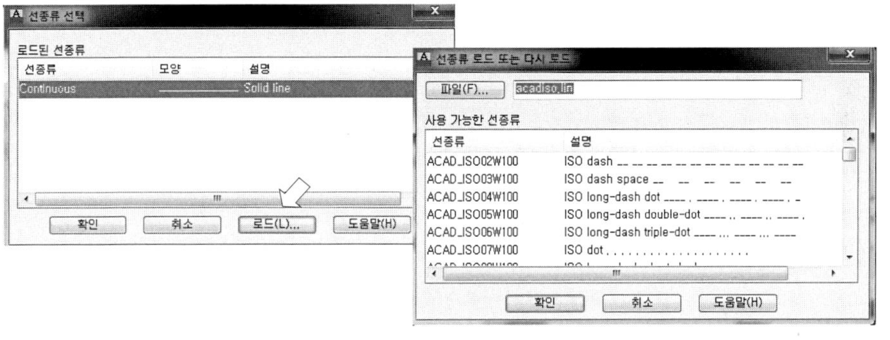

⑩ 사용가능한 선종류에서 HIDDEN을 선택하고 확인한다.

⑪ 선종류 선택 팝업창에서 로드된 선종류에 HIDDEN - - - 을 선택하고 확인한다.

⑫ 중심선 도면층의 선종류를 CENTER로 설정한다.

- (Continuous 클릭 ; 중심선 도면층의 선종류), (로드(L) 클릭 ; 선종류 선택 팝업창),
  (CENTER 선택 후 확인 ; 사용가능한 선종류), (CENTER 선택 후 확인; 선종류 선택 팝업창)

⑬ 각 도면층의 선가중치 "– 기본" 을 클릭하여 선 굵기를 표와 같이 선택한다.

6. 5. 객체의 도면층 변경

이미 그려진 선이 속해있는 도면층을 다른 도면층으로 변경한다.

① 아이콘 메뉴 도면층에서 "중심선" 을 선택하여 현재 도면층으로 한다.

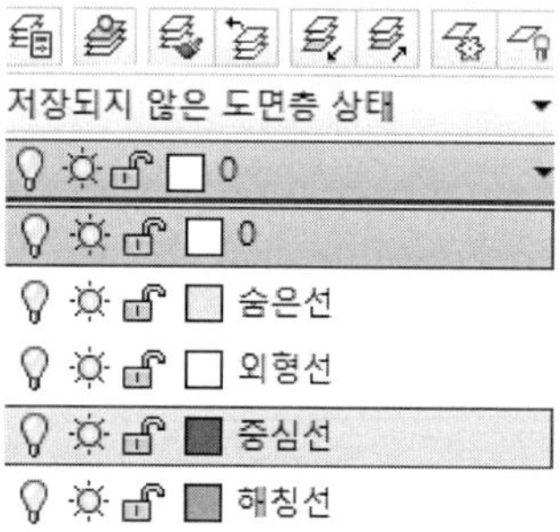

② 수평선을 5개 그린다.

③ 선 1개를 선택한다.

④ 아이콘 메뉴 도면층에서 "숨은선" 을 선택한다.

⑤ Esc

⑥ (다른선 1개 선택), (현재 도면층에서 "외형선" 선택), Esc

⑦ (다른선 2개 선택), (현재 도면층에서 "해칭선" 선택), Enter↵

6. 6. 중심선 그리기

중심선은 원의 중심, 도형의 중심, 대칭 등을 표시하는 선으로 외형선을 조금 벗어나도록 그려야 한다.

6.6.1. 중심선 길이 조정

[1] 방법 1 : 끝점을 이동하여 길이 조정

선을 선택한 다음, 끝점의 파란점을 클릭한 후, 이동시켜 길이를 조정한다.

[2] 방법 2 : 자르기(Tr) 로 정리

긴 중심선을 적당한 길이로 자른다.

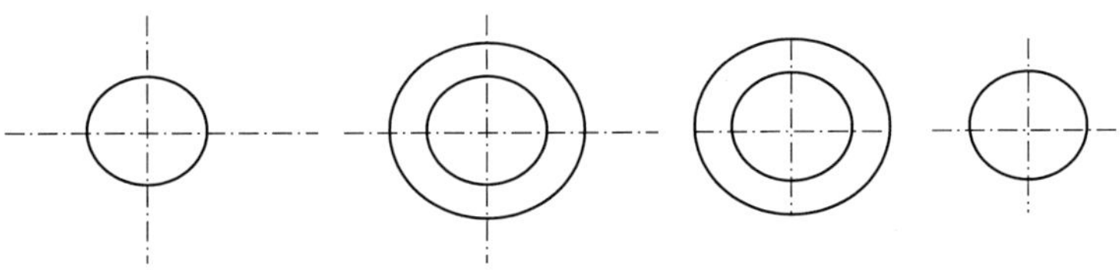

[너무 긴 중심선] → [큰 원을 그린다] → [중심선 자르기] → [원 지우기]

[3] 방법 3 : 새로 그리기

- 적당한 길이의 중심선을 새로 그린다.
- 객체 스냅 추적을 이용하여 초록색 점선에서 선 그리기 시작점

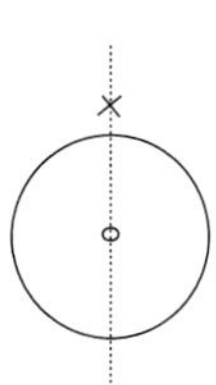

[중심점을 지나는 수직선]

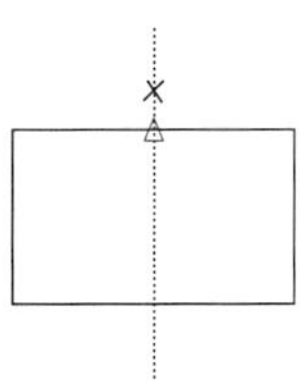

[중간점을 지나는 수직선]

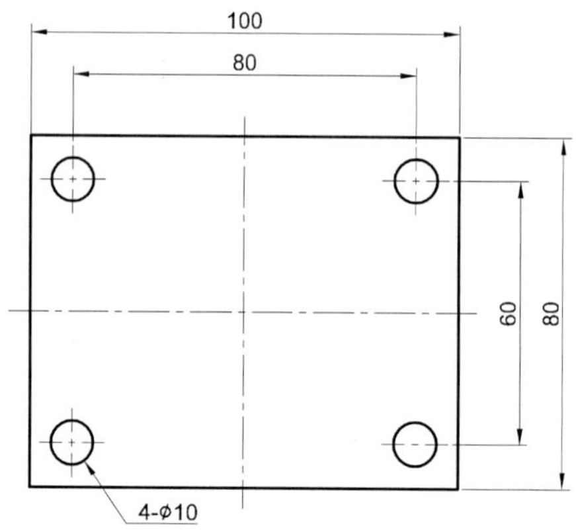

① 기본 도형을 그린다(6.4 예제 그림).

② 수평선은 상하로 간격띄우기 30한다.

③ 수직선을 좌우로 간격띄우기 40한다.

④ 교차점을 중심으로 하는 반지름 5인 원을 4개 그린다.

-C Enter↵ , (교차점 클릭), 5 Enter↵

Enter↵ , (다른 교차점 클릭), Enter↵

⑤ 반지름이 5보다 조금 큰 원(반지름 7~8)을 같은 중심에 1개 그린다.

⑥ 큰 원을 기준으로 교차하는 선을 잘라 + 모양으로 만든다.

-TR Enter↵ , (큰 원 클릭), (큰 원 밖의 교차선 클릭), [원 밖의 선 클릭 반복], Enter↵

⑦ 필요 없는 선을 지운다.

-E Enter↵ , (큰 원, 원의 중심으로 사용한 긴 교차선들 선택), Enter↵

⑧ + 모양의 중심선을 나머지 3개의 원에 복사한다.

-CO Enter↵, (+ 모양 중심선 선택) Enter↵ , (+ 교차점 선택), (다른 원의 중심 클릭), (또 다른 원의 중심 클릭 반복), Enter↵

⑨ 외형선의 사각형을 둘러싸는 조금 큰 사각형을 그려서 가운데 중심선의 길이를 자른다.

⑩ 조금 큰 사각형을 지운다.

6. 7. 단원체크

할 수 있는 항목을 ☑로 표시하시오.

☐ 도면층을 만들 수 있다.

☐ 도면층을 켜고, 끌 수 있다.

☐ 도면층을 삭제할 수 있다.

☐ 외형선, 중심선, 숨은선, 해칭선의 모양과 선 굵기를 정할 수 있다.

☐ 중심선을 그릴 수 있다.

☐ 해칭선을 그릴 수 있다.

6. 8. 실습

실습 6-1 도면층을 다음으로 설정하시오.

이 름	색 상	선종류	선가중치
외형선	초록색	Continuous	기본
숨은선	노란색	HIDDEN	기본
중심선	빨간색	CENTER	기본
해칭선	빨간색	Continuous	기본

실습 6-2 도면층을 다음으로 변경 설정하시오.

이 름	색 상	선종류	선가중치
외형선	초록색	Continuous	0.53
숨은선	노란색	HIDDEN	0.3
중심선	빨간색	CENTER2	0.15
해칭선	파랑색	Continuous	0.15

실습 6-3 길이 20인 수평선을 도면층 별로 그린 후, LTS(Line Type Scale)를 1, 0.5, 0.2, 0.1로 변경하면서 변화를 살펴본다.

- LTS [Enter↵] 0.5 [Enter↵]
- LTS [Enter↵] 0.2 [Enter↵]
- LTS [Enter↵] 0.1 [Enter↵]

실습 6-4

■ 도면층을 설정하여 중심선, 외형선, 숨은선을 선 종류, 굵기에 맞도록 그린다.

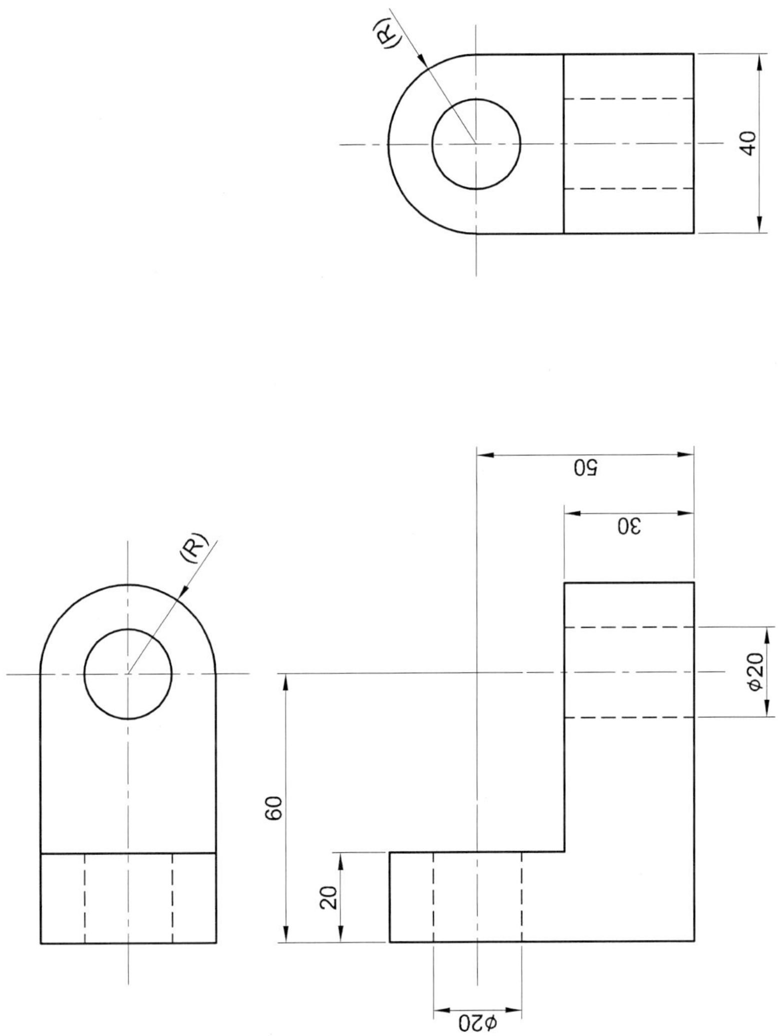

실습 6-5

■ 도면층을 설정하여 중심선, 외형선, 숨은선을 선 종류, 굵기에 맞도록 그린다.

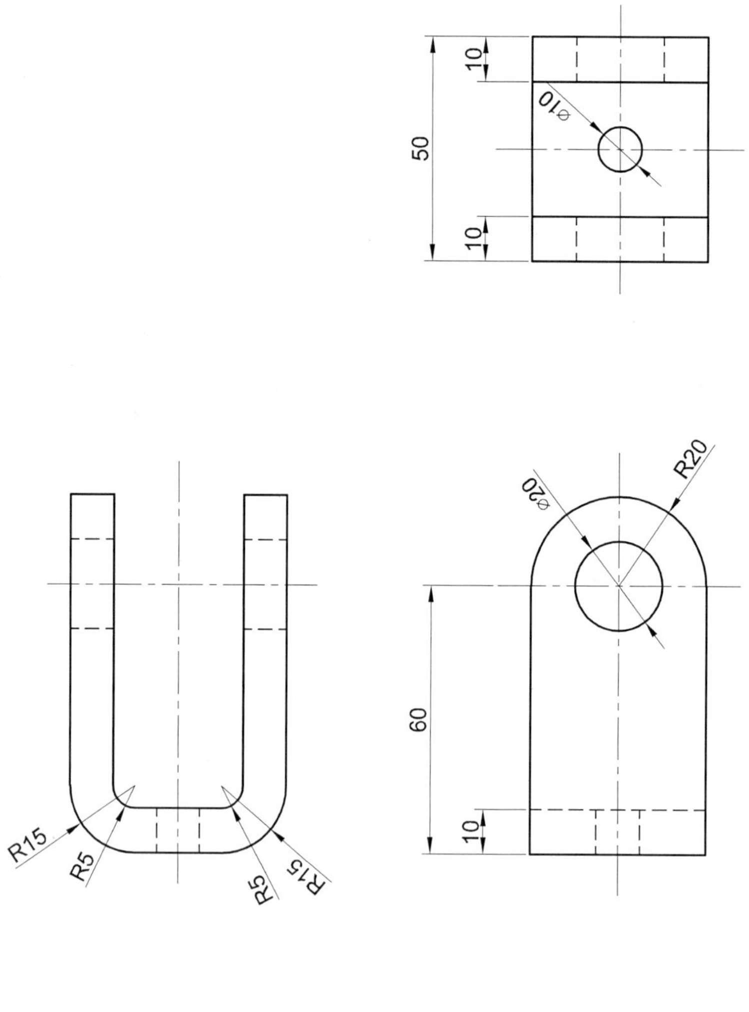

실습 6-6

■ 도면층을 설정하여 중심선, 외형선, 숨은선을 선 종류, 굵기에 맞도록 그린다.

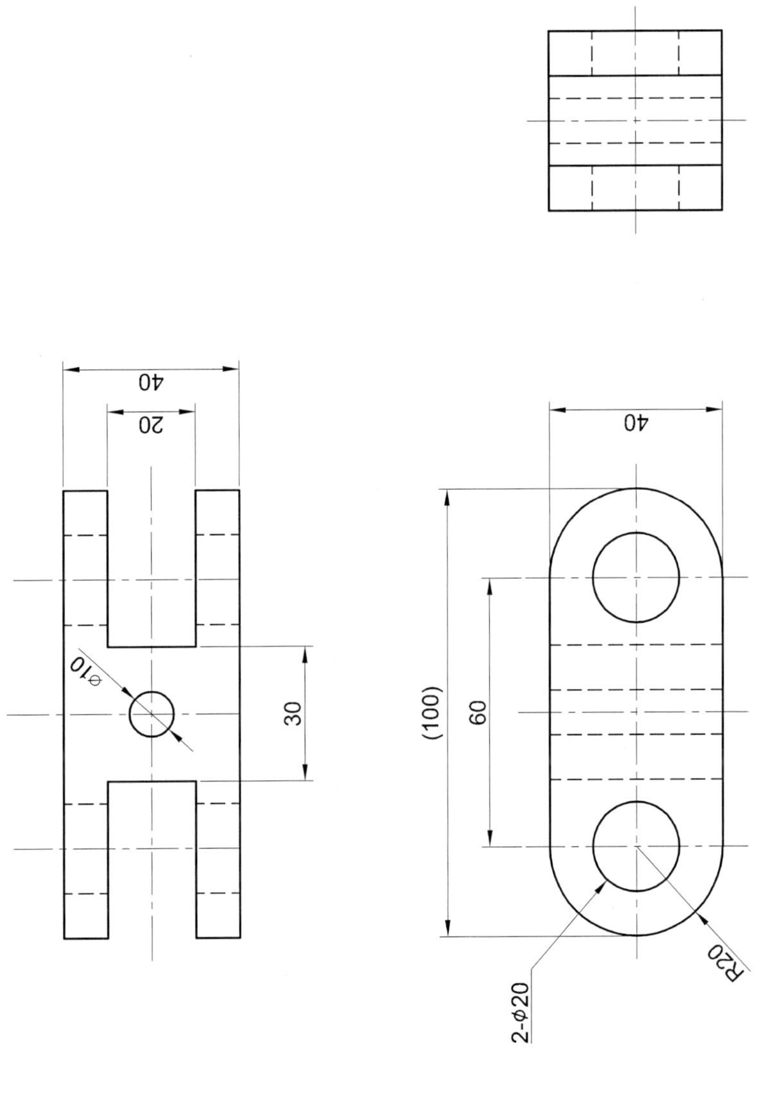

실습 6-7

■ 도면층을 설정하여 중심선, 외형선, 숨은선을 선 종류, 굵기에 맞도록 그린다.

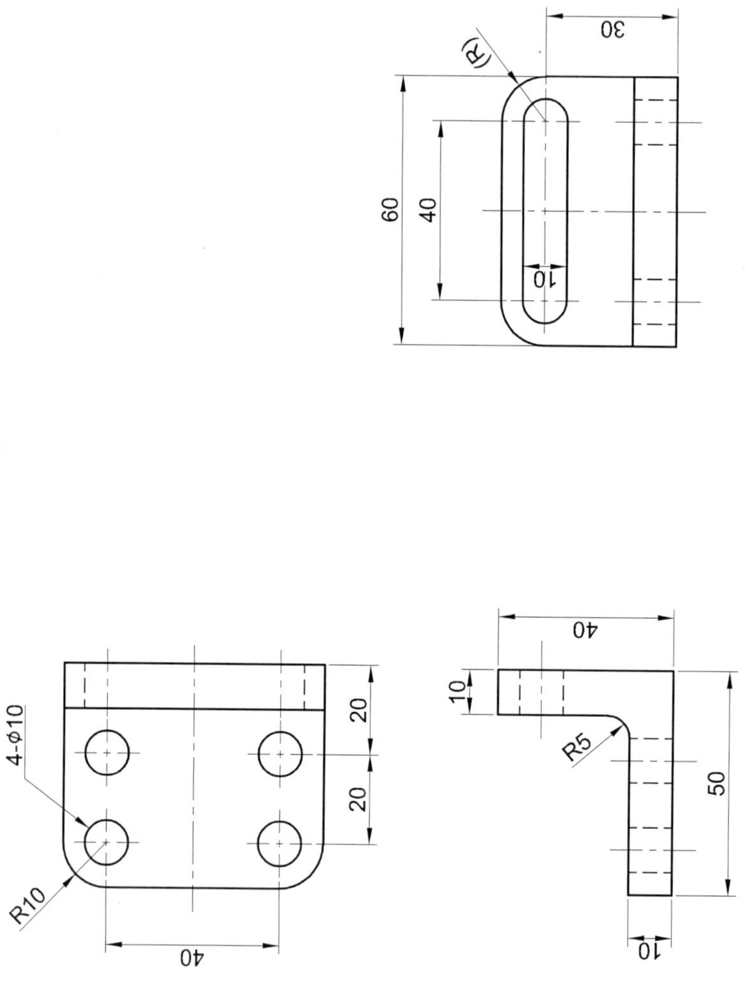

실습 6-8

■ 도면층을 설정하여 중심선, 외형선, 숨은선을 선 종류, 굵기에 맞도록 그린다.

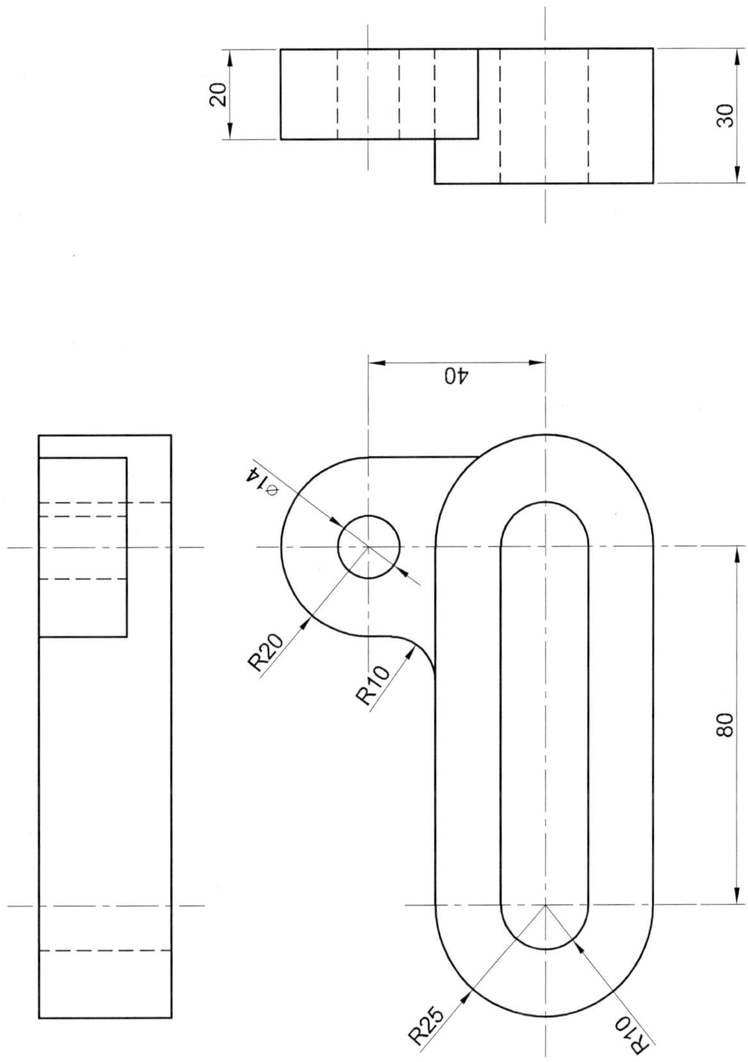

실습 6-9

■ 도면층을 설정하여 중심선, 외형선, 숨은선을 선 종류, 굵기에 맞도록 그린다.

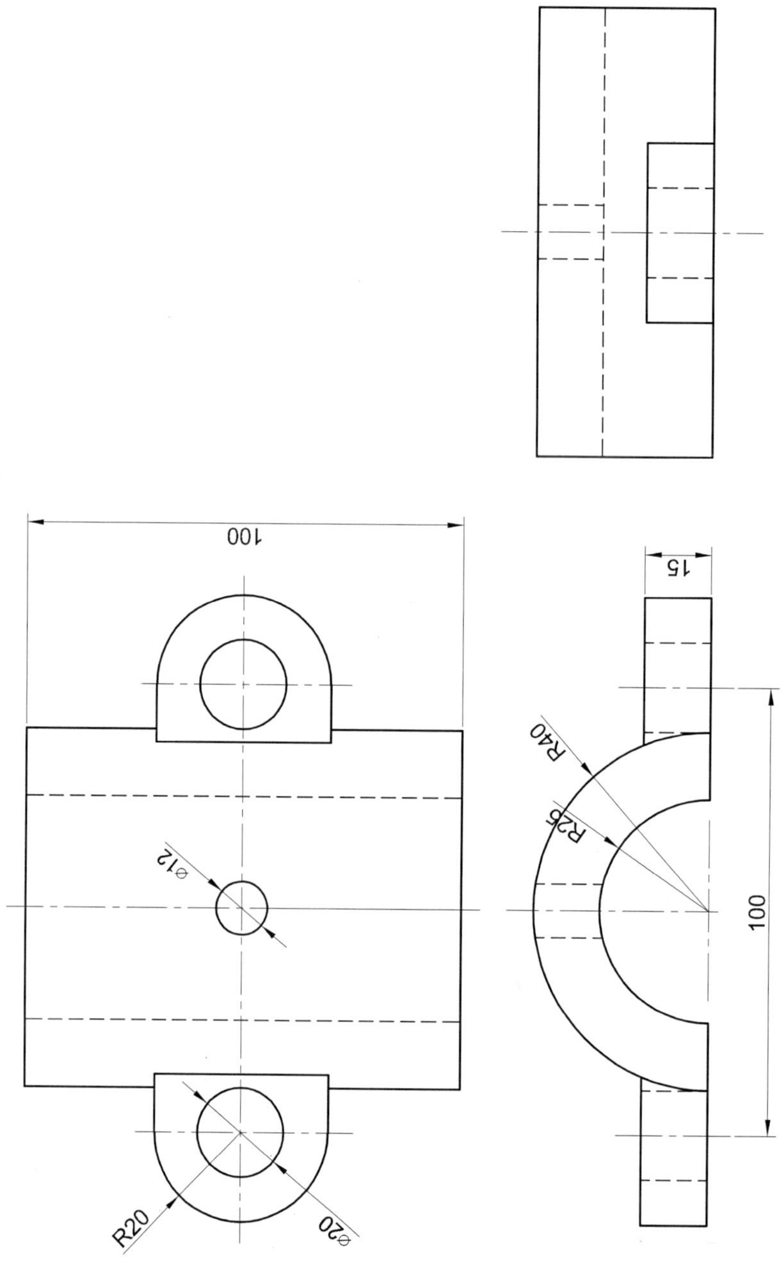

CHAPTER 07

도면형식 갖추기

7. 1. 도면의 크기

[도면용지 크기]

호 칭	제도지의 치수 A × B	도면의 테두리		
		C(최소)	최 소 D	
			철하지 않을 때	철할 때
Ao	1189 × 841	20	20	25
A1	841 × 594	20	20	25
A2	594 × 420	10	10	25
A3	420 × 297	10	10	25
A4	297 × 210	10	10	25

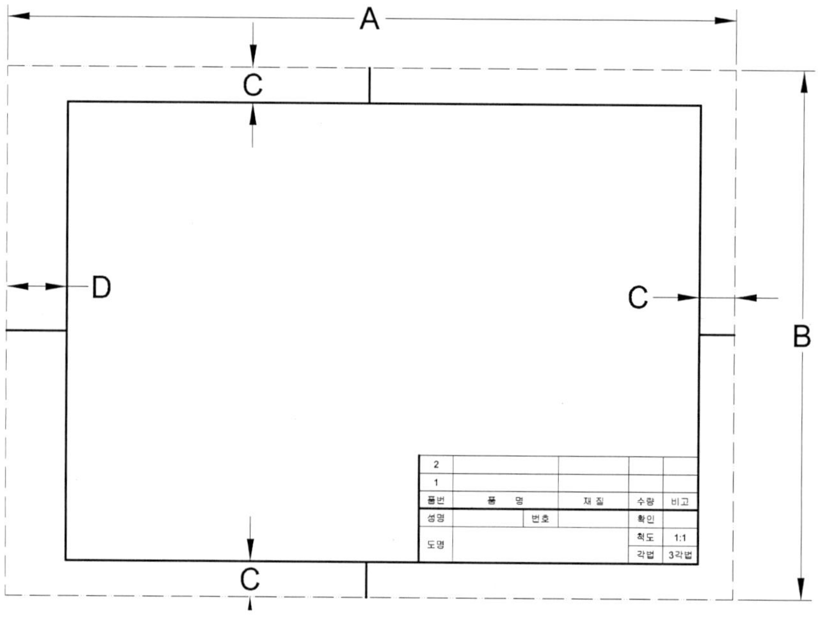

7. 2. 윤곽선

■ A3 크기 용지 도면의 윤곽선을 그린다.

① A3 크기로 사각형을 그린다(선모양 : 이점쇄선, 크기 420×297).

② 그린 선을 사각형 안쪽으로 간격띄우기(10) 한다.

③ 모서리를 자르기하여 사각형 모양으로 만든다.

④ 선 모양을 굵은 실선으로 바꾼다.

⑤ 안쪽 사각형과 바깥쪽 사각형 중간점을 연결하여 선을 그린다.

■ A2, A1 크기 용지 도면의 윤곽선을 그린다.

7. 3. 선의 종류

[선의 종류 및 굵기, 용도(KS 규격집 발췌)]

용도에 의한 명칭	선의 종류		선의 용도	사용예
외형선	굵은 실선	———	대상물의 보이는 부분의 모양을 표시하는데 쓰인다.	1.1
치수선	가는 실선	———	치수를 기입하기 위하여 쓰인다.	2.1
치수 보조선			치수를 기입하기 위하여 도형으로부터 끌어내는데 쓰인다.	2.2
지시선			기술·기호 등을 표시하기 위하여 끌어내는데 쓰인다.	2.3
회전 단면선			도형내의 그 부분의 끊은 곳을 90° 회전하여 표시하는 데 쓰인다.	2.4
중심선			도형의 중심선을 간략하게 표시하는데 쓰인다.	2.5
수준면선			수면, 유면 등의 위치를 표시하는데 쓰인다.	
숨은선	가는 파선 또는 굵은 파선	- - - - - -	대상물의 보이지 않는 부분의 모양을 표시하는데 쓰인다.	3.1
중심선	가는 1점 쇄선	—·—·—	① 도형의 중심을 표시하는데 쓰인다. ② 중심이 이동한 중심궤적을 표시하는데 쓰인다.	4.1 4.2
기준선			특히 위치 결정의 근거가 된다는 것을 명시할 때 쓰인다.	
피치선			되풀이 하는 도형의 피치를 취하는 기준을 표시하는데 쓰인다.	
특수 지정선	굵은 1점 쇄선	—·—·—	특수한 가공을 하는 부분 등 특별한 요구사항을 적용할 수 있는 범위를 표시하는데 쓰인다.	5.1
가상선	가는 2점 쇄선	—··—··—	① 인접부분을 참고로 표시하는데 사용한다. ② 공구, 지그 등의 위치를 참고로 나타내는데 사용한다. ③ 가동부분을 이동 중의 특정한 위치 또는 이동한계의 위치로 표시하는데 쓰인다. ④ 가공 전 도는 가공 후의 모양을 표시하는데 쓰인다. ⑤ 되풀이하는 것을 나타내는데 사용한다. ⑥ 도시된 단면의 앞쪽에 있는 부분을 표시하는데 쓰인다.	6.1 6.3
무게 중심선			단면의 무게 중심을 연결한 선을 표시하는데 쓰인다.	

용도에 의한 명칭	선의 종류		선의 용도	사용예
파단선	불규칙한 파형의 가는 실선 또는 지그재그선	〰 / ─╲╱─	대상물의 일부를 파단한 경계 또는 일부를 떼어낸 경계를 표시하는데 사용한다.	7.1
절단선	가는 1점 쇄선으로 끝부분 및 방향이 변하는 부분을 굵게 한 것	─·─	단면도를 그리는 경우 그 절단 위치를 대응하는 그림에 표시하는데 사용한다.	8.1
해칭	가는 실선으로 규칙적으로 줄을 늘어 놓은 것	////////	도형의 한정된 특정 부분을 다른 부분과 구별하는데 사용한다. 보기를 들면 단면도의 절단된 부분을 나타낸다.	9.1
특수한 용도의 선	가는 실선	────	① 외형선 및 숨은선의 연장을 표시하는데 쓰인다. ② 평면이란 것을 나타내는데 사용한다. ③ 위치를 명시하는데 사용한다.	
	아주 굵은 실선	━━━━	얇은 부분의 단선 도시를 명시한데 사용한다.	

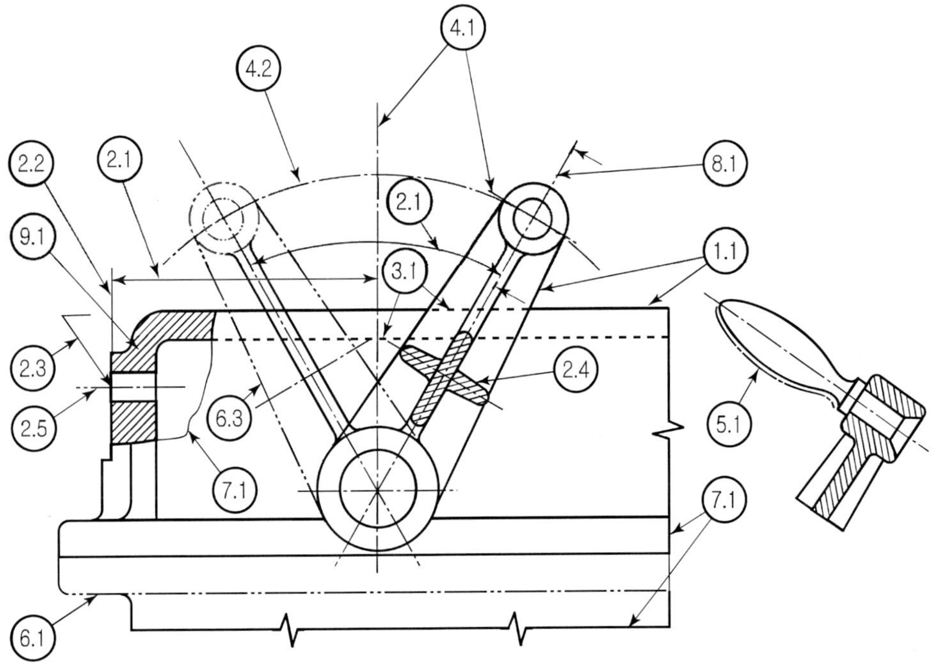

7.4. 도면층 설정

■ 다음 표와 같이 도면층을 설정한다.

이 름	색 상	선종류	선가중치
외형선	녹색	Continuous	0.5
숨은선	노랑색	HIDDEN	0.3
중심선	빨간색	CENTER	0.15
해칭선	파랑색	Continuous	0.15
치수선	빨간색	Continuous	0.15
가는 실선	빨간색	Continuous	0.15
이점쇄선	선홍색	PHANTOM	0.15

① 아이콘 메뉴 도면층에서 도면층 특성 아이콘을 클릭한다.

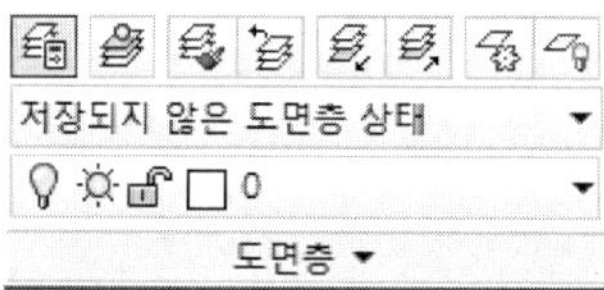

② 팝업창에서 새 도면층을 클릭한다.

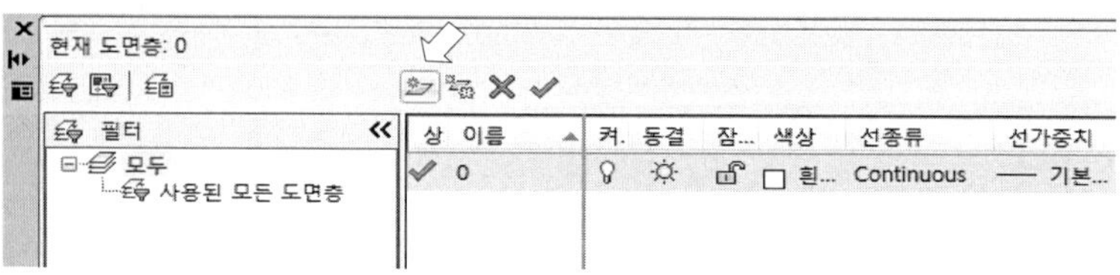

③ 이름, 색상, 선종류, 선가중치를 입력한다.

■ 점선의 간격을 조절한다(LTS는 Line Type Scale을 줄인 명령어이다).

- LTS Enter↵, 0.3 Enter↵

7. 5. 표제란

표제란은 도면의 명칭과 도면번호, 회사명, 도면 작성일, 도면 작성자, 투상법, 척도 등 도면관리를 위한 정보들을 기록하는 곳으로 도면의 오른쪽 아래 모서리에 위치한다.

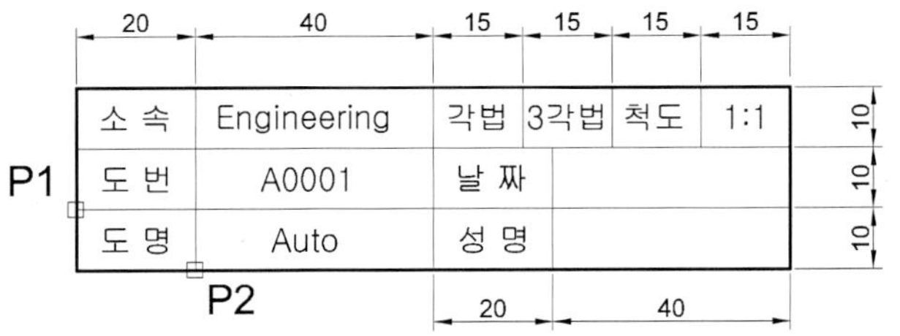

① 선 그리기, 간격띄우기 등으로 표를 그린다.

② "도명" 글씨를 쓴다.

- 명령 : t Enter↵ 또는 mt Enter↵
- 첫 번째 구석 지정 : (P1클릭)
- 반대 구석 지정 또는 : J Enter↵
- 자리 맞추기 입력 : mc Enter↵ 또는 (중앙 중간 선택)
- 반대 구석 지정 또는 : (P2클릭)
- 도 명
- (문자 입력창 이외의 곳을 클릭)

③ 같은 방법으로 표의 각 칸에 해당 글씨를 쓴다.

- t Enter↵
- (구석점 클릭)
- J Enter↵
- mc Enter↵ 또는 (중앙 중간 선택)
- (반대 구석점 클릭)
- 문자 입력
- (문자 입력창 이외의 곳을 클릭)

7. 6. 부품표

① 부품표에는 도면에 그려진 전 부품의 번호와 명칭, 재질, 수량, 공정, 중량, 비고 등을 기입한다. 부품표의 위치는 우측 하단의 표제란 위에 연결하여 그린다.

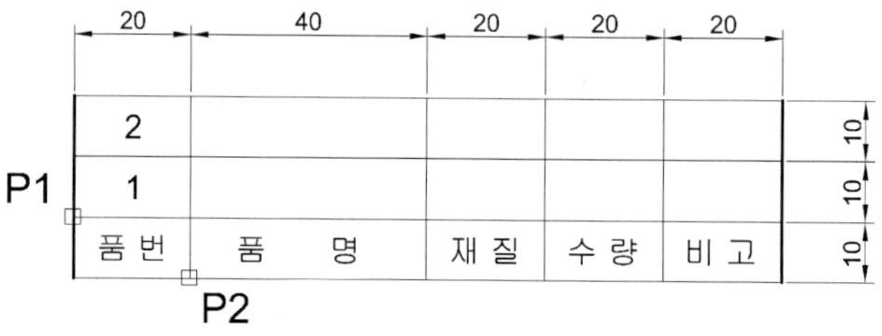

② 명령어 MT Enter↵ 대신 아이콘 메뉴 주석의 A를 클릭하여도 된다.

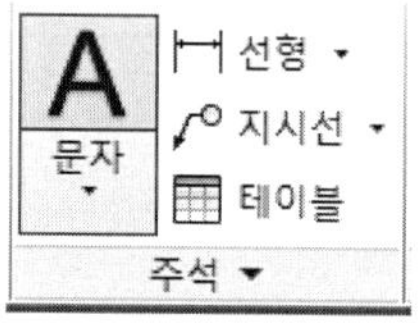

③ 문자 편집기의 상단 메뉴를 사용하여 글씨 크기, 모양 등을 바꾸어 보자.

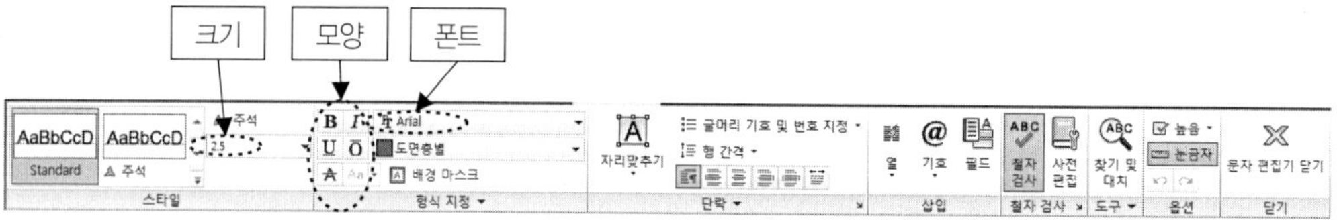

- 문자를 더블 클릭한다.
- 문자 편집창에서 변경할 문자를 마우스로 스크롤하여 선택한다.
- 크기, 모양, 폰트 등 선택된 문자의 특성을 변경한다.

7. 단원체크

할 수 있는 항목을 ☑로 표시하시오.

☐ 도면에 사용되는 용지의 크기를 안다.

☐ 도면의 크기에 따른 윤곽선을 그릴 수 있다.

☐ 도면에 사용되는 선의 종류 및 용도를 안다.

☐ 선의 종류에 따른 도면층을 설정할 수 있다.

☐ 표제란을 그릴 수 있다.

☐ 부품표를 그릴 수 있다.

7. 8. 실습

실습 7-1 A3 용지에 다음과 같이 도면 윤곽선, 표제란, 부품표를 그리시오.

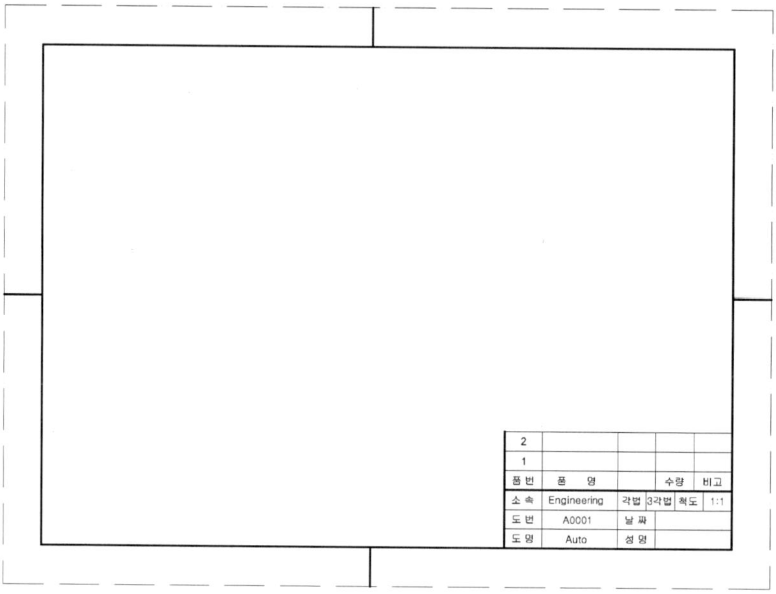

20 40 20 20 20

2				
1				
품 번	품 명	재 질	수 량	비 고

20 40 15 15 15 15

소 속	Engineering	각법	3각법	척도	1:1
도 번	A0001	날 짜			
도 명	Auto	성 명			

20 40 / 10 10 10

실습 7-2 A3 용지에 다음과 같이 도면윤곽선과 다음 형식의 표제란, 부품표를 그리시오.

-글씨의 크기는 4, 가운데 중앙 맞춤

-선의 굵기를 구분하여 작도

20	60		40	20	20	
2						10
1						10
품번	품 명		재 질	수량	비고	10
성명		번호		확인		10
도명				척도	1:1	10
				각법	3각법	10

실습 7-3 기어 요목표를 그리시오.

스퍼기어 요목표			
기어치형		표준	8
공구	치형	보통 이	
	모듈	2	
	압력각	20°	
잇수		21	
피치원지름		42	
전체 이 높이		4.5	
다듬질방법		호브 절삭	
정밀도		KS B 1405, 3급	
15			
40		50	

(제목 행 높이 10)

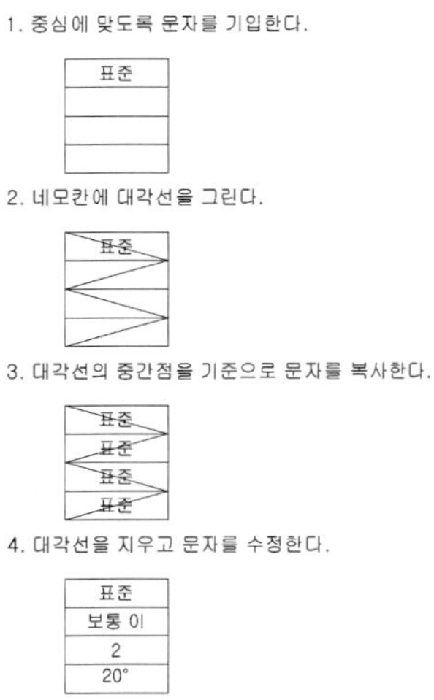

실습 7-4

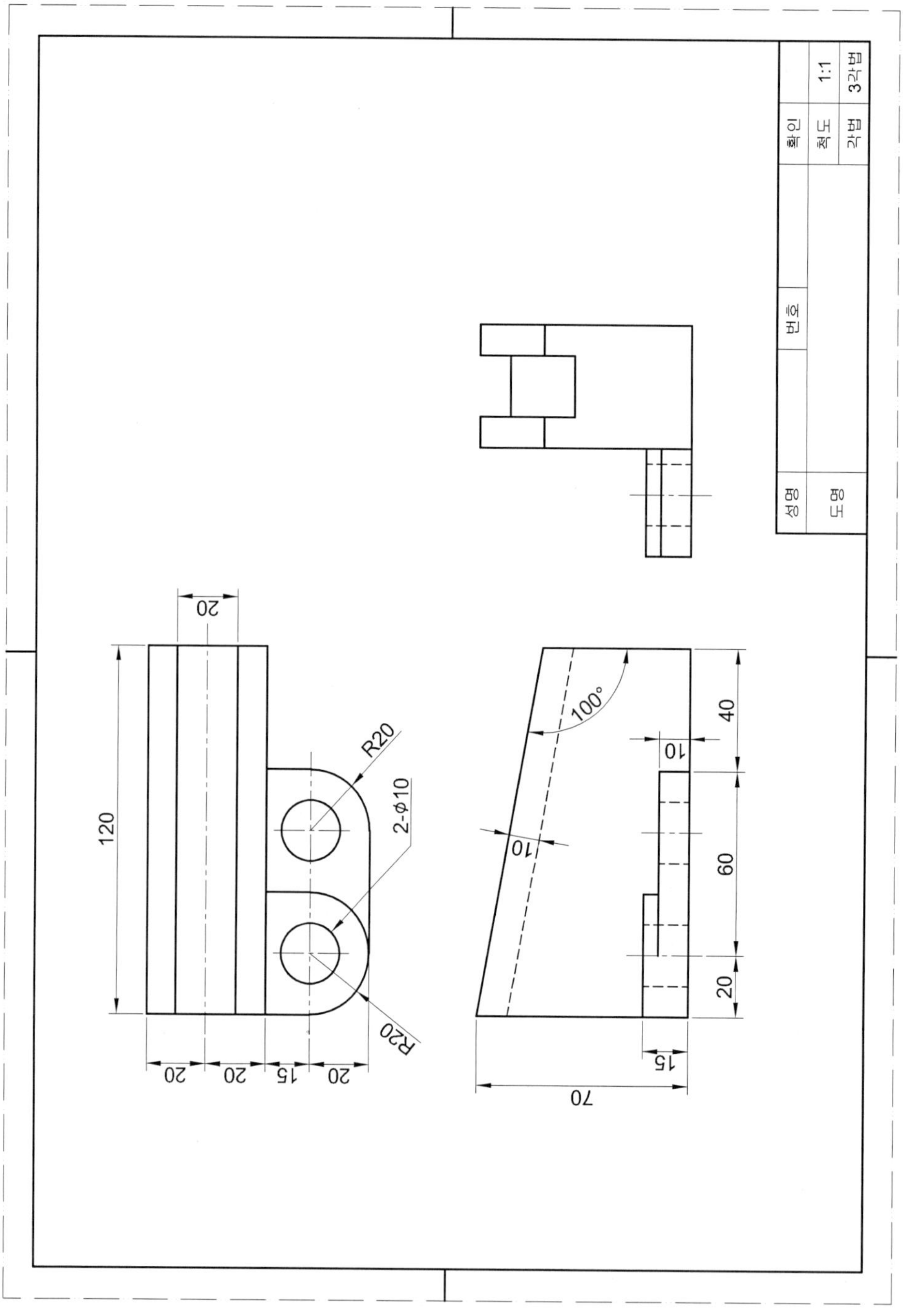

실습 7-5

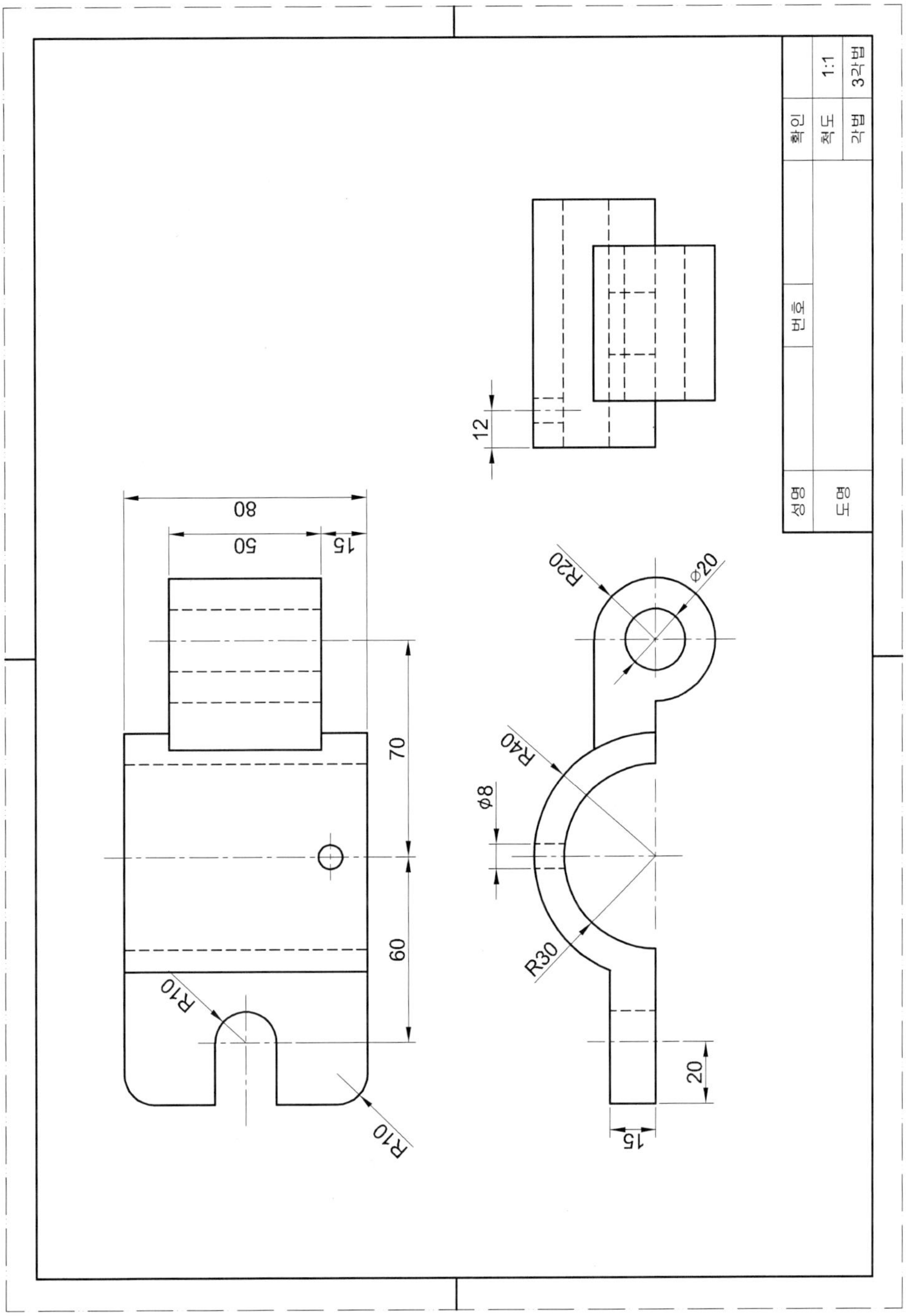
성명
도명
번호
확인
척도
1:1
각법
3각법
80
50
15
70
60
R10
R10
12
R20
⌀20
R40
⌀8
R30
20
15

실습 7-5

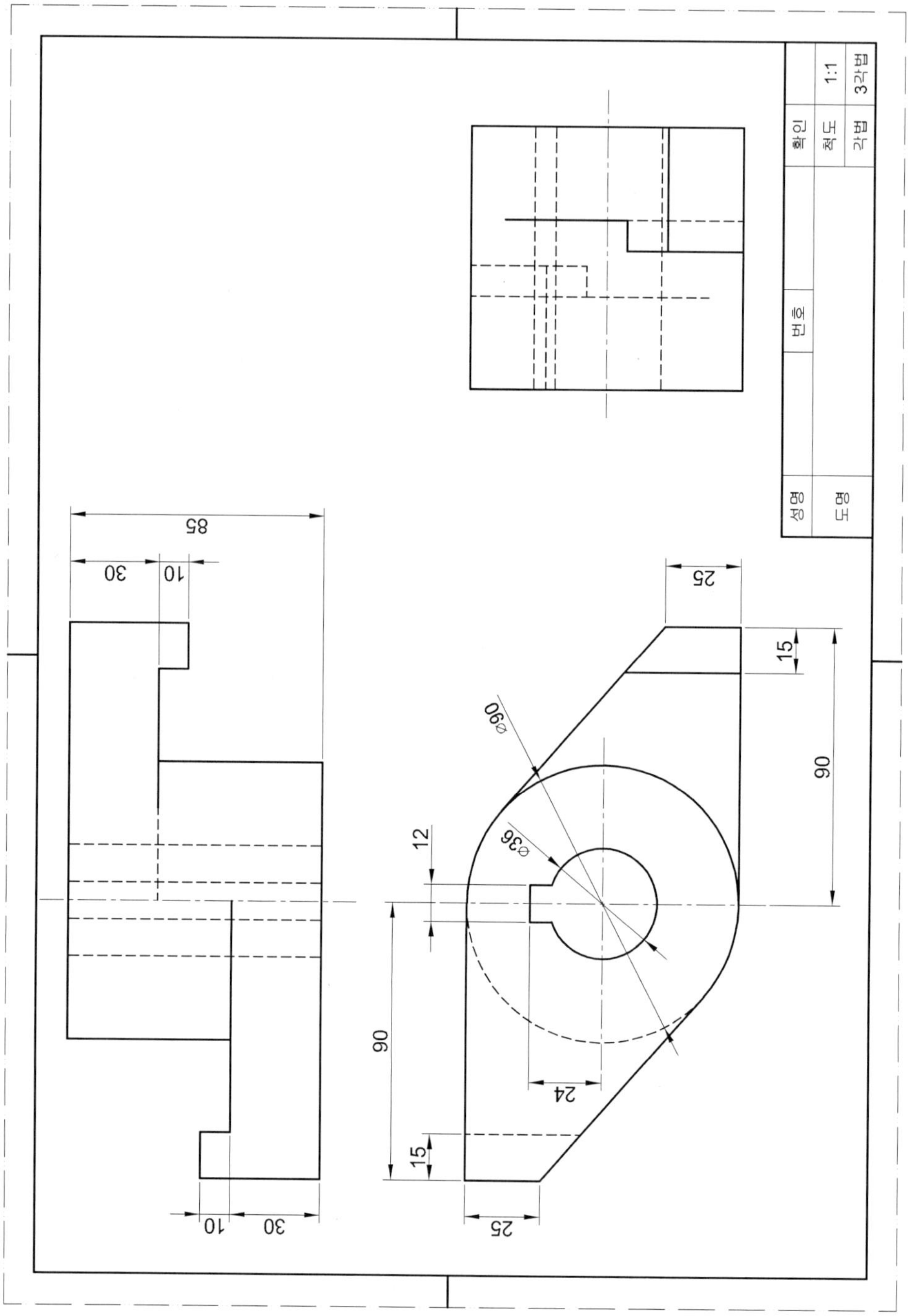

CHAPTER 08

단면도

8. 1. 해칭선 그리기

해칭선은 도면의 특정 부분을 다른 부분과 구별하는데 나타내는 선으로, 특히 단면도의 절단된 부분을 나타내는 선이다.

- 2개 이상의 부품이 인접한 경우에는 해칭의 방향(각도)과 간격을 다르게 한다.
- 동일한 부품의 절단면은 동일한 모양으로 해칭하여야 한다.

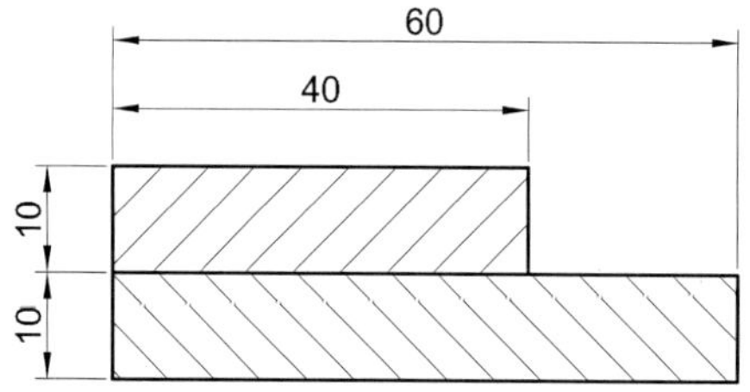

① 기본 도형을 그린다(사각형 2개).

② 아이콘 메뉴 도면층에서 현재 도면층을 해칭선으로 선택한다.

③ 아이콘 메뉴 그리기에서 해치를 클릭한다.

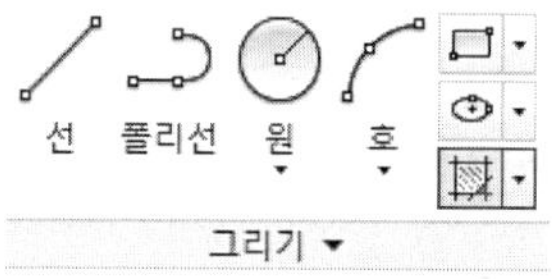

④ 패턴을 ANSI31로 선택한다.

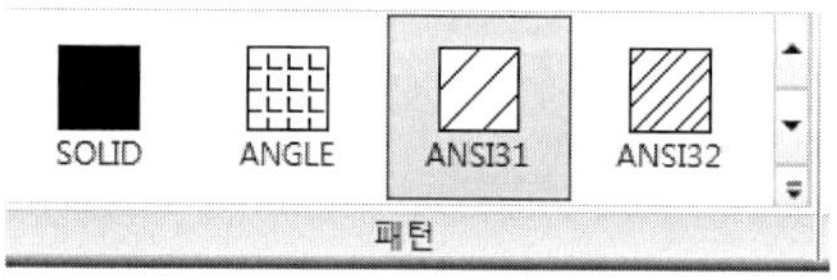

⑤ 위 사각형 내부를 클릭하고, Enter↵하여 끝낸다.

⑥ (해치 클릭)하고 특성의 각도에 90을 입력한다.

⑦ 아래 사각형 내부를 클릭하고, Enter↵하여 끝낸다.

■ 상이한 부품은 다른 모양(각도, 간격)으로 해칭한다.

- 반지름 : 10, 20, 30, 40, 50

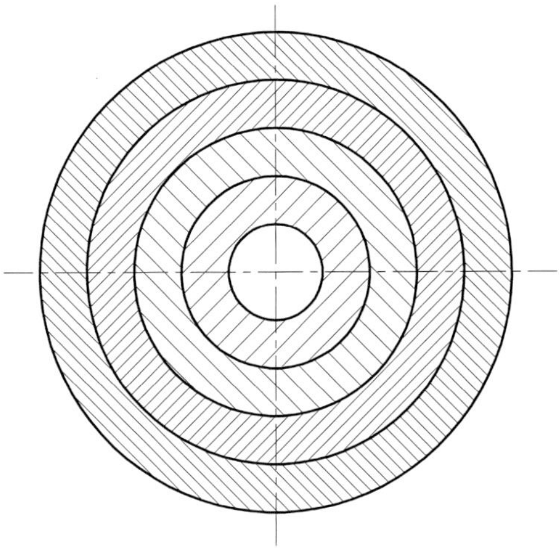

■동일한 부품의 절단면은 동일한 모양으로 해칭한다.

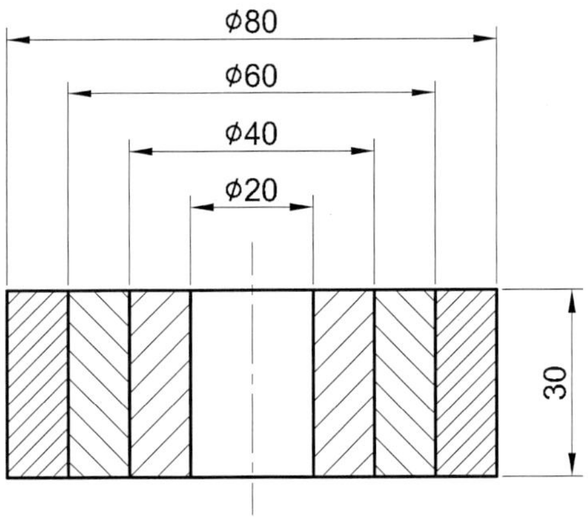

8. 2. 자유곡선 그리기(Spline, SPL)

직선이나 원호가 아닌 부드러운 곡선은 spime 명령을 사용하여 그린다. 도면에서는 긴 길이를 생략하는 경우, 부분 단면도에서 단면의 경계 등 설계자가 임의의 형상으로 그리는 절단된 부분의 경계를 자유 곡선으로 그린다.

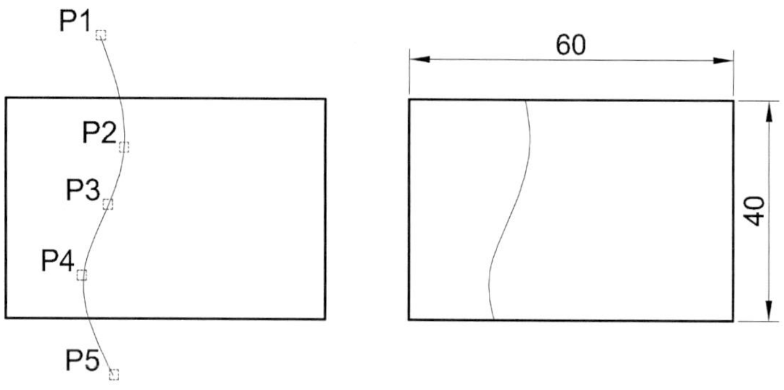

① 기본 도형을 그린다(사각형 60 X 40).

② 아이콘 메뉴 그리기에서 그리기를 클릭하고, 스프라인을 선택한다.

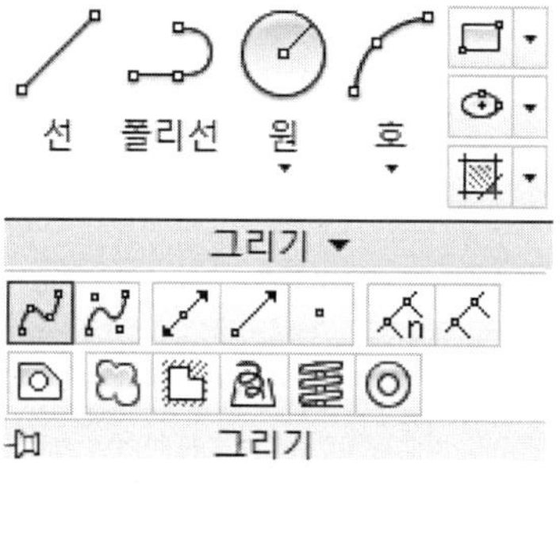

③ 스프라인 시작점으로 사각형 밖에 적당한 곳(P1)을 클릭한다.

④ 마우스 이동, 클릭을 반복(P2, P3, P4, P5)하여 곡선을 그린다.

⑤ 곡선이 사각형 밖으로 나오면, Enter↵하여 끝낸다.

⑥ 자르기(Tr) 명령으로 사각형 밖의 곡선부분을 자른다.

8. 3. 회전(RO)

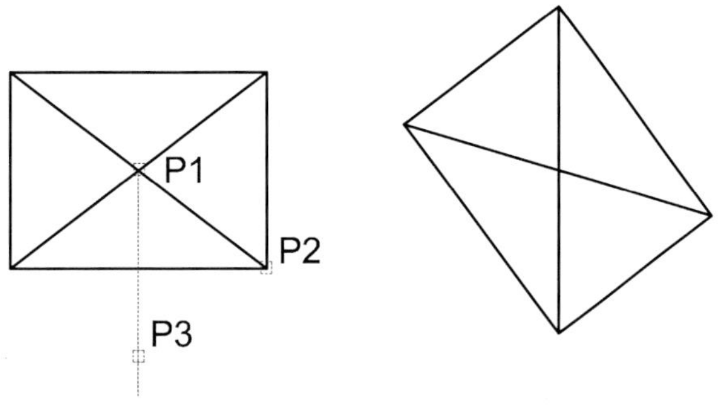

① 기본 도형을 그린다(사각형 40 X 30, 대각선).

② 아이콘 메뉴 수정에서 회전을 선택 또는 명령어 RO Enter↵ 한다.

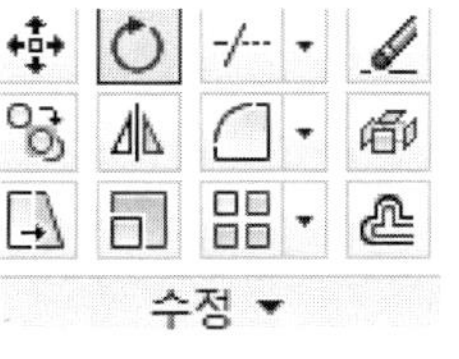

③ 객체선택 : 사각형과 대각선을 모두 선택하고 Enter↵ 한다.

④ 기준점 지정 : 대각선의 교차점(P1)을 선택한다.

⑤ 회전각도 지정 또는 [복사(C), 참조(R)] : R Enter↵ 한다.

⑥ 참조 각도를 지정 : 교차점(P1)을 선택
두 번째 점을 지정 : 오른쪽 아래 모서리 점(P2)을 선택

⑦ 새 각도 지정 또는 [점(P)] : 마우스를 움직여 초록색 수직선에서 클릭(P3)

- 회전각도 지정 또는 [복사(C), 참조(R)] : 에서 회전명령어 옵션을 연습한다.
  - 회전각도를 직접 입력하거나 마우스 클릭으로 지정한다.
  - C Enter↵ 하여 원본이 남아 있도록 한다.

8. 4. 온 단면도(전단면도)

온 단면도는 물체를 반으로 자른 것으로 가정하고 도형 전체를 단면으로 표시한 것으로 전단면도라고도 한다.

① 단면이 기본 중심선을 지나는 경우에는 절단선을 생략한다.

② 숨은선은 필요한 것만을 기입한다.

③ 절단 부위가 확실한 경우에는 절단선 기호를 붙이지 않는다.

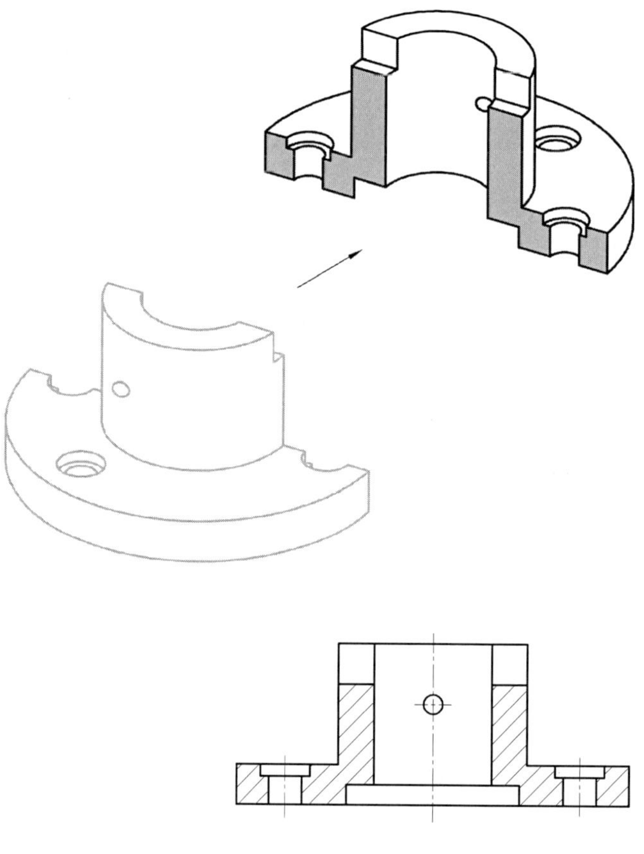

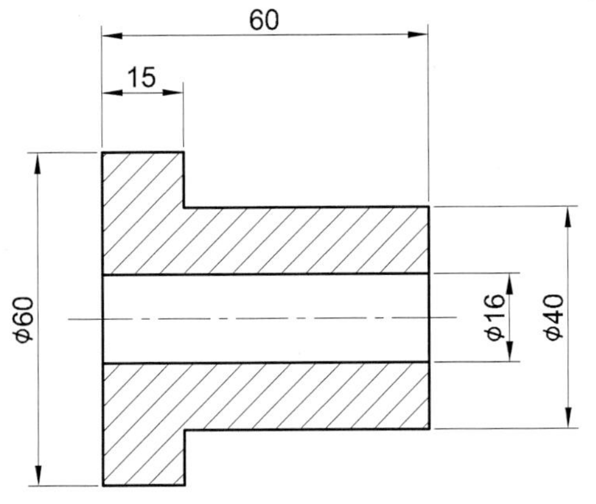
60
15
ϕ60
ϕ16
ϕ40

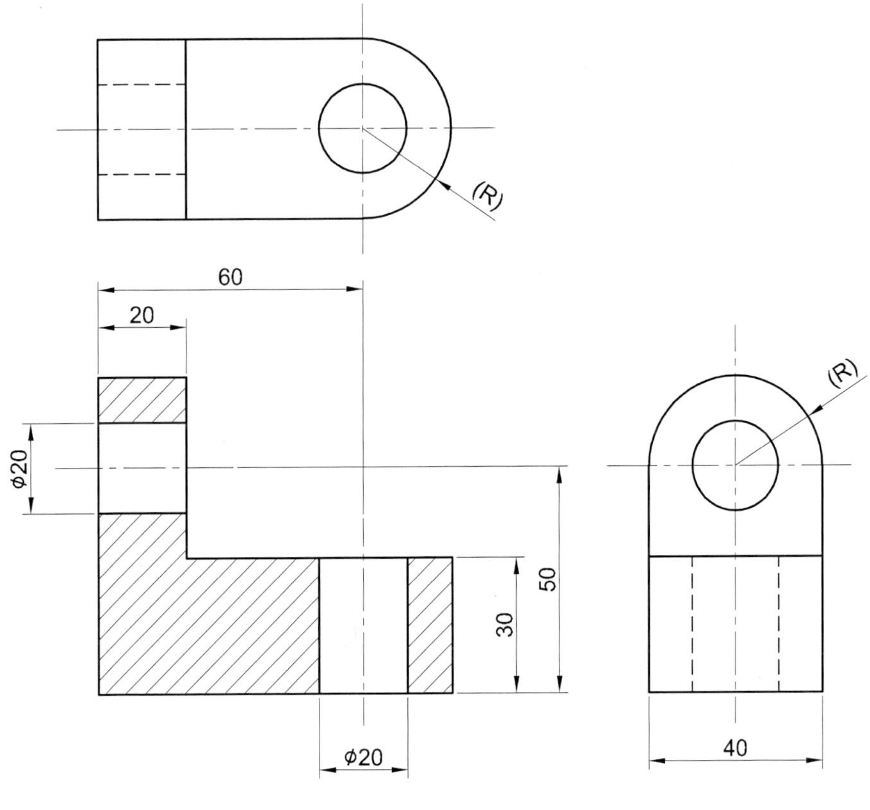
(R)
60
20
ϕ20
50
30
ϕ20
(R)
40

8. 5. 한쪽 단면도

한쪽 단면도(반 단면도)는 대칭형의 물체를 1/4절단한 것으로 가정하고 반은 외형도, 반은 단면도를 그려 동시에 표시한 단면도

① 대칭축은 상・하, 좌・우 어느 쪽의 면을 절단하여도 좋다.

② 절단선은 기입하지 않는다.

③ 외형도에 숨은선을 그리지 않는다.

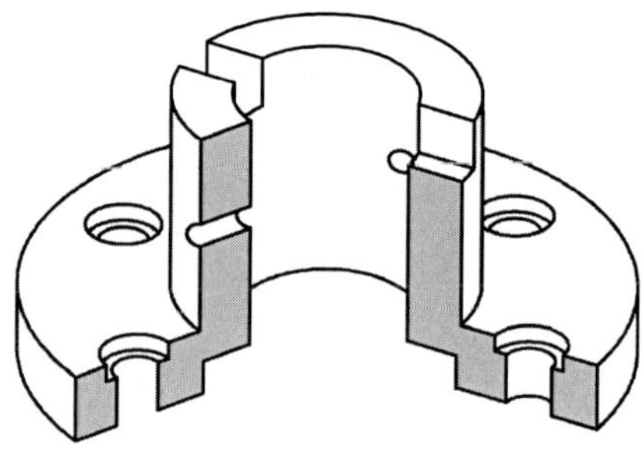

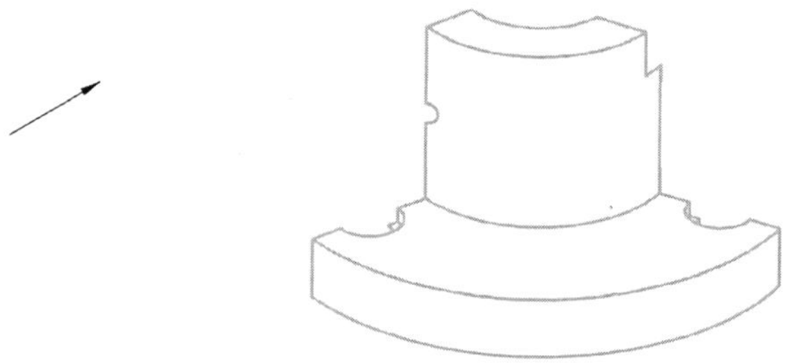

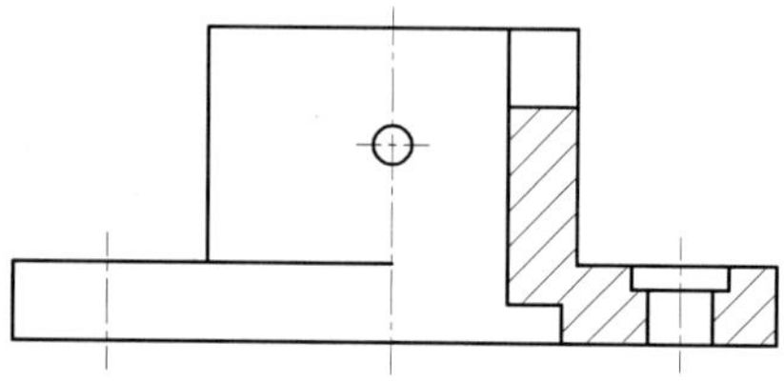

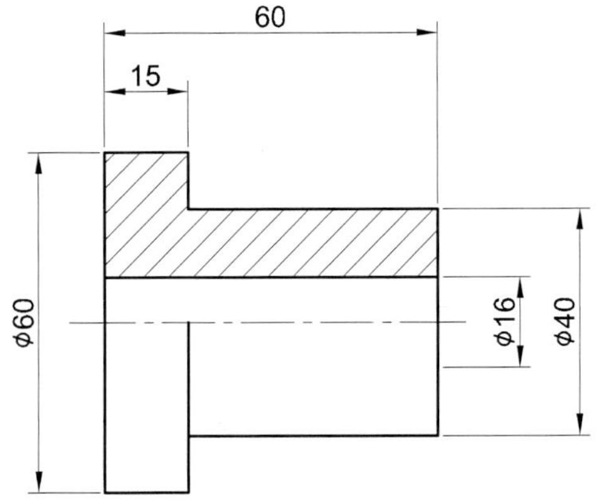
60
15
ϕ60
ϕ16
ϕ40

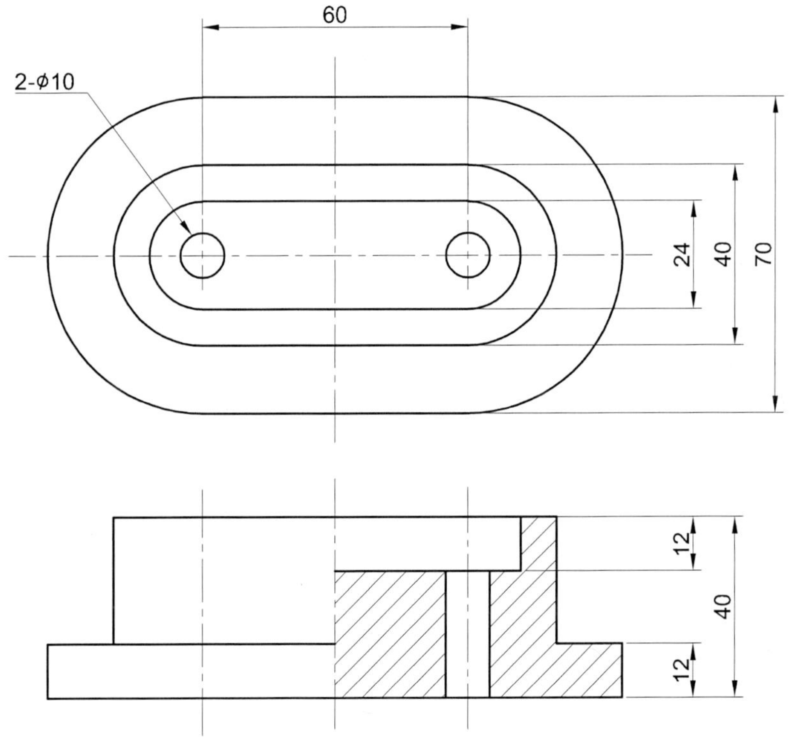
60
2-ϕ10
24
40
70
12
40
12

8. 6. 회전 단면도

회전 단면도는 절단면을 가상으로 회전시켜서 그린 단면도

-각도를 이루는 방향으로 절단한 단면을 회전시켜 실제 길이로 그려지도록 한다.

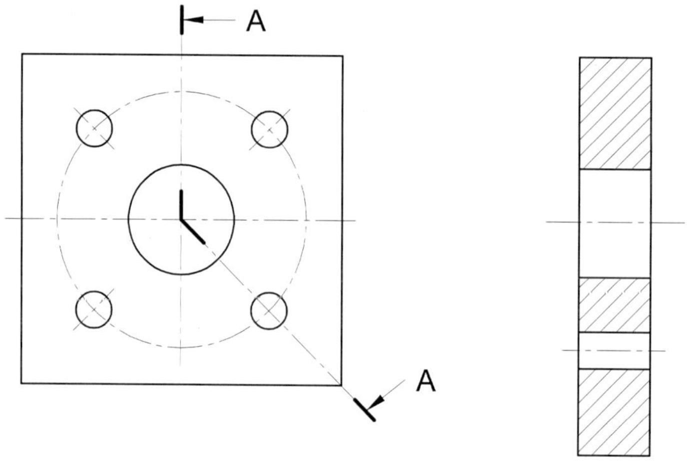

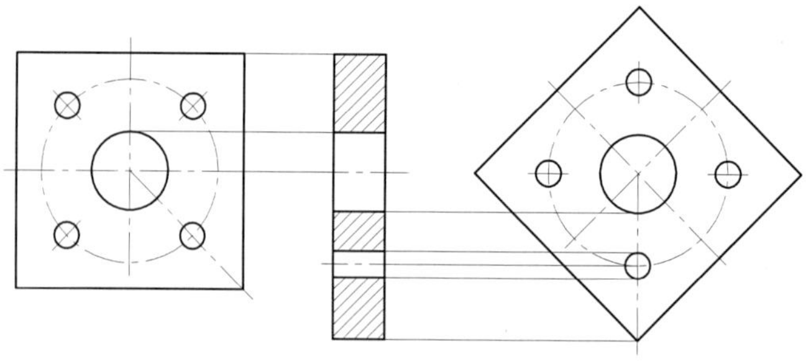

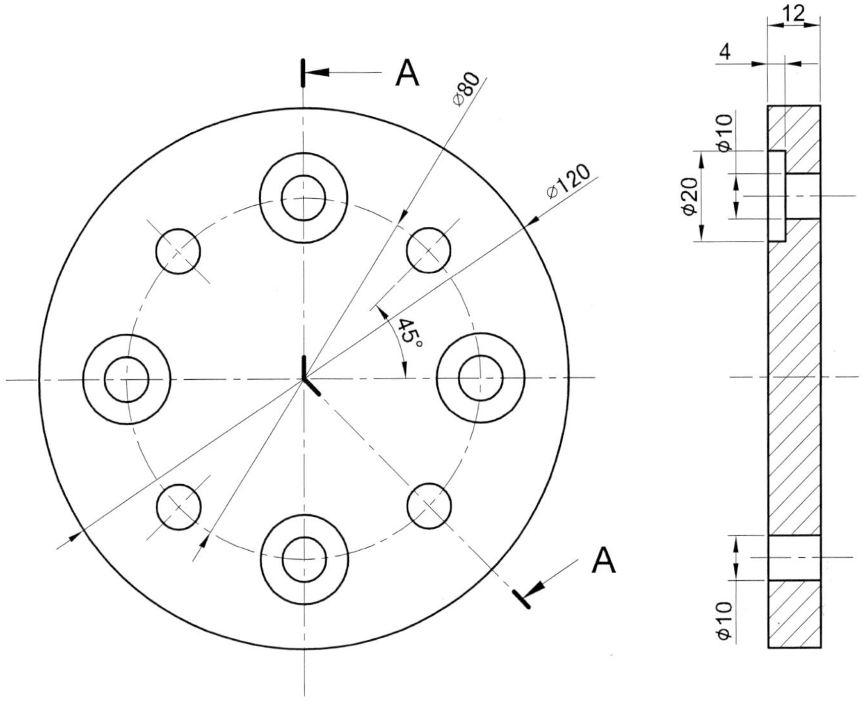
A
⌀80
⌀120
45°
A
12
4
⌀10
⌀20
⌀10

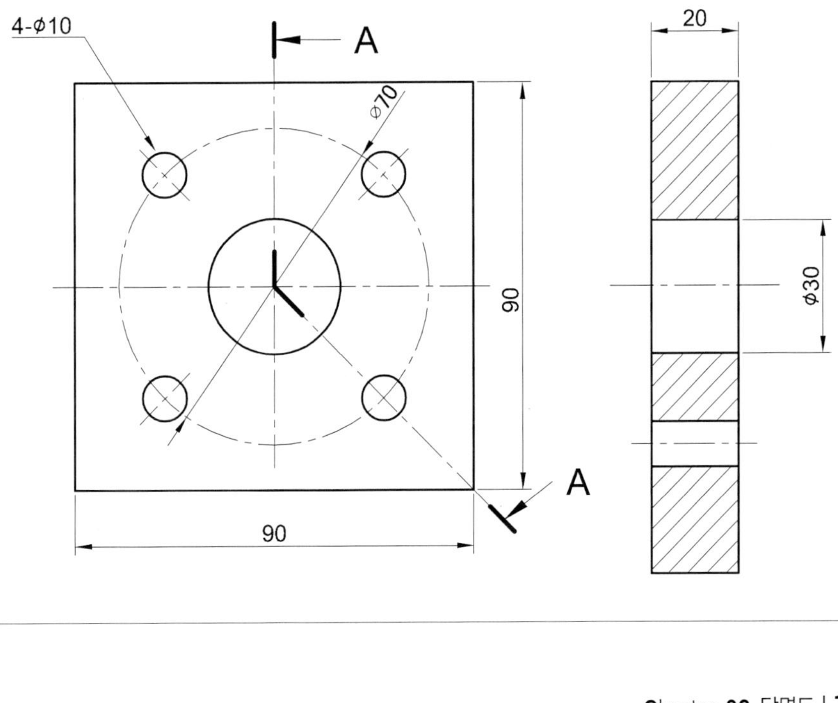
4-⌀10
A
⌀70
90
A
90
20
⌀30

8. 7. 부분 단면도, 회전도시 단면도

8.7.1. 부분 단면도

부분 단면도는 도형의 대부분을 외형도를 그대로 이용하여 필요로 하는 내부 요소의 일부분만을 나타낸 단면도

① 키홈. 작은 구멍 등 단면을 나타낼 필요가 있는 부분이 적을 때

② 단면의 경계가 애매해서 이해하는데 지장을 초래할 경우

③ 파단선은 가는 실선으로 자유 곡선으로 그린다.

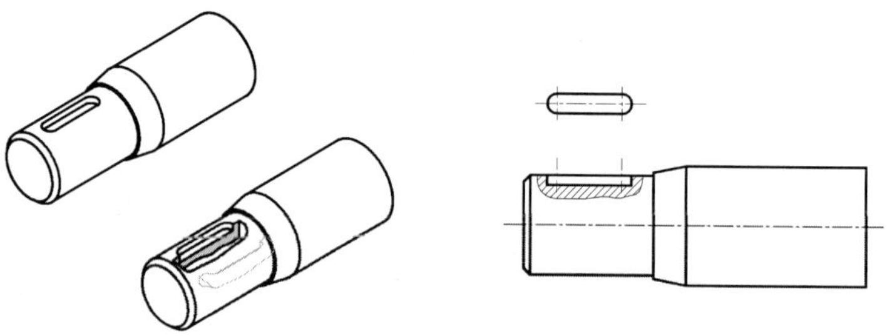

8.7.2. 회전도시 단면도

회전도시단면도는 부품의 일부를 수직한 면으로 절단하여, 절단면을 90도 회전시켜 그린 단면도

-주로 리브(rib), 암(arm) 등의 단면에 사용

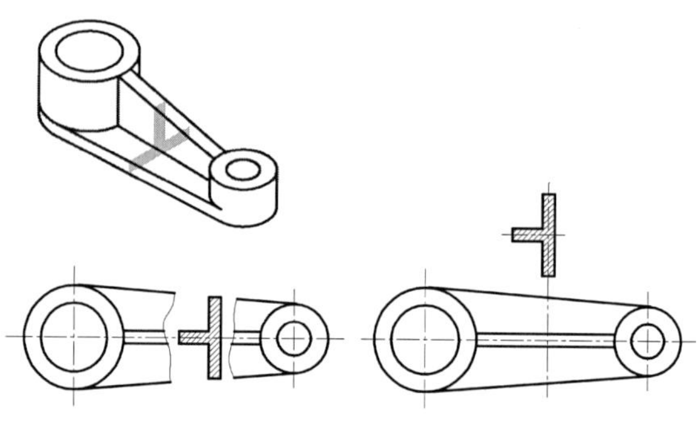

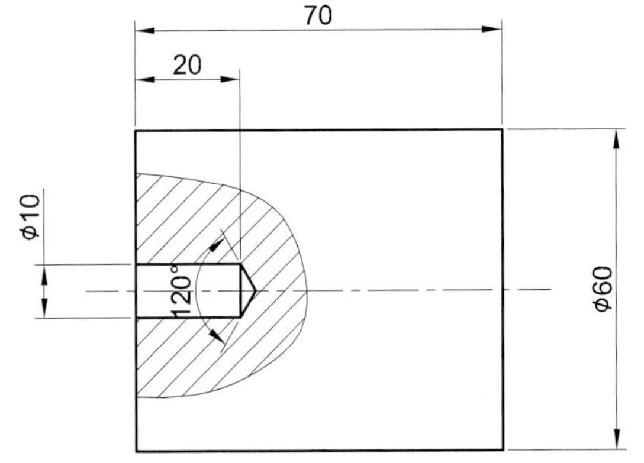
70
20
ϕ10
120°
ϕ60

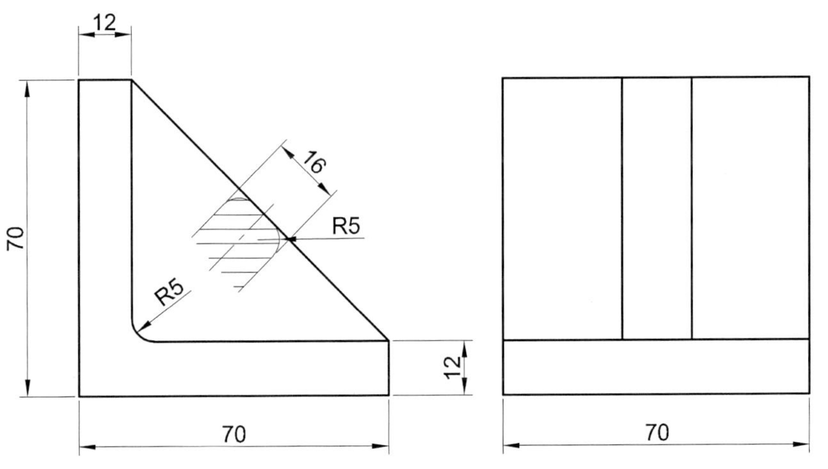
12
70
16
R5
R5
12
70
70

8. 8. 단원체크

할 수 있는 항목을 ☑로 표시하시오.

☐ 해칭선을 그릴 수 있다.

☐ 해칭선의 간격을 조정할 수 있다.

☐ 해칭선의 각도를 조정할 수 있다.

☐ 자유 곡선을 그릴 수 있다.

☐ 전 단면도를 그릴 수 있다.

☐ 반 단면도를 그릴 수 있다.

☐ 회전 단면도를 그릴 수 있다.

☐ 부분 단면도를 그릴 수 있다.

☐ 회전도시 단면도를 그릴 수 있다.

8. 9. 실습

실습 8-1

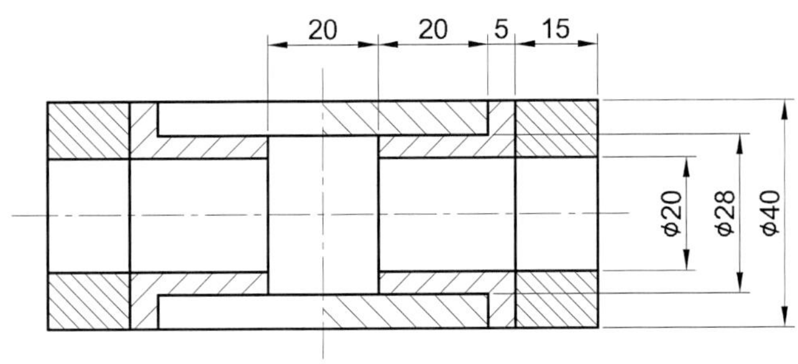

실습 8-2

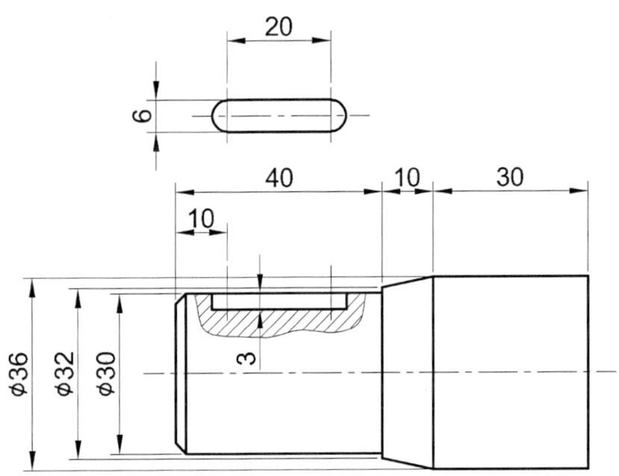

실습 8-3

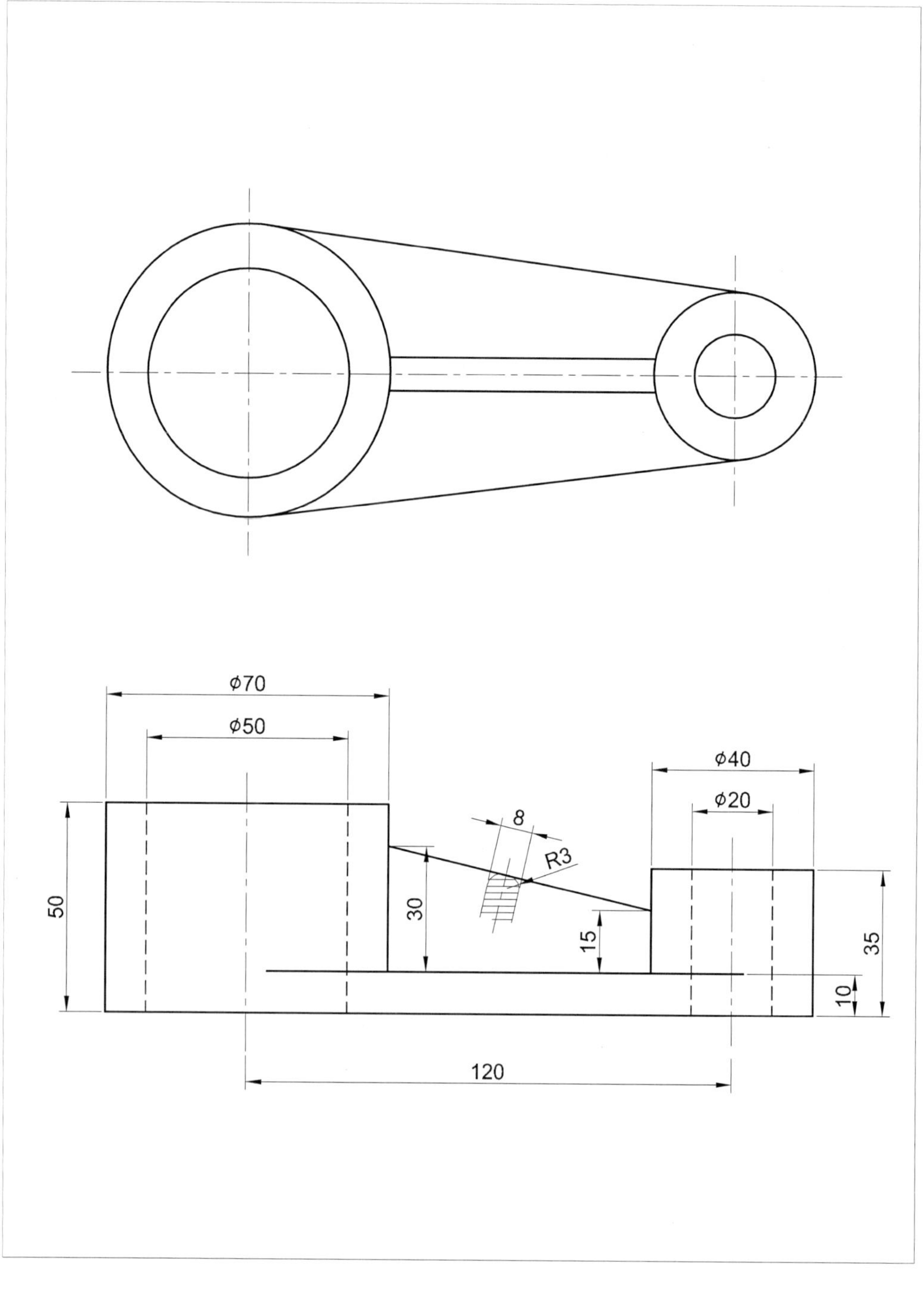

실습 8-4

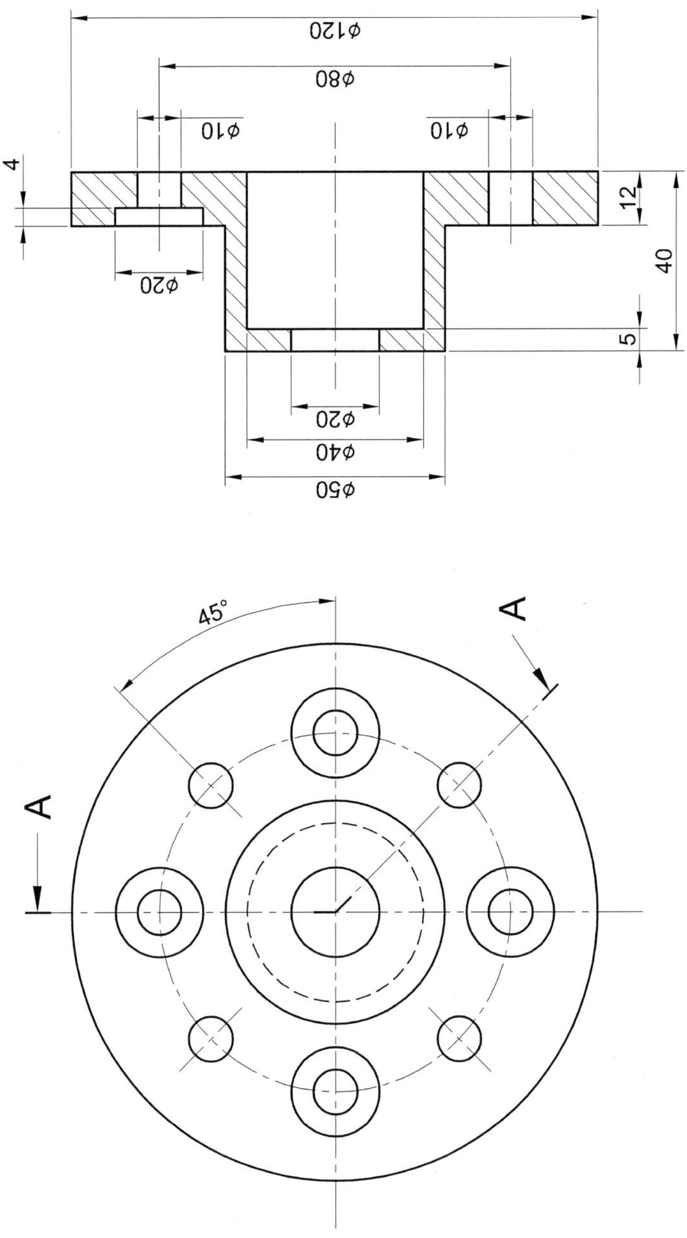

실습 8-5

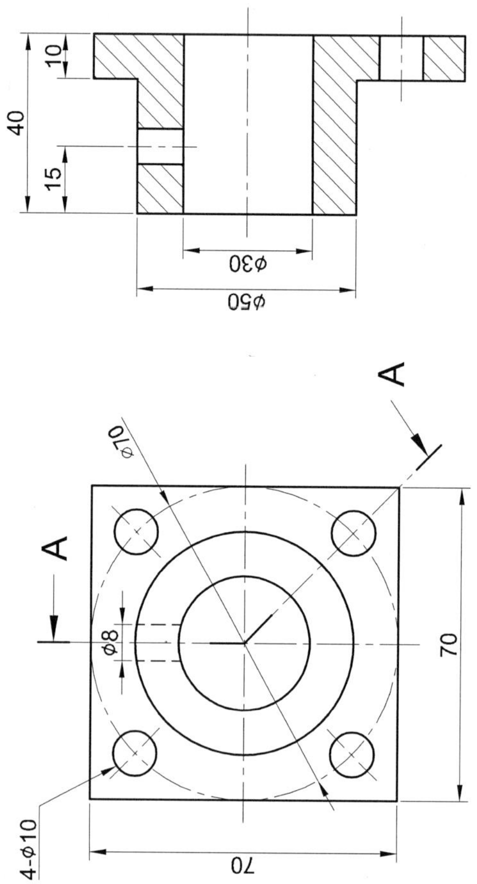

CHAPTER 09

치수기입

9. 1. 선형 치수기입

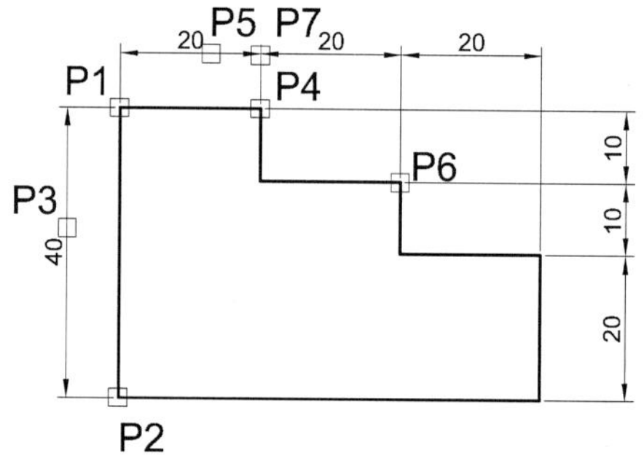

① 도면층을 외형선으로 하여 기본 도형을 그린다.

② 현재 도면층을 치수선으로 변경한다.

③ 아이콘 메뉴 주석에서 치수그리기 선형을 선택한다. =>

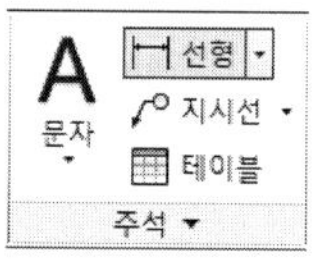

④ 도형의 왼쪽 수직선의 양 끝점(P1, P2)을 차례로 클릭한다.

⑤ 도형과 간격을 두고 도형의 왼쪽 화면상의 한 곳(P3)을 클릭한다.

⑥ 치수그리기 선형을 선택한다.

⑦ 도형 맨 위 수평선의 왼쪽 끝점 클릭(P1), 오른쪽 끝점(P4) 클릭한다.

⑧ 도형과 간격을 두고 도형의 왼쪽 화면상의 한 곳(P5)을 클릭한다.

⑨ (치수그리기 선형을 선택), (맨 위 선의 오른쪽 끝점(P4) 클릭), (중간 수평선의 오른쪽 끝점(P6) 클릭), (맨 위 수평선의 치수선 화살표 끝점(P7) 클릭)

⑩ Enter↵ , (중간 수평선의 오른쪽 끝점 클릭), (아래 수평선의 오른쪽 끝점 클릭), (중간 수평선 치수선 화살표 끝점 클릭)

⑪ Enter↵ , (맨위 수평선 오른쪽 끝점 클릭), (중간수평선의 오른쪽 끝점 클릭), (도형 오른쪽 적당한 위치 클릭)

⑫ 반복해서 치수 기입하여 도면을 완성한다.

Guide

치수보조선이 외형선과 약간 떨어지도록 중간 수평선의 양쪽 끝점을 선택하지 않는다.

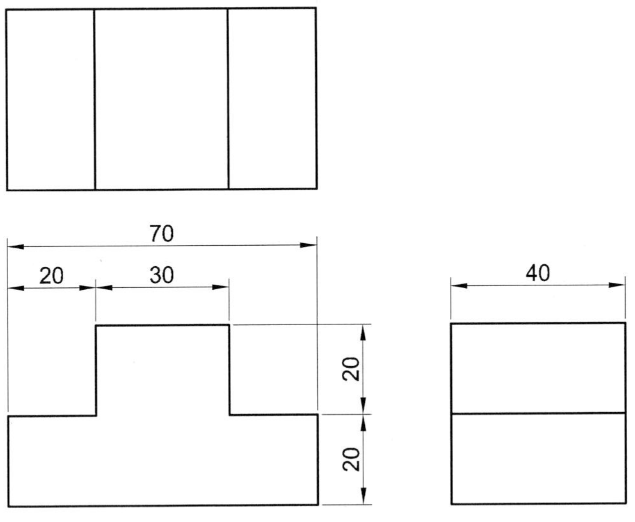
70
20
30
40
20
20

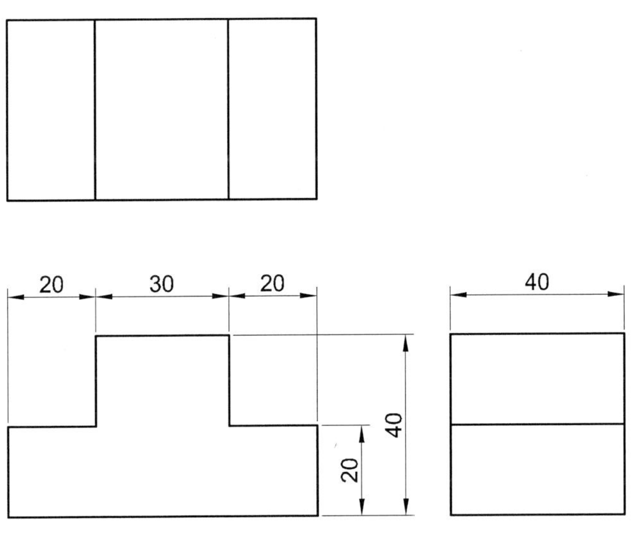
20
30
20
40
40
20

9. 2. 정렬, 각도, 반지름, 지름 치수기입

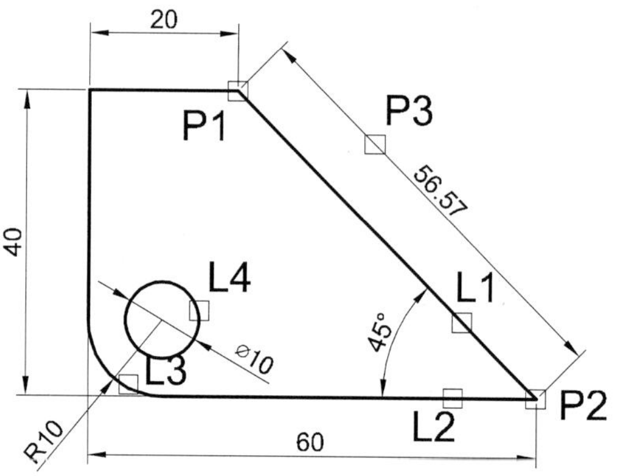

① 도면층을 외형선으로 하여 기본 도형을 그린다.

② 아이콘 메뉴 주석에서 선형 오른쪽의 (▾)을 클릭, 정렬을 선택한다. =>

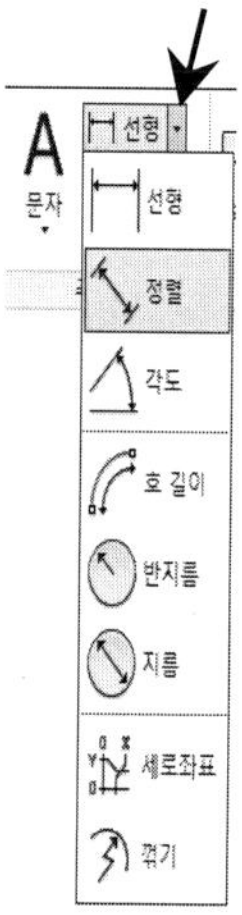

③ 경사진 선의 한 끝점(P1)을 클릭한다.

④ 경사진 선의 다른 끝점(P2)을 클릭한다.

⑤ 경사진 선에서 떨어진 한 곳(P3)을 클릭한다.

⑥ (▾)을 클릭, 각도를 선택한다.

⑦ 경사진 선(L1)을 클릭한다.

⑧ 바닥 수평선(L2)을 클릭한다.

⑨ 두 선 사이의 한 곳을 클릭한다.

⑩ (▾)을 클릭, 반지름을 선택한다.

⑪ 왼쪽 모서리의 호(L3)를 선택한다.

⑫ 호 외부의 한 곳을 클릭한다.

⑬ (▾)을 클릭, 지름을 선택한다.

⑭ 원(L4)을 클릭한다.

⑮ 원 외부의 한 곳을 클릭한다.

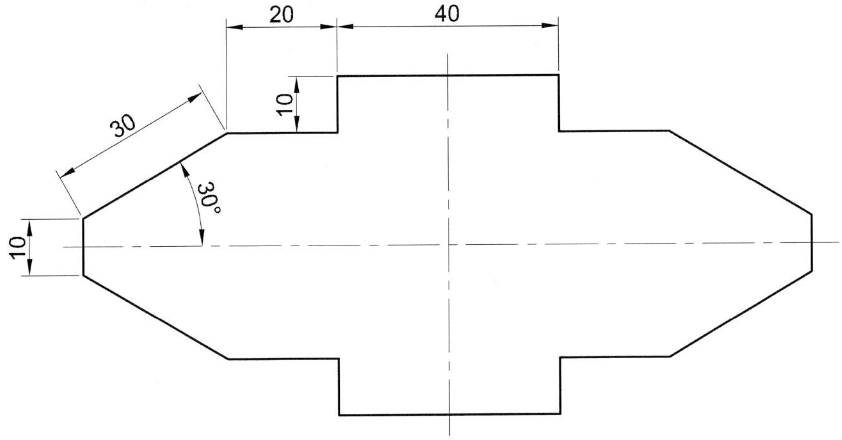
20
40
30
10
30°
10

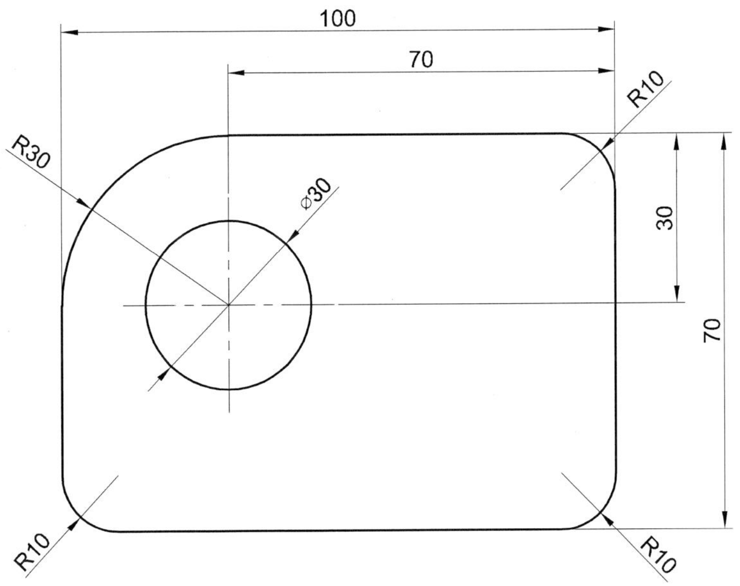
100
70
R10
R30
⌀30
30
70
R10
R10

9. 3. 치수 문자편집(지름기호 ∅ 입력)

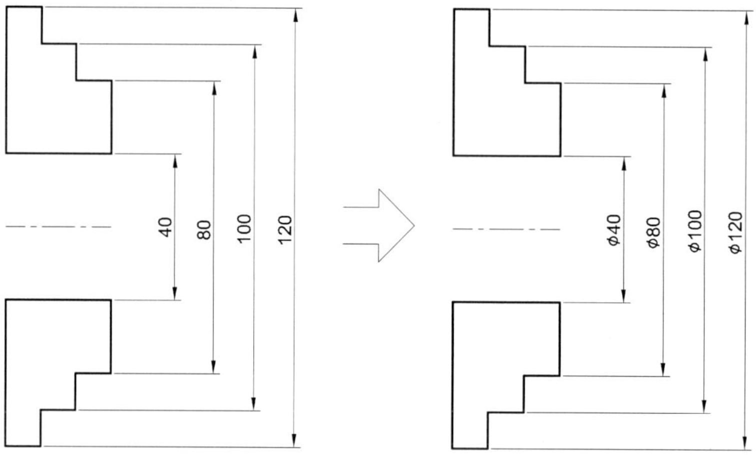

① 치수의 문자를 더블 클릭한다.

② 문자 편집기의 아이콘 메뉴에서 삽입기호를 클릭한다.

③ 지름 %%c 를 선택한다.

④ 문자 편집창 밖의 화면상의 한 곳을 클릭한다.

⑤ (변경할 문자 더블 클릭), (삽입의 기호 클릭), (지름 클릭), (화면 한 곳 클릭)

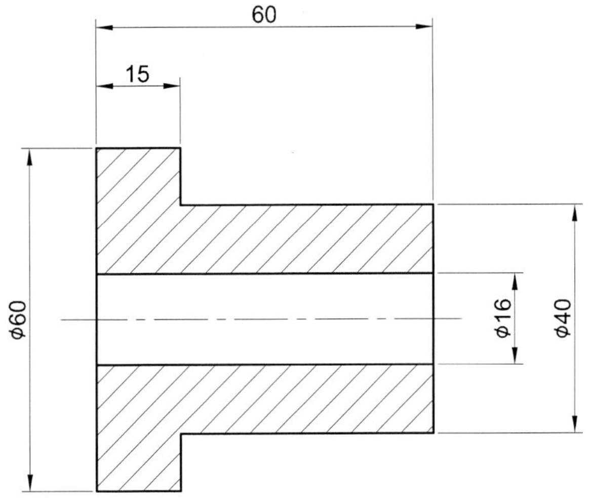
60
15
ϕ60
ϕ16
ϕ40

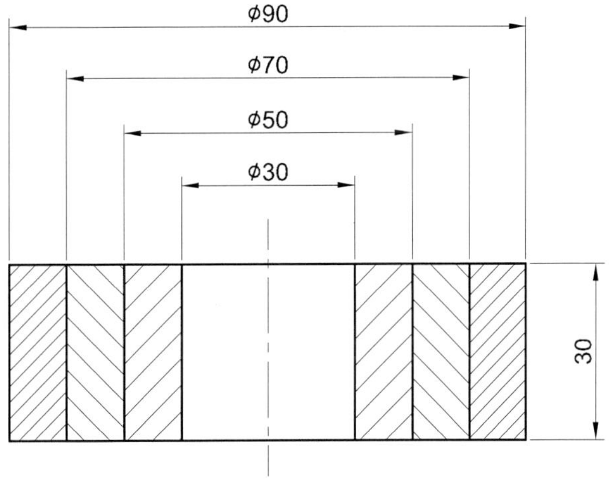
ϕ90
ϕ70
ϕ50
ϕ30
30

9.4. 치수이동

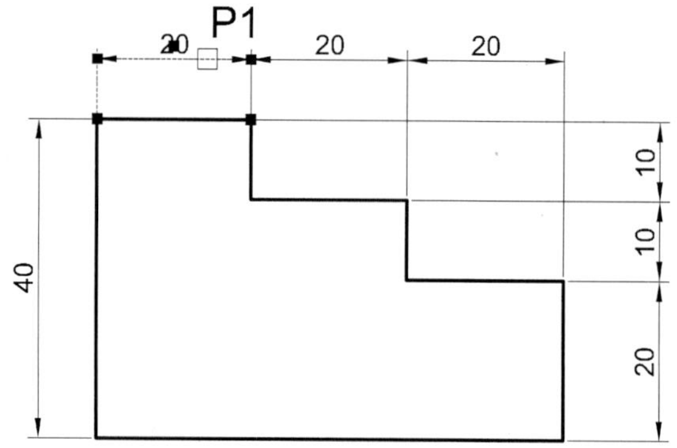

① 치수가 기입된 도형을 준비한다(9.1절 도형을 복사하여 사용).

② 치수(P1)를 클릭한다.

③ 5개의 파란 점 중 하나를 클릭한다.

④ 마우스 포인터를 움직여 이동하여 클릭한다.

⑤ 변화를 확인한다.

⑥ 치수를 클릭하고 다른 파란 점을 클릭하고 이동 클릭하여 변화를 확인한다.

⑦ 같은 방법으로 다른 치수의 위치를 이동하여 본다.

9.5. 치수공간 조정

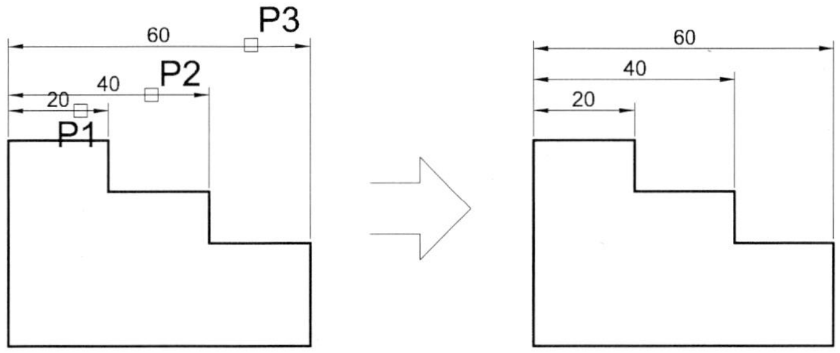

① 도형을 준비한다(9.1절 도형을 복사하여 사용).

② 치수를 기입한다(왼쪽 그림과 같이 들쭉날쭉 위치에 맞지 않게 기입).

③ 주 메뉴의 주석을 선택한다.

④ 치수의 공간조정을 클릭한다.

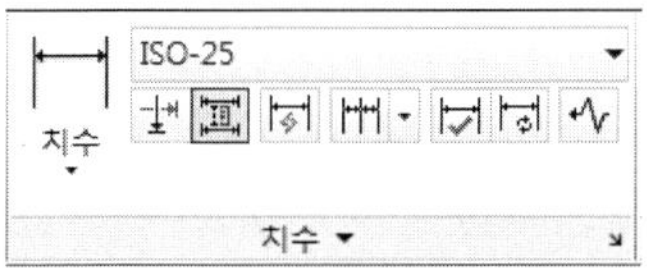

⑤ 명령행 "기본 치수 선택: " 에서 아래 치수선(P1)을 클릭한다.

⑥ 명령행 "간격을 둘 치수 선택: " 에서 위의 두개 치수(P2, P3)를 선택한다.

⑦ Enter↵ 한다(치수 선택 종료).

⑧ 명령행 "값 또는 [자동(A)] 입력 〈자동(A)〉: " 에서 6 Enter↵ 한다.

Guide

치수 위치이동과 치수 공간조정을 사용하여 앞에서 연습한 도면의 치수 위치를 정리.
- 치수간의 간격은 균등하게, 나란해야 할 치수들은 나란하게 정리한다.

6. 단원체크

할 수 있는 항목을 ☑로 표시하시오.

☐ 선형치수를 기입할 수 있다.

☐ 정렬치수를 기입할 수 있다.

☐ 각도치수를 기입할 수 있다.

☐ 반지름, 지름 치수를 기입할 수 있다.

☐ 치수문자를 편집할 수 있다.

☐ 치수위치를 조정할 수 있다.

☐ 치수선을 일정 간격으로 배치할 수 있다.

9. 7. 실습

실습 9-1 치수공간 조정값을 8로 하여 치수간 간격을 일정하게 하시오.

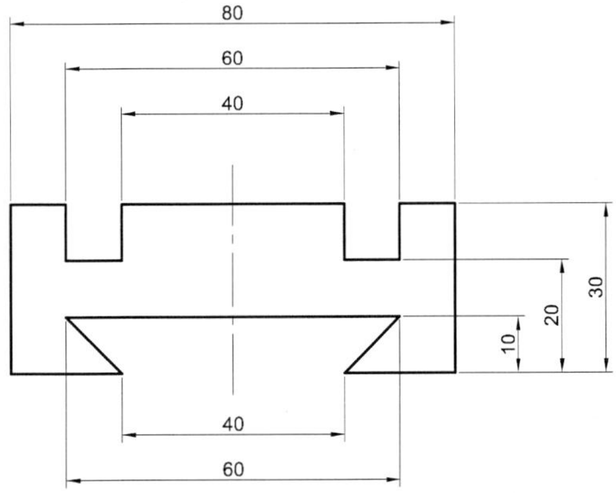

실습 9-2

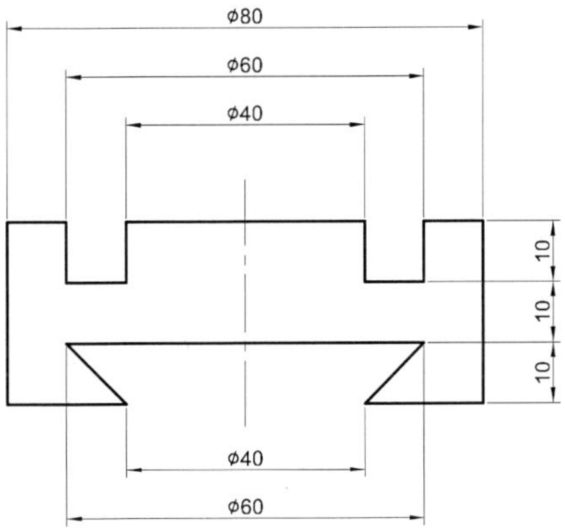

실습 9-3

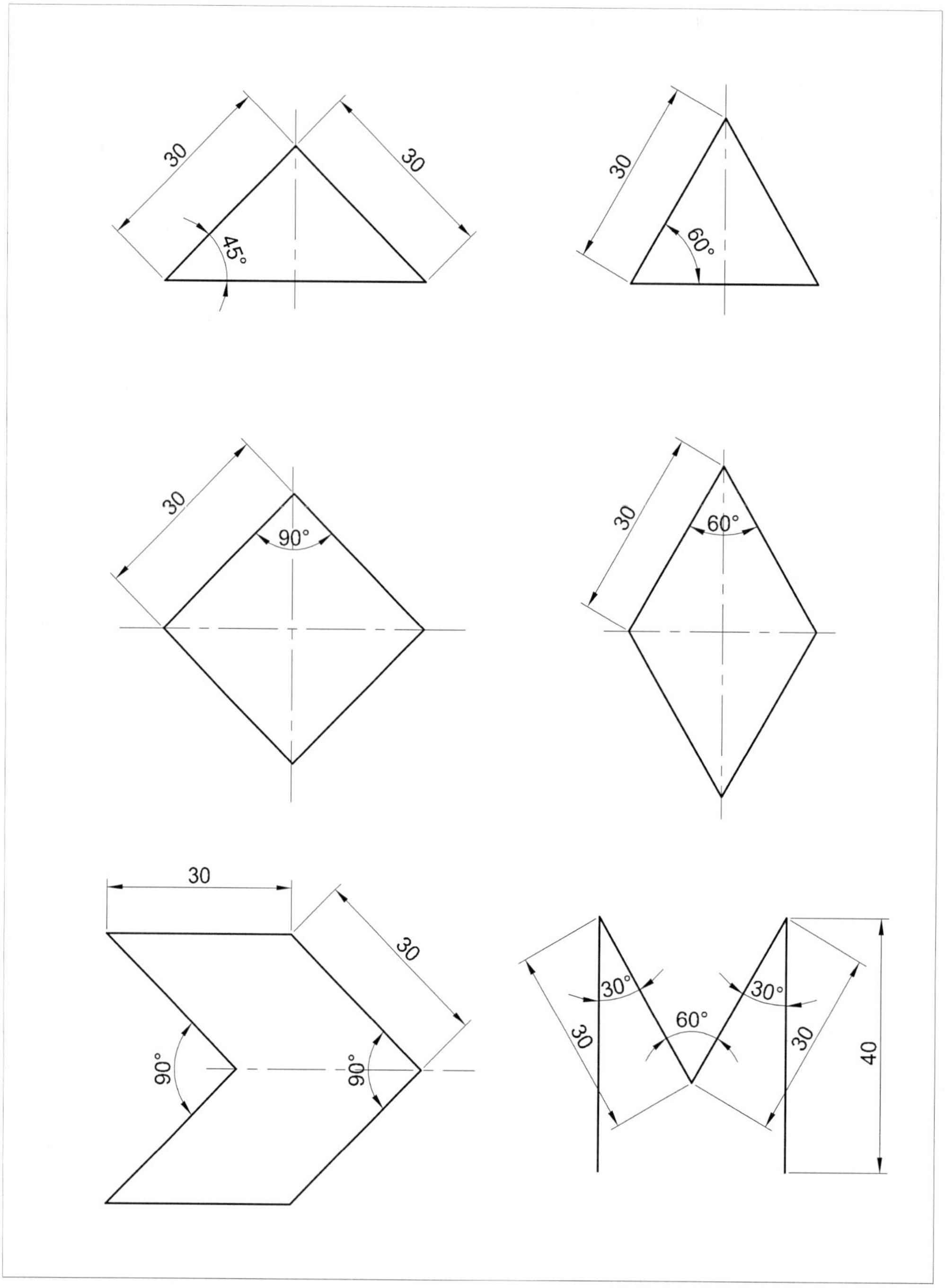

실습 9-4

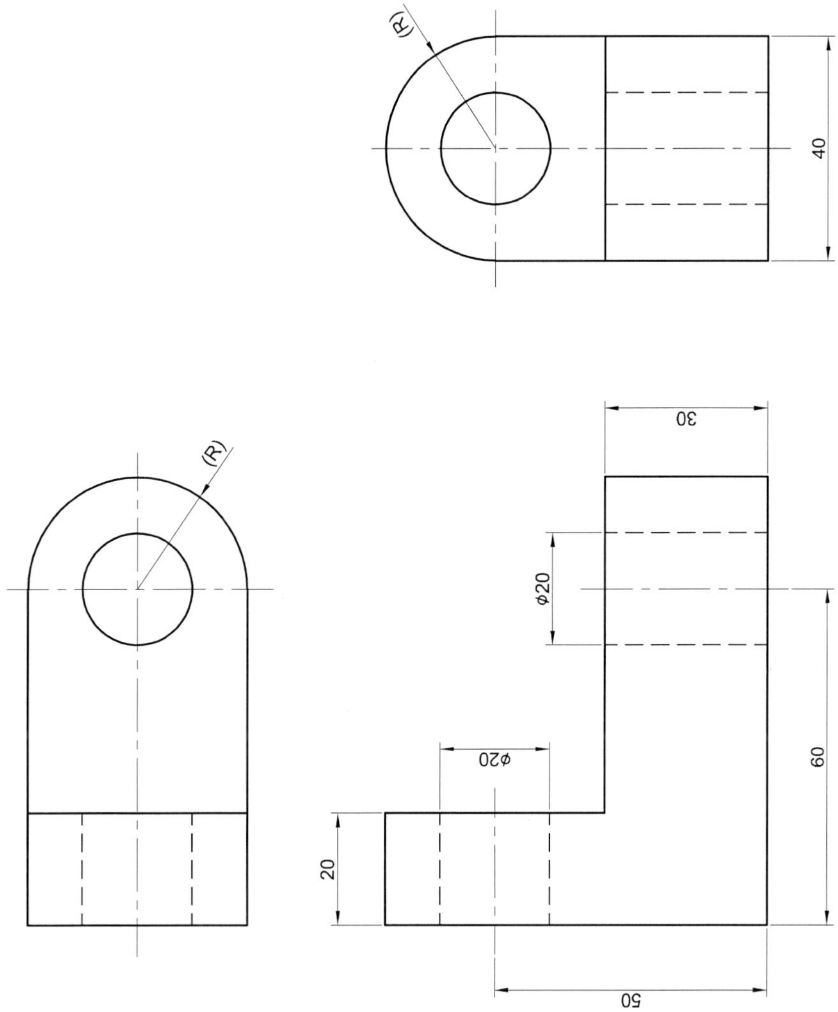

실습 9-5

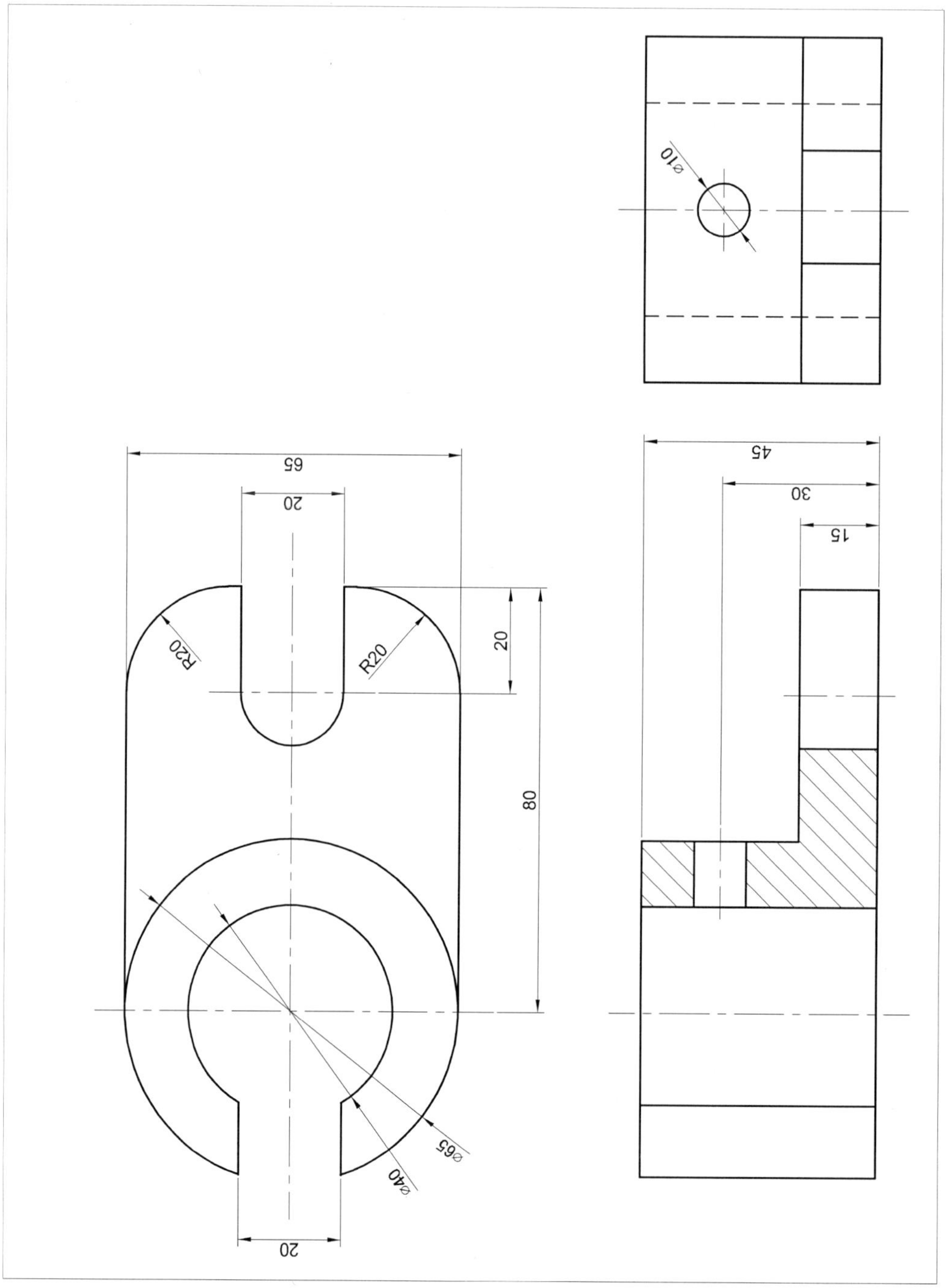

실습 9-6

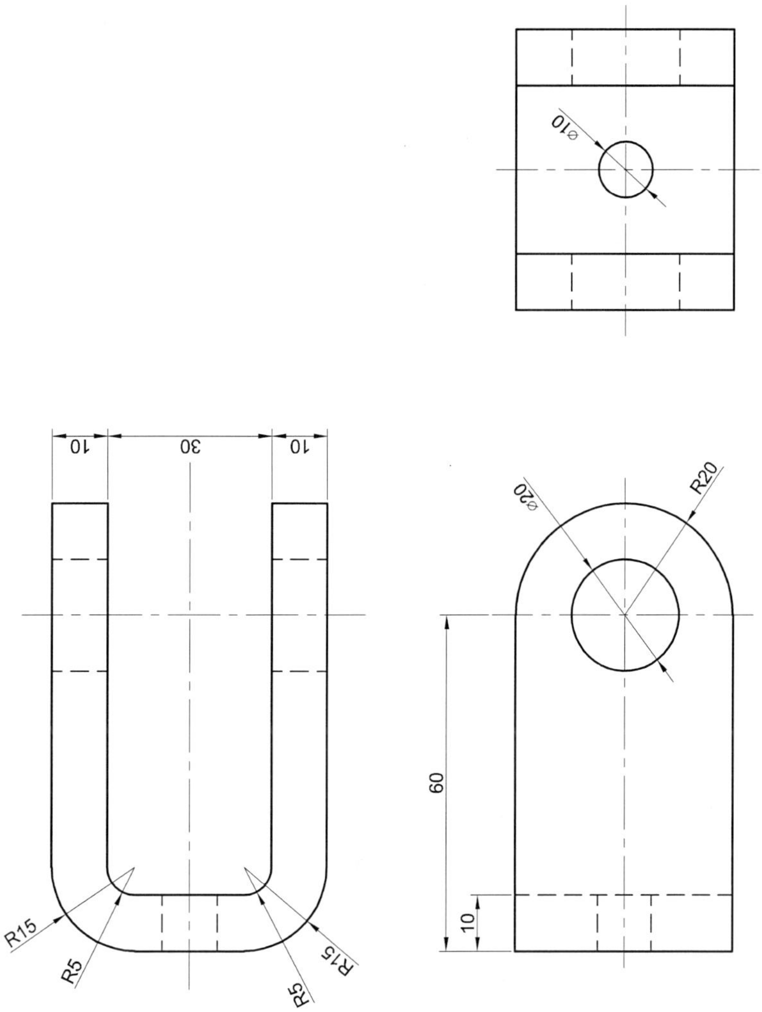

실습 9-7

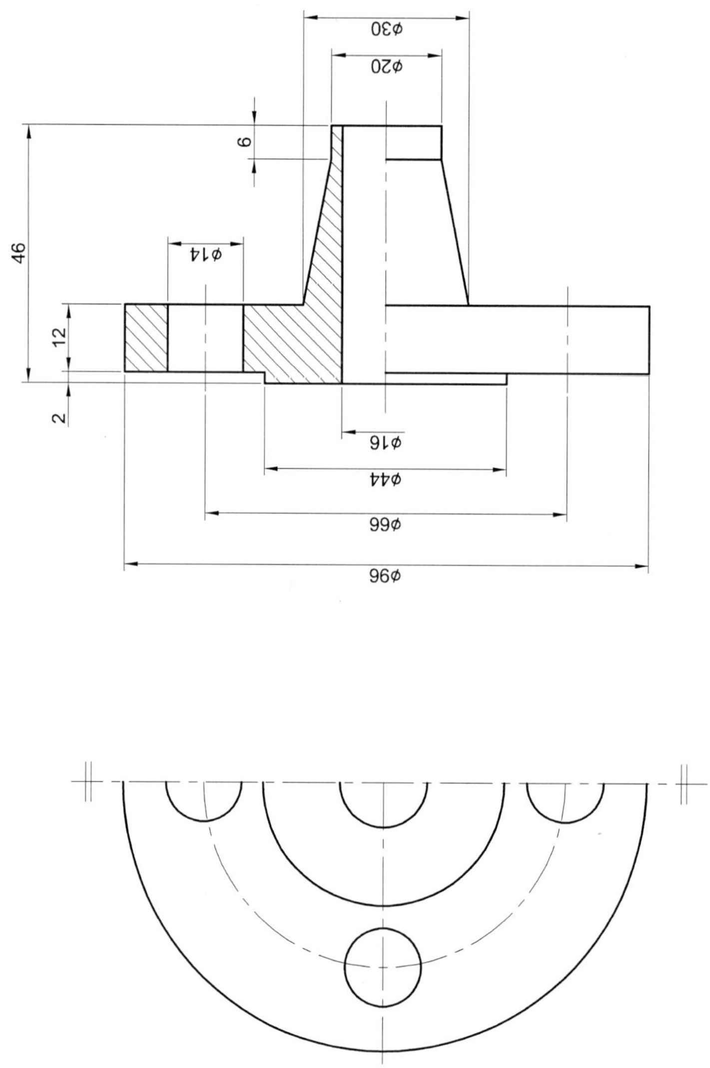

CHAPTER 10

치수 스타일, 지시선 스타일

10 1. 치수 스타일

[1] 소수점 모양을 쉼표에서 마침표로 바꾼다.

① 주 메뉴의 주석을 선택한다.

② 치수의 오른쪽 아래의 ↘ (치수 스타일)를 클릭한다.

③ 팝업창(치수 스타일 관리자)에서 새로 만들기(N)를 클릭한다.

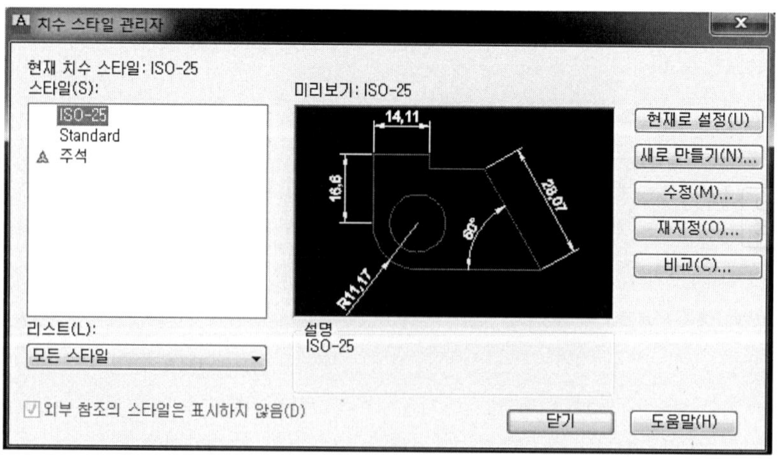

④ 새 스타일 이름에 “기본” 을 입력하고, 계속을 클릭한다.

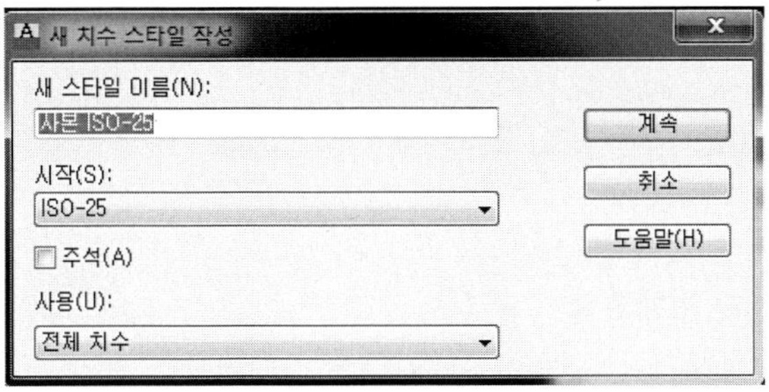

⑤ “1차 단위” 폴더의 소수구분 기호(C) 쉼표를 마침표로 바꾼다.

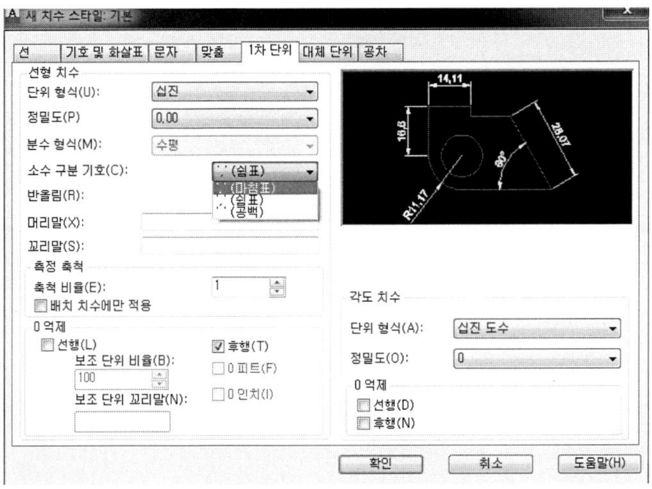

⑥ “선” 폴더의 “치수선 색상” 을 ■빨간색 으로 변경한다.

⑦ “선” 폴더의 “치수선 보조선 색상 “을 ■빨간색 으로 변경한다.

⑧ “문자” 폴더의 “문자 색상(C)” 을 □노란색 으로 변경한다.

⑨ [확인], [닫기] 한다.

Guide

치수 스타일 설정값 변경으로 생기는 치수모양의 변동은 화면창에 있는 치수에 반영되어 바로 확인할 수 있다.

[2] 지름 표시 ∅가 치수 앞에 붙어 있는 치수 스타일을 만든다.

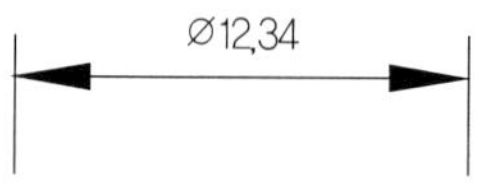

① 주 메뉴의 주석을 선택한다.

② 치수의 오른쪽 아래의 ↘ (치수 스타일)를 클릭한다.

③ 새 스타일 이름에 "지름" 을 입력하고, 계속을 클릭한다.

④ "1차 단위" 폴더의 머리말에 %%C를 입력한다.

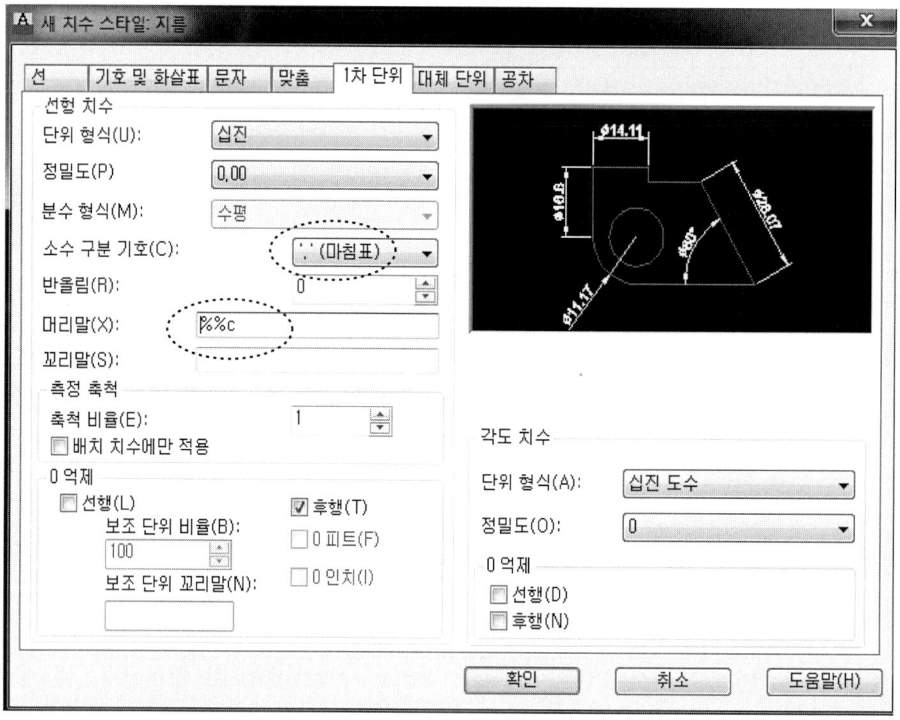

⑤ [확인], [닫기] 한다.

■ 새로 만든 치수 스타일을 선택하여 다음 도면을 연습한다.
사용할 치수 스타일은 주석의 치수 메뉴에서 선택한다.

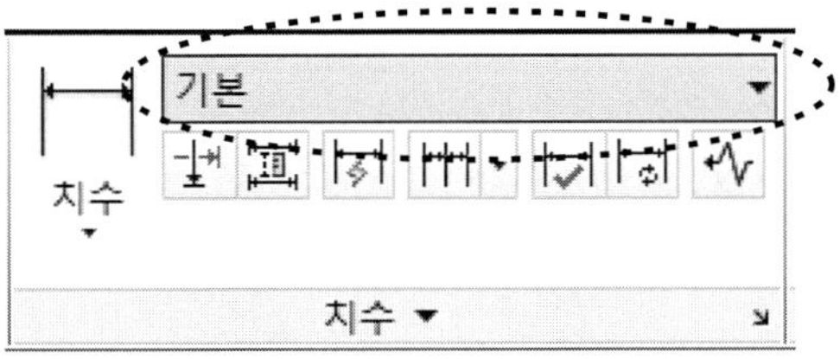

1) "기본치수" 이름으로 소수점표시가 마침표로 변경된 치수스타일을 만든다.
2) "지름기호" 이름으로 지름기호 ϕ가 첨가된 치수스타일을 만든다.
3) 아래 도면을 그리고, 현재 치수스타일을 변경하면서 치수를 기입한다.

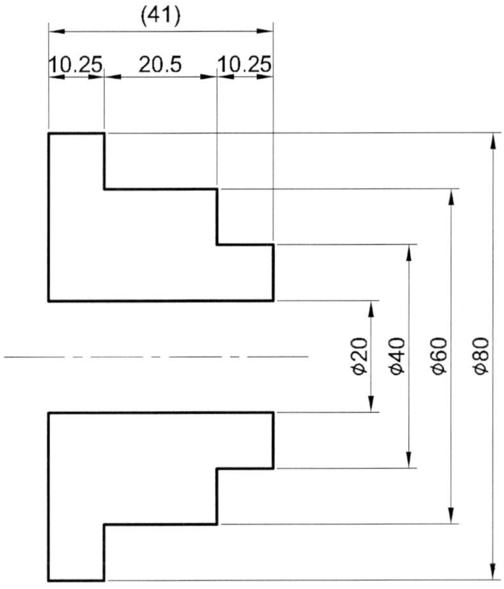

[3] 치수를 1/2로 줄여 원래의 치수가 표시되는 스타일을 만든다.

① 주 메뉴의 주석을 선택한다.

② 치수의 오른쪽 아래의 ↘ (치수 스타일)를 클릭한다.

③ 새 스타일 이름에 "2배 확대" 을 입력하고, 계속을 클릭한다.

④ "1차 단위" 폴더의 축척 비율에 0.5를 입력한다.

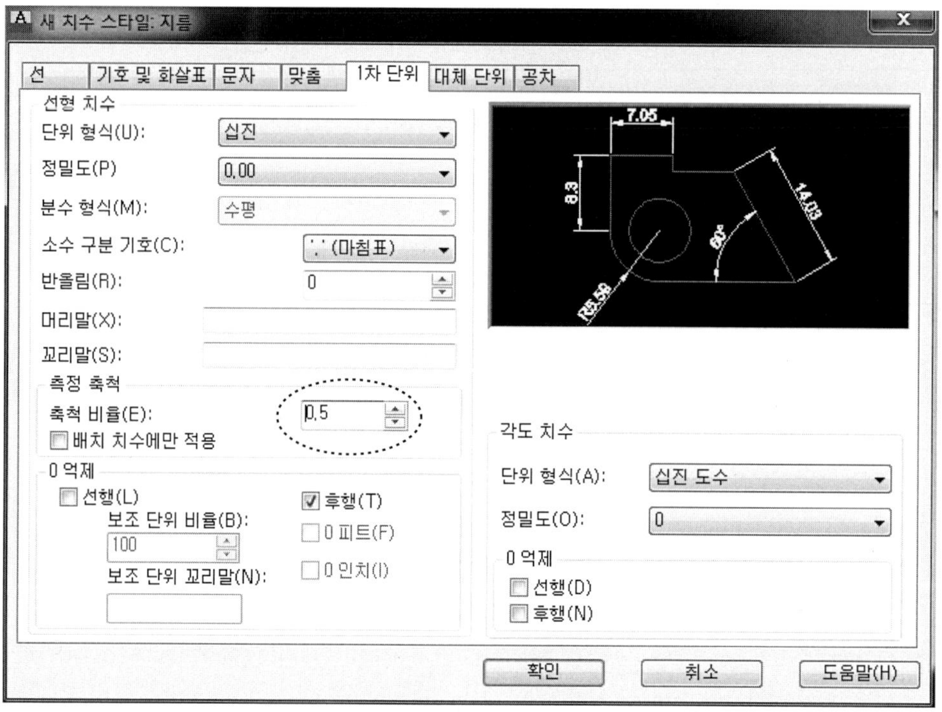

⑤ [확인], [닫기] 한다.

1) 앞에서 사용한 도형의 윗 부분을 복사한다.
2) 수정 메뉴의 축척(scale) 명령을 사용하여 복사한 도형을 2배 확대한다.
3) 확대한 도형을 복사하여 2개 준비한다.
4) 복사한 하나의 도형에 치수를 기입한다(치수 축척 비율 1).
5) 치수 축척비율이 0.5로 설정된 2배 확대 도형" 이름의 치수 스타일을 만든다.
6) 복사한 하나의 도형에 "2배 확대 도형" 치수스타일로 치수를 기입한다.

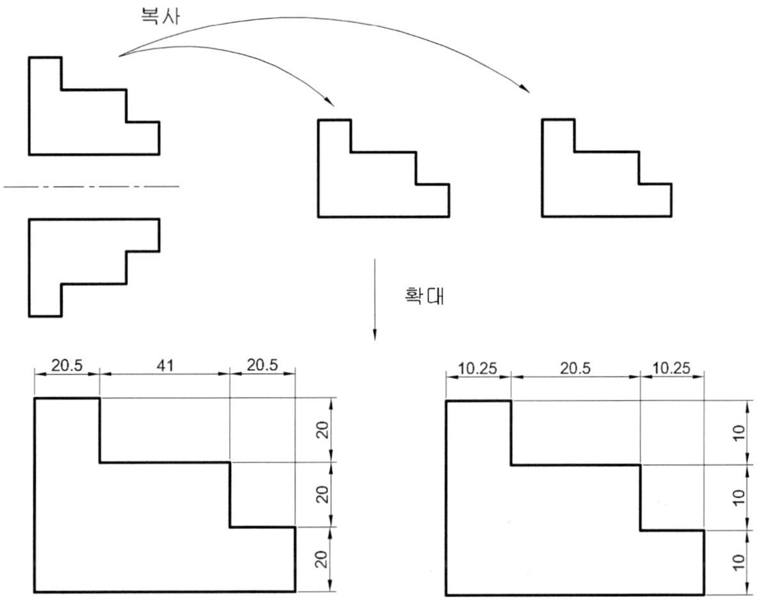

10 2. 지시선 스타일

[1] 지시선 문자 부착위치 및 문자 크기로 변경한 지시선 스타일을 만든다.

① 주 메뉴의 주석을 선택한다.

② 지시선의 오른쪽 아래의 ↘ (다중 지시선 스타일 관리자)를 클릭한다.

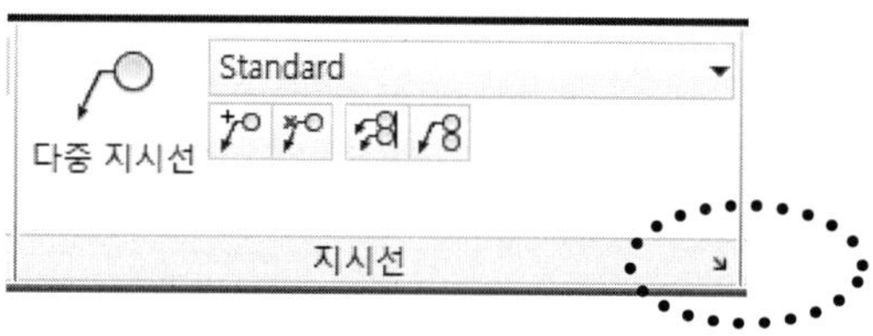

③ 팝업창(다중 지시선 스타일 관리자)에서 새로 만들기(N)를 클릭한다.

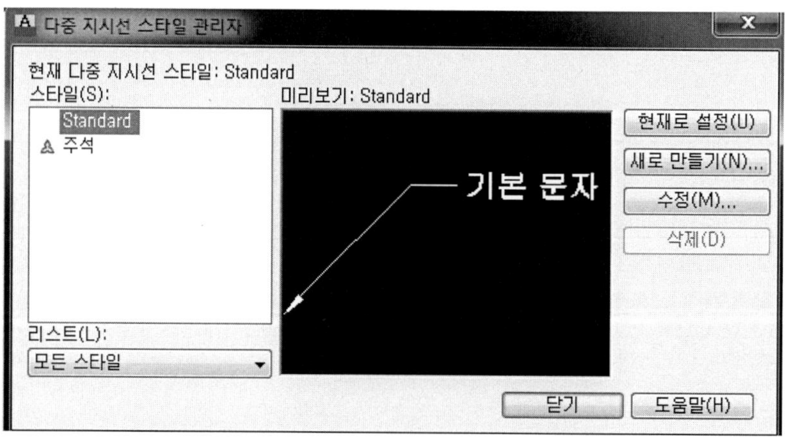

④ 새 스타일 이름에 "기본" 을 입력하고, 계속을 클릭한다.

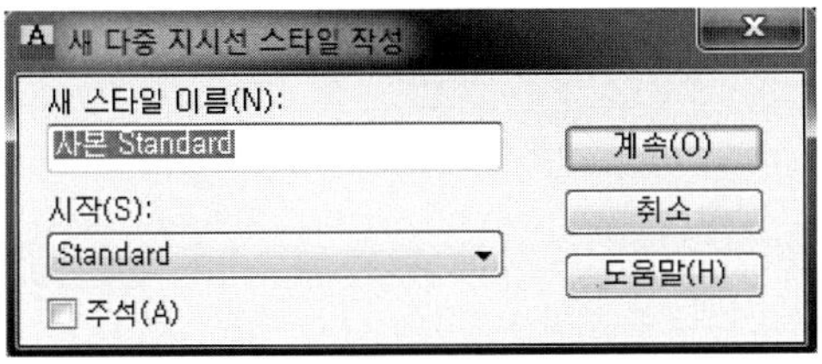

⑤ "지시선 구조" 폴더의 "자동 연결선 포함(A)" 를 끈다.

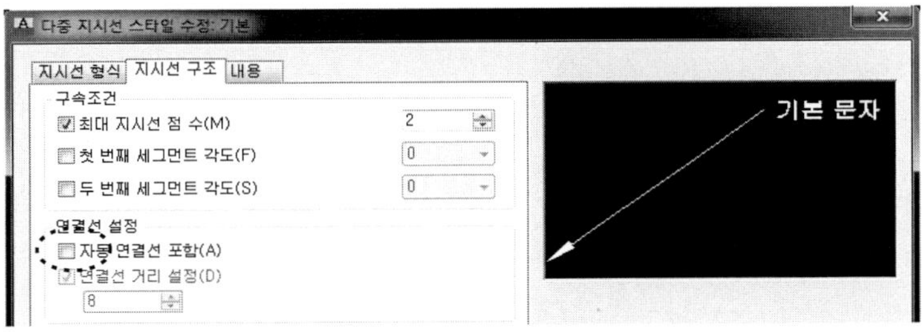

⑥ "내용" 폴더의 문자 높이(T)를 치수문자와 같이 2.5를 입력하고, 왼쪽 부착(E), 오른쪽 부착(R) 모두 "맨 아래 행에 밑줄" 을 선택한다.

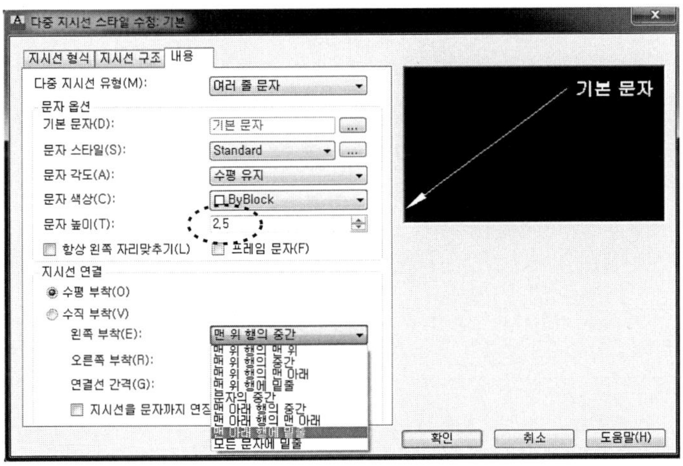

⑦ [확인], [닫기] 한다.

1) 다음을 설정하여 “기본 지시선” 이름의 지시선 스타일을 만든다.

- “지시선 형식” -〉 화살촉 크기 : 2.5
- “지시선 구조” -〉 자동연결선 포함 : 끄기

  “내용” -〉 문자 높이 : 2.5

  “내용” -〉 왼쪽 부착(E), 오른쪽 부착(R) : 맨 아래 행에 밑줄

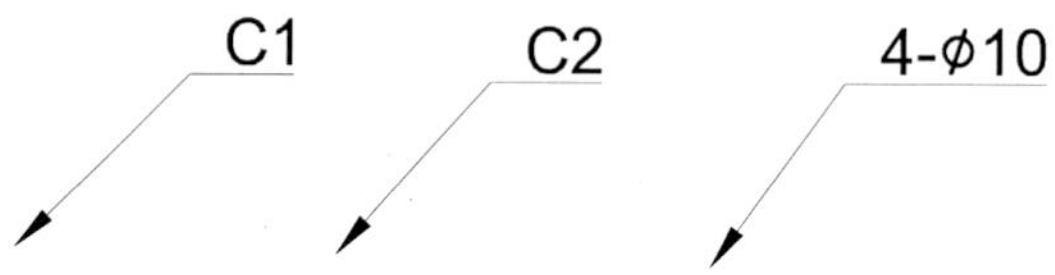

2) 다음을 설정하여 “부품 지시선” 이름의 지시선 스타일을 만든다.

- “지시선 형식” -〉 화살촉 기호 : ⊡ 작은 점
- “지시선 형식” -〉 화살촉 크기 : 4

  “내용” -〉 다중지시선 유형 : 블록

  블록옵션 - 원본 블록 : ○ 원

  블록옵션 - 부착 : 삽입점

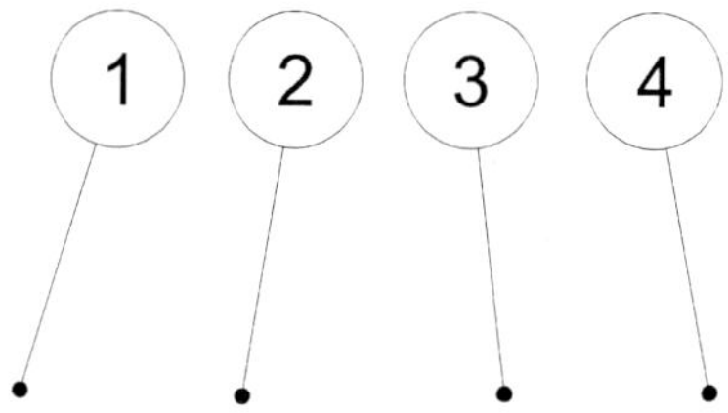

10 3. 단원체크

할 수 있는 항목을 ☑로 표시하시오.

☐ 치수 스타일을 만들 수 있다.

☐ 소수점 구분 기호가 마침표인 치수 스타일을 만들 수 있다.

☐ 머리말 ϕ가 있는 치수 스타일을 만들 수 있다.

☐ 치수 스타일을 적절하게 변경할 수 있다.

☐ 지시선 스타일을 만들 수 있다.

☐ 지시선 스타일을 적절하게 변경할 수 있다.

☐ 치수 스타일, 지시선 스타일을 만들어 치수 기입에 활용할 수 있다.

10.4. 실습

실습 10-1 새로운 도면에 다음의 치수 스타일과 지시선 스타일을 만든다.

구 분	새로 만들 이름	폴 더	항 목	값
치수 스타일	기본 치수	1차 단위	소수 구분 기호	'.' 마침표
	지름 치수	1차 단위	소수 구분 기호	'.' 마침표
			머리말	%%c
	2배 확대	1차 단위	소수 구분 기호	'.' 마침표
			축척 비율	0.5
지시선 스타일	기본 지시선	지시선 형식	화살촉 크기	2.5
		지시선 구조	자동 연결선 포함	□ (체크 끄기)
		내용	문자 높이	2.5
			왼쪽 부착	맨 아래 행에 밑줄
			오른쪽 부착	맨 아래 행에 밑줄
	부품 지시선	지시선 형식	화살촉 기호	작은점
			화살촉 크기	4
		내용	다중 지시선 유형	블록
			원본블록	원
			부착	삽입점

실습 10-2 도면층을 설정한다.

이 름	색 상	선종류	선가중치
외형선	초록색	Continuous	0.53
숨은선	노랑색	HIDDEN	0.3
중심선	빨간색	CENTER2	0.15
해칭선	파랑색	Continuous	0.15

실습 10-3 소수점을 마침표로 변경, ϕ30은 중심선과 겹치지 않도록 이동하시오

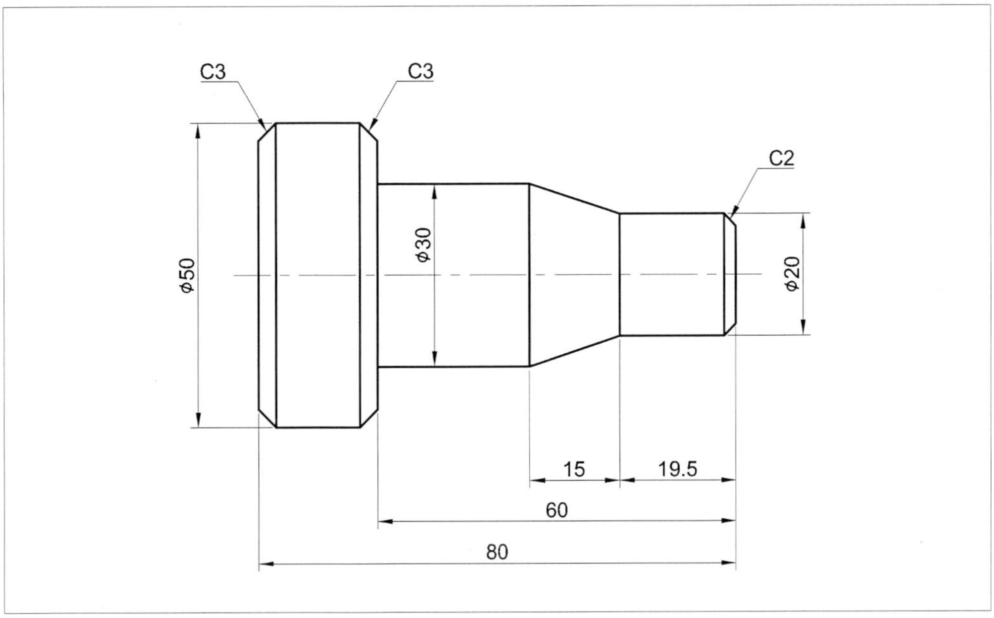

실습 10-4 치수 20, 40은 같은 높이에 위치하시오.

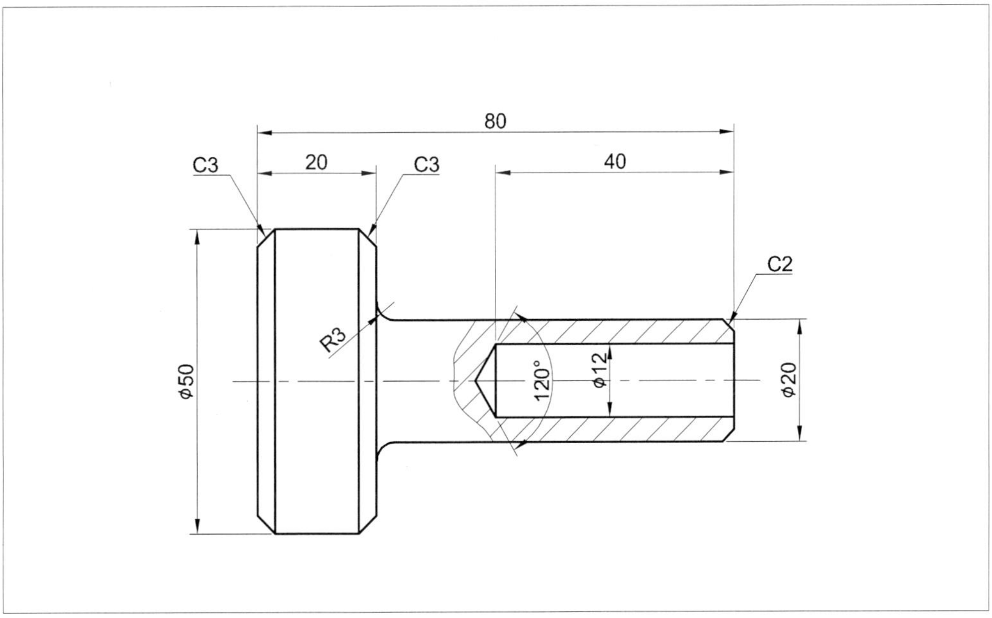

실습 10-5

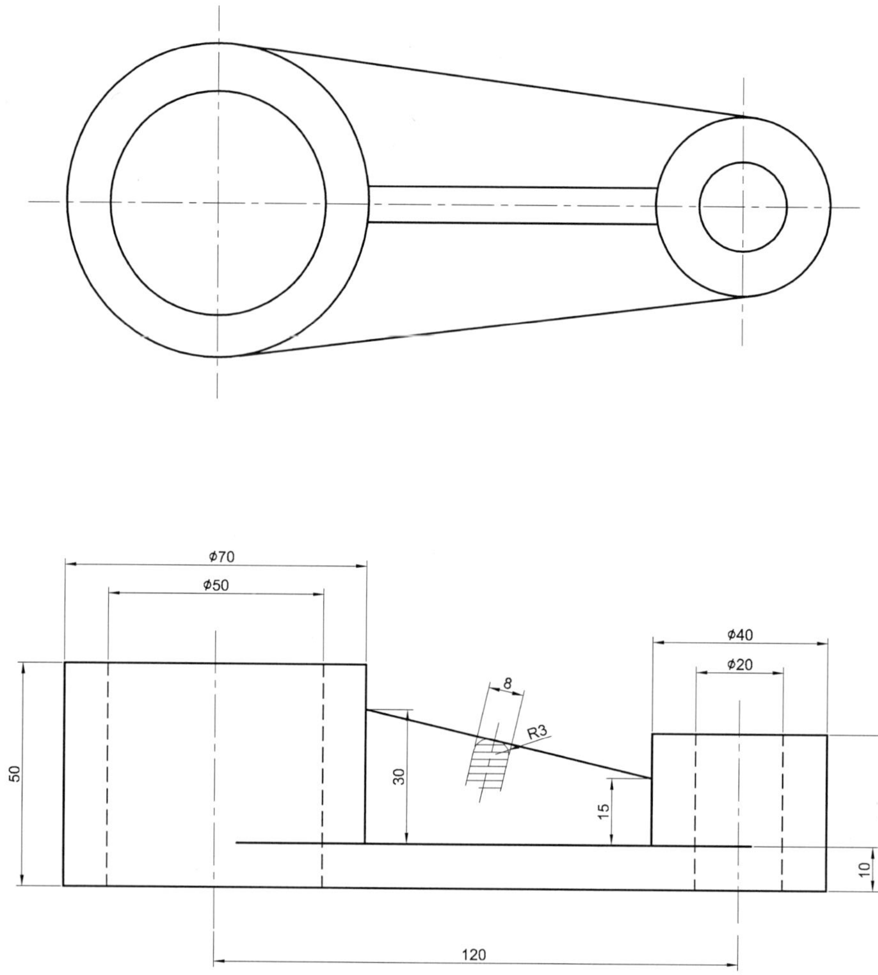

실습 10-6

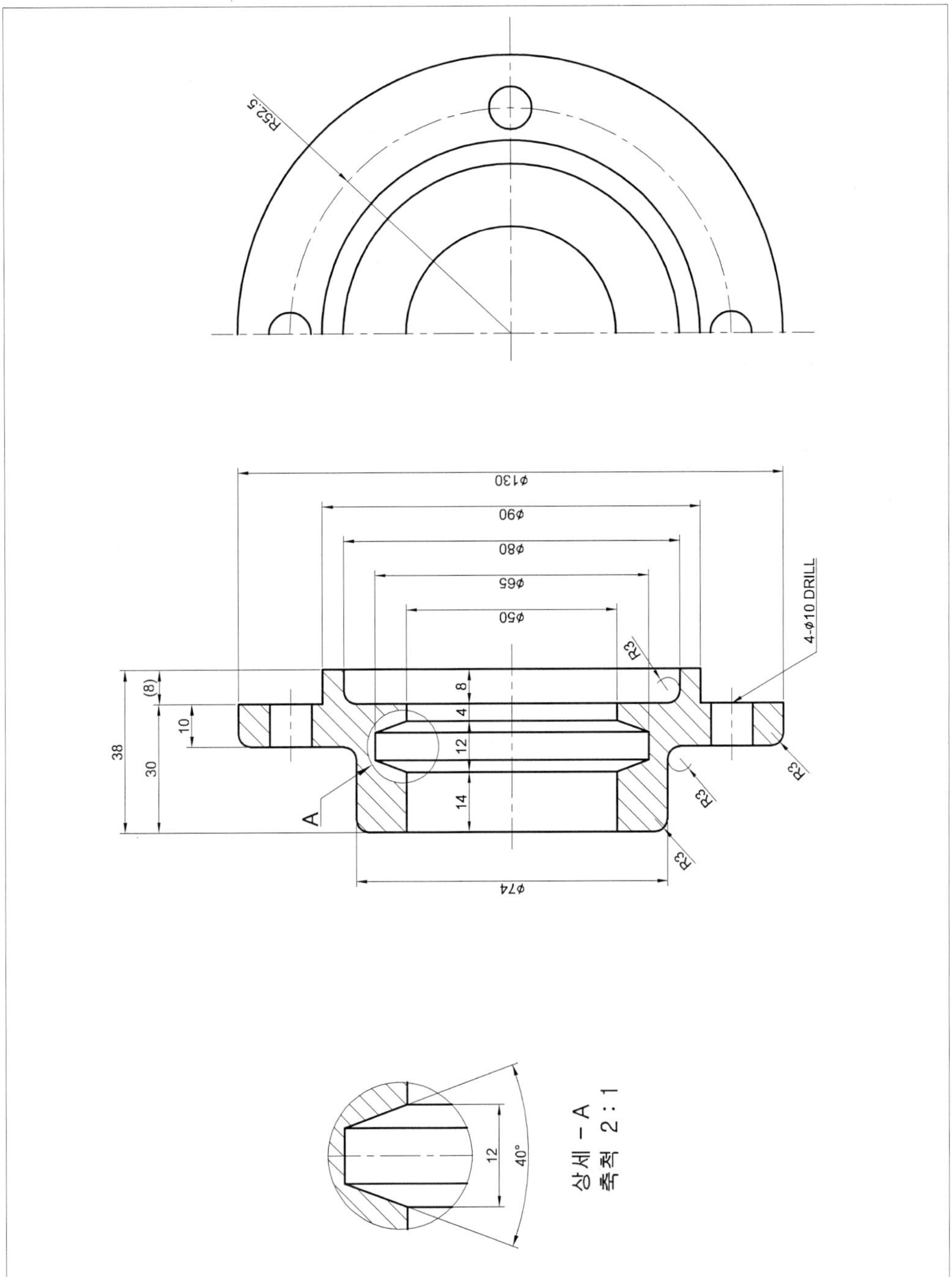
R52.5
φ130
φ90
φ80
φ65
φ50
4-φ10 DRILL
R3
R3
R3
R3
R3
(8)
38
10
30
8
4
12
14
A
φ74
12
40°
상세 - A
축척 2 : 1

실습 10-7

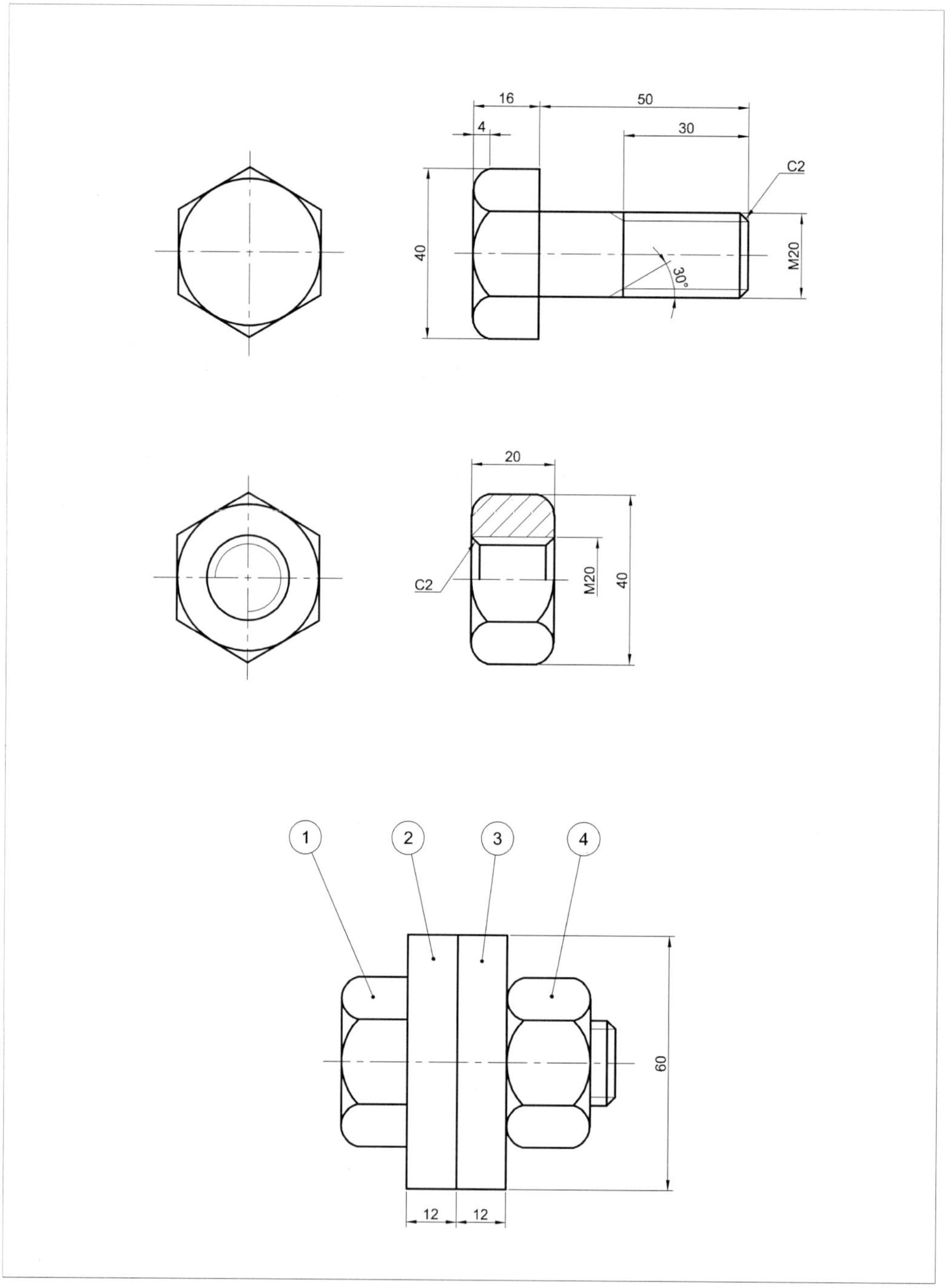

CHAPTER 11

블록 활용 및 공차기입

11 1. 블록작성

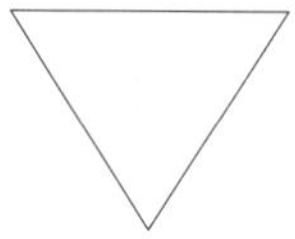

① 블록으로 만들 도형(변의 길이가 5인 정삼각형)을 준비한다.

② 아이콘 메뉴 블록의 작성을 클릭한다.

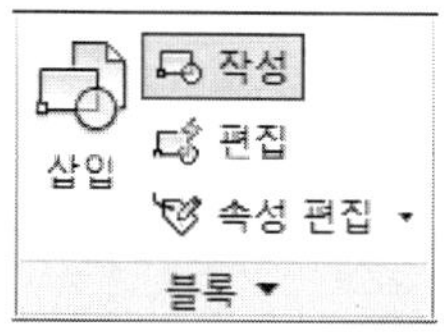

③ 팝업창 블록 정의의 이름에 "다듬질 1" 을 입력한다.

④ 객체선택(T)의 아이콘을 클릭하고, 삼각형의 3선을 선택 Enter↵ 한다.

⑤ 선택점(K)의 아이콘을 클릭하고, 삼각형의 바닥 꼭지점을 선택한다.

⑥ [확인]한다.

■ 다음 도형을 블록을 작성한다.

[1] 블록이름 : 다듬질 2

선택점 : 왼쪽 삼각형 아래 꼭지점

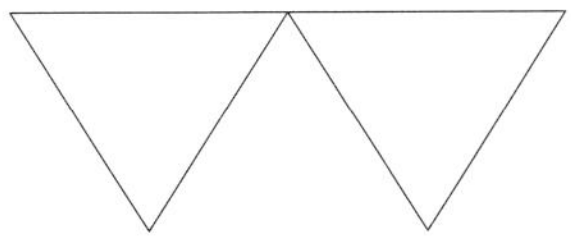

[한변의 길이가 5인 정삼각형 2개]

[2] 블록이름 : 다듬질 3

선택점 : 중앙 삼각형 아래 꼭지점

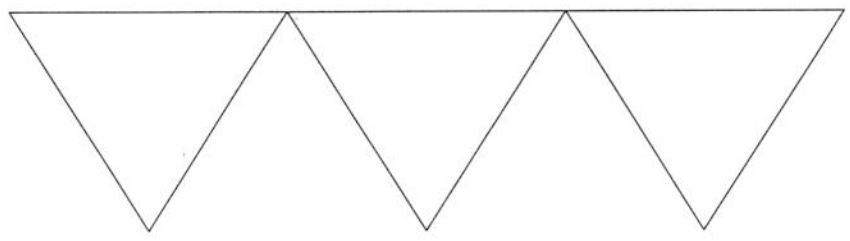

[한변의 길이가 5인 정삼각형 3개]

[3] 블록이름 : 볼트머리

선택점 : 원의 중심점

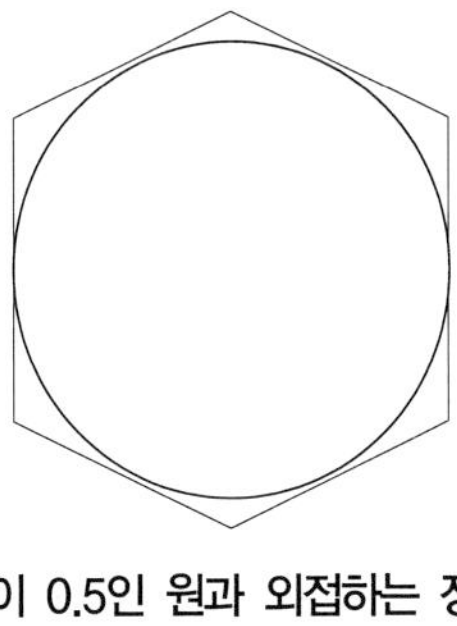

[반지름이 0.5인 원과 외접하는 정육각형]

11 2. 블록 삽입

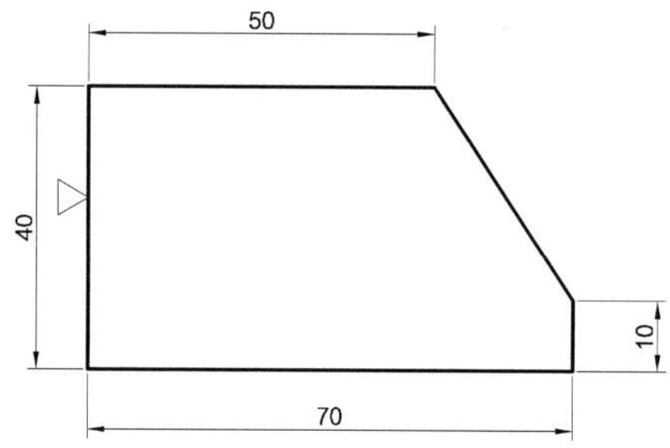

① 연습 도형을 준비한다.

② 아이콘 메뉴 블록의 삽입을 클릭 또는 i Enter↵ 한다.

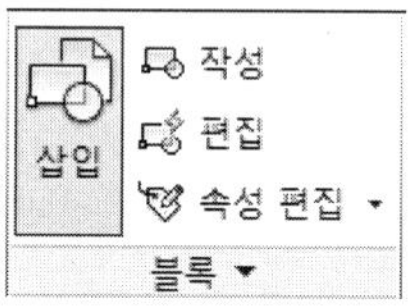

③ 이름(N)에서 "다듬질 1" 을 선택하고, 확인을 클릭한다.

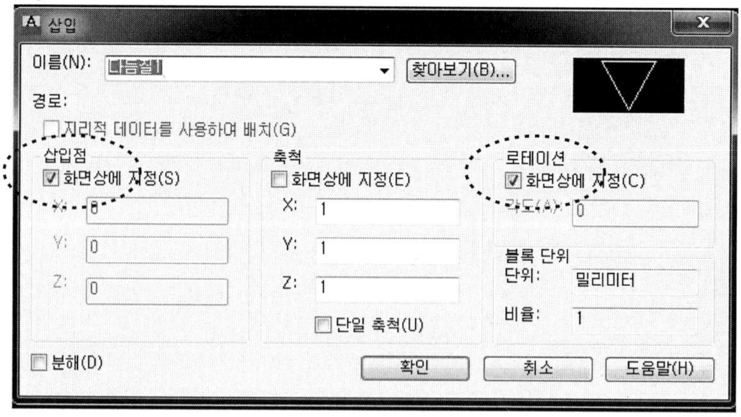

④ 삽입할 선 위의 근처점을 클릭한다(객체스냅 근처점을 켜짐 상태로 한다).

⑤ 선의 끝점을 클릭하여 회전방향을 정한다.

■ 나머지 다듬질 기호도 블록 삽입하여 기입한다.

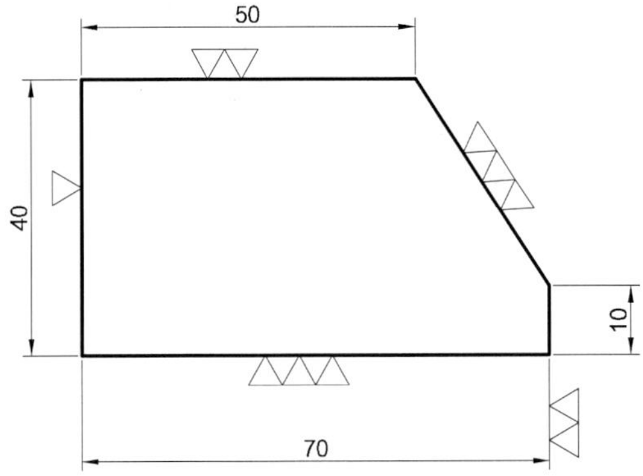

■ 블록 삽입 창에서 축척을 변경 또는 화면상에 지정하여 “볼트머리” 블록을 삽입한다.

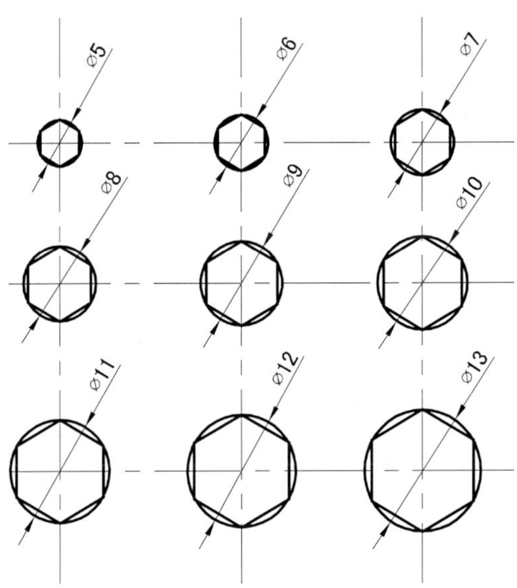

11 3. 분해

[1] 복합개체(블록, 폴리선, 영역)의 구성요소를 개별적으로 수정할 수 있도록 분해한다.

① 블록을 삽입한다.

② E Enter↵ (삽입한 블록의 선하나를 클릭) Enter↵ 한다.

③ 다시 블록을 삽입한다.

④ 아이콘 메뉴 수정의 분해를 클릭한다.

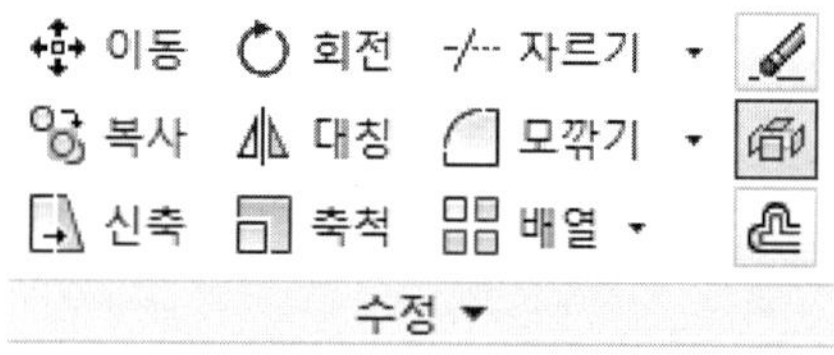

⑤ 삽입한 블록을 선택한다.

⑥ 바닥을 연결하는 선을 그리고, 내부의 선을 지운다.

11 4. 공차기입

11.4.1. 치수문자 편집

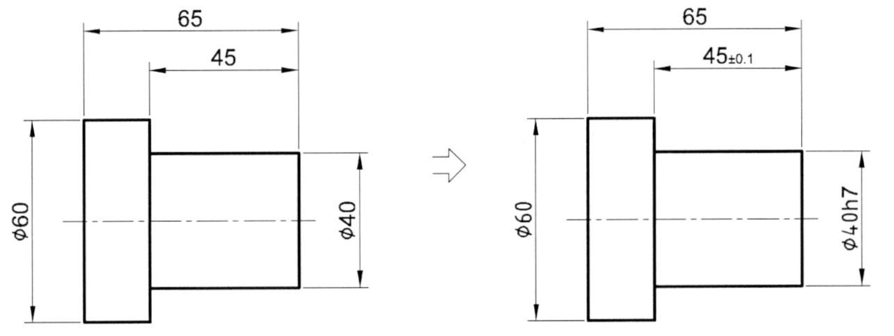

① 도형을 그리고 치수를 기입한다.

② 변경할 치수의 문자(φ40)를 더블 클릭한다.

③ 문자를 편집한다.

■ **φ40h7 입력방법**

- 치수의 문자 φ40을 더블 클릭
- 마우스 커서를 문자 뒤로 이동
- h7 입력

④ 변경할 치수의 문자(45)를 더블 클릭한다.

⑤ 문자를 편집한다.

■ **45±0.1 입력방법 :**

-문자 45를 더블 클릭

-마우스 커서를 문자 뒤로 이동

-%%p 입력 또는 메뉴의 삽입 기호에서 %%p선택

-0.1입력

-±0.1를 선택하여 문자 크기 변경

11.4.2. 치수 특성 변경

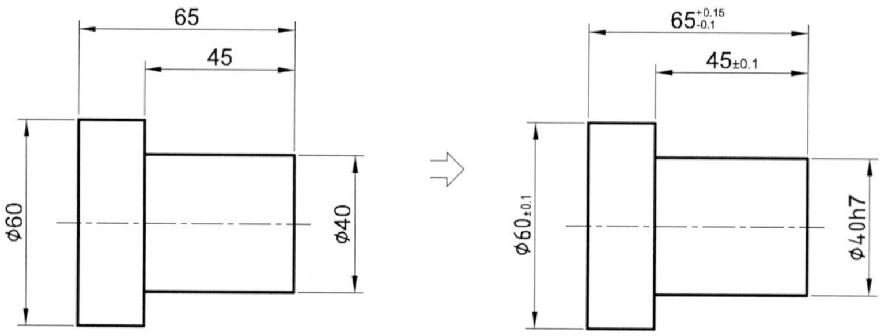

① 공차를 기입할 치수(65)를 선택한다.

② 마우스 오른쪽 버튼을 클릭한다.

③ 팝업 메뉴 아래에서 두 번째의 "특성(S)" 을 선택한다.

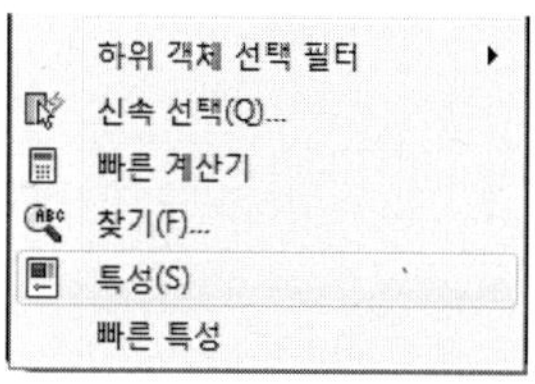

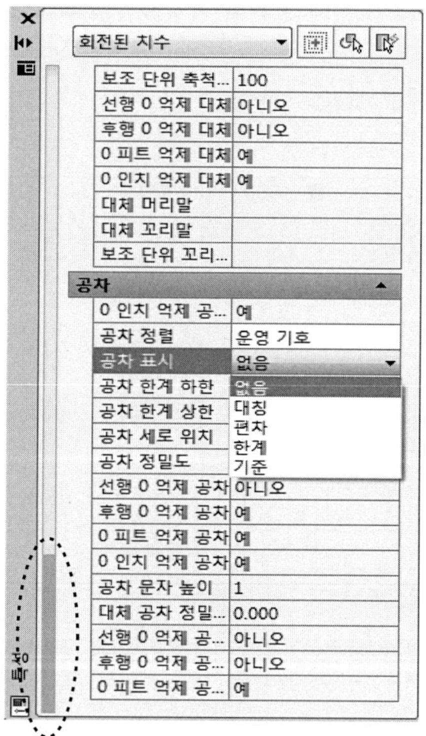

④ 스크롤바를 끝까지 내린다.

⑤ 공차표시 "편차" 를 선택한다.

⑥ 공차 한계 하한값 0.1을 입력한다.

⑦ 공차 한계 상한값 0.15를 입력한다.

⑧ 공차 문자 높이를 0.6으로 변경한다.

⑨ 왼쪽위의 X를 클릭하여 창을 닫는다.

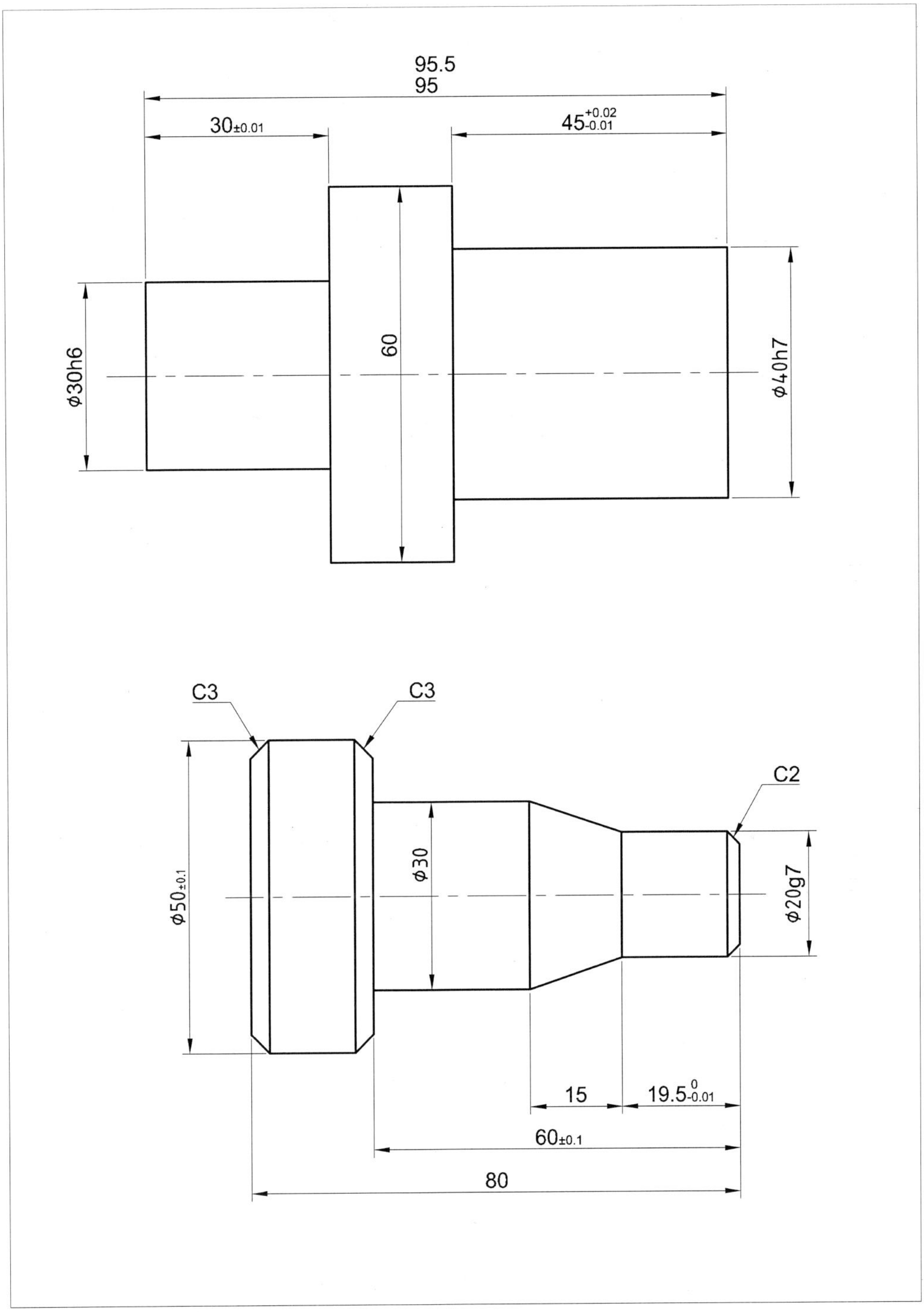
95.5
95
30±0.01
45+0.02 -0.01
60
φ30h6
φ40h7
C3
C3
C2
φ50±0.1
φ30
φ20g7
15
19.5 0 -0.01
60±0.1
80

11 5. 기하공차

① 주석 - 치수 메뉴 아래의 공차를 클릭하거나, tol Enter↵ 한다.

② ■를 클릭하여 기호를 ◎ 로 선택하고, 공차 1 ▭에는 0.01 값을, 데이텀 1 ▭에는 A를 입력하고, "확인" 한다.

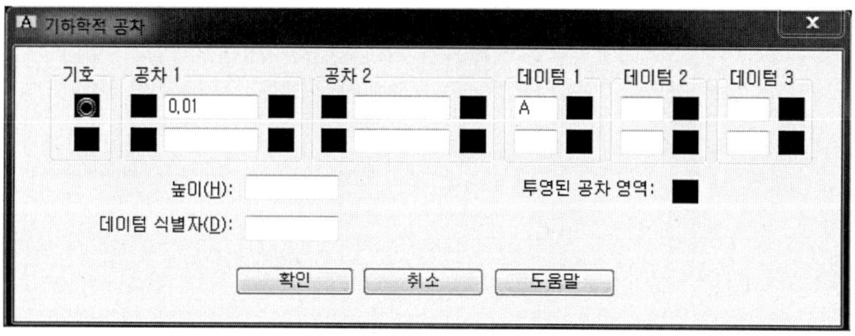

③ 지시선 끝단에 기하공차를 부착한다.
④ 주석 - 치수 메뉴 아래의 공차를 클릭하거나, tol Enter↵ 한다.
⑤ 데이텀 1 입력창 ▭에 문자 A를 입력한다.
⑥ "확인" 하고 지시선 끝단에 부착한다.

■ 기하공차 부착이 편리한 지시선 스타일 만드는 방법

① 다중지시선 스타일 관리자를 클릭한다.

② 다중 지시선 스타일 "기하공차용" 이름으로 지시선 스타일을 새로 만든다.

③ 다중 지시선 스타일 팝업창 [지시선 구조]의 최대 지시선 점수 "3" 으로 하고 체크한다.

④ 다중 지시선 스타일 팝업창 [내용]의 다중지시선 유형을 "없음" 을 선택한다.

■ 기하공차 부착이 편리한 지시선 스타일 만드는 방법

① 지시선을 선택하고 마우스 오른쪽 버턴을 클릭한다.

② 팝업메뉴에서 특성 선택한다.

③ 선 및 화살표에서 화살표 모양을 [데이텀 삼각형 채우기]로 바꾼다.

■ 기하공차 복사 또는 이동시 기준점을 선택하는 방법

① 객체스냅에서 삽입점을 켠다.

② 기하공차 그림의 왼쪽 수직선 중앙에 나타나는 삽입점을 기준점으로 한다.

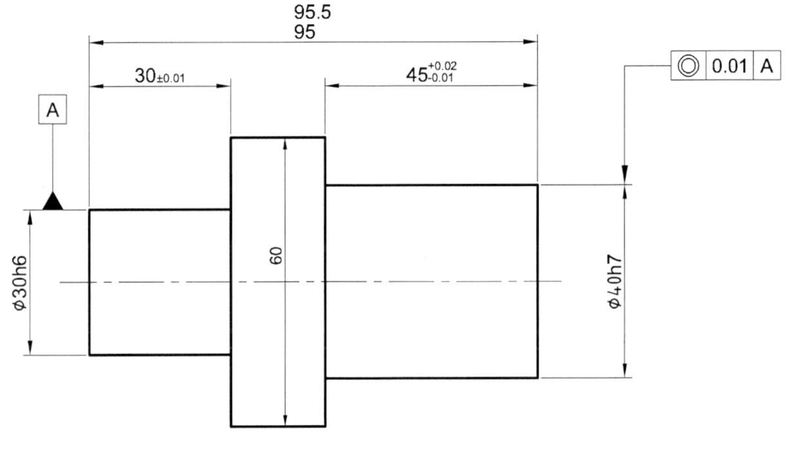

11.6. 단원체크

할 수 있는 항목을 ☑로 표시하시오.

☐ 필요한 모양으로 블록을 작성할 수 있다.

☐ 블록을 도면에 삽입할 수 있다.

☐ 블록을 회전, 확대하여 도면에 삽입할 수 있다.

☐ 복합개체(블록, 폴리선, 영역)를 분해할 수 있다.

☐ 치수문자를 편집하여 공차를 기입할 수 있다.

☐ 치수의 특성을 변경하여 공차를 기입할 수 있다.

☐ 기하 공차 도형을 그릴 수 있다.

☐ 기하 공차 데이텀을 그릴 수 있다.

11.7. 실습

실습 11-1

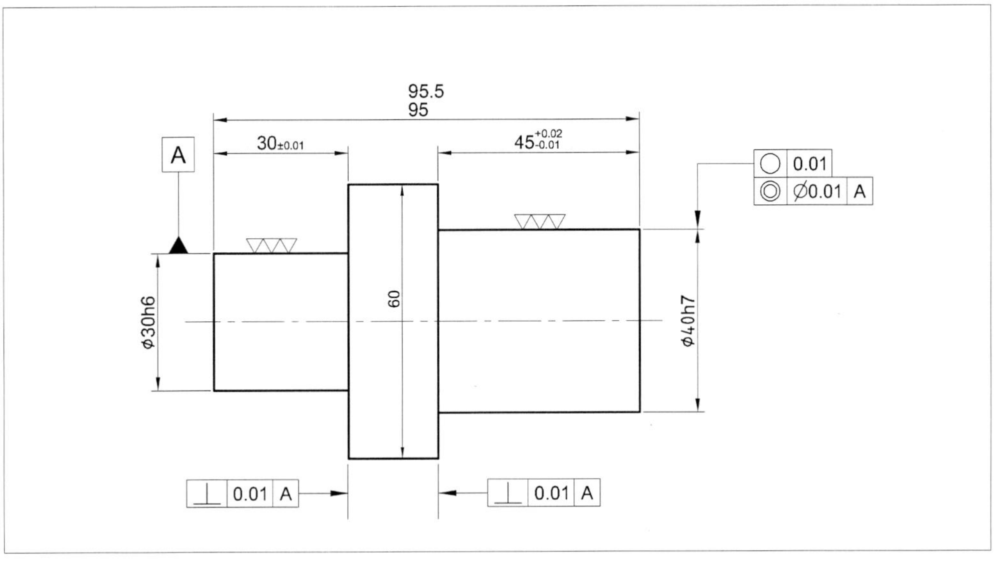

실습 11-2

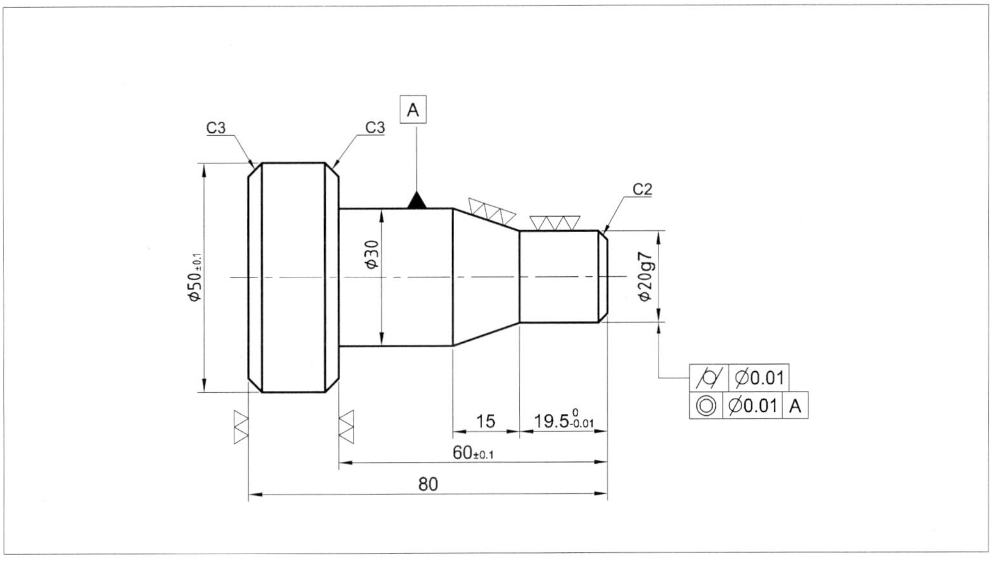

실습 11-3

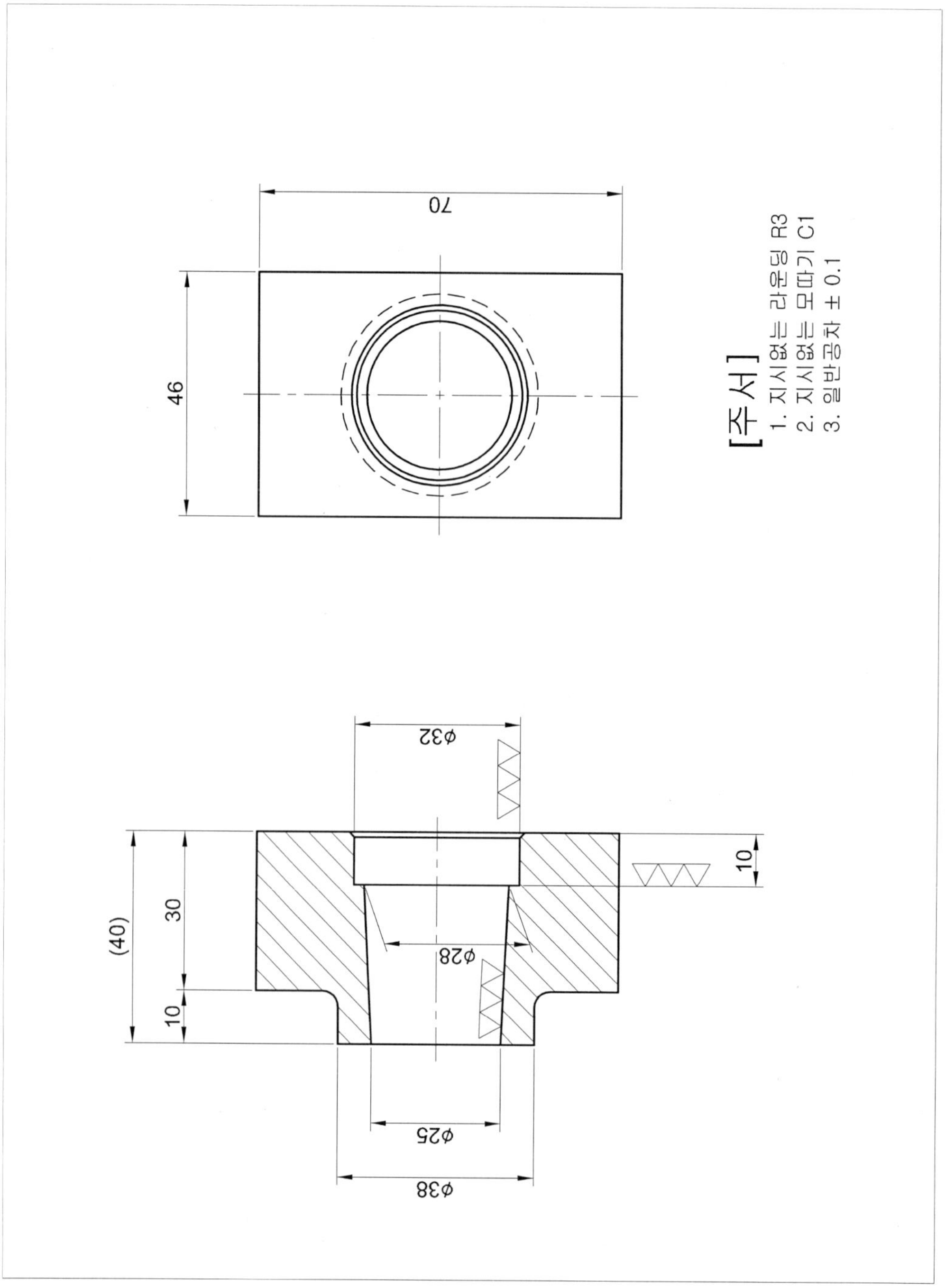
70
46
[주서]
1. 지시없는 라운딩 R3
2. 지시없는 모따기 C1
3. 일반공차 ±0.1
φ32
(40)
30
10
φ28
10
φ25
φ38

실습 11-4

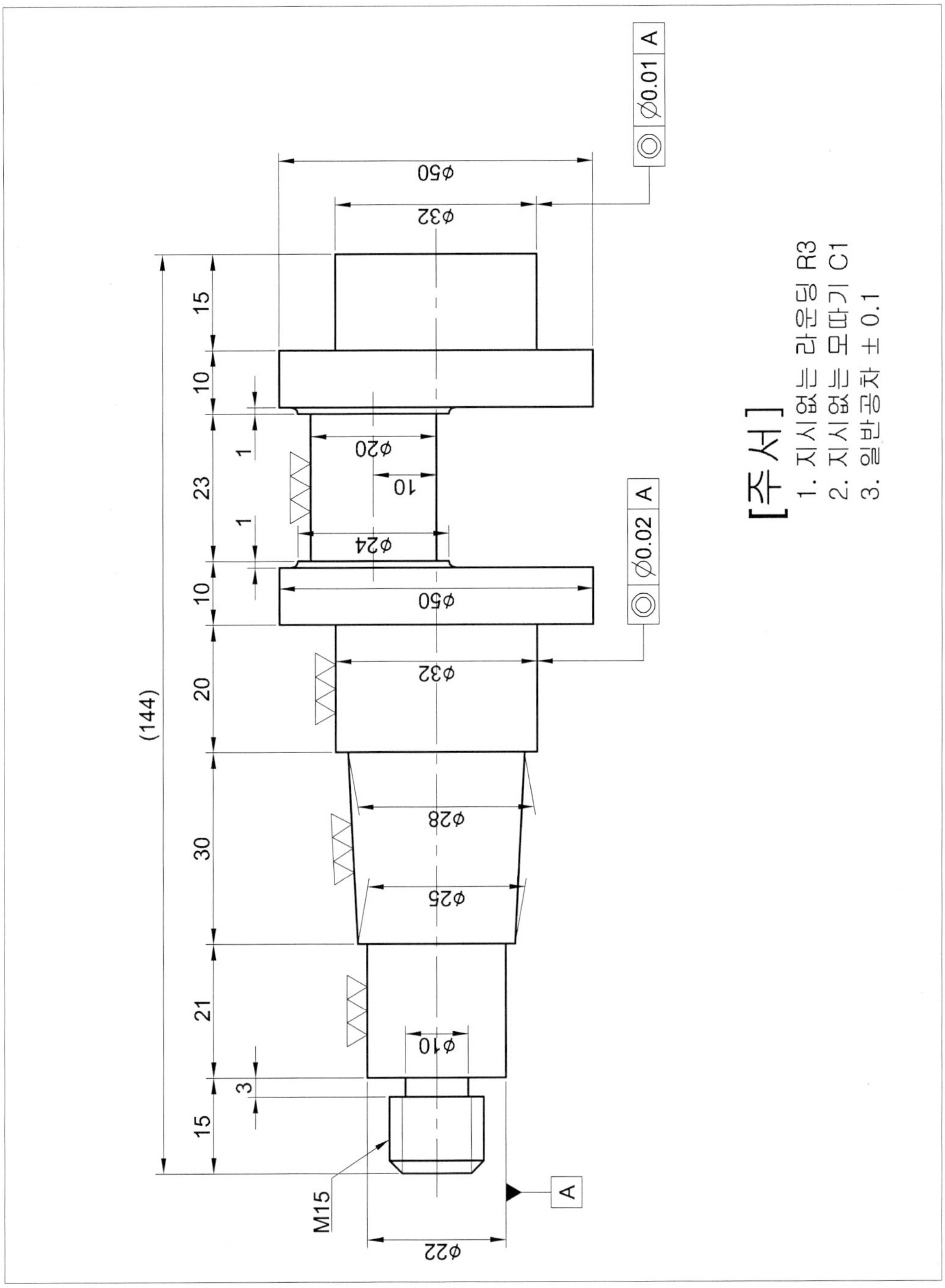
[주서]
1. 지시없는 라운딩 R3
2. 지시없는 모따기 C1
3. 일반공차 ± 0.1
(144)
M15
A
φ22
φ10
φ25
φ28
φ32
φ50
φ24
φ20
φ0.02 A
φ0.01 A

실습 11-5

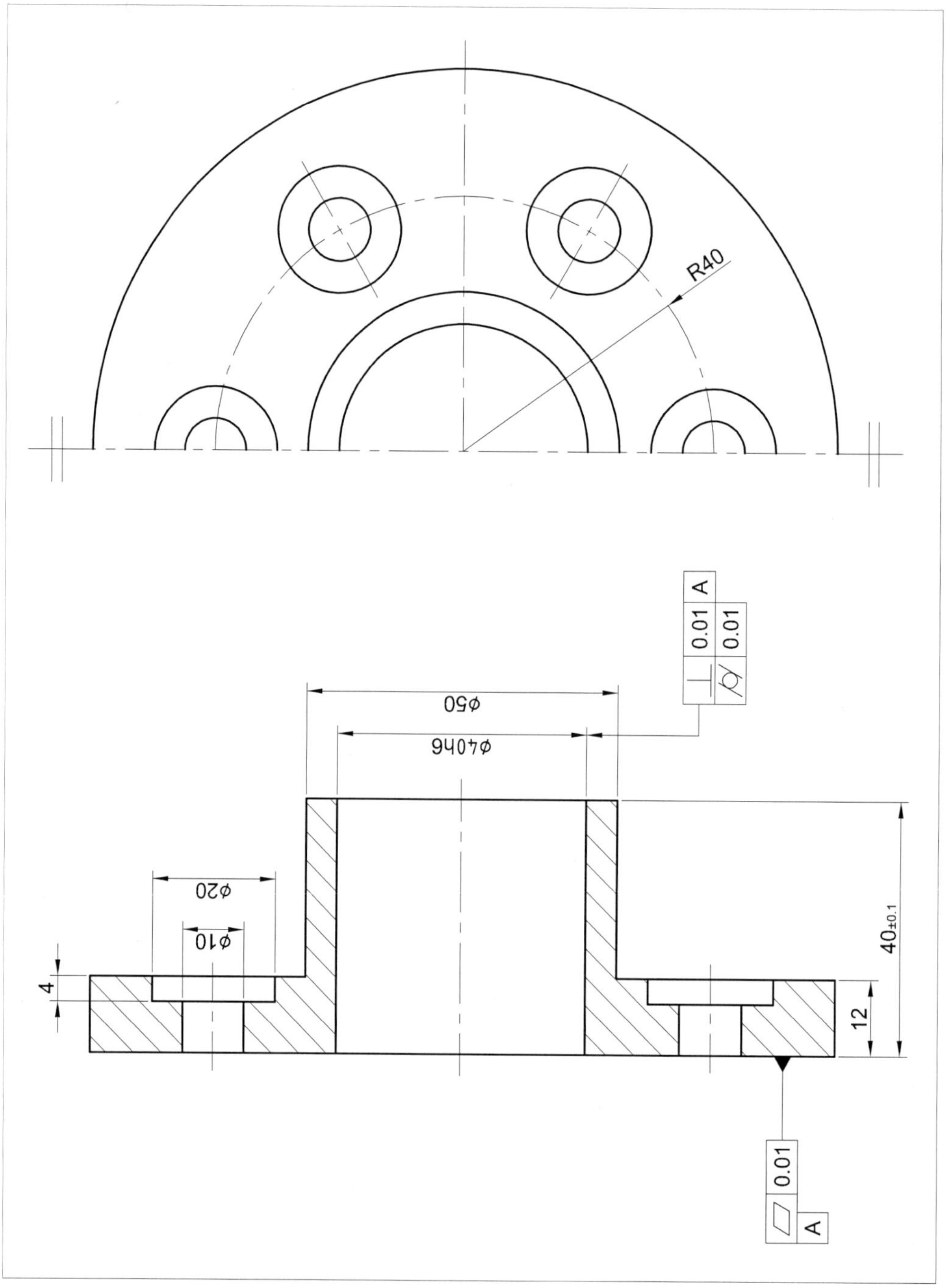

CHAPTER 12

상세도, 조립도

12.1. 상세도

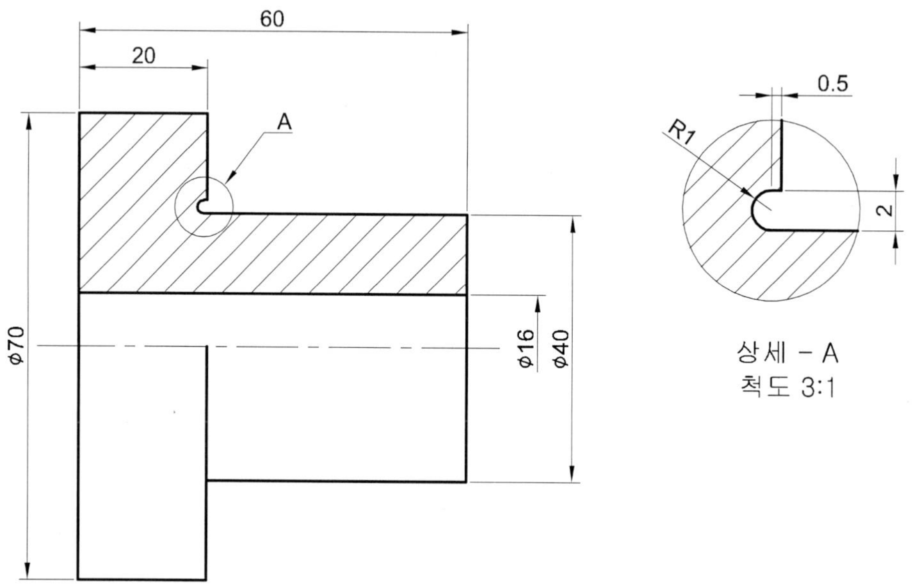

① 기본 도면을 그린다.

② 확대할 부분에 가는 실선으로 적당한 크기의 원을 그린다.

③ 상세도 표시(여러 부분이 있으면 A, B, ..순서로 부여)를 그린 원에 지시선으로 기입한다.

④ 원과 원 내부의 모든 선들을 선택하여 오른 쪽으로 복사한다.

⑤ 자르기 명령(TR)을 사용하여 원을 경계로 원 외부의 선을 자르고 지운다.

⑥ 축척 명령(SC)을 사용하여 3배 확대한다.

⑦ 확대된 부분에 치수를 기입한다.
 -치수는 확대전의 크기로 표시되어야 한다.

⑧ 확대된 부분 아래에 문자를 기입한다[상세 - A, 척도 3 : 1].

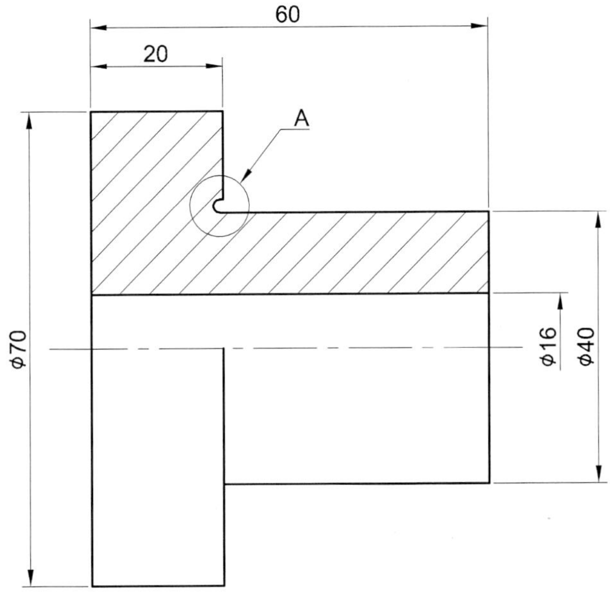

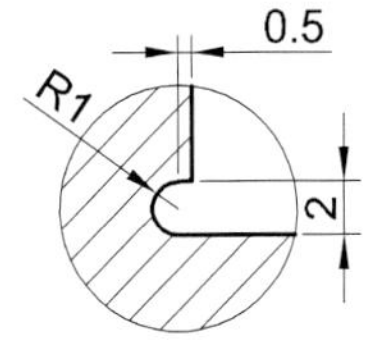

상세 - A
척도 2:1

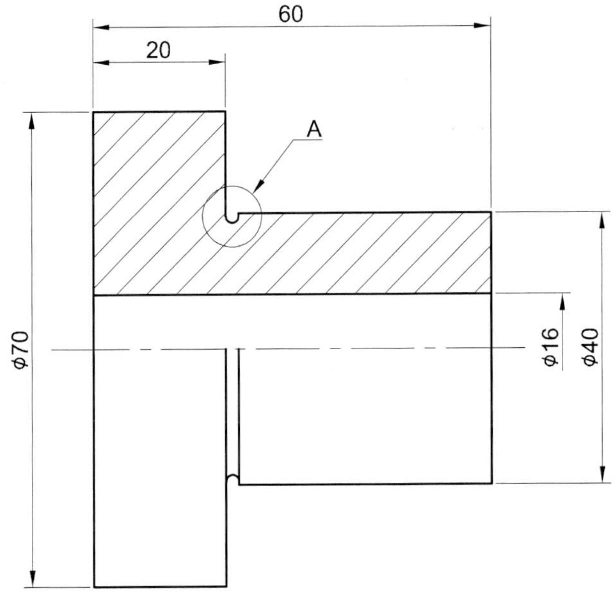

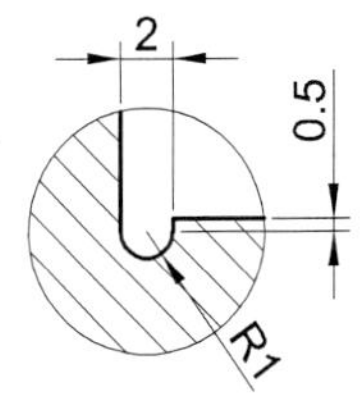

상세 - A
척도 2:1

12.2. 조립도

① 부품 도면을 준비한다.

①

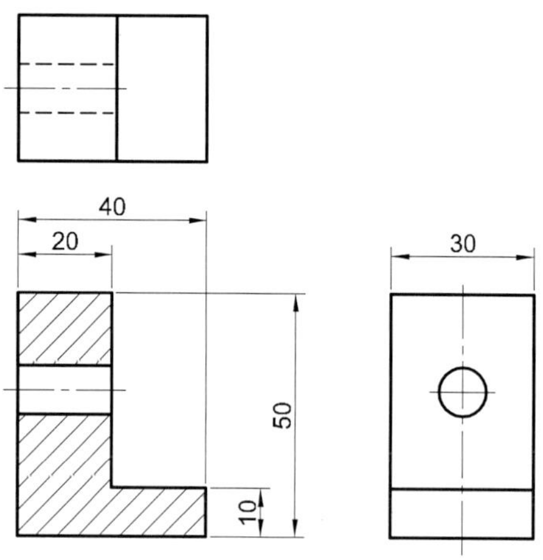

②

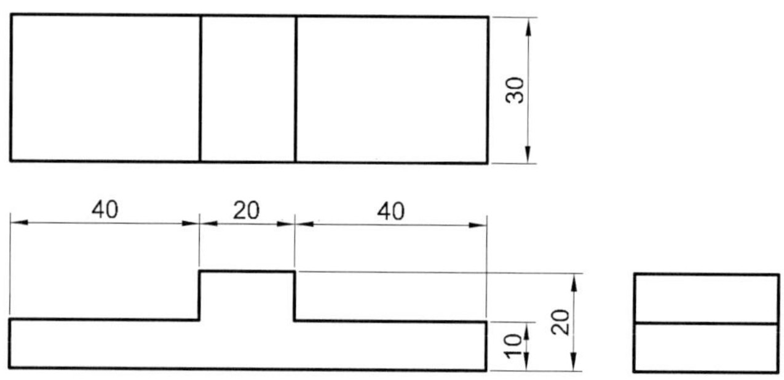

③

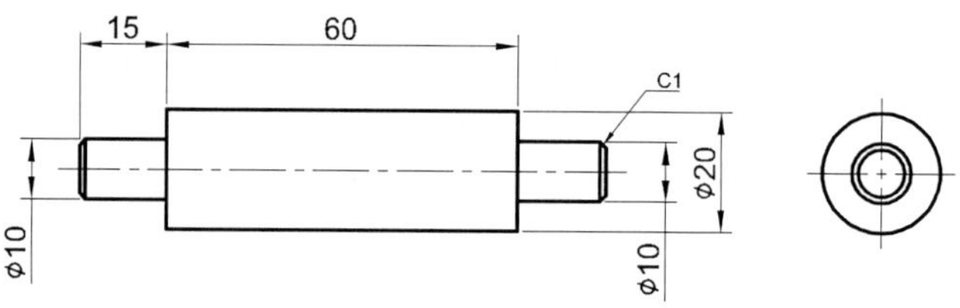

② 부품도에서 조립도에 필요한 부분을 복사하고, 필요하면 수정한다.

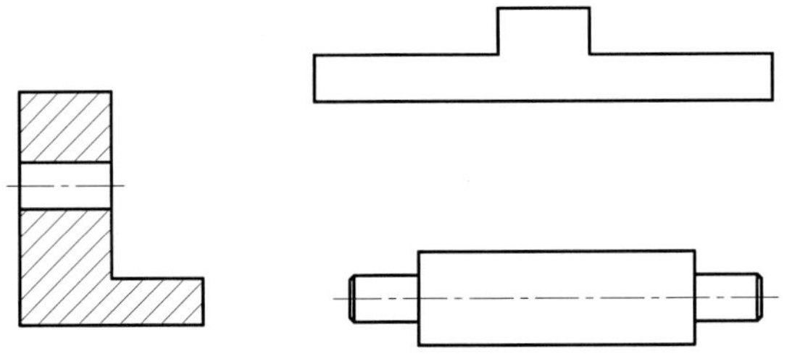

③ 이동(M) 명령을 사용하여 조립도의 정면도를 그린다.

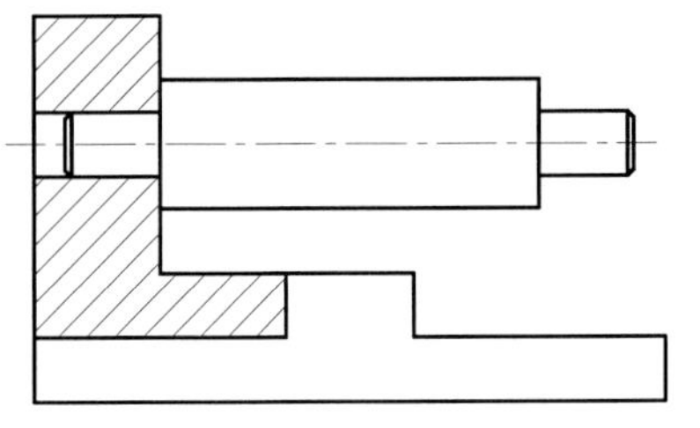

④ 부품도에서 조립도에 필요한 부분을 복사하고, 이동하여 조립도의 우측면도를 그린다.

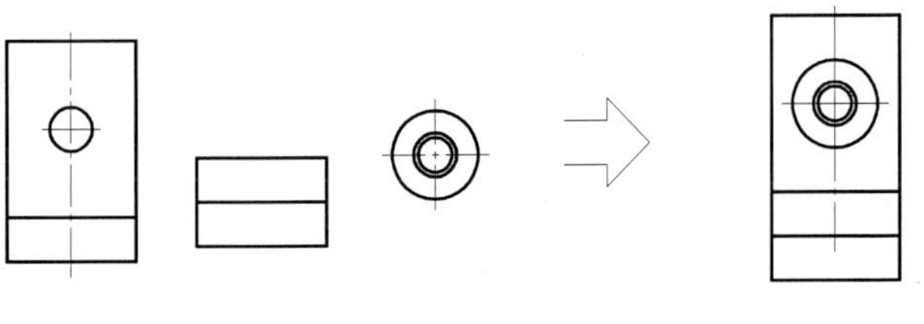

⑤ 우측 면도를 정면도의 우측에 정확한 높이에 배치한다.

- 정면도에 수평선을 그리고, 수평선 끝단에 추측면의 맞추어 이동한 후 선을 지운다.

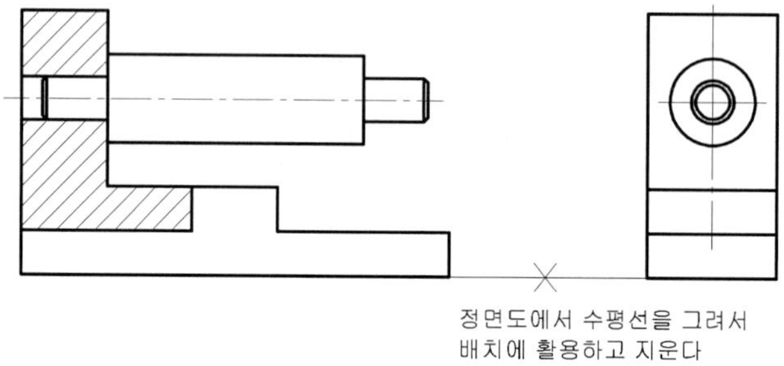

12.3. 조립도 지시선

① 조립도를 준비한다.

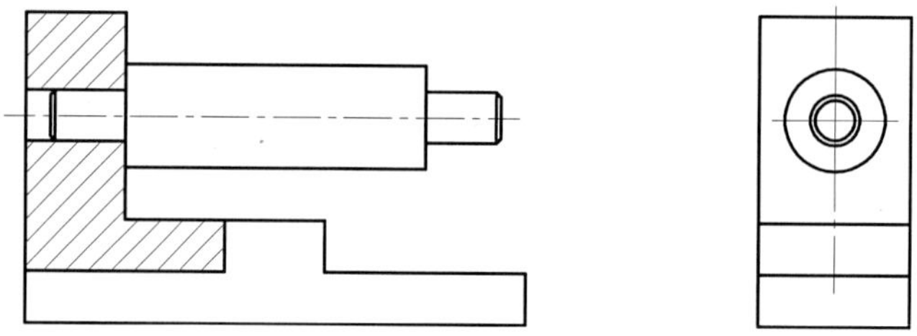

② 주 메뉴 [주석]의 [지시선 스타일 관리자]를 클릭하여, 지시선 스타일을 만든다.

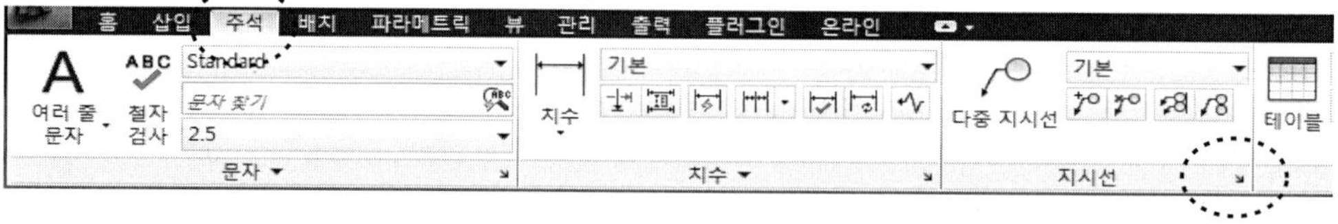

-명칭 : 부품 지시선

-지시선 형식 : 화살촉 기호(작은점), 크기(4)

-지시선 구조 : 자동연결선 포함(체크를 끈다)

-내용 : 유형(블록), 원본 블록(원)

③ 부품의 내부에서 끌어서 지시선을 그린다. 태그번호는 1, 2, 3 순으로 한다.

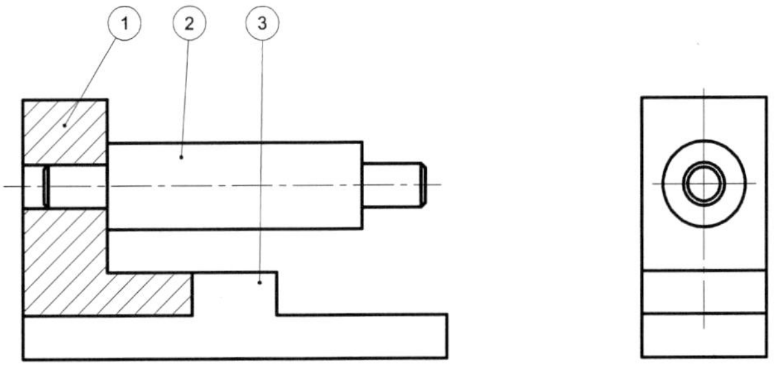

④ 주 메뉴 [주석]의 [지시선 정렬]을 클릭한다.

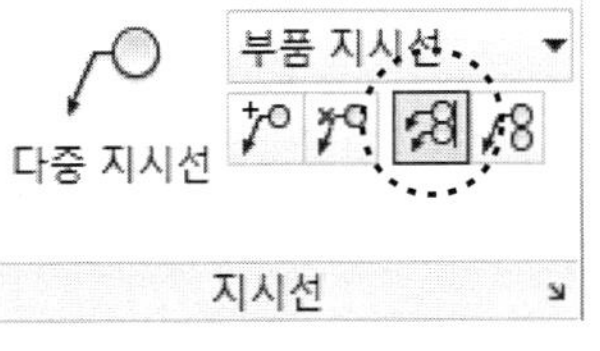

⑤ 3개의 지시선을 모두 선택하고, Enter↵ 한다.

⑥ "정렬할 다중 지시선 선택" 에서 ① 지시선을 선택한다.

⑦ "방향 지정" 에서 ①, ②, ③이 수평이 되도록 마우스를 이동하여 클릭한다.

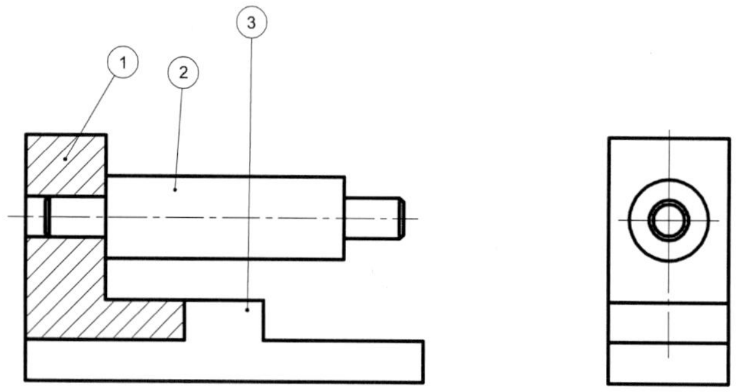

⑧ 부품표에 각각의 품명, 재질, 수량 등을 기입하여 조립도를 완성한다.

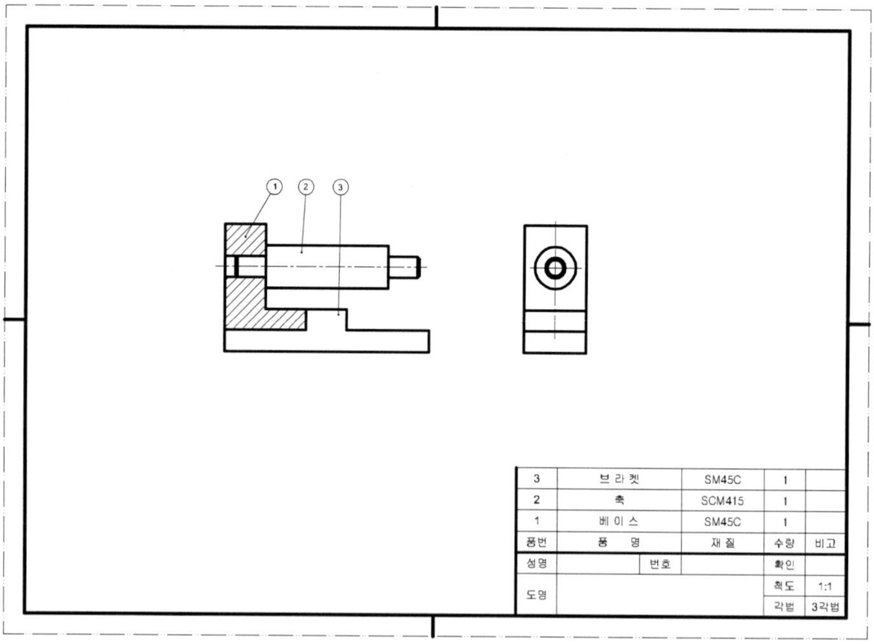

12.4. 단원체크

할 수 있는 항목을 ☑로 표시하시오.

☐ 도면의 일부를 복사하여 확대할 수 있다.

☐ 상세도를 그릴 수 있다.

☐ 상세도에 적합한 치수 스타일을 지정할 수 있다.

☐ 복사, 이동, 대칭 등의 명령을 사용하여 조립도를 그릴 수 있다.

☐ 조립도에 적합한 지시선 스타일을 지정할 수 있다.

☐ 다중 지시선을 정렬할 수 있다.

12.5. 실습

실습 12-1

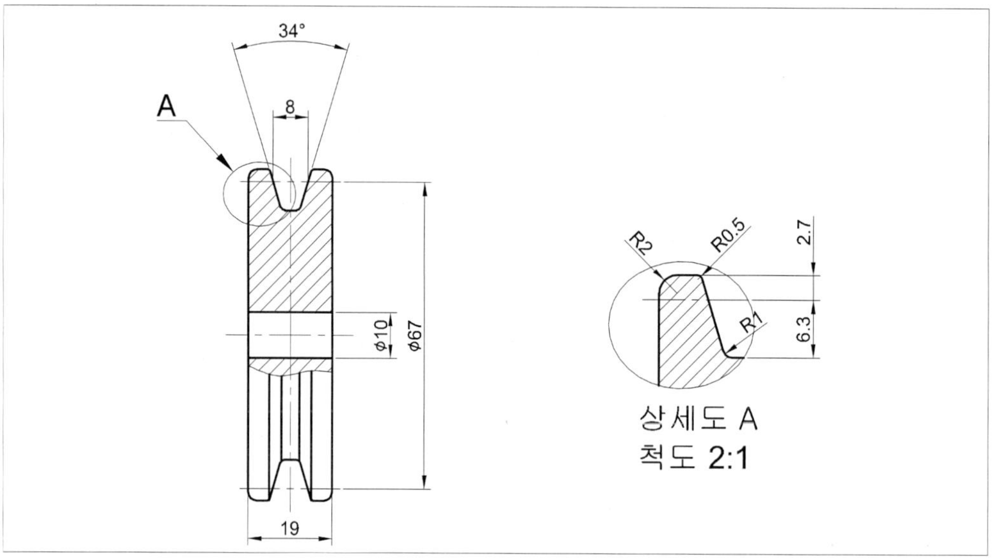

실습 12-2

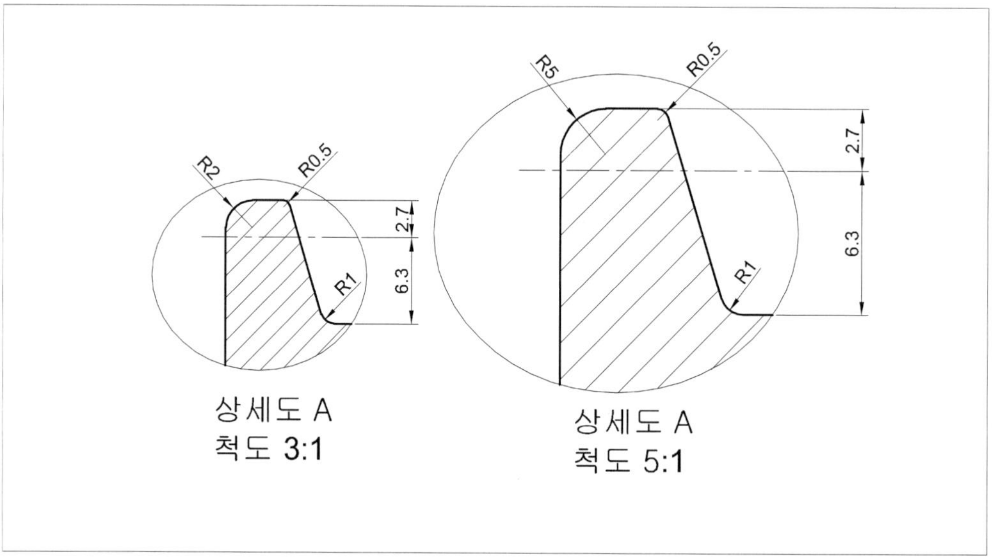

실습 12-3 지시선을 그리고 정렬하시오

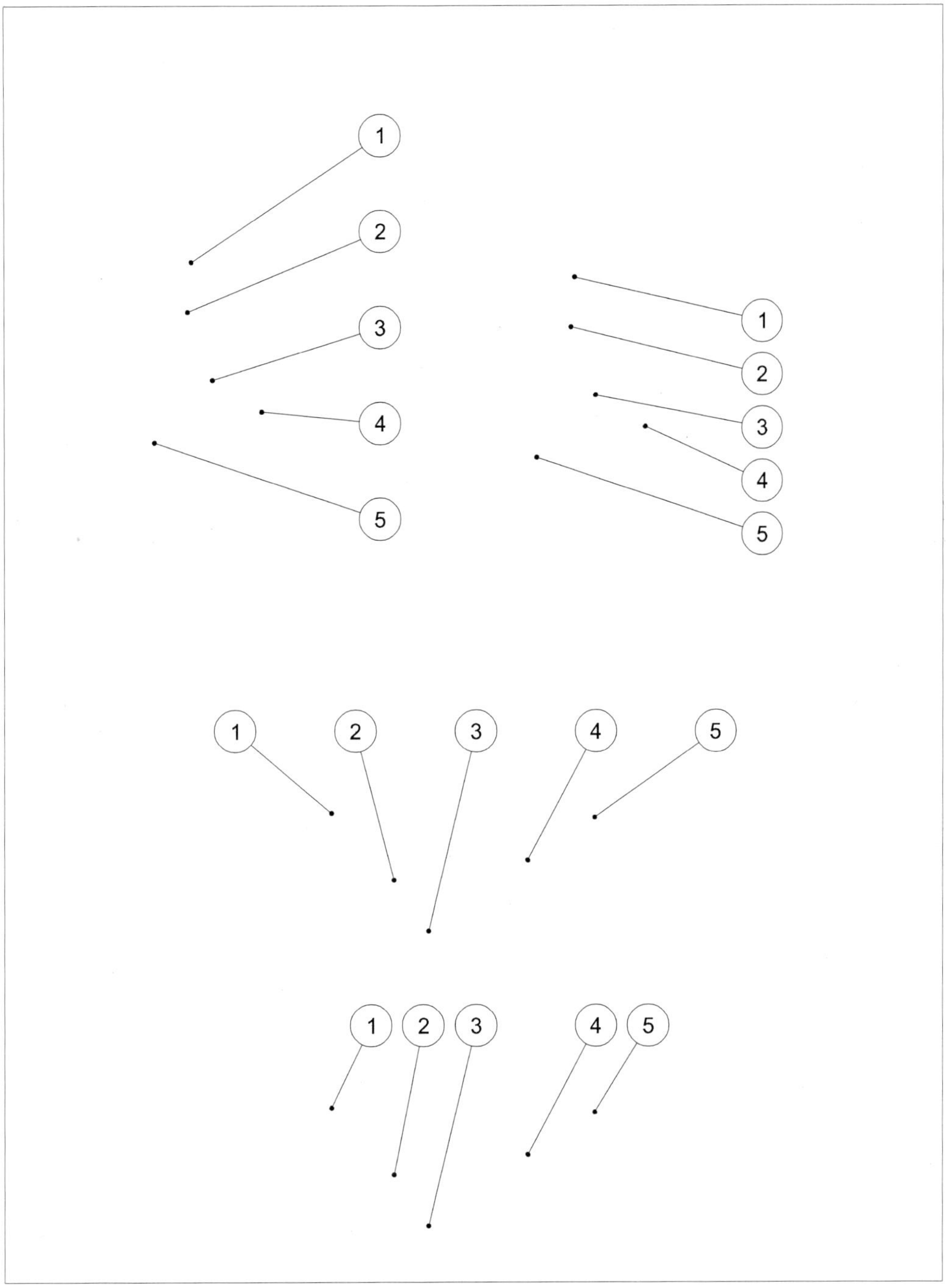

실습 12-4

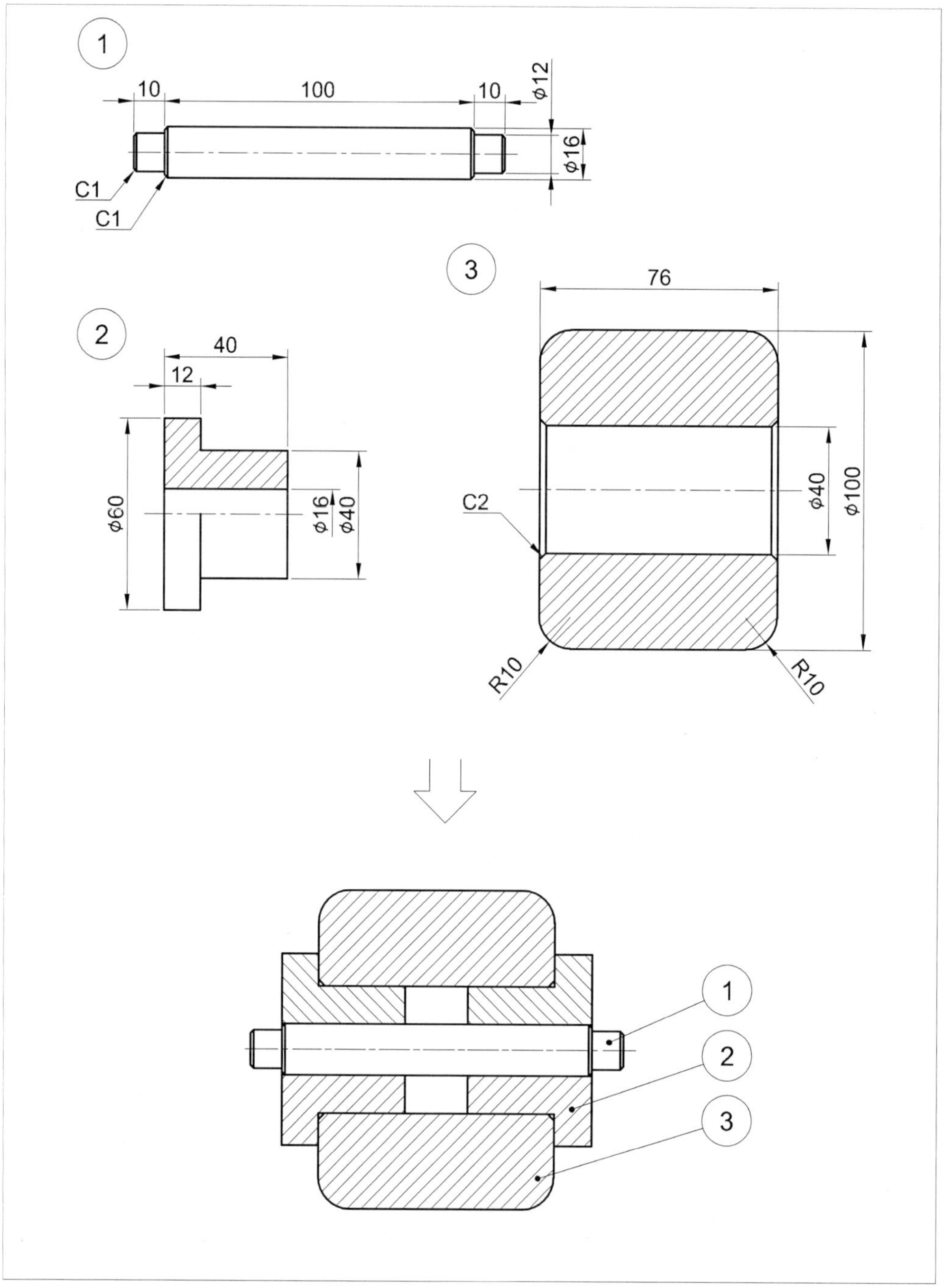
1
10
100
10
ϕ12
ϕ16
C1
C1
3
76
2
40
12
ϕ60
ϕ16
ϕ40
C2
ϕ40
ϕ100
R10
R10
1
2
3

실습 12-5

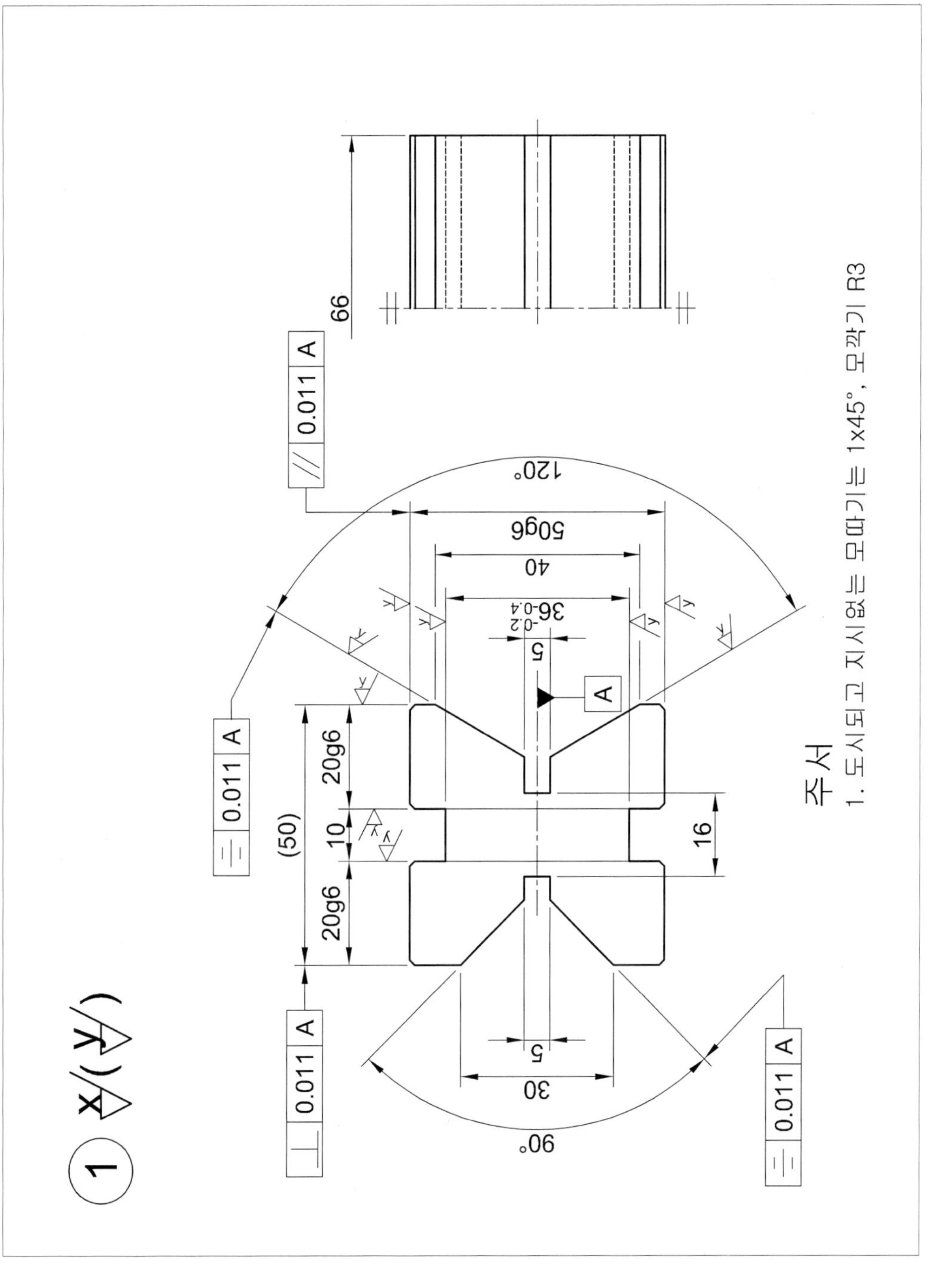

1
0.011 A
(50)
20g6
10
66
50g6
40
$36^{-0.2}_{-0.4}$
5
30
16
120°
90°
A
주서
1. 도시되고 지시없는 모따기는 1x45°, 모깍기 R3

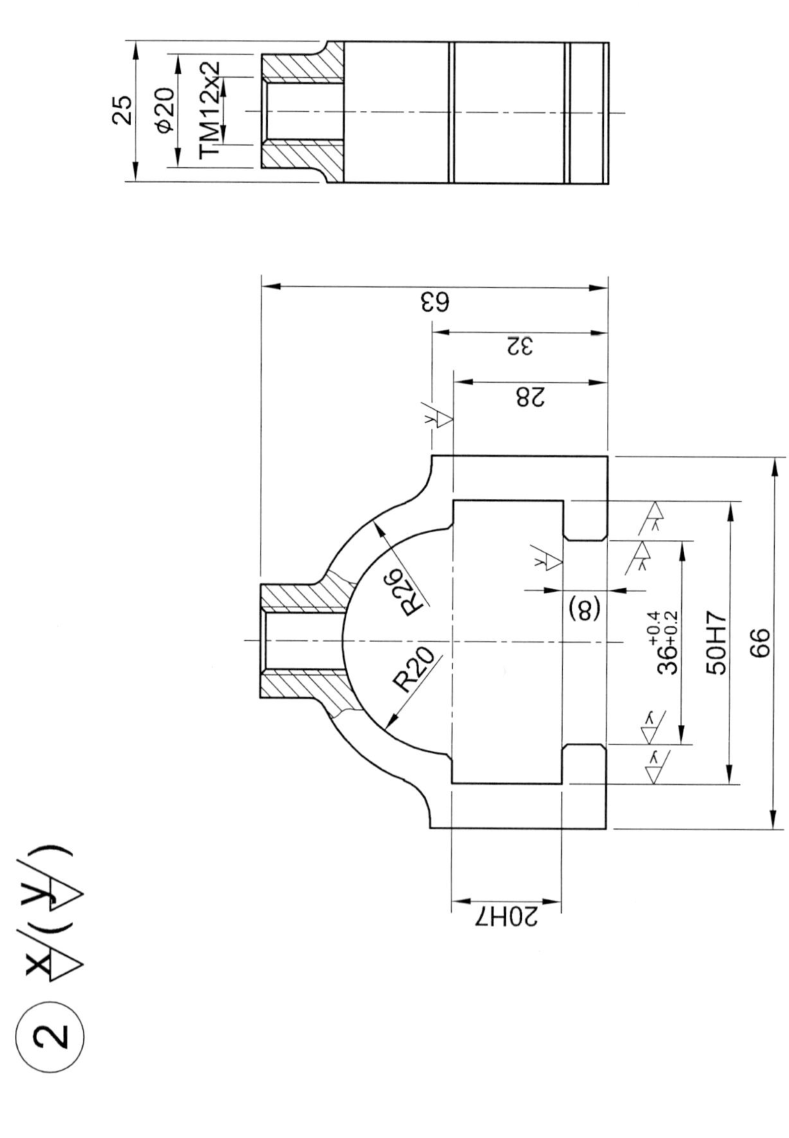

주서

1. 도시되고 지시없는 모따기는 1x45°, 모깍기 R3

③ x/(y/)

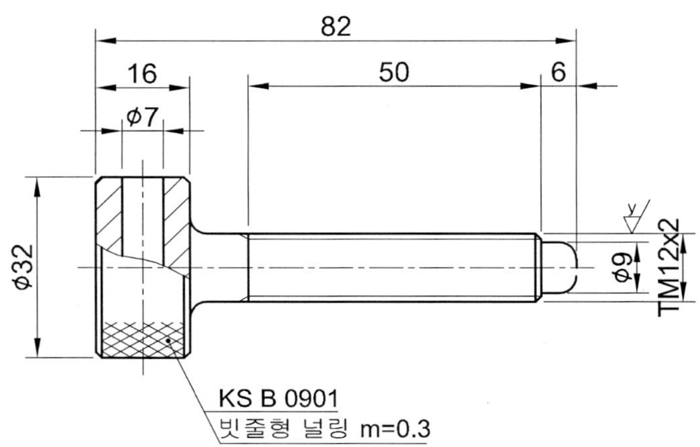

주서

1. 도시되고 지시없는 모따기는 1x45°, 모깍기 R3

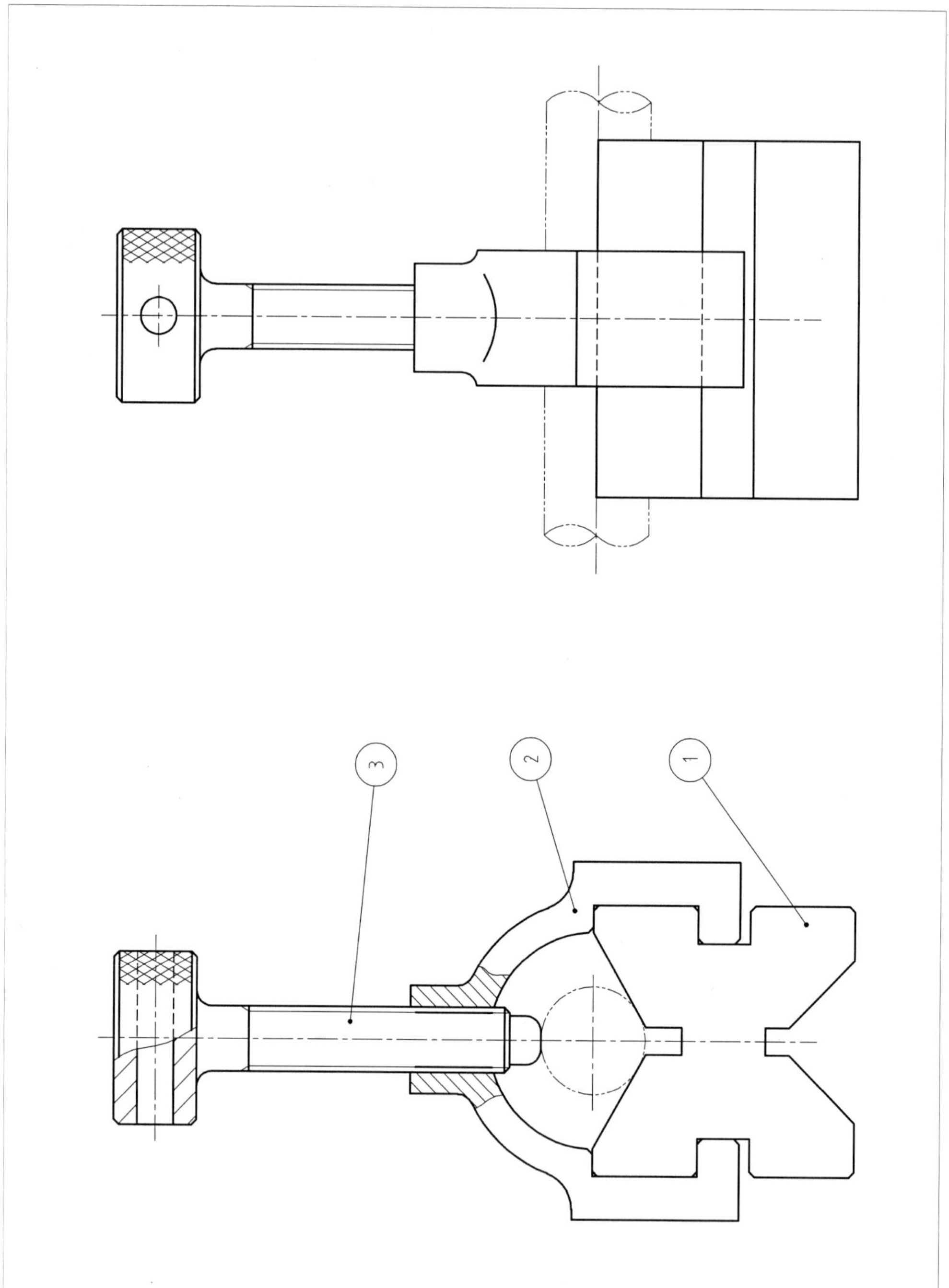
3
2
1

CHAPTER 13

연습도면

13.1. 연습도면

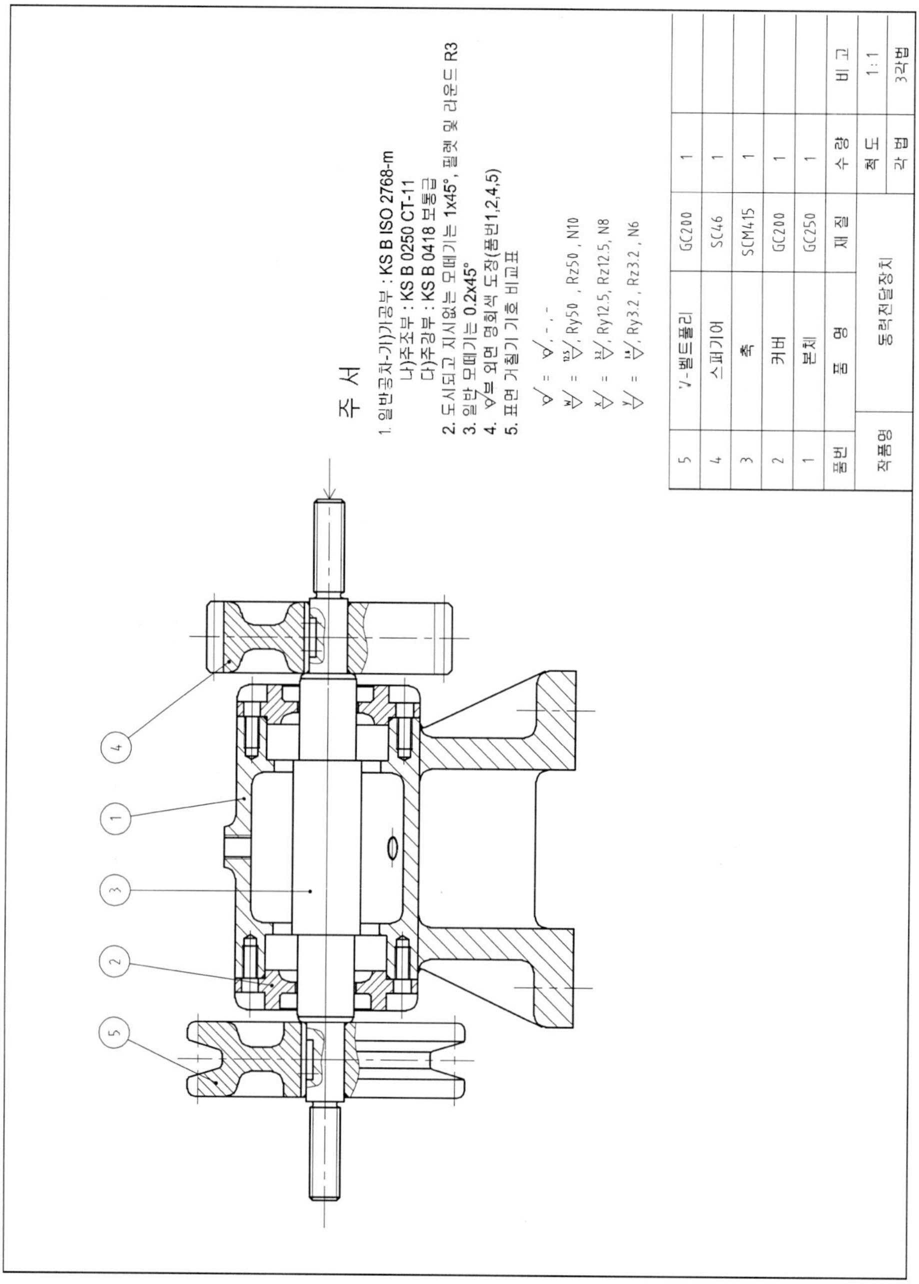
주 서
1. 일반공차-가)가공부 : KS B ISO 2768-m
나)주조부 : KS B 0250 CT-11
다)주강부 : KS B 0418 보통급
2. 도시되고 지시없는 모떼기는 1x45°, 필렛 및 라운드 R3
3. 일반 모떼기는 0.2x45°
4. 부 외면 명회색 도장(품번1,2,4,5)
5. 표면 거칠기 기호 비교표
Ry50 , Rz50 , N10
Ry12.5, Rz12.5, N8
Ry3.2 , Rz3.2 , N6
5 V-벨트풀리 GC200 1
4 스퍼기어 SC46 1
3 축 SCM415 1
2 커버 GC200 1
1 본체 GC250 1
품번 품 명 재 질 수 량 비 고
작품명 동력전달장치
척 도 1:1
각 법 3각법
1
2
3
4
5

①

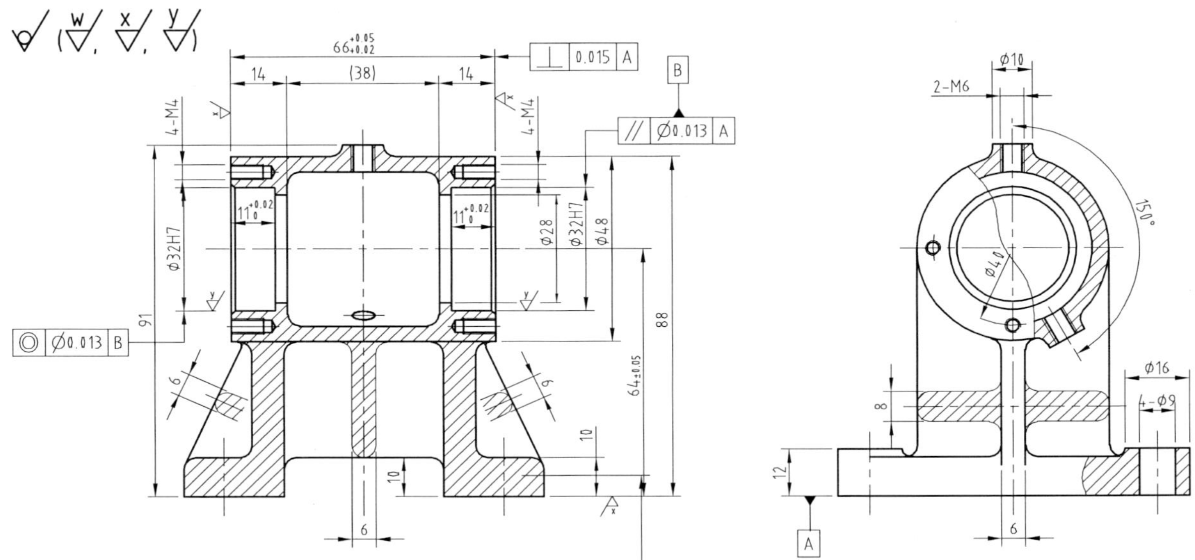

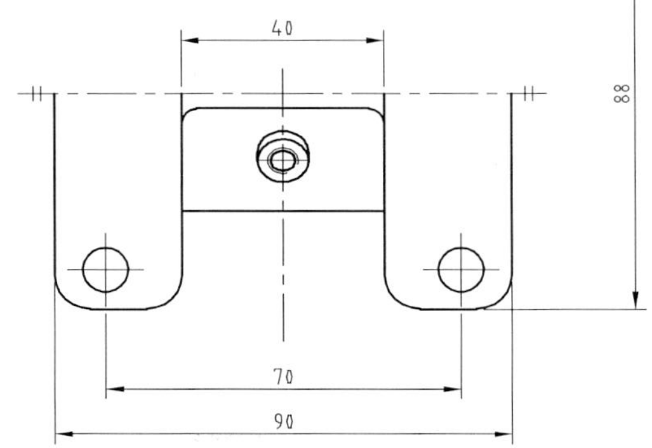

주 서

1. 일반공차-가)가공부 : KS B ISO 2768-m
   나)주조부 : KS B 0250 CT-11
   다)주강부 : KS B 0418 보통급
2. 도시되고 지시없는 모떼기는 1x45°, 필렛 및 라운드 R3
3. 일반 모떼기는 0.2x45°
4. ∀부 외면 명회색 도장(품번1,2,4,5)
5. 표면 거칠기 기호 비교표

∀ = ∀, - , -
w/∀ = 12.5/∀, Ry50 , Rz50 , N10
x/∀ = 3.2/∀, Ry12.5, Rz12.5, N8
y/∀ = 0.8/∀, Ry3.2 , Rz3.2 , N6

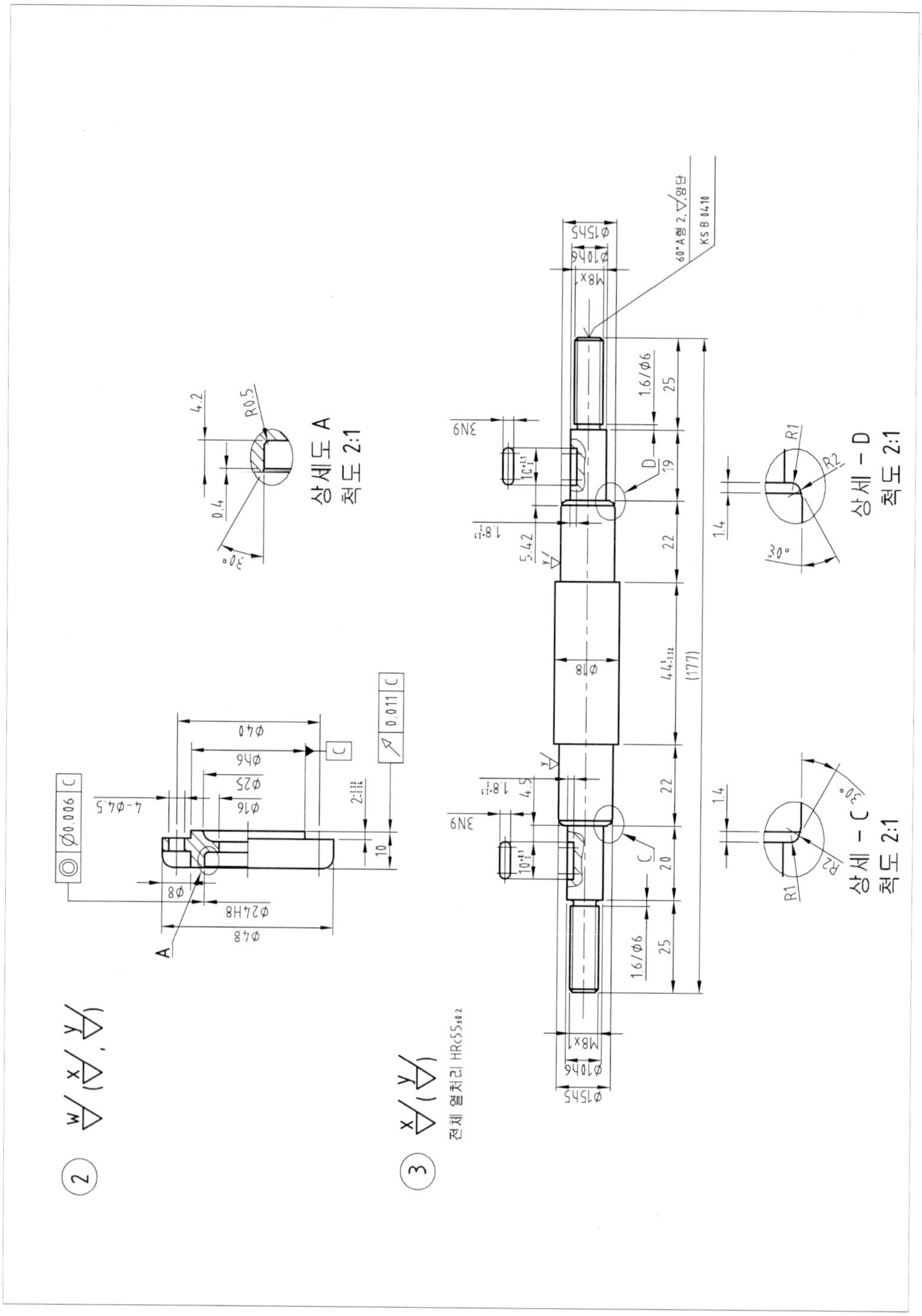
상세도 A
척도 2:1
상세 - C
척도 2:1
상세 - D
척도 2:1
전체 열처리 HRC55±2
KS B 0410

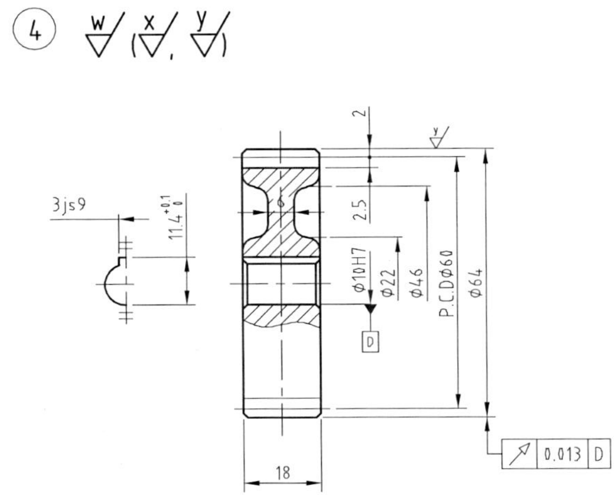

스퍼기어 요목표		
기어치형		표준
공구	치형	보통이
	모듈	2
	압력각	20°
잇수		30
피치원지름		60
전체 이 높이		4.5
다듬질방법		호브
정밀도		KS B 1405, 5급

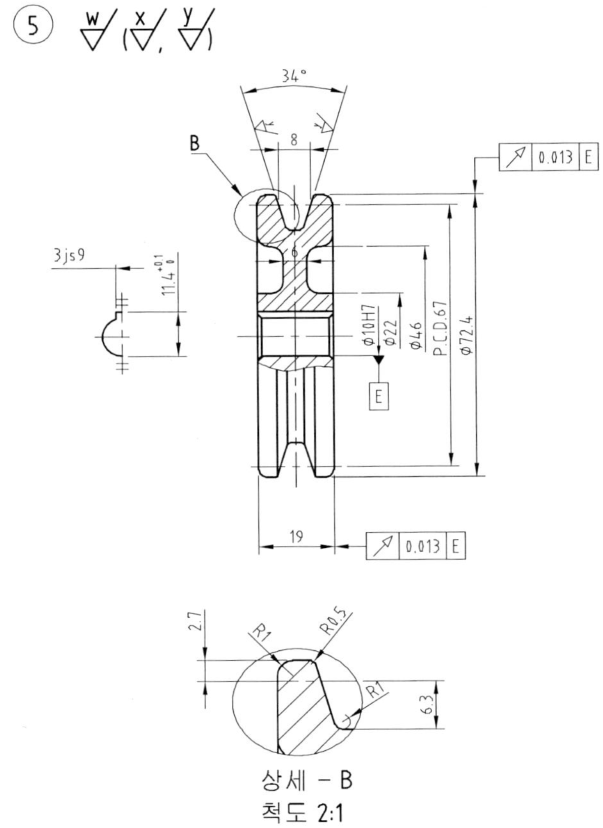

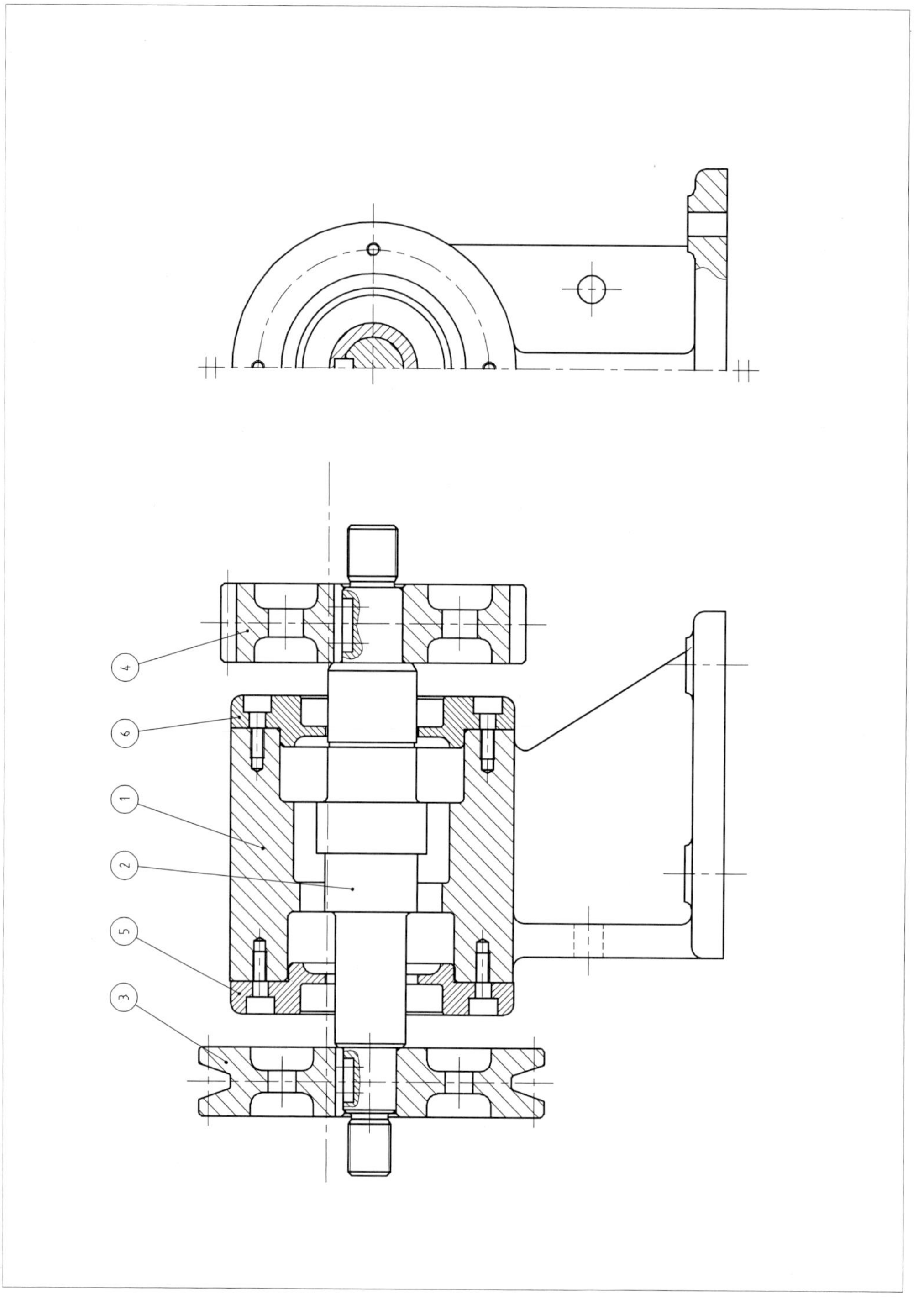

주서

1. 일반공차 – 가공부 : KS B ISO 2768-m
   주조부 : KB B 0250-CT11
   주강부 : KS B 0418-B급
2. 도시되고 지시없는 모따기는 1x45°, 모깍기 R3
3. 일반 모따기는 0.2x45°
4. ◇√ 부위 외면 명녹색 도장, 내면 광명단 도장 후 가공
   (부품번호 : 1, 3, 4, 5, 6)
5. 표면 거칠기
   ◇√ = ◇√   x√ = 3.2√ , N8
   w√ = 12.5√ , N10   y√ = 0.8√ , N6

6	커버	GC200	1	
5	커버	GC200	1	
4	스퍼기어	SC480	1	
3	V-벨트풀리	GC200	1	M형
2	축	SCM415	1	
1	본체	GC200	1	
품번	품명	재질	수량	비고

도명	동력전달장치	척도	1 : 1
		각법	3각법

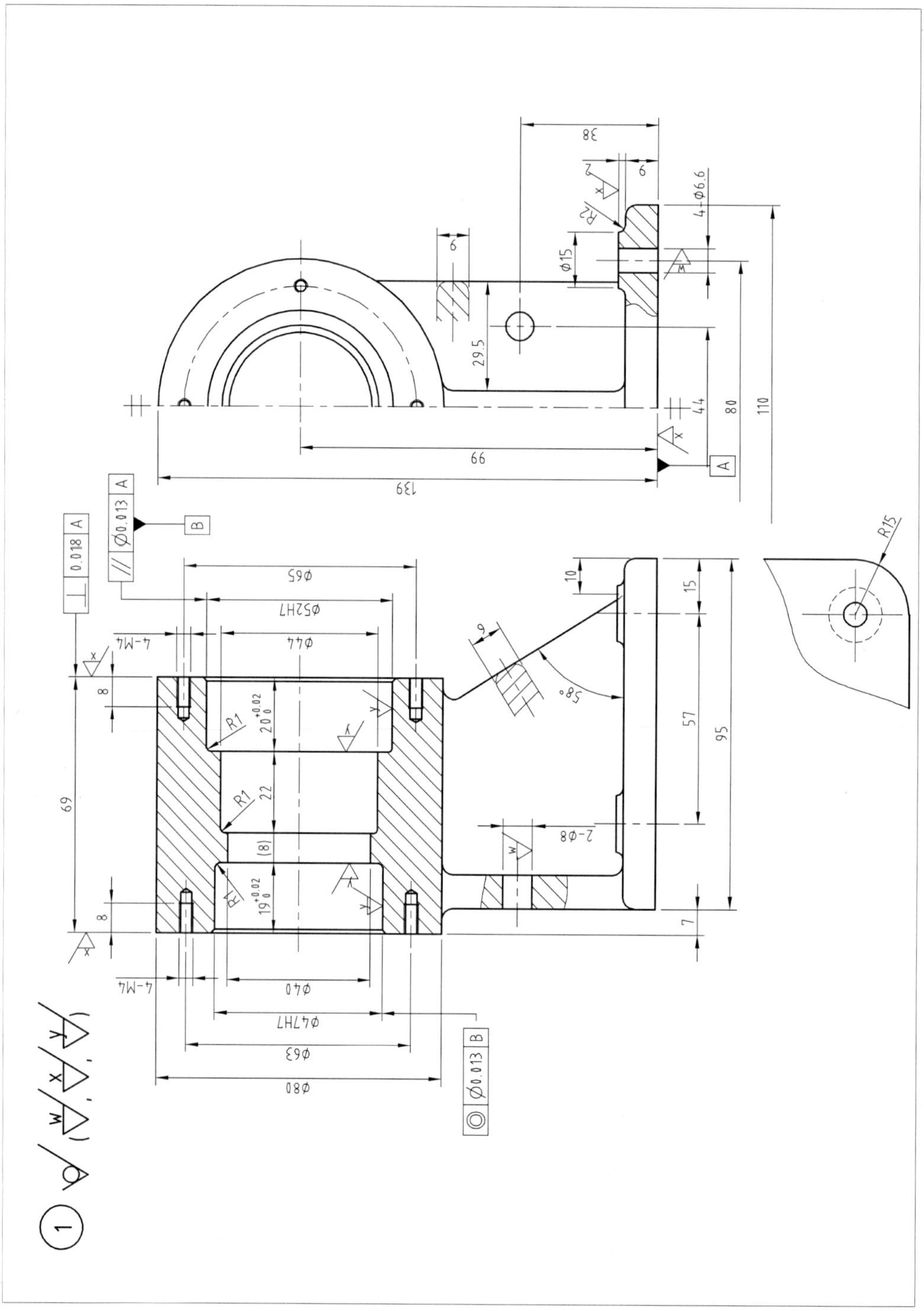

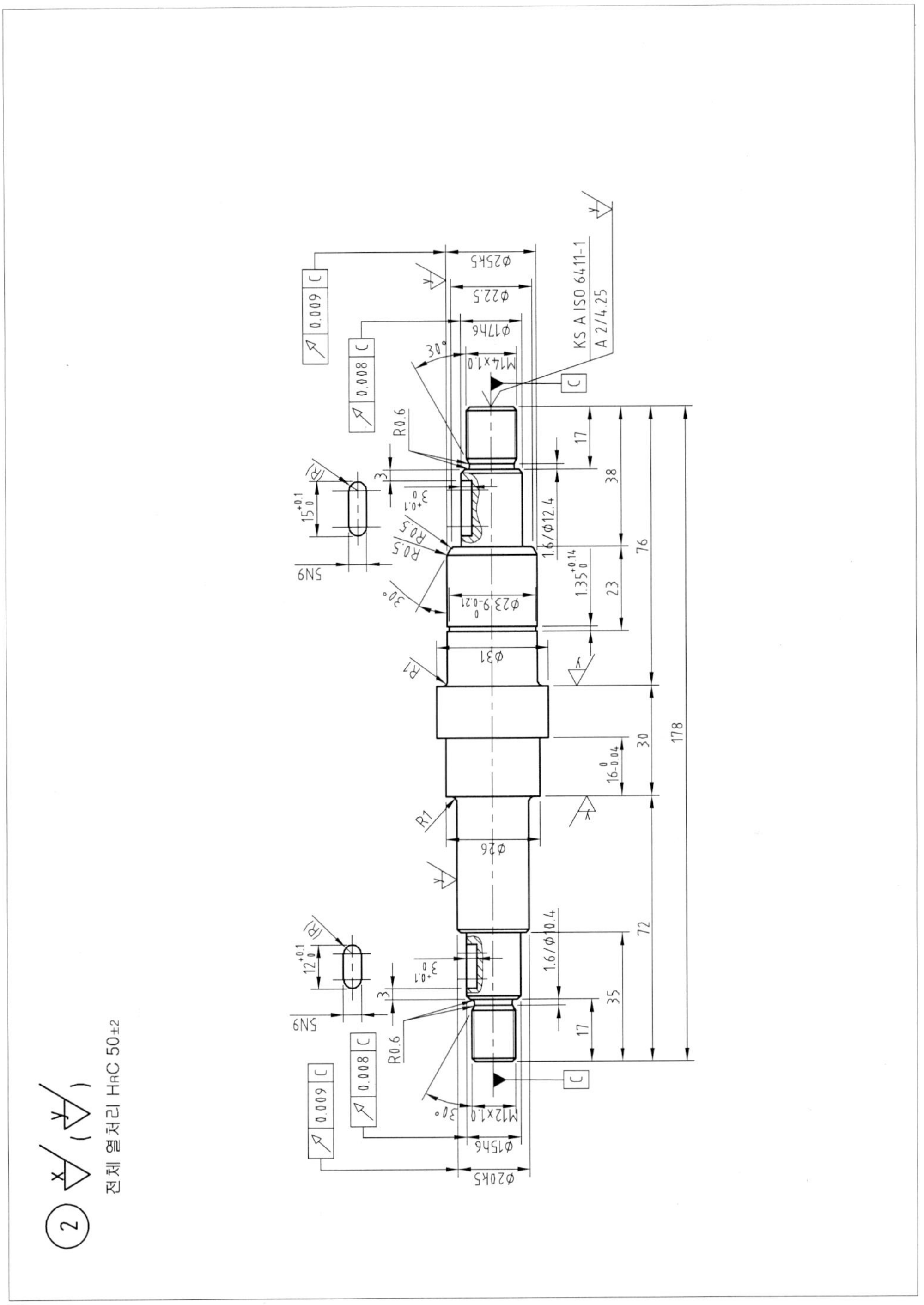
②
전체 열처리 HRC 50±2
KS A ISO 6411-1
A 2/4.25
M14x1.0
M12x1.0
Ø25k5
Ø22.5
Ø17h6
Ø23.9
Ø31
Ø26
Ø15h6
Ø20k5
178
76
38
30
72
35
17
23
5N9
R0.6
R0.5
R1
30°

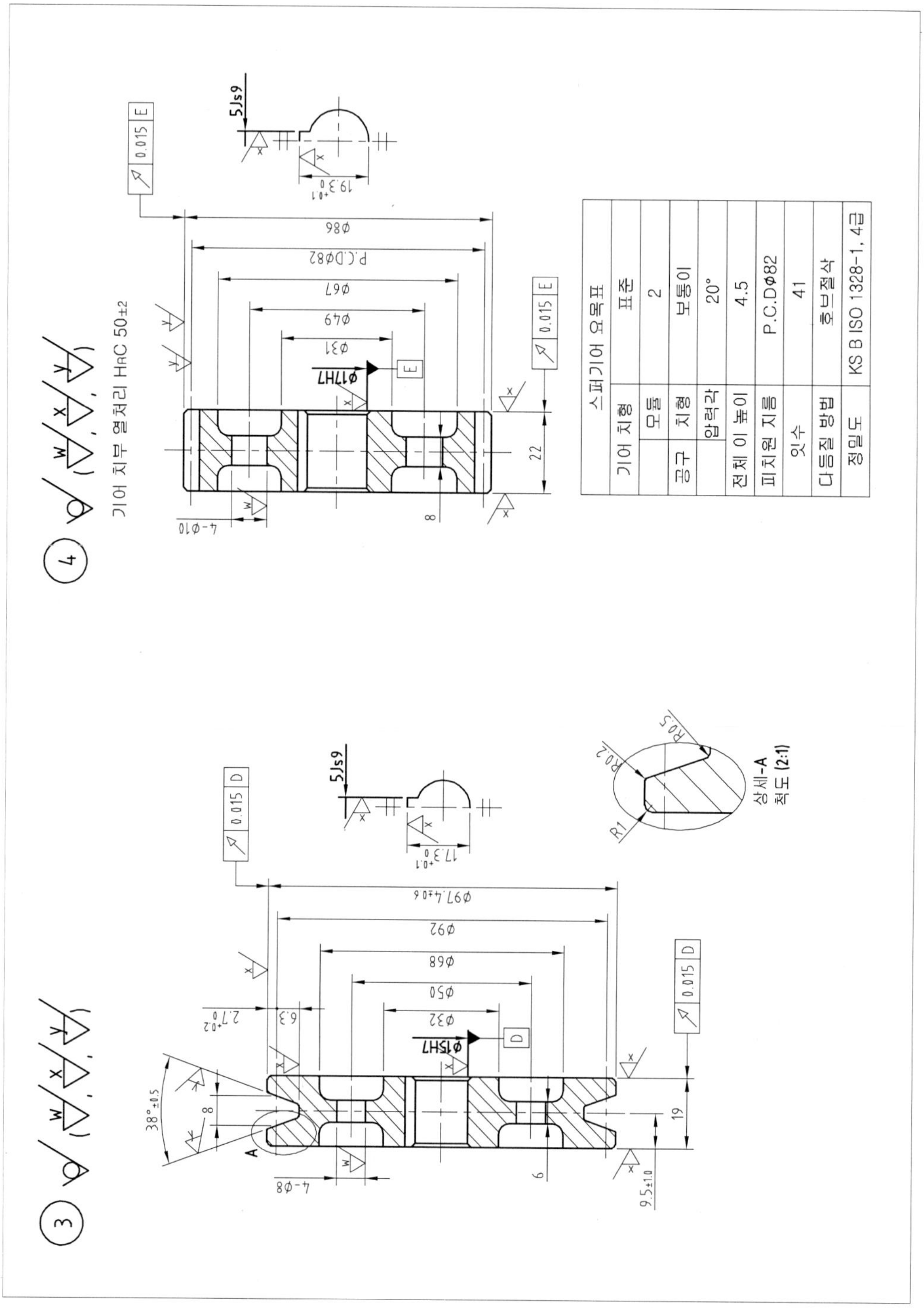

스퍼기어 요목표		
기어 치형		표준
공구	모듈	2
	치형	보통이
	압력각	20°
전체 이 높이		4.5
피치원 지름		P.C.Dφ82
잇수		41
다듬질 방법		호브절삭
정밀도		KS B ISO 1328-1, 4급

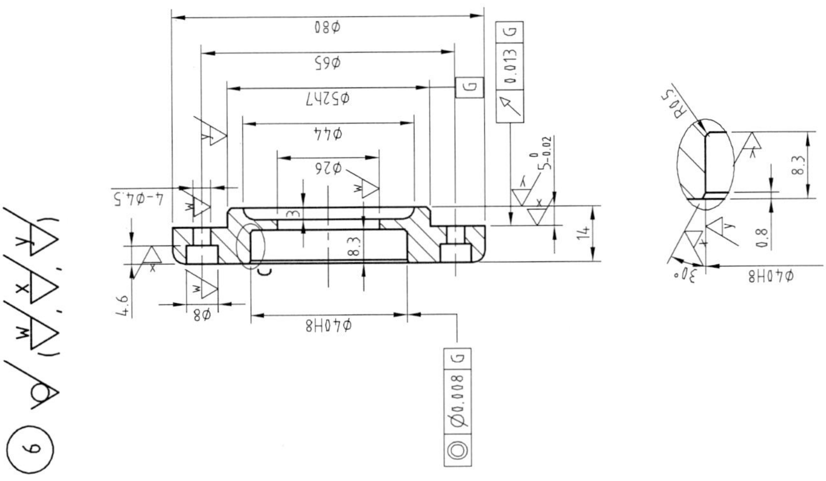

6
상세-C
척도 (2:1)

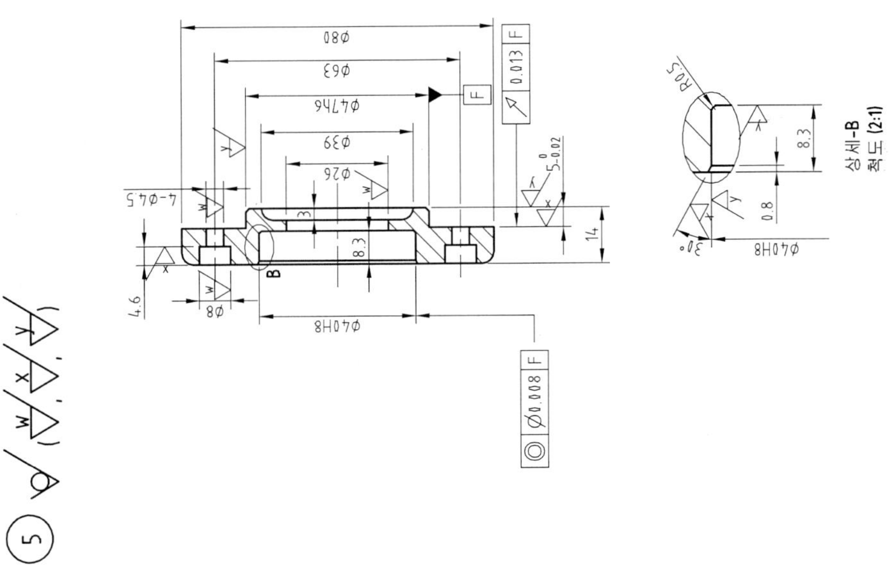

5
상세-B
척도 (2:1)

PART II

기계제도 기초

CHAPTER 01

제도의 규격

1. 도면의 크기 및 양식

도면의 크기는 아래 표와 같이 A열(A_0~A_4)사이즈를 사용한다. 도면은 긴 쪽을 좌우방향으로 놓고서 사용하고, A_4는 짧은 쪽을 좌우방향으로 놓고서 사용할 수 있다. 도면에는 표의 치수에 따라 굵기 0.5mm 이상의 윤곽선을 그리고, 중심마크를 설치한다. 그 오른쪽 아래 구석에 표제란을 그리고, 원칙적으로 도면번호, 도명, 기업(단체)명, 책임자 서명(도장), 도면 작성년월일, 척도 및 투상법을 기입한다.

[도면의 크기의 종류 및 윤곽의 치수]

A열 사이즈				
호칭방법	치수 a×b	c(최소)	d(최소)	
			철하지 않을 때	철할 때
A_0	841×1189mm	20mm	20mm	25mm
A_1	594×841mm			
A_2	420×594mm	10mm	10mm	
A_3	297×420mm			
A_4	210×297mm			

비고 : d의 부분은 도면을 접었을 때, 표제란의 좌측이 되는 쪽에 설치한다.

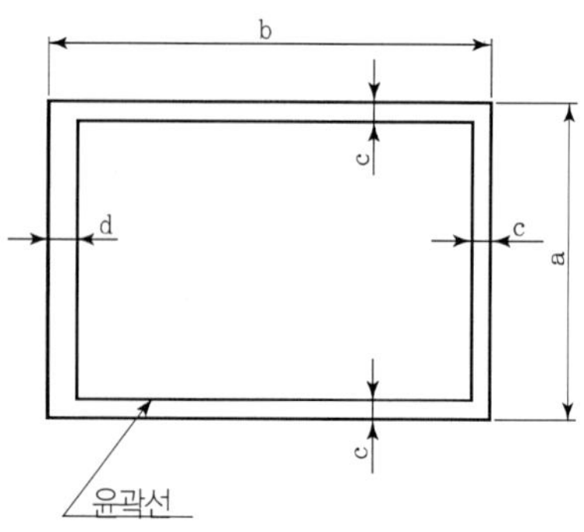

[A_0~A_4의 경우]

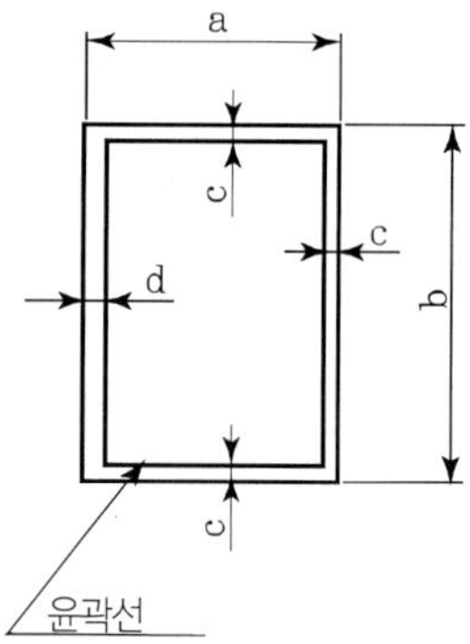

[A_4의 경우]

1. 2. 척도

척도는 A : B로 표시한다.

A : B

도면에서의 길이　물체의 실제 길이

실물의 크기를 그대로 그린 현척에서는 A, B를 다같이 1, 축소하여 그린 축척에는 A를 1, 확대하여 그린 배척의 경우에는 B를 1로 하여 나타내며, 도면의 표제란에 기입한다.

[축척 · 현척 및 배척의 값]

척도의 종류	난	값
축　척	1	1 : 2, 1 : 5, 1 : 10, 1 : 20, 1 : 50, 1 : 100, 1 : 200
	2	1 : $\sqrt{2}$, 1 : 2.5, 1 : 2$\sqrt{2}$, 1 : 3, 1 : 4, 1 : 5$\sqrt{2}$, 1 : 25, 1 : 250
현　척	–	1 : 1
배　척	1	2 : 1, 5 : 1, 10 : 1, 20 : 1, 50 : 1
	2	$\sqrt{2}$: 1, 2.5$\sqrt{2}$: 1, 100 : 1

비고 : 1란의 척도를 우선으로 사용한다.

1. 3. 선의 종류와 용도

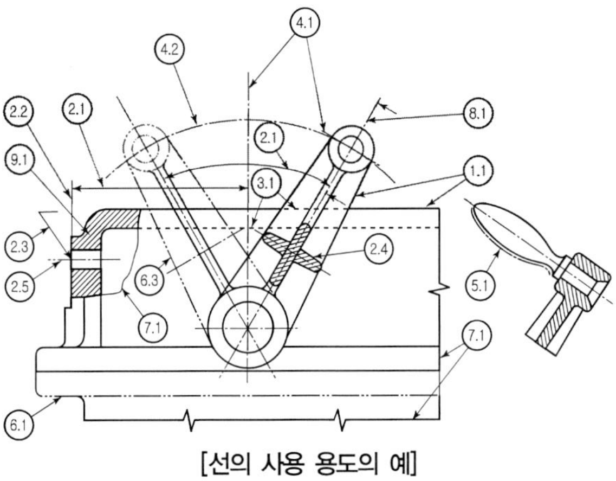

[선의 사용 용도의 예]

[선의 종류에 의한 용도]

<table>
<tr><th>용도에
의한 명칭</th><th colspan="2">선의 종류</th><th>선의 용도</th><th>사용예</th></tr>
<tr><td>외형선</td><td>굵은 실선</td><td>────</td><td>대상물의 보이는 부분의 모양을 표시하는데 쓰인다.</td><td>1.1</td></tr>
<tr><td>치수선</td><td rowspan="7">가는 실선</td><td rowspan="7">────</td><td>치수를 기입하기 위하여 쓰인다.</td><td>2.1</td></tr>
<tr><td>치수
보조선</td><td>치수를 기입하기 위하여 도형으로부터 끌어내는데 쓰인다.</td><td>2.2</td></tr>
<tr><td>지시선</td><td>기술·기호 등을 표시하기 위하여 끌어내는데 쓰인다.</td><td>2.3</td></tr>
<tr><td>회전
단면선</td><td>도형내의 그 부분의 끊은 곳을 90° 회전하여 표시하는 데 쓰인다.</td><td>2.4</td></tr>
<tr><td>중심선</td><td>도형의 중심선을 간략하게 표시하는데 쓰인다.</td><td>2.5</td></tr>
<tr><td>수준면선</td><td>수면, 유면 등의 위치를 표시하는데 쓰인다.</td><td></td></tr>
<tr><td>숨은선</td><td>가는 파선 또는 굵은 파선</td><td>- - - - - -
- - - - - -</td><td>대상물의 보이지 않는 부분의 모양을 표시하는데 쓰인다.</td><td>3.1</td></tr>
<tr><td>중심선</td><td rowspan="3">가는
1점 쇄선</td><td rowspan="3">—·—·—</td><td>① 도형의 중심을 표시하는데 쓰인다.
② 중심이 이동한 중심궤적을 표시하는데 쓰인다.</td><td>4.1
4.2</td></tr>
<tr><td>기준선</td><td>특히 위치 결정의 근거가 된다는 것을 명시할 때 쓰인다.</td><td></td></tr>
<tr><td>피치선</td><td>되풀이 하는 도형의 피치를 취하는 기준을 표시하는데 쓰인다.</td><td></td></tr>
<tr><td>특수
지정선</td><td>굵은
1점 쇄선</td><td>━·━·━</td><td>특수한 가공을 하는 부분 등 특별한 요구사항을 적용할 수 있는 범위를 표시하는데 쓰인다.</td><td>5.1</td></tr>
<tr><td>가상선</td><td rowspan="2">가는
2점 쇄선</td><td rowspan="2">—··—··—</td><td>① 인접부분을 참고로 표시하는데 사용한다.
② 공구, 지그 등의 위치를 참고로 나타내는데 사용한다.
③ 가동부분을 이동 중의 특정한 위치 또는 이동한계의 위치로 표시하는데 쓰인다.
④ 가공 전 또는 가공 후의 모양을 표시하는데 쓰인다.
⑤ 되풀이하는 것을 나타내는데 사용한다.
⑥ 도시된 단면의 앞쪽에 있는 부분을 표시하는데 쓰인다.</td><td>6.1

6.3</td></tr>
<tr><td>무게
중심선</td><td>단면의 무게 중심을 연결한 선을 표시하는데 쓰인다.</td><td></td></tr>
</table>

용도에 의한 명칭	선의 종류		선의 용도	사용예
파단선	불규칙한 파형의 가는 실선 또는 지그재그선		대상물의 일부를 파단한 경계 또는 일부를 떼어낸 경계를 표시하는데 사용한다.	7.1
절단선	가는 1점 쇄선으로 끝부분 및 방향이 변하는 부분을 굵게 한 것		단면도를 그리는 경우 그 절단 위치를 대응하는 그림에 표시하는데 사용한다.	8.1
해칭	가는 실선으로 규칙적으로 줄을 늘어 놓은 것		도형의 한정된 특정 부분을 다른 부분과 구별하는데 사용한다. 보기를 들면 단면도의 절단된 부분을 나타낸다.	9.1
특수한 용도의 선	가는 실선		① 외형선 및 숨은선의 연장을 표시하는데 쓰인다. ② 평면이란 것을 나타내는데 사용한다. ③ 위치를 명시하는데 사용한다.	
	아주 굵은 실선		얇은 부분의 단선 도시를 명시한데 사용한다	

CHAPTER 02

투상법

2. 1. 투상법의 개요

공간상의 입체물을 용지의 평면상에 나타내는 방법을 투상법이라 한다. 이때 평면을 투상면이라 하고 투상면에 투상된 물건의 모양을 투상도라고 한다.

투상법에는 물체를 보는 시점, 물체를 나타내는 화면 등의 위치에 따라 여러 가지가 있다.

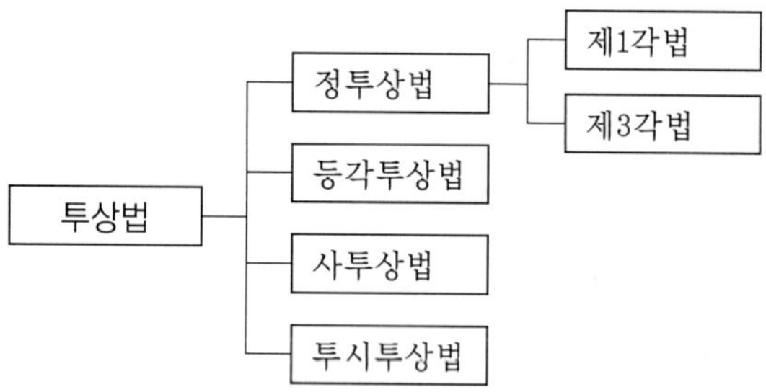

투상법의 종류	특 징	용 도
정투상법	물체의 크기, 각도 등을 정확하게 표시할 수 있다.	일반 도면
등각투상법	하나의 그림으로 정육면체의 3면을 같은 정도로 표시할 수 있다.	설명용 도면
사투상법	하나의 그림으로 정육면체의 3면중 한면만을 중점적으로 표시할 수 있다.	설명용 도면
투시투상법	물체의 원근감을 잘 나타나게 표시할 수 있다.	조감용 도면

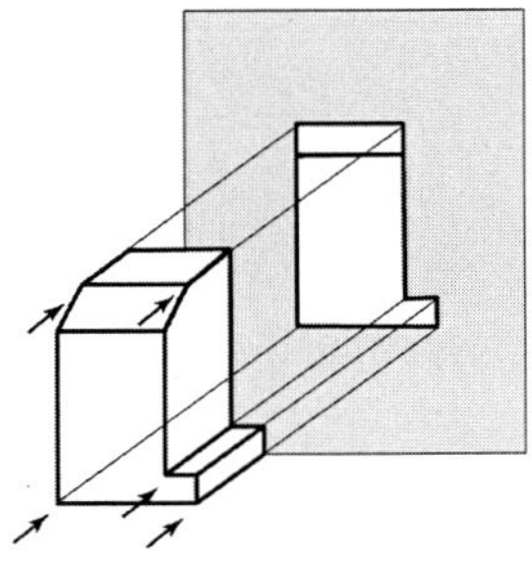

(a) 정투상법

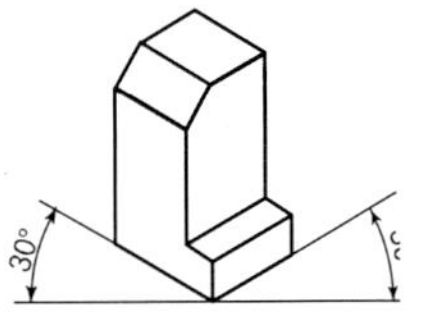

(b) 등각 투상법

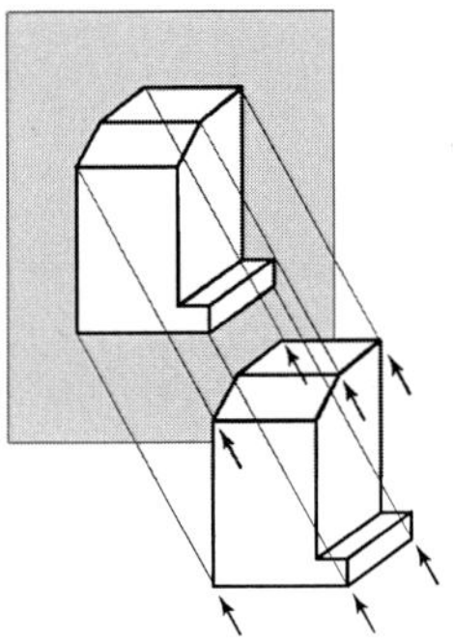

(c) 사투상법

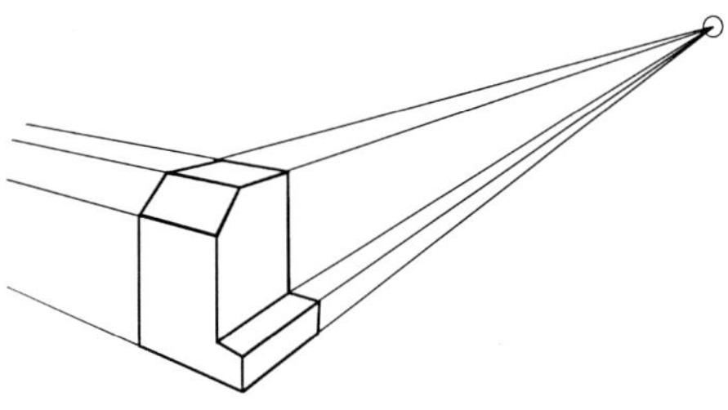

(d) 투시도법

[투상법의 종류]

2. 2. 투상도의 배치

한국산업규격(KS)에서는 기계제도에 원칙적으로 제3각법을 사용하도록 규정하고 있으며, 투상도를 그릴 경우 필요 이상의 도면을 그리지 않도록 유의해야 한다. 투상의 원리에 의해 물체의 모든 면을 나타낼 필요가 있을 때 기준배치는 아래 그림과 같다.

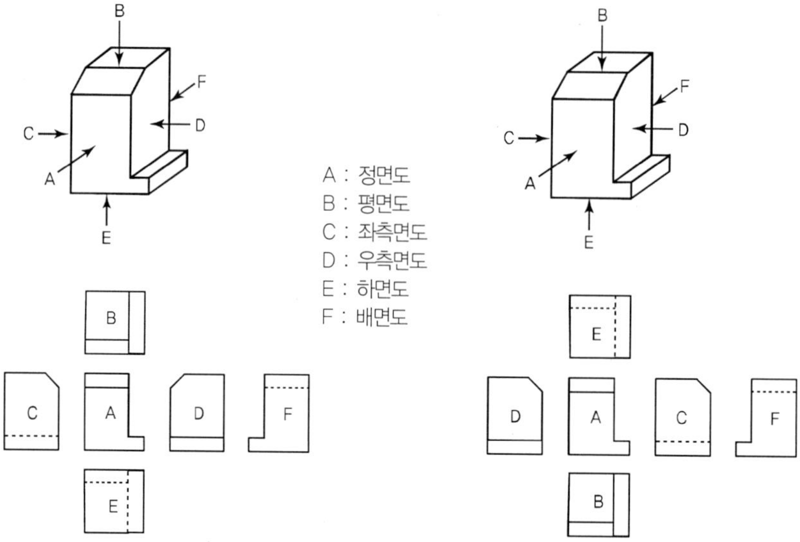

(a) 3각법 (b) 1각법

[투상도의 기준배치]

2. 3. 투상법의 표시

제3각법, 제1각법을 특별히 명시해야 할 때에는 도면의 적당한 위치(표제란)에 "3각법", "1각법"이라 기입하거나 비고란에 문자대신 아래 그림과 같이 기호를 사용한다.

(a) 제3각법의 기호 (b) 제1각법의 기호

[투상법의 기호]

2. 4. 투상법의 선택방법

① 주 투상도에는 대상물의 모양·기능을 가장 명확하게 표시하는 면을 그린다. 또한 대상물을 도시하는 상태는 도면의 목적에 따라 다음 어느 것인가에 따른다.

㉮ 조립도 등 주로 기능을 표시하는 도면에서는 대상물을 사용하는 상태

㉯ 부품도 등 가공하기 위한 도면에서는 가공에 있어서 도면을 가장 많이 이용하는 공정에서 대상물을 놓은 상태(그림 참조)

㉰ 특별한 이유가 없는 경우, 대상물을 가로 길이로 놓은 상태

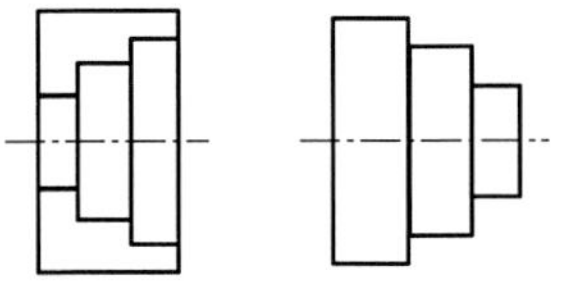

[선삭]

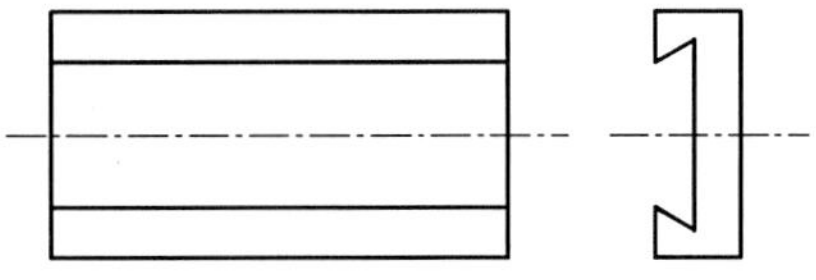

[평삭]

② 주 투상도를 보충하는 다른 투상도는 되도록 적게 하고 주 투상도만으로 표시할 수 있는 것에 대하여는 다른 투상도는 그리지 않는다.

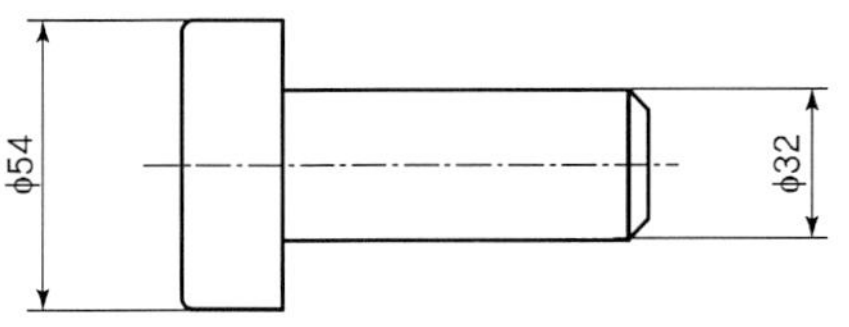

③ 서로 관련되는 그림의 배치는 되도록 숨은선을 쓰지 않도록 한다(그림 a). 다만, 비교 대조하기 불편하게 되는 경우에는 예외로 한다(그림 b).

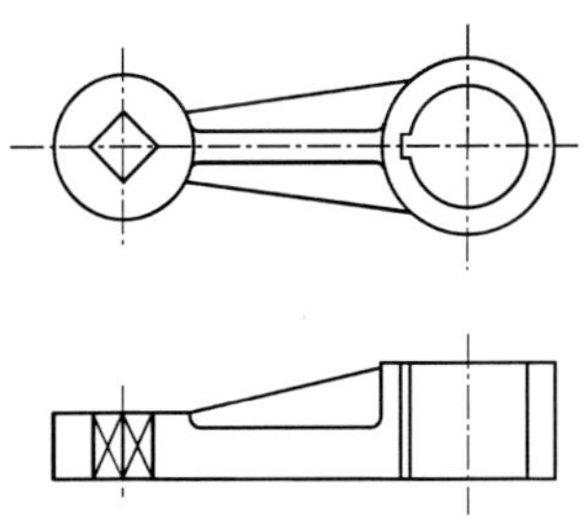

(a)

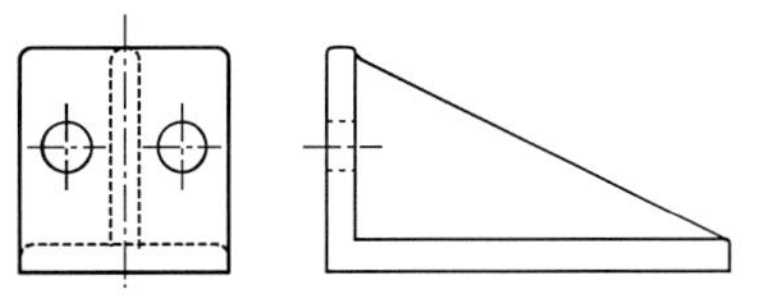

(b)

2. 5. 정투상을 보조하는 여러 가지 투상도

2.5.1. 보조 투상도

경사부가 있는 대상물에서 그 경사면의 실형을 표시할 필요가 있는 경우에는 그 경사면과 맞서는 위치에 보조 투상도로 표시한다.

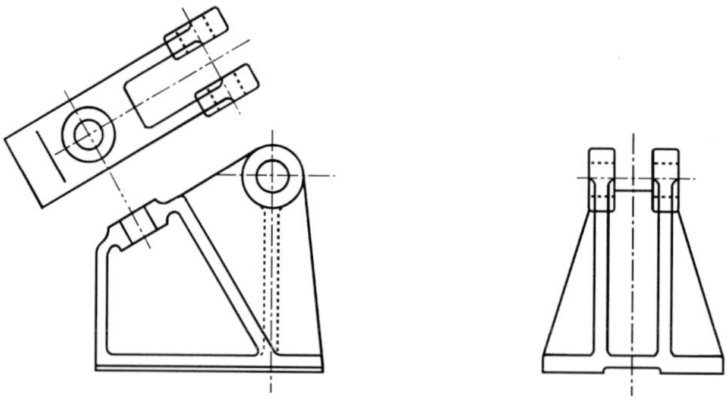

[보조 투상도로]

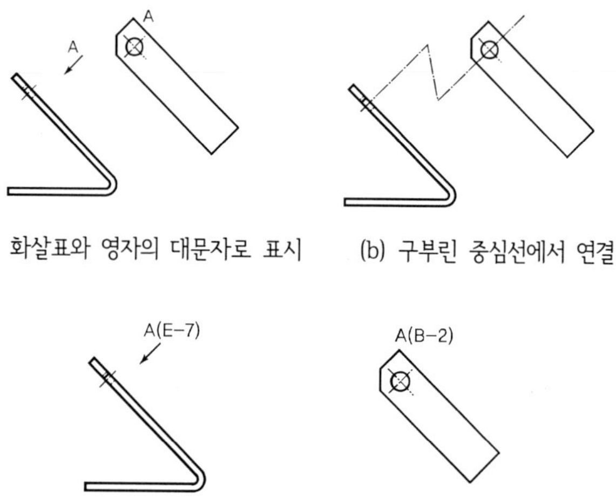

(a) 화살표와 영자의 대문자로 표시 (b) 구부린 중심선에서 연결

(c) 표시 글자의 각각에 상대방 위치의 도면 구역의 구분기호를 부기

[보조 투상도를 경사면에 맞서는 위치에 배치할 수 없는 경우]

2.5.2. 회전 투상도

투상면이 어느 각도를 가지고 있기 때문에 그 실형을 표시하지 못할 때에는 그 부분을 회전해서 그 실형을 도시할 수 있다. 또한 잘못 볼 우려가 있을 경우에는 작도에 사용한 선을 남긴다.

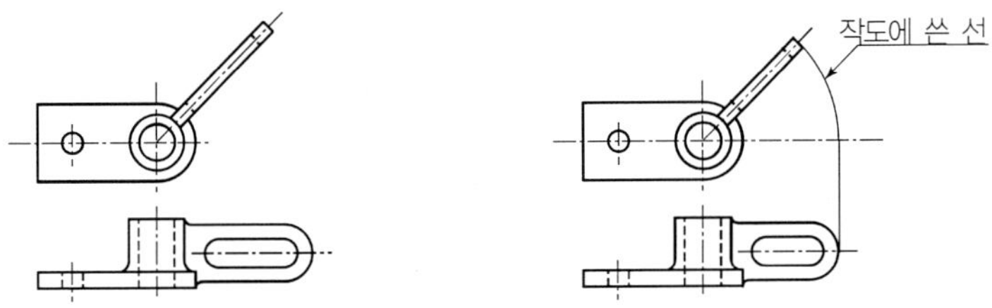

(a) (b)

[회전 투상도]

2.5.3. 부분 투상도

그림의 일부를 도시하는 것으로 충분한 경우에는 그 필요 부분만을 부분 투상도로 표시한다. 이 경우에는 생략한 부분과의 경계를 파단선으로 나타낸다. 다만, 명확한 경우에는 파단선을 생략하여도 좋다.

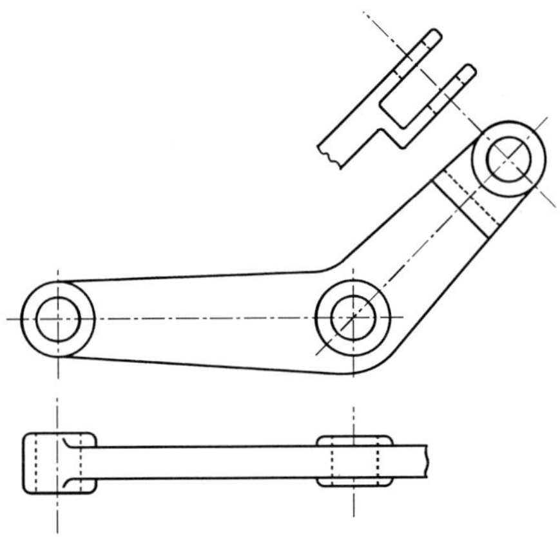

[부분 투상도]

2.5.4. 국부 투상도

대상물의 구멍, 홈 등 한 국부만의 모양을 도시하는 것으로 충분한 경우에는 그 필요부분을 국부 투상도로 나타낸다. 투상 관계를 나타내기 위하여 원칙으로 주된 그림에 중심선, 기준선, 치수보조선 등으로 연결한다.

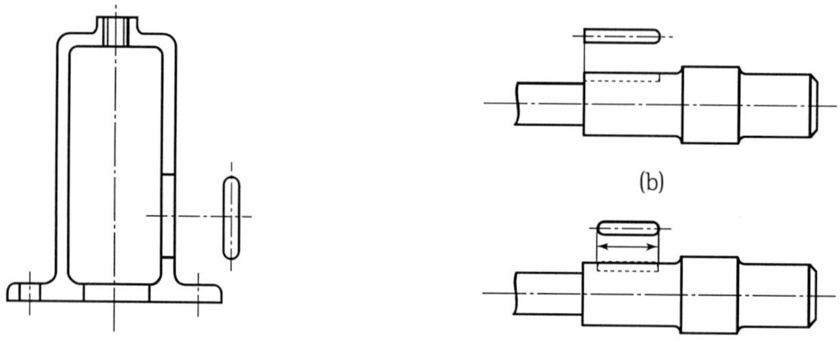

(a) (c)

[국부 투상도]

2.5.5. 부분 확대도

특정 부분의 도형이 작은 까닭으로 그 부분의 상세한 도시나 치수기입을 할 수 없을 때는 그 부분을 가는 실선으로 에워싸고, 영자의 대문자로 표시함과 동시에 그 해당 부분을 다른 장소에 확대하여 그리고 표시하는 글자 및 척도를 부기한다. 다만, 확대한 그림의 척도를 나타낼 필요가 없는 경우에는 척도 대신 “확대도” 라고 부기하여도 좋다.

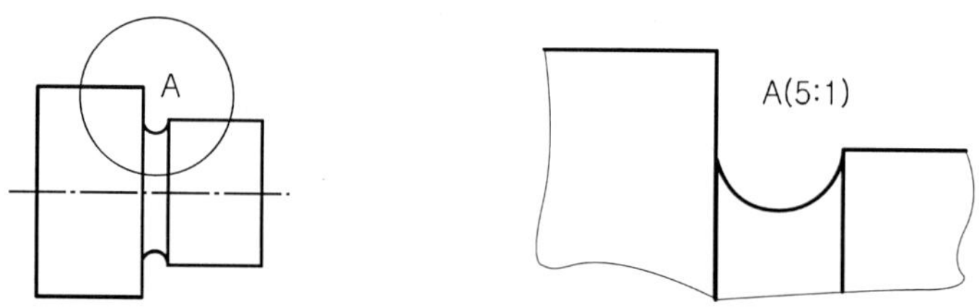

(a) (b)

[부분 확대도]

CHAPTER 03

단면도

3. 1. 단면도법

내부형상 혹은 보이지 않는 면을 명확하게 표현하기 위해 가상적으로 필요한 부분을 절단하여 투상한 다음 도면으로 나타낸 것이 단면도이다. 다음의 그림은 물체의 내부 형상을 이해하기 쉽도록 절반을 절단하고 절단면의 앞부분을 제거하여 단면도의 형태로 표현한 것이다.

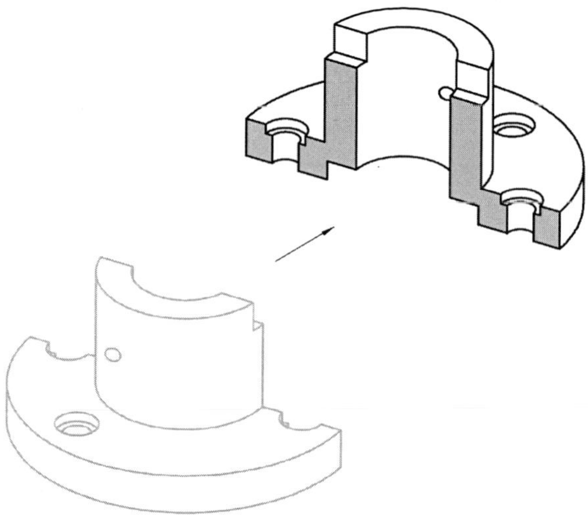

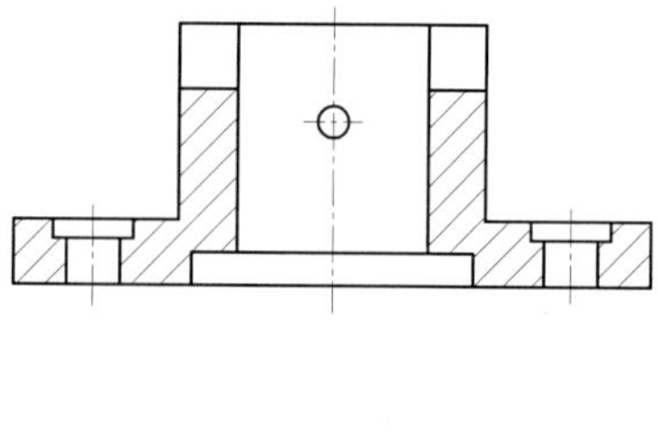

3. 2. 단면도의 종류

3.2.1. 온 단면도

온 단면도는 다음에 따라 그린다.

① 원칙으로 대상물의 기본적인 모양을 가장 좋게 표시할 수 있도록 절단면을 정하여 그린다. 이 경우에는 절단선은 기입하지 않는다.

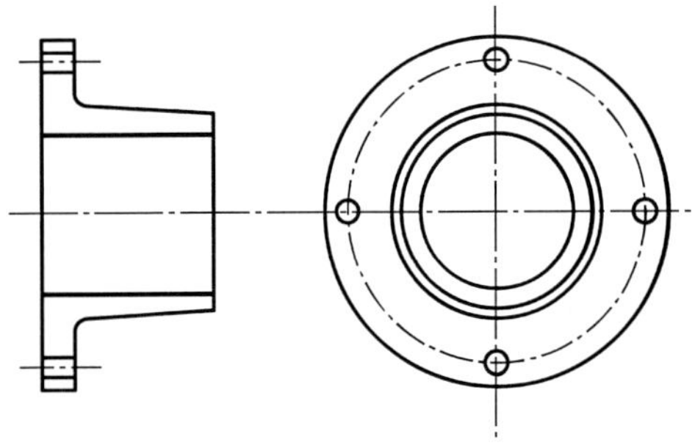

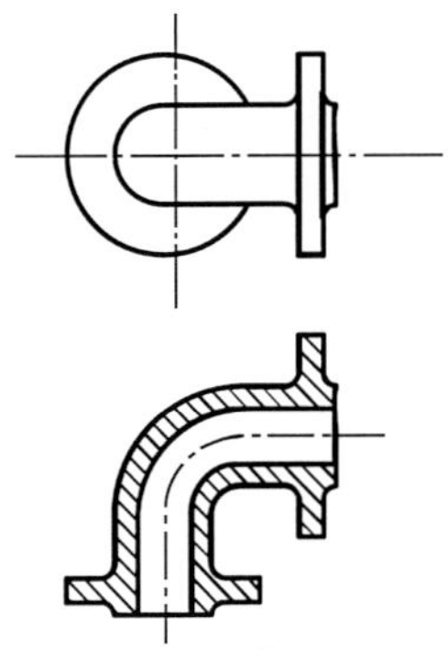

② 필요한 경우에는 특정 부분의 모양을 잘 표시할 수 있는 절단면을 정하여 그리는 것이 좋다. 이 경우에는 절단선에 의하여 절단 위치를 나타낸다.

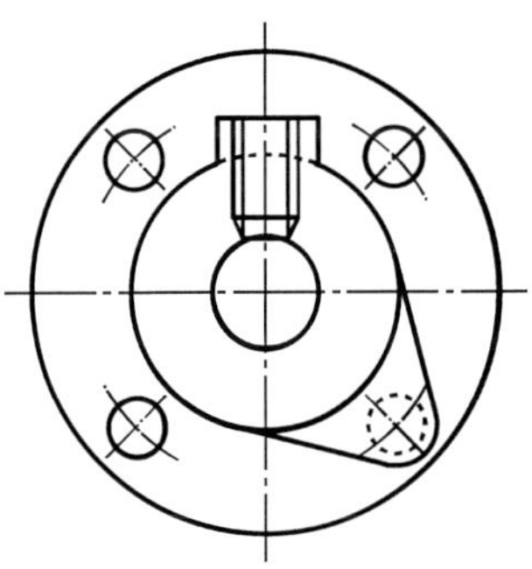

(a)

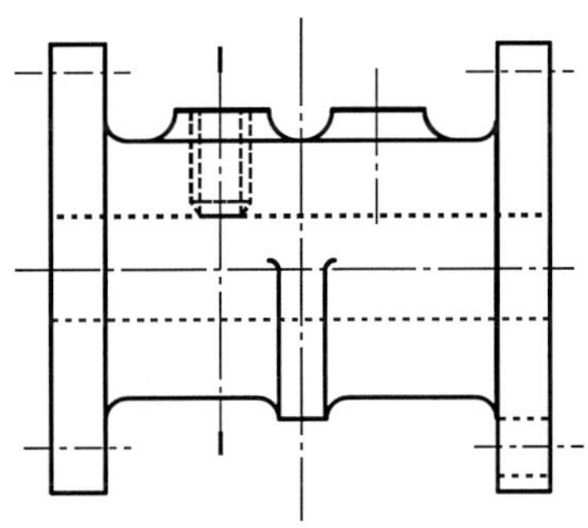

(b)

3.2.2. 한쪽 단면도

대칭형의 대상물은 외형도의 절반과 온 단면도의 절반을 조합하여 표시할 수 있다.

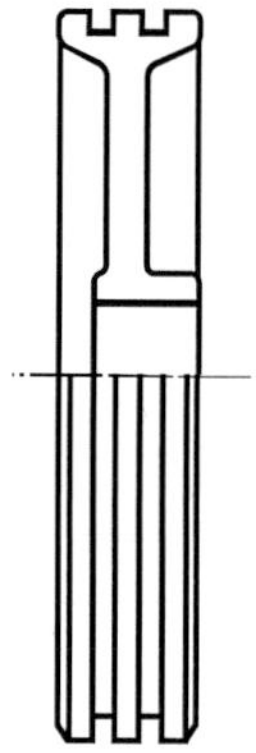

(a)

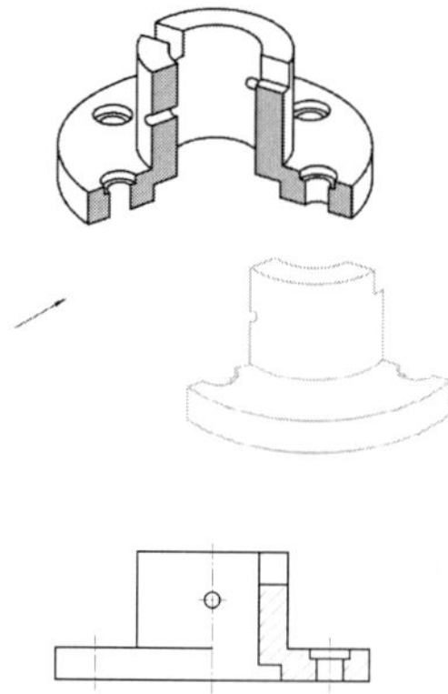

(b)

3.2.3. 부분 단면도

외형도에 있어서 필요로 하는 요소의 일부만을 부분 단면도로 표시할 수 있다. 이 경우, 파단선에 의하여 그 경계를 나타낸다.

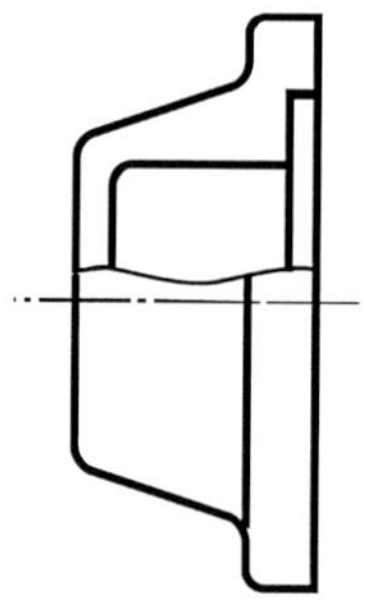

3.2.4. 회전 도시 단면도

핸들이나 바퀴 등의 암 및 리브, 축, 구조물의 부재 등의 절단면은 다음에 따라 90° 회전하여 표시하여도 좋다.

① 절단할 곳의 전후를 끊어서 그 사이에 그린다.

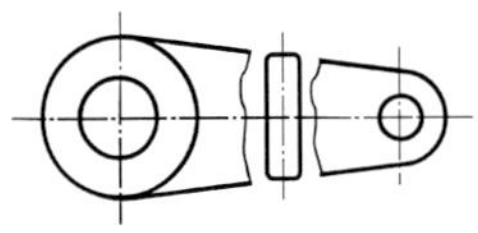

(a)

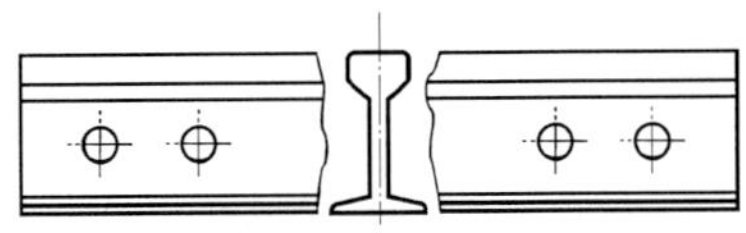

(b)

② 절단선의 연장선 위에 그린다.

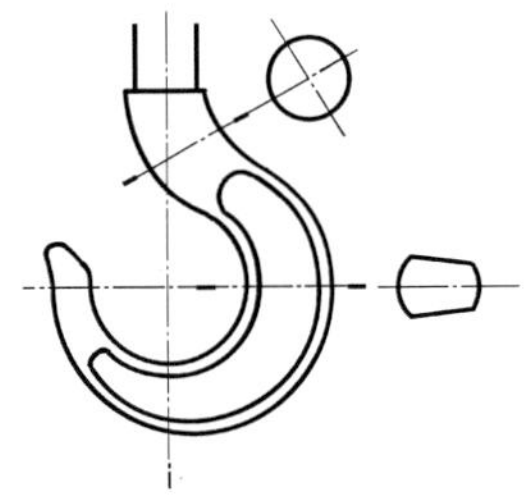

③ 도형내의 절단한 곳에 겹쳐서 가는 실선을 사용하여 그린다.

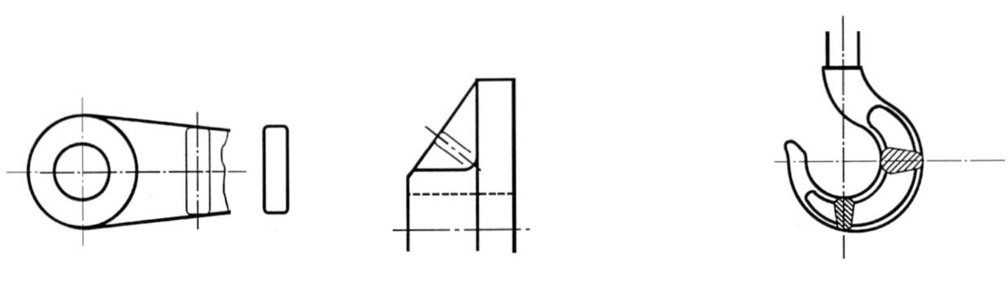

3.2.5. 조합에 의한 단면도

2개 이상이 절단면에 의한 단면도를 조합하여 행하는 단면 도시는 다음에 따른다. 또한, 이와 같은 경우 필요에 따라서 단면을 보는 방향을 나타내는 화살표와 글자기호를 붙인다.

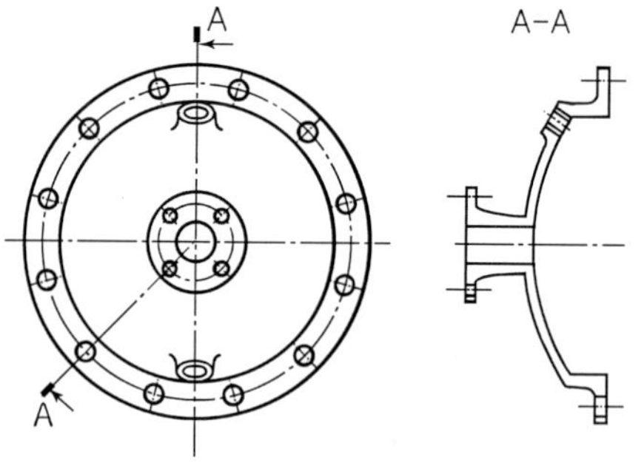

[1] 예각 및 직각 단면도

대칭형 또는 이에 가까운 형의 대상물의 경우에는 대칭의 중심선을 경계로 하여 그 한쪽을 투상면에 평행하게 절단하고, 다른쪽을 투상면과 어느 각도를 이루는 방향으로 절단할 수가 있다. 이 경우, 후자의 단면도는 그 각도만큼 투상면 쪽으로 회전시켜 도시한다.

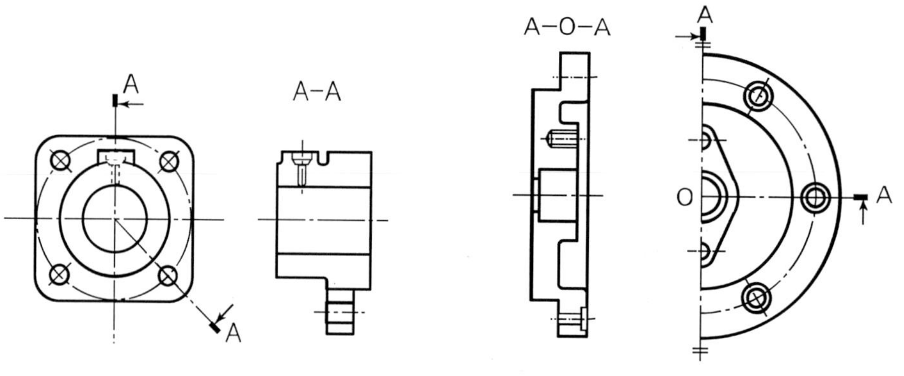

[2] 계단 단면도

단면도는 평행한 2개 이상의 평면에서 절단한 단면도의 필요 부분만을 합성시켜 나타낼 수 있다. 이 경우, 절단선에 따라 절단 위치를 나타내고 조합에 의한 단면도라는 것을 나타내기 위하여 2개의 절단선을 임의의 위치에서 이어지게 한다.

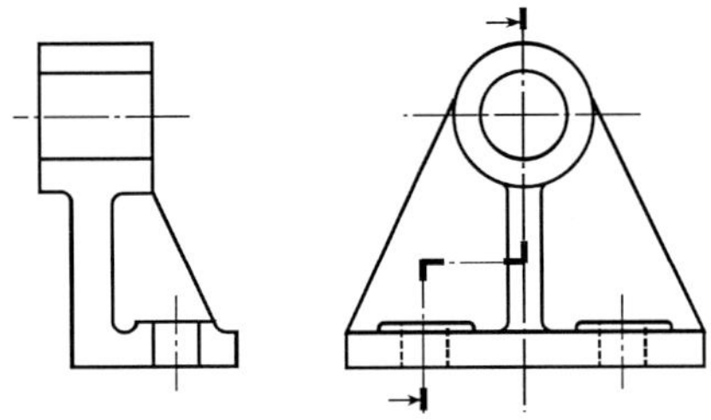

[3] 곡면 단면도

구부러진 관 등의 단면을 표시하는 경우에는 그 구부러진 중심선에 따라 절단하고, 그대로 투상할 수 있다.

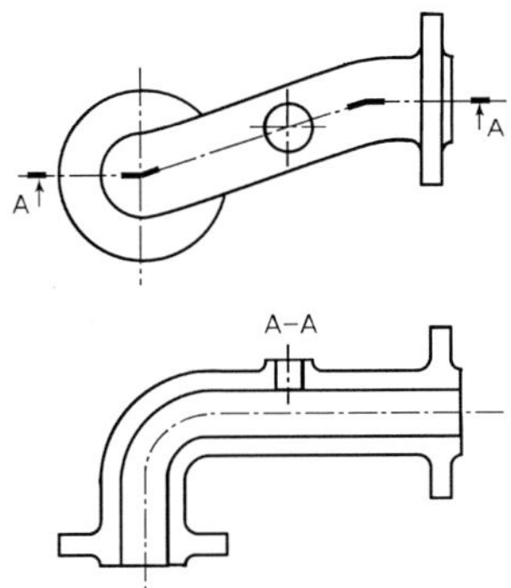

단면도는 필요에 따라 [1]~[3]의 방법을 조합하여 표시하여도 좋다.

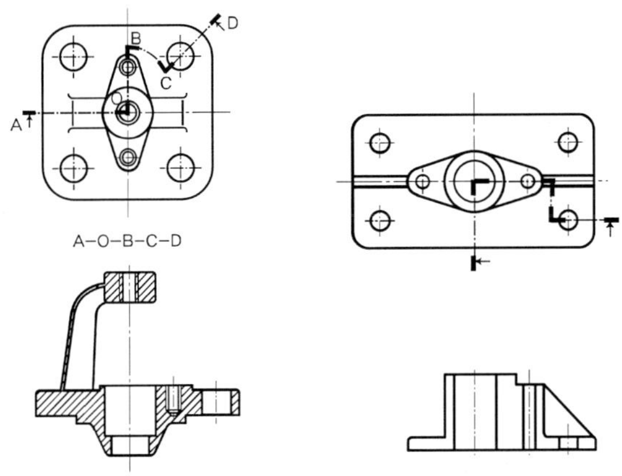

3. 단면도의 도시 및 표시

3.3.1. 단면도 도시

[1] 다수의 단면도에 의한 도시

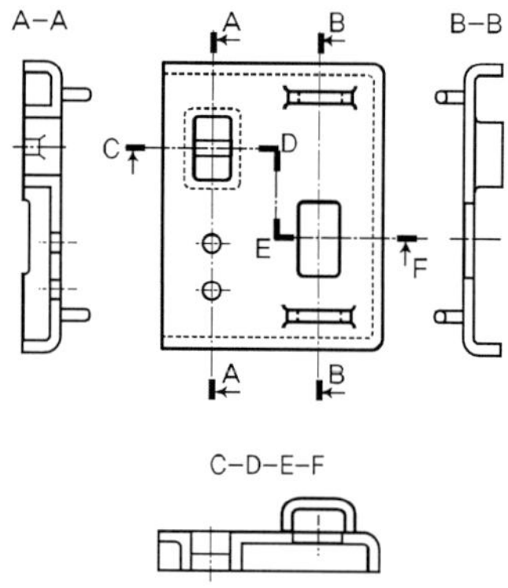

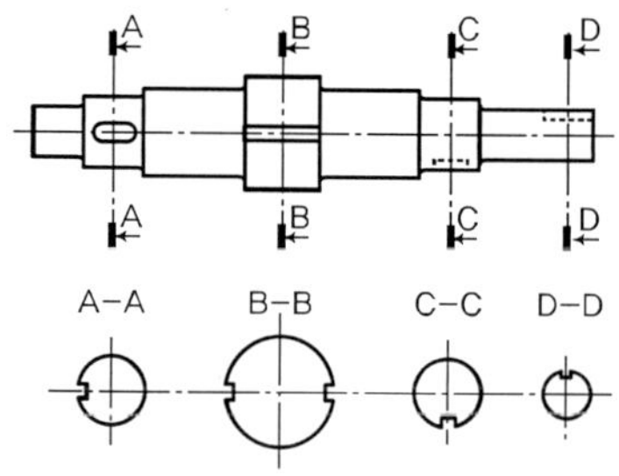

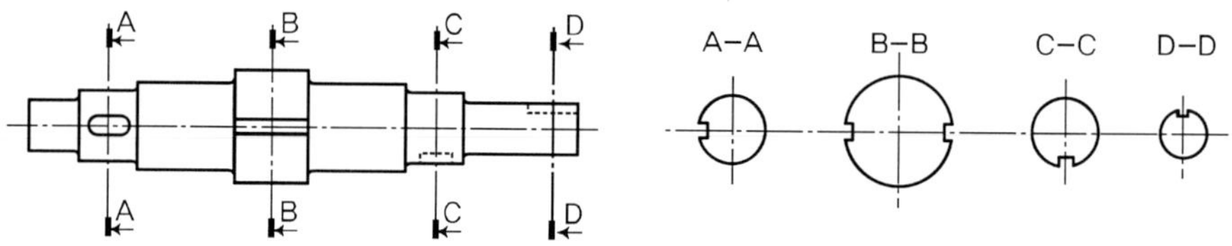

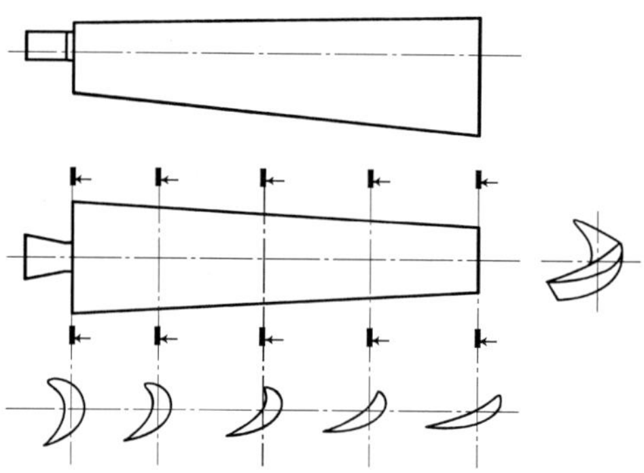

[2] 긴쪽 방향으로 절단하지 않는 것

① 절단했기 때문에 이해를 방해하는 것 : 리브, 바퀴 암, 기어의 이

② 절단하여도 의미가 없는 것 : 축, 핀, 볼트, 너트, 와셔, 작은 나사, 리벳, 키, 강구, 원통 롤러

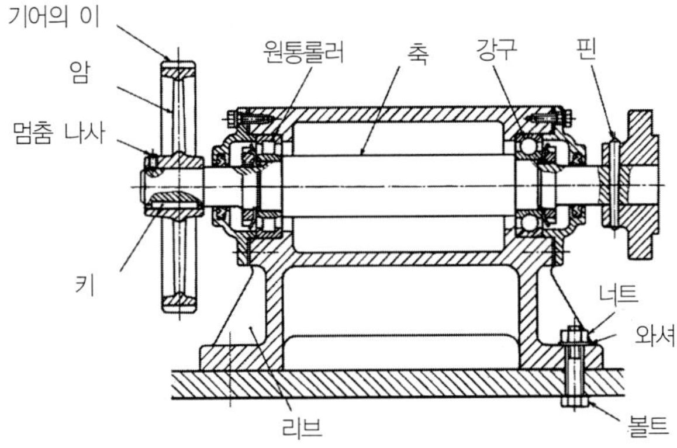

[3] 얇은 두께 부분의 단면도

개스킷, 박판, 형강 등에서 절단면이 얇은 경우에는 다음에 따라 표시할 수가 있다.

① 절단면을 검게 칠한다(그림 (a), (b)).

② 실제 치수와 관계없이 한 개의 극히 굵은 실선으로 표시한다(그림 (c), (d)). 또한 어떤 경우라도 이들의 단면이 인접되어 있을 경우에는 그것을 표시하는 도형 사이(다른 부분을 표시하는 도형과의 사이도 포함한다)에 약간의 간격을 둔다. 다만, 0.7mm 이상으로 한다.

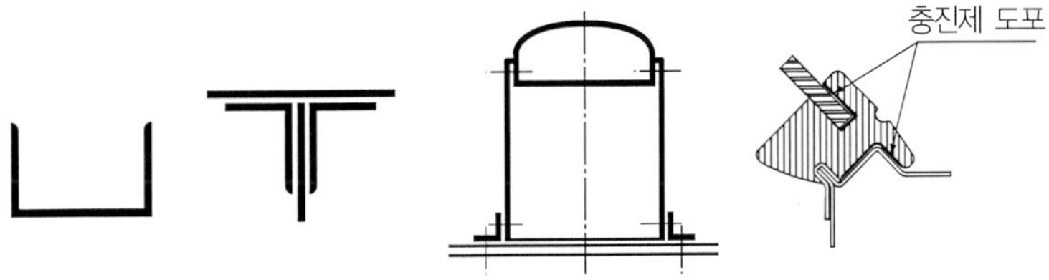

(a) (b) (c) (d)

3.3.2. 단면의 표시

[1] 단면도의 해칭

단면도의 절단면에 해칭(또는 스머징)을 할 필요가 있을 경우에는 다음에 따른다.

① 같은 절단면 상에 나타나는 부품의 단면에는 같은 해칭(또는 스머징)을 한다(그림 a, c). 다만, 계단모양의 절단면의 각 단에 나타나는 부분을 구분할 필요가 있을 경우에는 해칭을 같은 방향으로 중복되지 않게 한다(그림 a).

② 해칭은 주된 중심선에 대하여 45° 로 하는 것이 좋다.

③ 인접한 단면의 해칭은 선의 방향 또는 각도를 변경하든지 그 간격을 변경하여 구별한다(그림 b, c).

④ 단면 면적이 넓은 경우에는 그 외형선에 따라서 적절한 범위에 해칭(또는 스머징)을 한다(그림 c).

⑤ 해칭(또는 스머징)을 하는 부분 안에 글자 또는 기호 등을 기입하기 위하여 필요한 경우에는 해칭(또는 스머징)을 중단한다(그림 b).

⑥ 단면도에 재료 등을 표시하기 위하여 특수한 해칭(또는 스머징)을 하여도 좋다. 이 경우에는 그 뜻을 도면 내에 명확히 지시하든지 해당 규격을 인용하여 나타낸다.

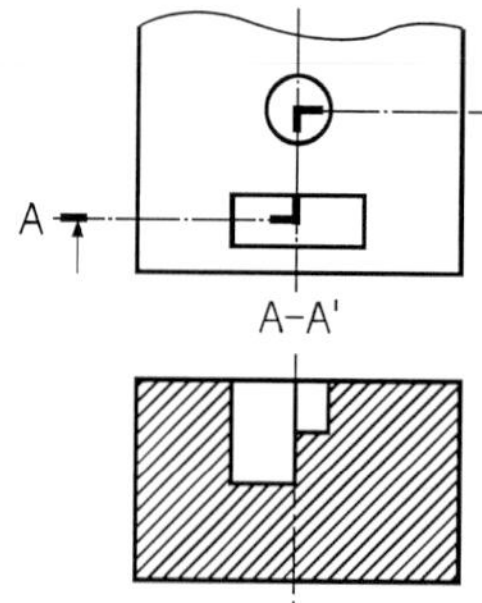

(a)

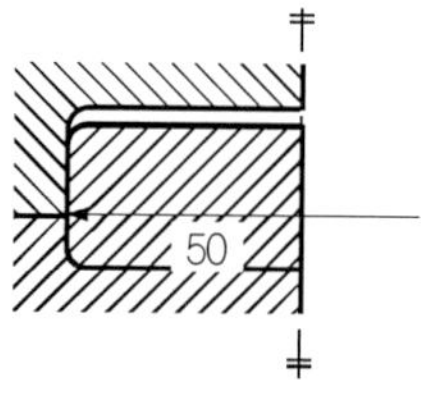

(b)

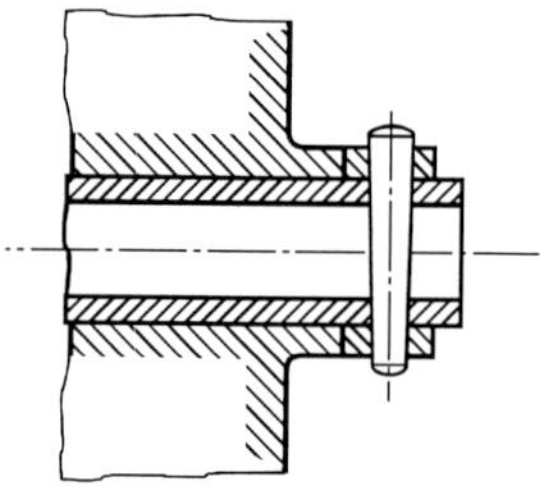

(c)

CHAPTER 04

도형의 생략

4. 1. 대형 도형의 생략

도형이 대칭 형식의 경우에는 다음 중 어느 한 방법에 따라 대칭 중심선의 한쪽을 생략할 수 있다.

① 대칭 중심선의 한쪽 도형만을 그리고, 그 대칭 중심선의 양끝 부분에 짧은 2개의 나란한 가는 선(대칭 도시기호라 한다)을 그린다(그림 a, b, c).

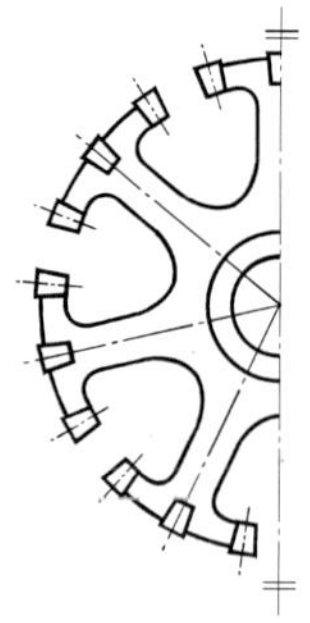

(a)

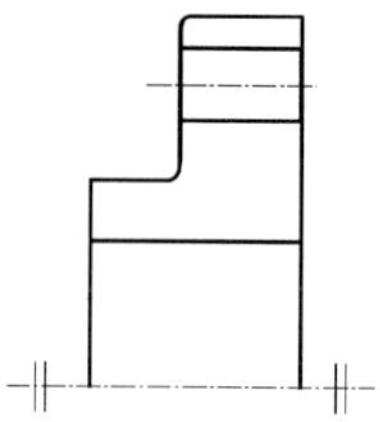

(b)

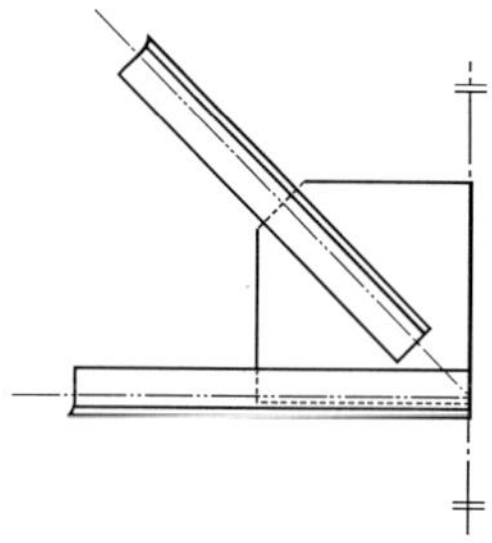

(c)

② 대칭 중심선의 한쪽 도형을 대칭 중심선을 조금 넘은 부분까지 그린다. 이때에는 대칭 도시기호를 생략할 수 있다(그림 a, b).

(a)

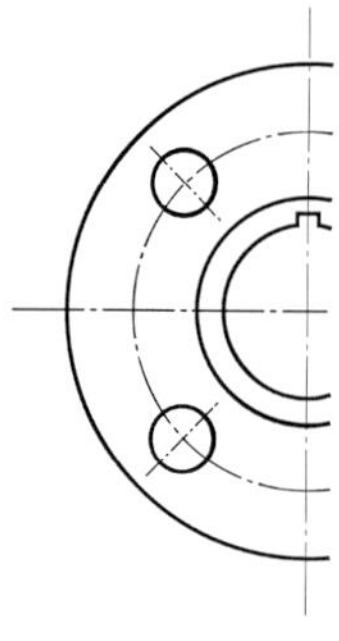

(b)

2. 반복 도형의 생략

같은 종류, 같은 모양의 것이 다수 줄지어 있는 경우에는 다음에 따라 도형을 생략할 수가 있다. 다만, 그림기호를 사용하여 생략할 경우에는 그 뜻을 알기 쉬운 위치에 기술하거나, 지시선을 사용하여 기술한다.

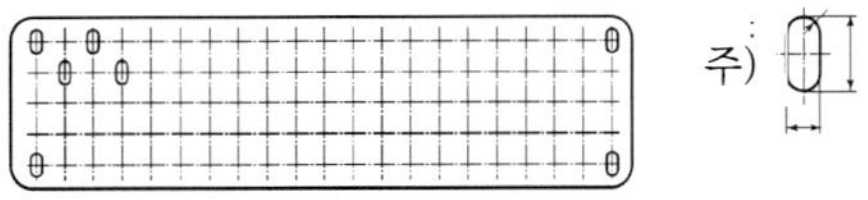

(a)

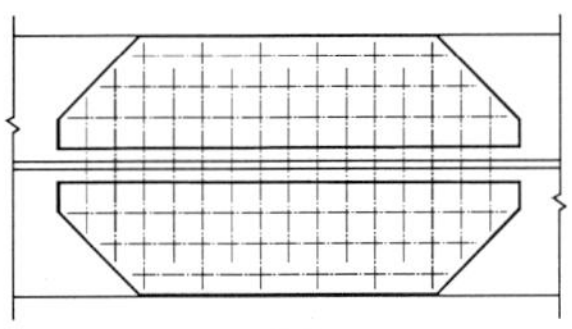

(b)

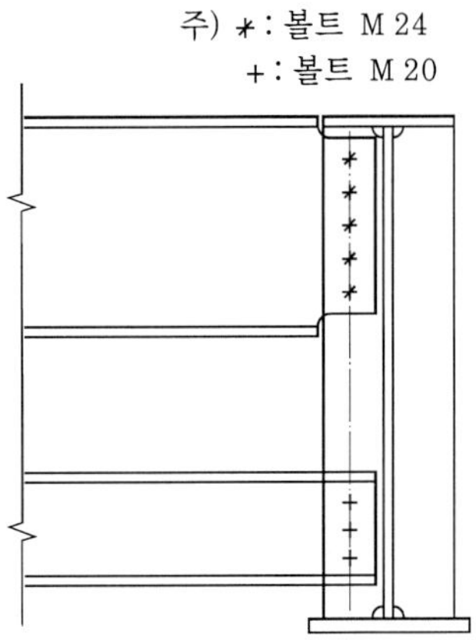

(c)

① 실형 대신 그림 기호를 피치선과 중심선과의 교점에 기입한다.

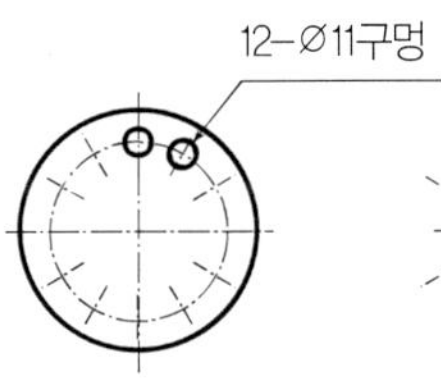

(a)

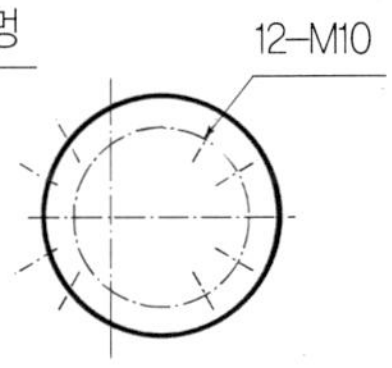

(b)

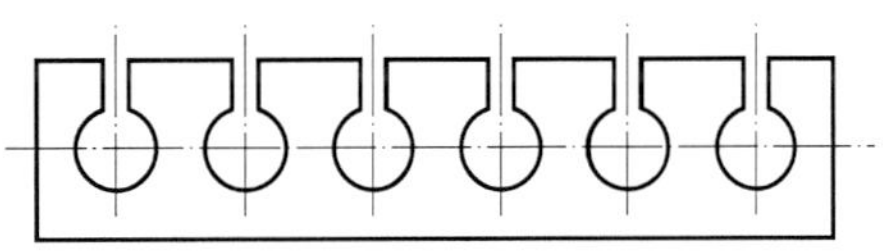

(c)

② 잘못 볼 우려가 있을 경우에는 양끝부(한끝은 1피치분), 또는 요점만을 실형 또는 도면 기호로 나타내고 다른 쪽은 피치선과 중심선과의 교점으로 나타낸다(위 ① 그림참조). 다만, 치수기입에 의하여 교점의 위치가 명확할 때는 피치선에 교차되는 중심선을 생략하여도 좋다(아래 그림). 또, 이 경우에는 반복 부분의 수를 치수기입 또는 주기에 의하여 지시하여야 한다.

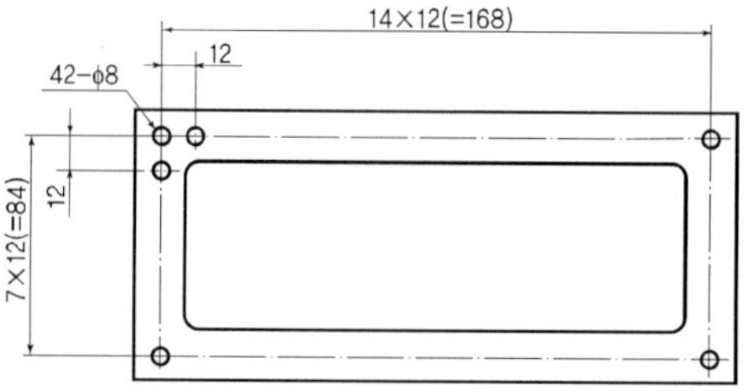

4. 3. 중간부분의 생략에 의한 도형의 단축

동일 단면형의 부분(축, 막대, 관, 형강 등), 같은 모양이 규칙적으로 줄지어 있는 부분(래크, 공작기계의 어미나사, 교량의 난간, 사다리 등) 또는 긴 테이퍼 등의 부분은 지면을 생략하기 위하여 중간 부분을 잘라내서 그 긴요한 부분만을 가까이 하여 도시할 수가 있다. 이 경우 잘라 낸 끝 부분은 파단선으로 나타낸다(그림 a, b, c, d, e).

또한, 요점만을 도시하는 경우, 혼동될 염려가 없을 때는 파단선을 생략하여도 좋다(그림 c). 또 긴 테이퍼 부분, 또는 기울기 부분을 잘라낸 도시에서는 경사가 완만한 것은 실제의 각도로 도시하지 않아도 좋다(그림 e).

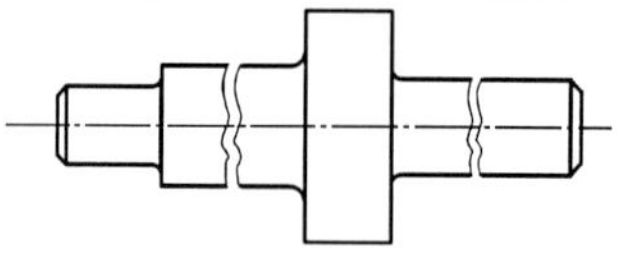
(a)

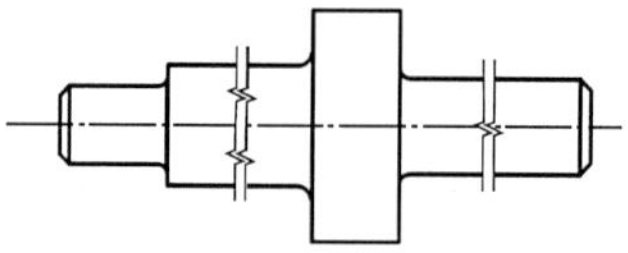
(b)

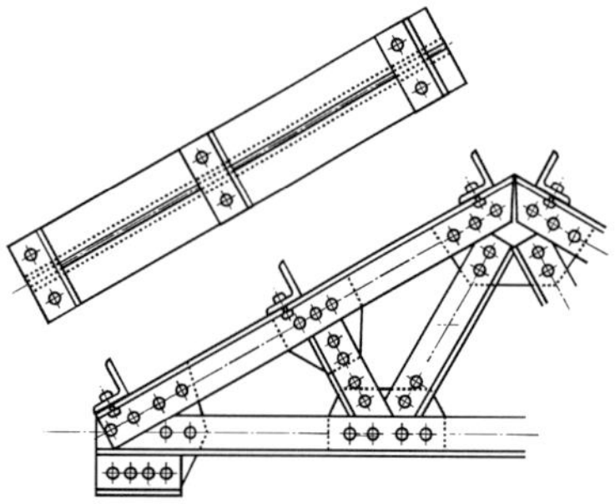
(c)

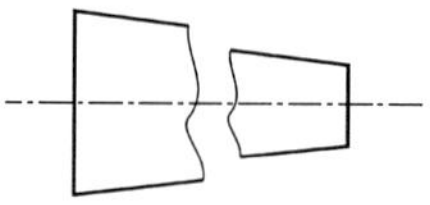
(d) 경사가 급한 경우

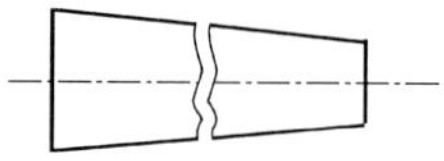
(e) 경사가 완만한 경우

CHAPTER 05

특별한 도시방법

5. 1. 전개도

판을 구부려서 만드는 대상물이나 면으로 구성되는 대상물의 전개한 모양을 나타낼 필요가 있을 경우에는 전개도로 나타낸다. 이 경우, 전개도의 위쪽 또는 아래쪽 어느 곳이나 통일해서 “전개도” 라고 기입하는 것이 좋다.

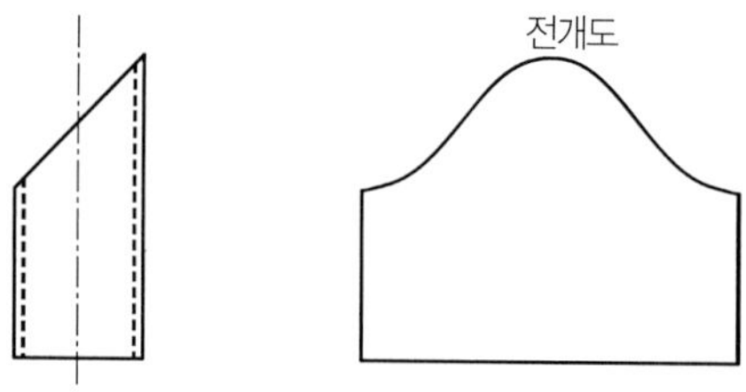

5. 2. 간명한 도시

도시를 필요로 하는 부분을 알기 쉽게 하기 위하여 다음과 같이 하는 것이 좋다.

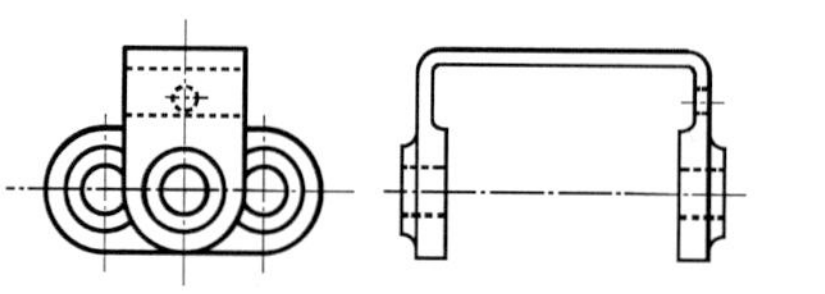
(a)

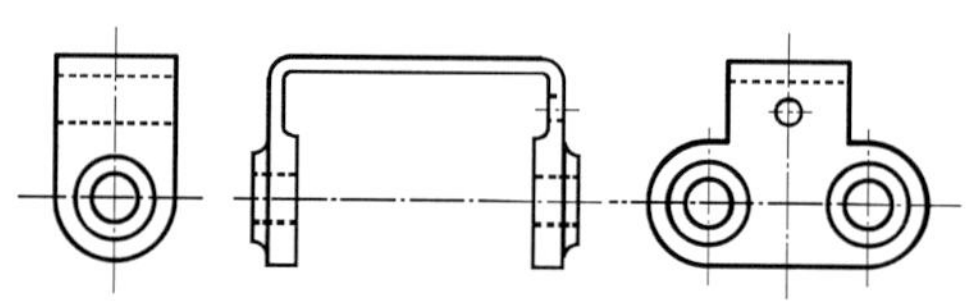
(b)

[숨은선의 생략 – 없어도 이해할 수 있는 경우]

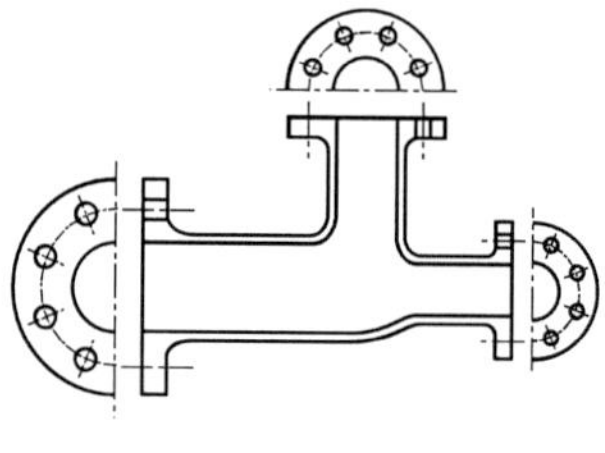
(a)

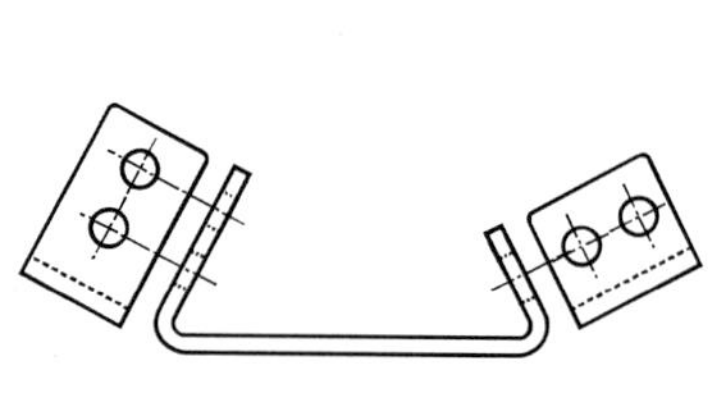
(b)

[부분 투상도 또는 보조 투상도로 표시 – 전부 그리면 도리어 알기 어렵게 될 경우]

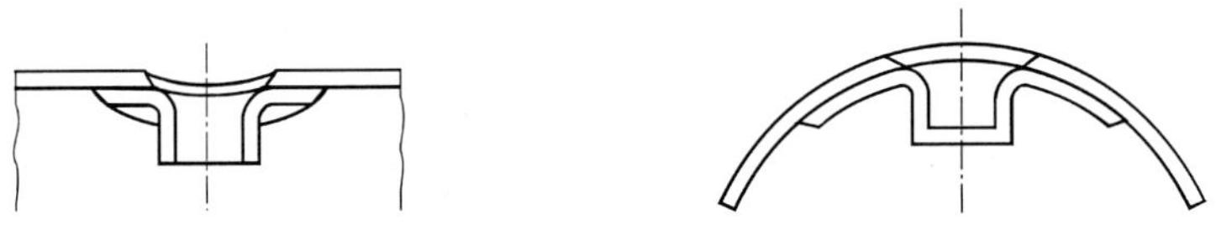

(a)

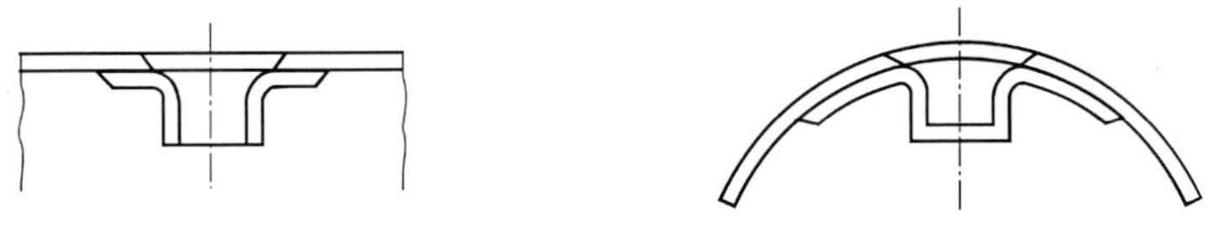

(b)

[절단면의 앞쪽에 보이는 선의 생략 – 없어도 이해할 수 있는 경우]

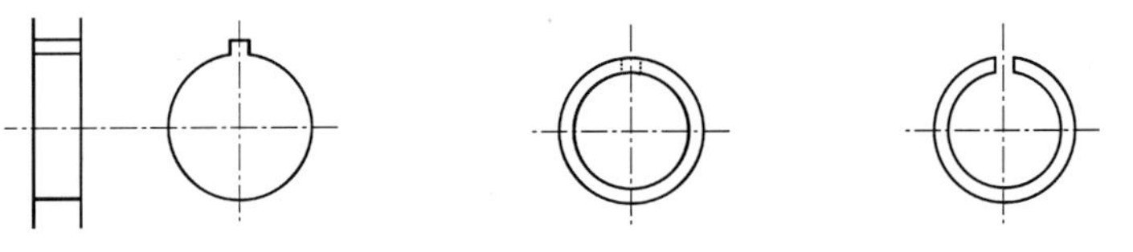

(a) (b) (c)

[일부분에 특정한 모양을 가진 것은 되도록 그 부분이 그림의 위쪽에 나타나도록 표현.]

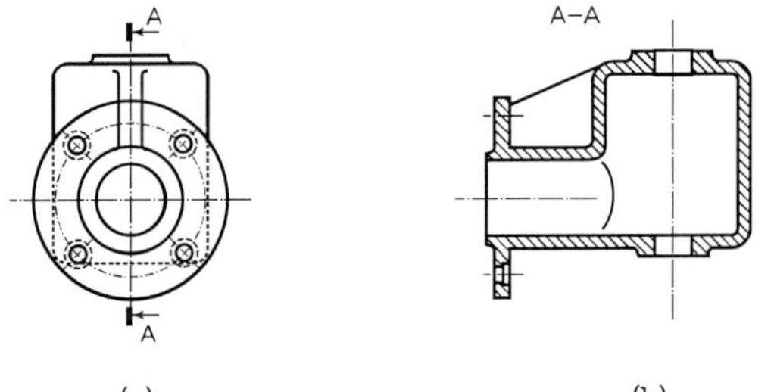

(a) (b)

[측면의 투상도(단면도도 포함)에서는 한쪽에만 1개의 구멍을 도시 – 피치원 위에 배치하는 구멍 등은 다른 구멍의 도시를 생략]

5. 3. 도시 표시방법

5.3.1. 2개 면의 교차 부분의 표시(관용 도시법)

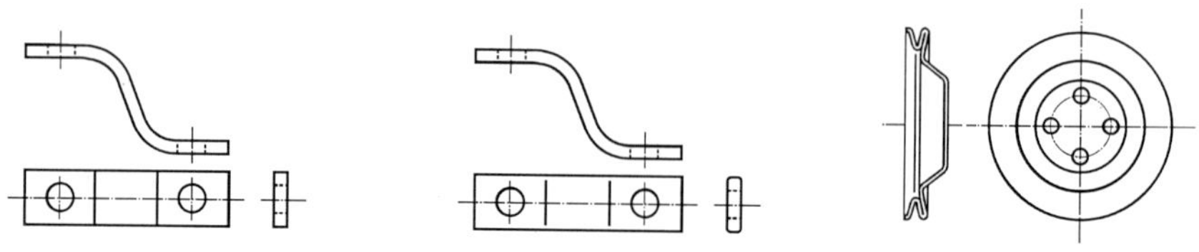

(a) (b) (c)

[교차 부분에 둥글기가 있는 경우–교차선의 위치에 굵은 실선으로 표시]

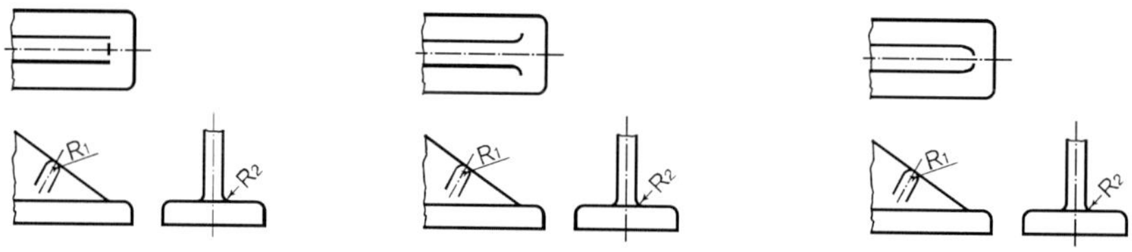

(a) 일반의 경우-직선 (b) R_1 < R_2의 경우- 바깥쪽으로 구부림 (c) R_1>R_2의 경우- 안쪽으로 구부림

[리브 등을 표시하는 선의 끝부분]

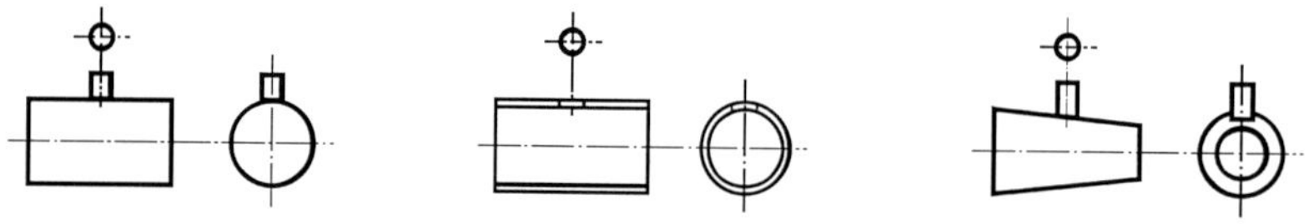

(a) 직선 (b) 직선 (c) 직선

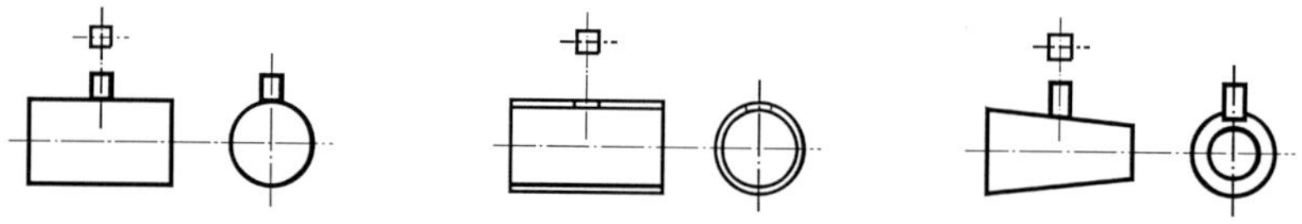

(d) 직선 (e) 직선 (f) 직선

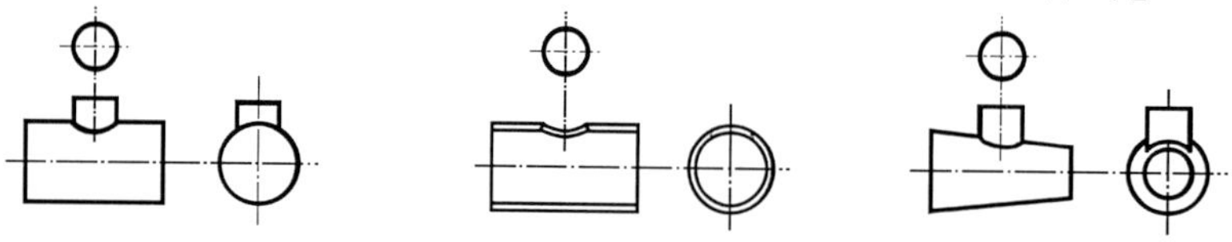

(g) 원호 (h) 원호 (i) 원호

[곡면 상호 또는 곡면과 평면이 교차하는 부분의 선–직선 또는 원호로 표시]

5.3.2. 평면의 표시

도형 내의 특정한 부분이 평면이란 것을 표시할 필요가 있을 경우에는 가는 실선으로 대각선을 기입한다.

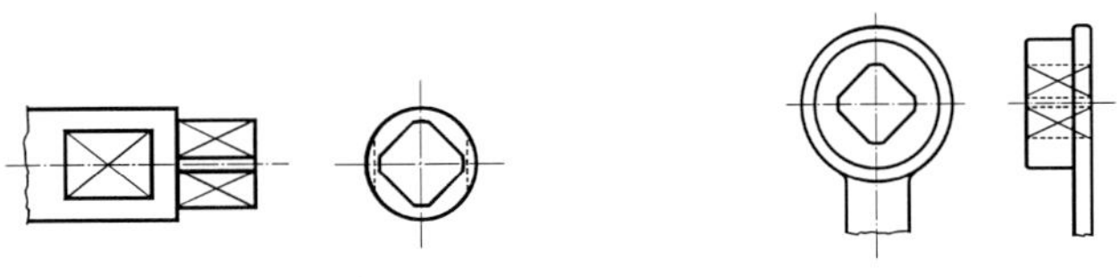

(a) (b)

[평면의 표시 –가는 실선으로 대각선을 기입]

5.3.3. 특수한 가공부분의 표시

① 대상물의 면의 일부분에 특수한 가공을 하는 경우에는 그 범위를 외형선에 평행하게 약간 떼어서 그은 굵은 1점 쇄선으로 나타낼 수 있다(그림 a, b, c).

② 도형 중 특정 범위를 지시할 필요가 있을 경우에는 그 범위를 굵은 1점 쇄선으로 둘러싼다(그림 d).

③ 이들의 경우 특수한 가공에 관한 필요 사항을 지시한다.

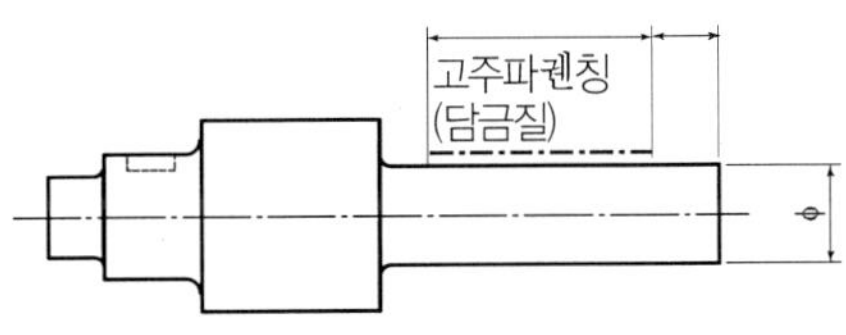

(a) 온둘레의 경우

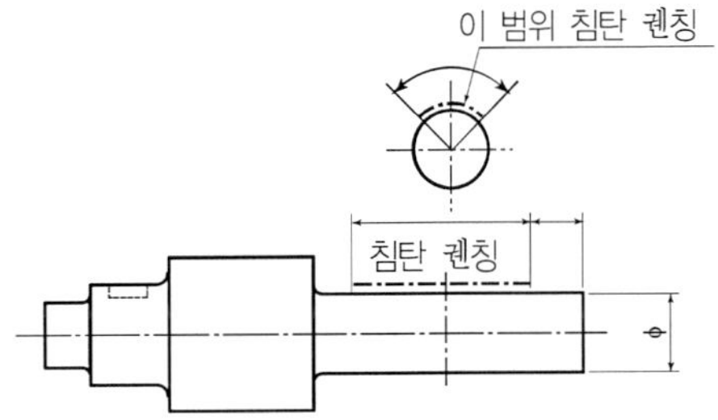

(b) 부분의 경우

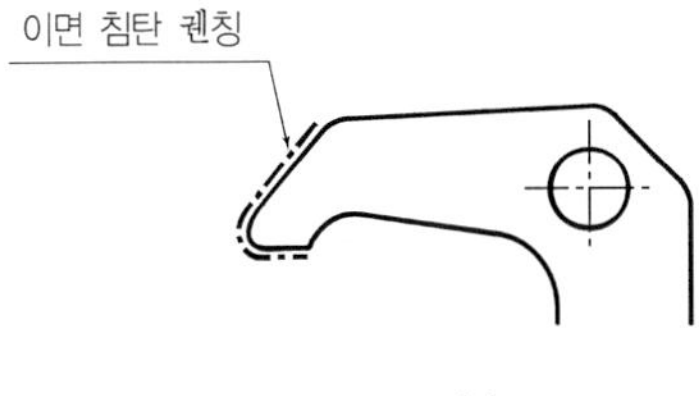

(c)

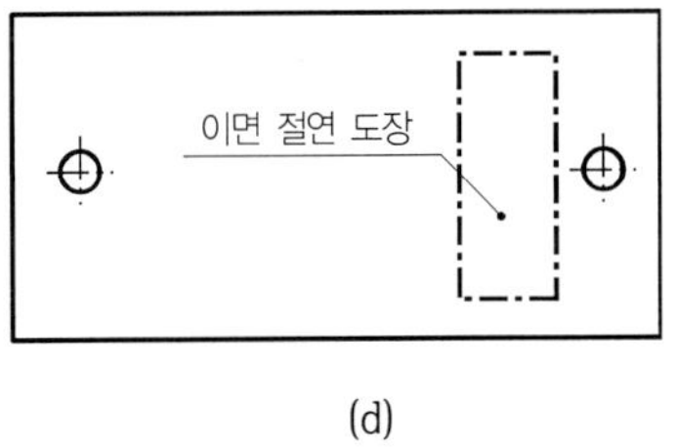

(d)

[1] 조립도 중의 용접 구성품의 표시방법

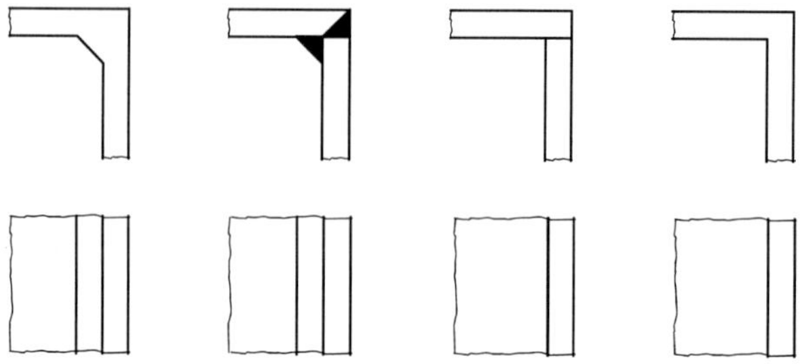

(a) (b) (c) (d)

(a) 용접의 비드의 크기만을 표시하는 경우
(b) 구성부재의 겹침의 관계 및 용접의 종류와 크기를 표시하는 경우
(c) 구성부재의 겹침의 관계를 표시하는 경우
(d) 겹침의 관계 및 용접의 비드의 크기를 표시하지 않아도 좋을 때

[필렛용접과 그루브 용접의 보기]

[2] 무늬 등의 표시

널링 가공부분, 철망, 줄무늬 있는 강판 등의 특징을 외형의 일부분에 그려서 표시하는 경우에는 다음 보기에 따른다. 또, 비금속 재료를 특별히 나타낼 필요가 있을 경우에는 원칙으로 아래 그림의 표시방법에 의하든지, 해당 규격의 표시방법에 따른다. 이 경우에도 부품도에는 별도로 재질을 글자로 기입한다. 겉모양을 나타낼 경우도, 단면을 할 경우도 이에 따르는 것이 좋다.

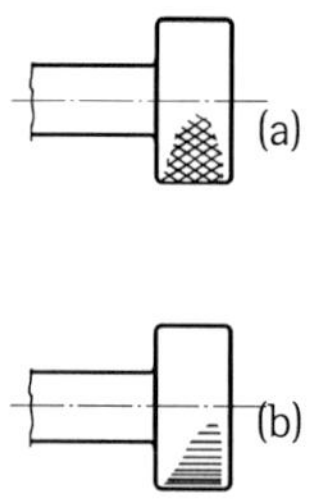

[널링 가공한 부분보기]

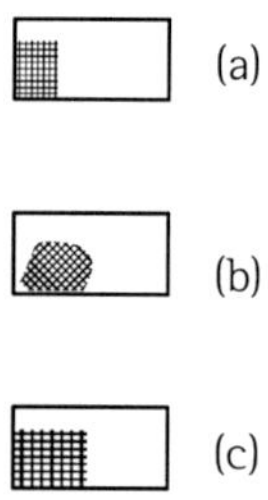

[철망의 보기]

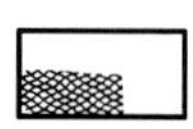

[줄무늬 강판의 보기]

(a) 유리 (b) 목재 (c) 콘크리트 (d) 액체

5.3.4. 기타

[1] 가는 2점 쇄선으로 도시하는 경우

① 대상물의 가공 전 또는 후의 모양을 표시하는 경우

② 가공에 사용하는 공구·지그 등의 모양을 참고로 하여 도시할 필요가 있는 경우

③ 절단면의 앞쪽에 있는 부분을 도시할 필요가 있는 경우

④ 대상물에 인접하는 부분을 참고로 하여 도시할 필요가 있는 경우

-대상물의 도형은 인접부분에 숨겨지더라도 숨은선으로 하면 안된다.

-단면도에 있어서의 인접부분에는 해칭을 하지 않는다.

CHAPTER 06

치수기입법

6. 1. 치수기입의 원칙

도면에 치수를 기입하는 경우에는 다음 점에 유의하여 적절히 기입한다.

① 대상물의 기능・제작・조립 등을 고려하여 필요하다고 생각되는 치수를 명료하게 도면에 지시한다.

② 치수는 대상물의 크기, 자세 및 위치를 가장 명확하게 표시하는데 필요하고 충분한 것을 기입한다.

③ 도면에 나타내는 치수는 특별히 명시하지 않는 한 그 도면에 도시한 대상물의 다듬질 치수를 표시한다.

④ 치수에는 기능상(호환성을 포함) 필요한 경우 KS A 0108에 따라 치수의 허용한계를 지시한다. 다만, 이론적으로 정확한 치수를 제외한다.

⑤ 치수는 되도록 주 투상도에 집중한다.

⑥ 치수는 중복기입을 피한다.

⑦ 치수는 되도록 계산해서 구할 필요가 없도록 기입한다.

⑧ 치수는 필요에 따라 기준으로 하는 점, 선 또는 면을 기준으로 기입한다.

⑨ 관련되는 치수는 되도록 한곳에 모아서 기입한다.

⑩ 치수는 되도록 공정마다 배열을 분리하여 기입한다.

⑪ 치수 중 참고 치수에 대하여는 치수 수치에 괄호를 붙인다.

6. 2. 치수 수치의 표시방법

① 길이의 치수 수치는 원칙적으로 mm의 단위로 기입하고 단위기호는 붙이지 않는다.

② 각도의 치수 수치는 일반적으로 도(°)의 단위로 기입하고, 필요한 경우에는 분(′) 및 초(″)를 병용할 수 있다.

- 도, 분, 초를 표시하는 데에는 숫자의 오른쪽 어깨에 각각 「° ,′ ,″ 」를 기입한다.
- 각도의 수치를 라디안의 단위로 기입하는 경우에는 그 단위 기호 rad를 기입한다.

③ 치수 수치의 소수점은 아래쪽의 점으로 하고, 숫자 사이를 적당히 떼어서 그 중간에 약간 크게 쓴다. 또 치수 수치의 자릿수가 많은 경우, 3자리마다 숫자의 사이를 적당히 띄우고 콤마는 찍지 않는다.

6. 3. 치수 기입방법의 일반형식

6.3.1. 치수선

① 치수선은 원칙으로 지시하는 길이 또는 각도를 측정하는 방향에 평행하게 긋고, 선의 양끝에는 끝부분 기호를 붙인다.

(a) 변의 길이 치수　(b) 현의 길이 치수　(c) 호의 길이 치수　(d) 각도 치수

[측정하는 방향에 평행하게 그린 치수선]

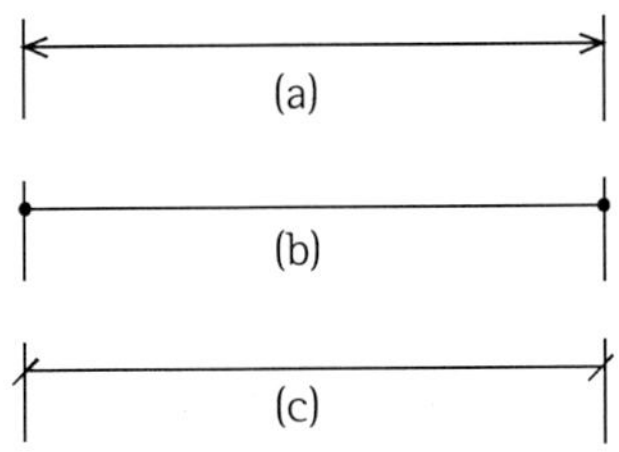

[치수선 양끝 단의 끝부분 기호]

② 치수선은 외형선과 너무 가까우면 치수를 읽기가 곤란하므로 외형선에서 약 12~15mm 정도 띄어서 긋는다. 또한 치수선을 평행하게 그을 때에는 같은 간격이 되게 한다.

③ 외형선, 기준선, 중심선 및 이들을 연장한 선들은 치수선으로 사용해서는 안 된다.

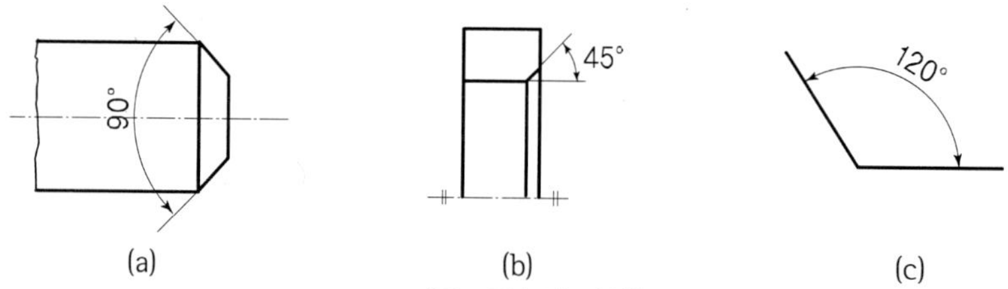

[각도치수의 기입]

④ 각도를 기입하는 치수선은 각도를 구성하는 2변 또는 그 연장선(치수 보조선)의 교점을 중심으로 하여 양변 또는 그 연장선사이에 그린 원호로 표시한다.

6.3.2. 치수 보조선

① 치수선은 원칙으로 치수 보조선을 사용하여 기입한다. 다만, 치수 보조선을 빼내면 도면을 혼동하기 쉬울 때에는 이것에 따르지 않아도 좋다.

② 치수 보조선은 지시하는 치수의 끝에 닿는 도형상의 점 또는 선의 중심을 통과하고 치수선에 직각되게 그어서 치수선을 약간 지날 때까지 연장한다. 다만, 치수 보조선과 도형사이를 약간 떼어 놓아도 좋다.

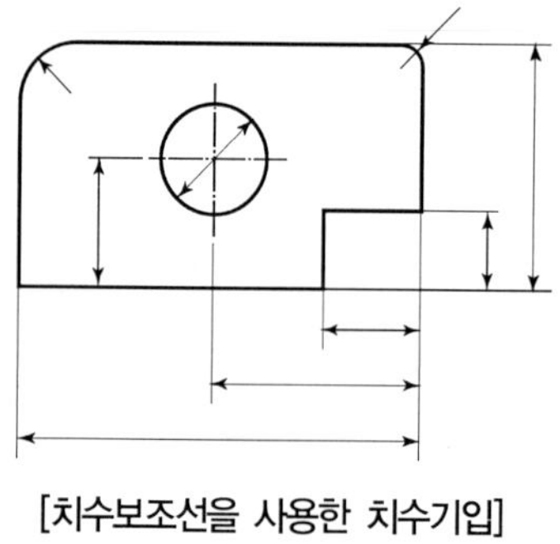
[치수보조선을 사용한 치수기입]

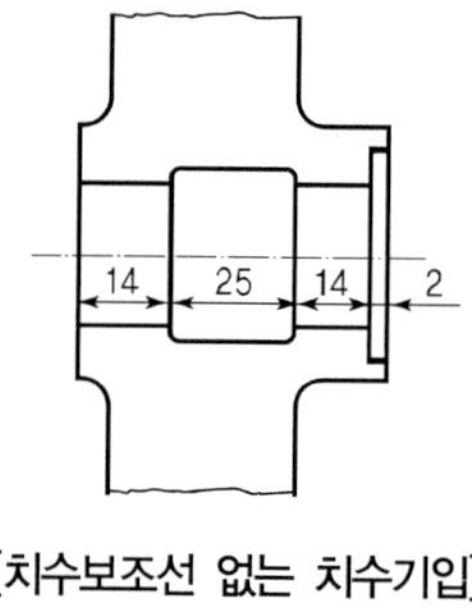

[치수보조선 없는 치수기입]

③ 치수를 지시하는 점 또는 선을 명확히 하기 위하여 특히 필요한 경우에는 치수선에 대하여 적당한 각도를 가진 서로 평행한 치수 보조선을 그을 수 있다. 이 각도는 되도록 60° 가 좋다.

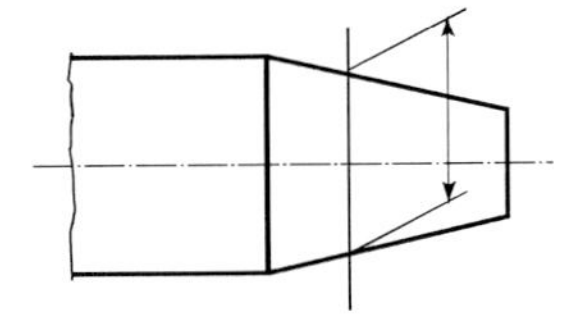

[치수선과 각도가 있는 치수 보조선]

6.3.3. 치수 수치의 기입위치 및 방향

치수 수치를 기입하는 위치 및 방향은 특별히 정한 누진 치수 기입법의 경우를 제외하고는 다음 중 어떤 것인가에 따른다. 일반적으로 방법 1을 사용한다. 또한 이 두 개의 방법은 같은 도면 내에서는 혼용하면 안 된다. 또, 일련의 도면에 있어서도 혼용하지 않는 것이 좋다.

[1] 방법 1

치수 수치는 수평방향의 치수선에 대하여는 도면의 하변으로부터 수직방향의 치수선에 대하여는 도면의 우변으로부터 읽도록 쓴다. 경사방향의 치수선에 대해서도 이에 준해서 쓴다. 치수수치는 치수선을 중단하지 않고 이에 연하여 그 위쪽에 약간 띄워서 기입한다. 이 경우, 치수선의 거의 중앙에 쓰는 것이 좋다.

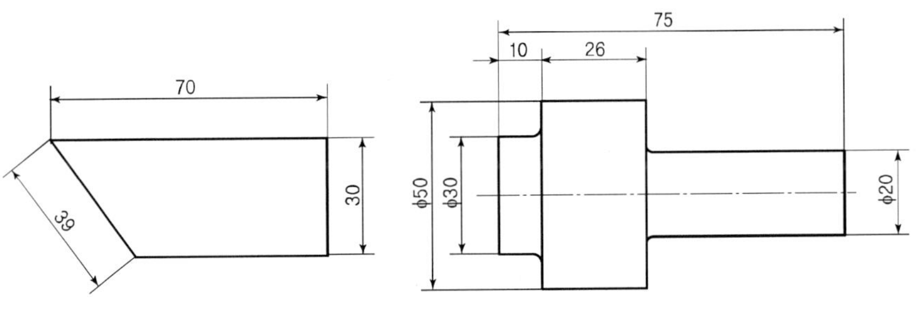

[수직 또는 수평의 치수 수치기입]

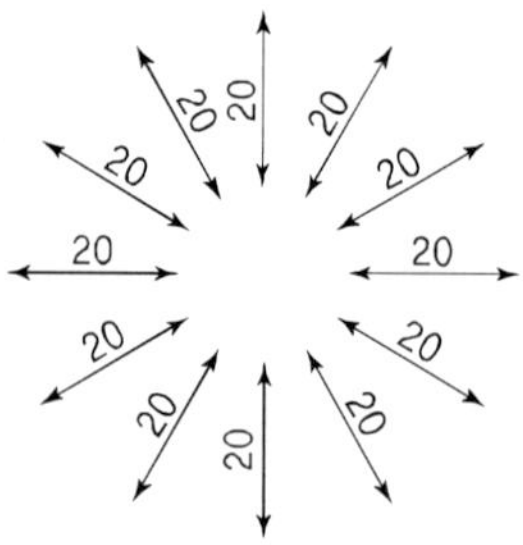

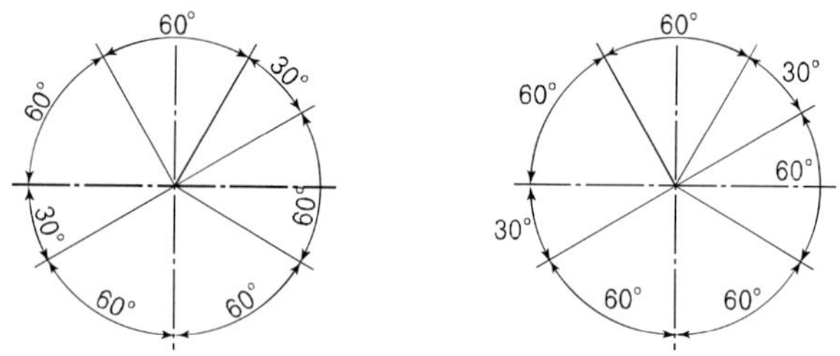

(a) (b)

[경사방향의 길이 치수] [경사방향의 각도 치수]

수직선에 대하여 좌상(左上)에서 우하(右下)로 향하여 약 30° 이하의 각도를 이루는 방향에서는 치수선의 기입을 피한다(그림 a). 다만, 도형의 관계로 기입하지 않으면 안될 경우는 그 장소에 따라 혼동하지 않도록 기입한다(그림 b, c).

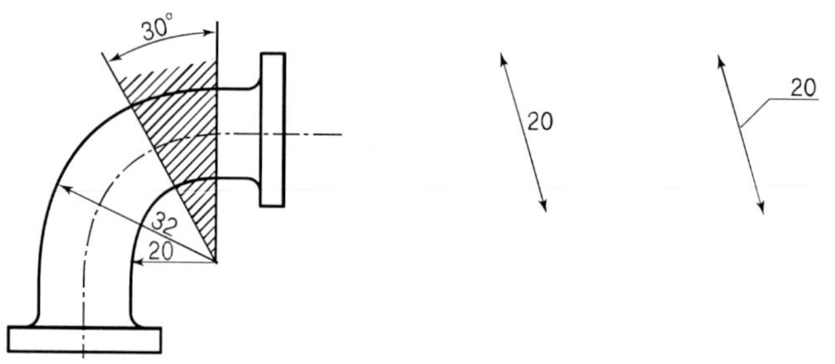

(a) 치수 기입의 기피 구역 (b) 부득이한 경우 방법 1 (c) 방법 2

[치수선 기입을 기피하는 방향]

[2] 방법 2

치수 수치는 도면의 하변에서 읽을 수 있도록 쓴다. 수평방향 이외의 방향의 치수선은 치수 수치를 끼우기 위하여 중단하고 그 위치는 치수선의 거의 중앙으로 하는 것이 좋다.

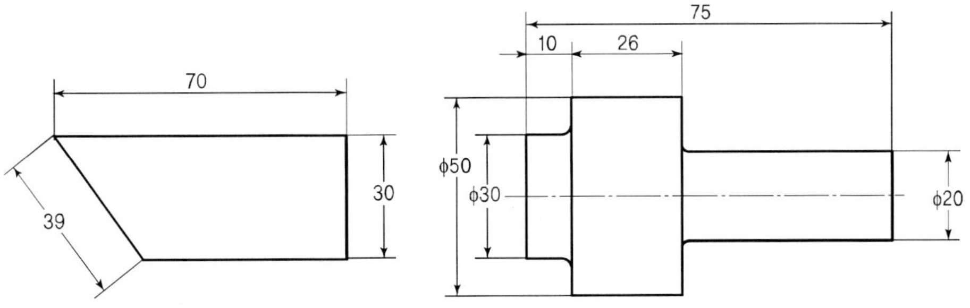

(a) (b)

[길이 치수]

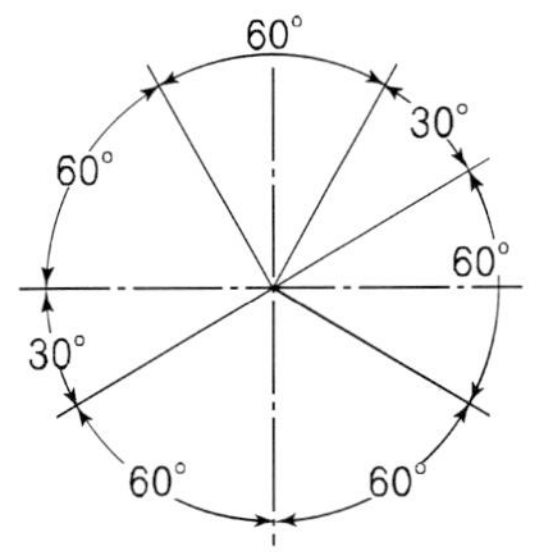

[각도 치수]

6.3.4. 좁은 곳에서의 치수의 기입

좁은 곳에서의 치수의 기입은 부분 확대도를 그려서 기입하든지 또는 다음 중 어느 것을 사용하여도 좋다.

① 지시선을 치수선에서 경사방향으로 끌어내고 원칙으로 그 끝을 수평으로 구부리고 그 위쪽에 치수 수치를 기입한다. 이 경우, 지시선을 끌어내는 쪽 끝에는 아무 것도 붙이지 않는다.

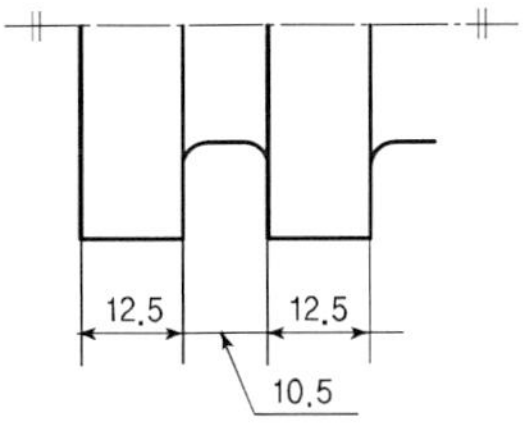

[좁은 곳의 치수 기입법 – 인출하여 기입]

② 치수선을 연장하여 그 위쪽(방법 1의 경우 그림 a) 또는 그 바깥쪽(방법 2의 경우 그림 b의 $\phi8$ 및 $\phi12.5$)에 기입하여도 좋다.

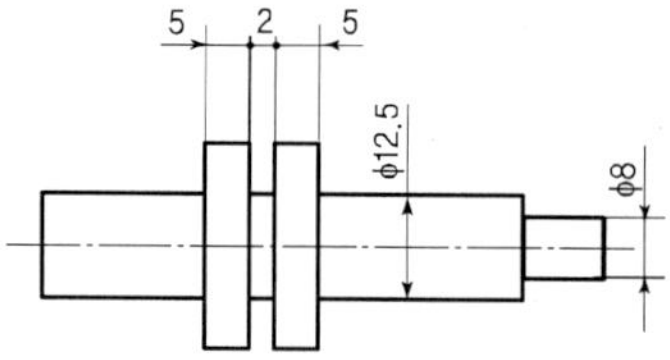

(a) 방법 1의 경우

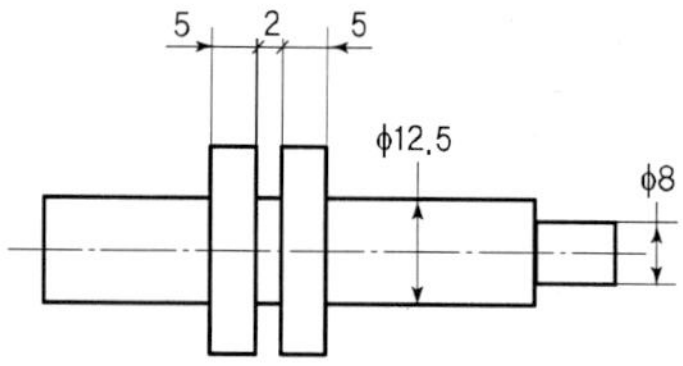

(b) 방법 2의 경우

[좁은 곳의 치수 기입법 – 바깥쪽에 기입, 둥근점 사용]

③ 치수 보조선의 간격이 좁아서 화살표를 기입할 여지가 없을 경우에는 화살표대신 검은 둥근점(그림 a) 또는 경사선(그림 b)을 사용하여도 좋다.

6. 4. 치수의 배치

6.4.1. 직렬치수의 기입법

직렬로 나란히 연결된 개개의 치수에 주어진 치수공차가 누적되어도 좋은 경우에 사용한다.

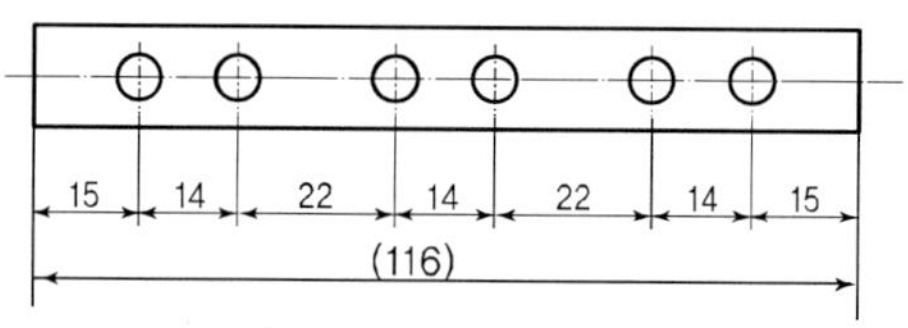

[직렬치수의 기입법]

6.4.2. 병렬치수의 기입법

이 방법에 따르면 병렬로 기입하는 개개의 치수 공차는 다른 치수의 공차에는 영향을 주지 않는다. 이 경우, 공통 쪽의 치수 보조선의 위치는 기능·가공 등의 조건을 고려하여 적절히 선택한다.

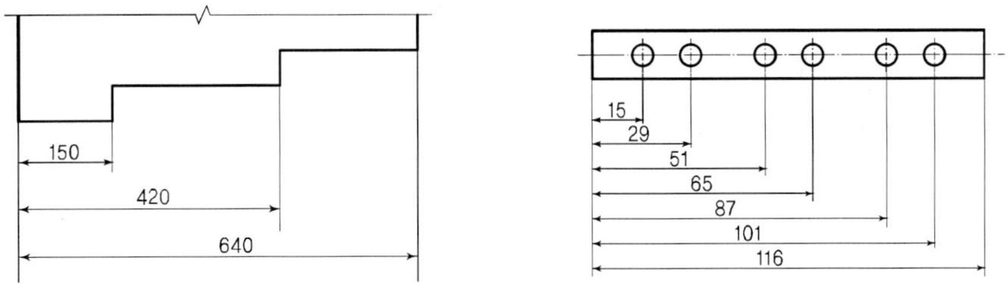

(a) (b)

[병렬치수의 기입법]

6.4.3. 누진 치수의 기입법

이 방법에 따르면 치수공차에 관하여 병렬치수 기입법과 완전히 동등한 의미를 가지면서, 한 개의 연속된 치수선으로 간편하게 표시된다.

① 이 경우 치수의 기준이 되는 위치는 기점 기호(○)로 나타내고, 치수선의 다른 끝은 화살표로 나타낸다.

② 치수 수치는 치수 보조선에 나란히 기입하든지(그림 a, b, c, d), 화살표 가까운 곳에 치수선의 위쪽에 이에 연하여 쓴다(그림 b). 또한 2개의 형체 사이의 치수선에도 준용할 수 있다(그림 c).

(a) (b)

(c) (d)

[누진 치수의 기입법]

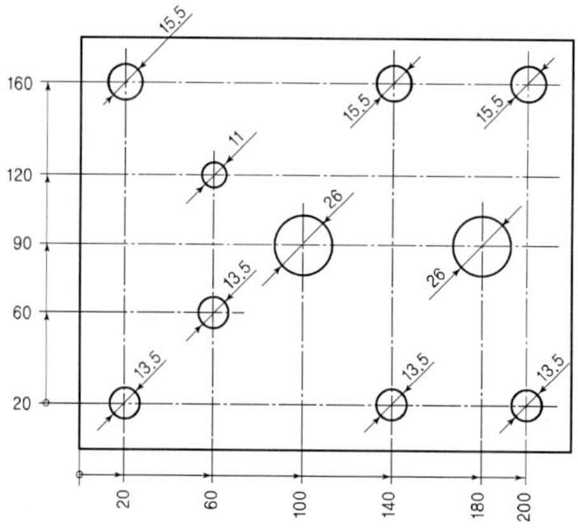

[형체사이의 누진 치수의 기입]

6.4.4. 좌표 치수 기입법

구멍의 위치나 크기 등의 치수는 좌표를 사용하여 표로 하여도 좋다. 이 경우, 표에 나타낸 X, Y 또는 β 의 수치는 기점에서의 치수이다. 기점은 보기를 들면 기준 구멍, 대상물의 한 구석 등 기능 또는 가공의 조건을 고려하여 적절하게 선택한다.

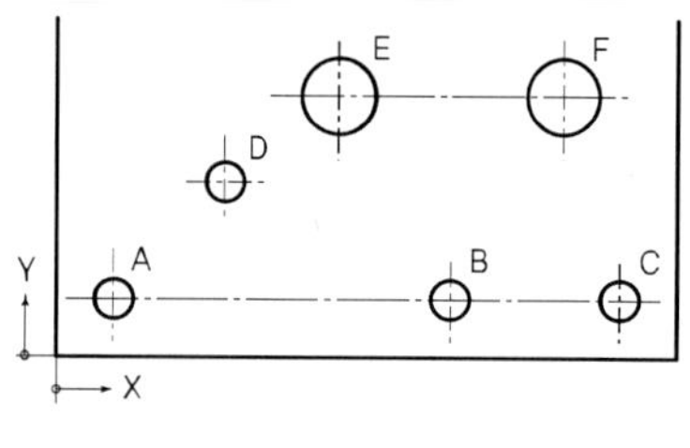

	X	Y	ø
A	20	20	13.5
B	140	20	13.5
C	200	20	13.5
D	60	60	13.5
E	100	90	26
F	180	90	26
G			
H			

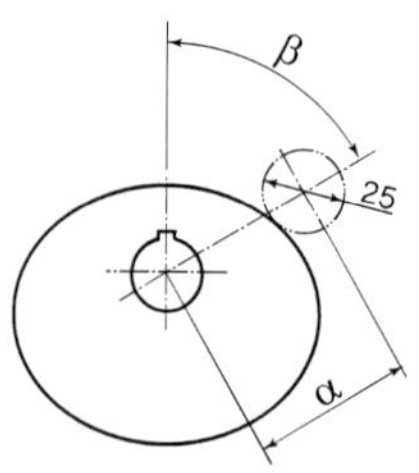

β	0°	20°	40°	60°	80°	100°	120～210°	230°	260°	280°	300°	320°	340°
a	50	52.5	57	63.5	70	74.5	76	75	70	65	59.5	55	52

[좌표 치수 기입법]

6. 5. 각종 치수 표시방법

6.5.1. 각종 기호를 사용한 치수의 표시방법

치수기입의 생략화를 위하여 다음에 나타내는 각종 기호가 치수 수치와 함께 기입되어 진다. 기호는 치수 수치 앞에 치수 숫자와 같은 크기로 기입하여 표시한다.

[치수에 사용되는 기호]

구 분	기 호
지름	ø
반지름	R
구의 지름	$S\varnothing$
구의 반지름	SR
45° 모떼기	C
피치	P
정사각형	□
두께	t

[1] 지름의 표시 (ø)

지름의 기호 ø를 치수 수치의 앞에 치수 숫자와 같은 크기로 기입하여 표시한다.

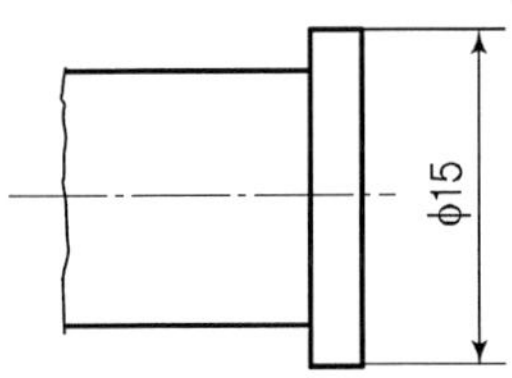

[단면이 원형임을 나타냄]

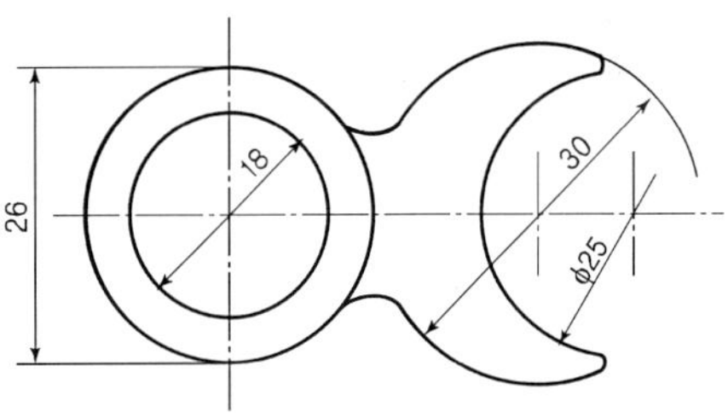

[원형의 도형에 지름의 치수를 기입]

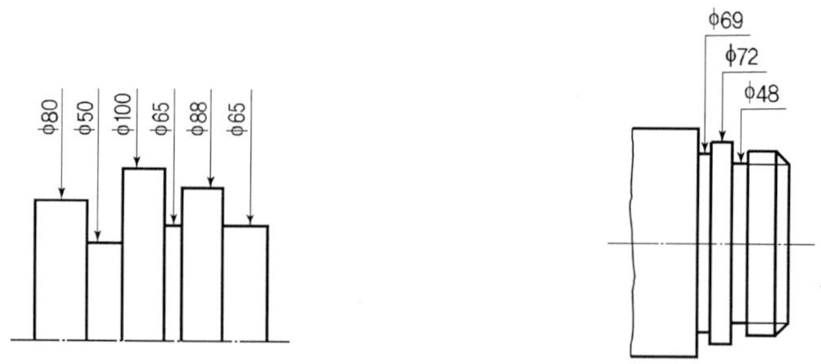

(a) (b)

[지름이 다른 원통이 연속되어 있고 그 치수 수치를 기입할 여지가 없을 때]
(화살표를 그리고 지름의 기호 ø와 치수 수치를 기입)

[2] 반지름의 표시(R)

반지름 표시는 치수 수치의 앞에 치수 숫자와 같은 크기로 반지름의 기호 R을 기입하여 표시한다.

(a) 반지름 기호 R 기입

(b) 반지름 기호 R의 생략을 허용
(치수선을 원호의 중심까지 긋는 경우)

[반지름의 표시]

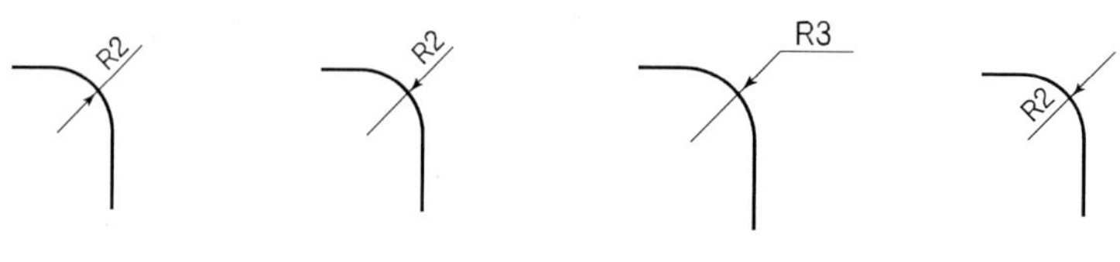

(a) (b) (c) (d)

[화살표나 치수 수치를 기입할 여지가 없을 때]

6.5.2. 구멍의 표시방법

[1] 가공방법의 표시 방법

원칙으로 공구의 호칭치수 또는 기준치수를 나타내고 그 뒤에 가공방법의 구별을 가공 방법 용어를 규정하고 있는 한국산업규격에 따라 지시한다, 다만, 아래 표에 표시한 것에 대하여는 이 표의 간략지시에 따를 수 있다.

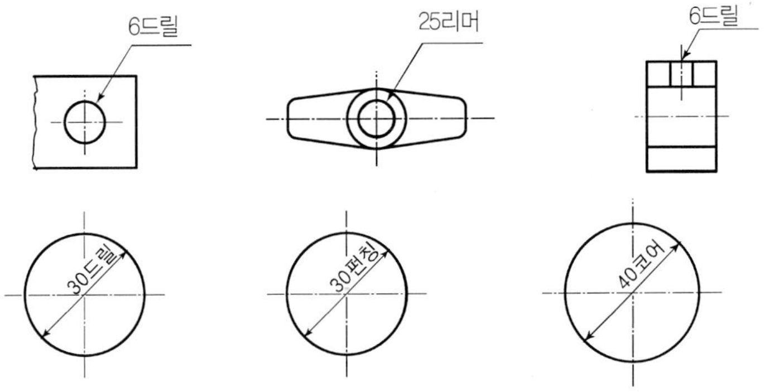

[가공방법의 표시]

가공 방법	간략 지시
주조한대로	코어
프레스 펀칭	펀칭
드릴로 구멍뚫기	드릴
리머 다듬질	리머

[2] 동일한 치수를 갖는 여러 개의 구멍의 치수 표시방법

구멍으로부터 지시선을 끌어내어 그 총수를 나타내는 숫자 다음에 짧은 선을 끼워서 구멍의 치수를 기입한다.

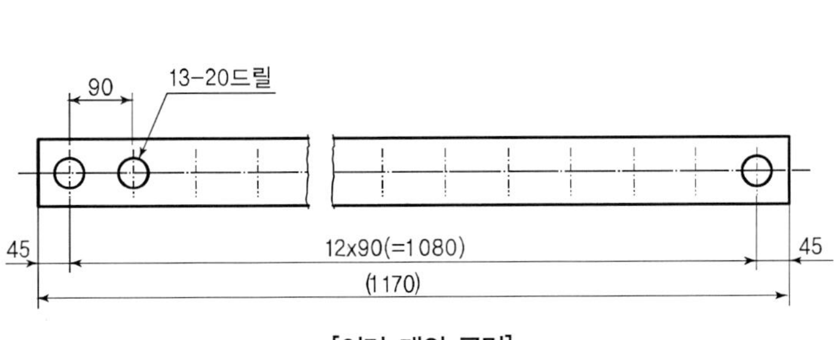

[여러 개의 구멍]

[3] 구멍의 깊이 표시 방법

구멍의 지름을 나타내는 치수 다음에 "깊이" 라 쓰고 그 수치를 기입한다. 구멍의 깊이란 드릴의 앞끝의 원추부, 리머의 앞끝의 모떼기부 등을 포함하지 않는 원통부의 깊이(그림 (c)의 H)를 말한다.

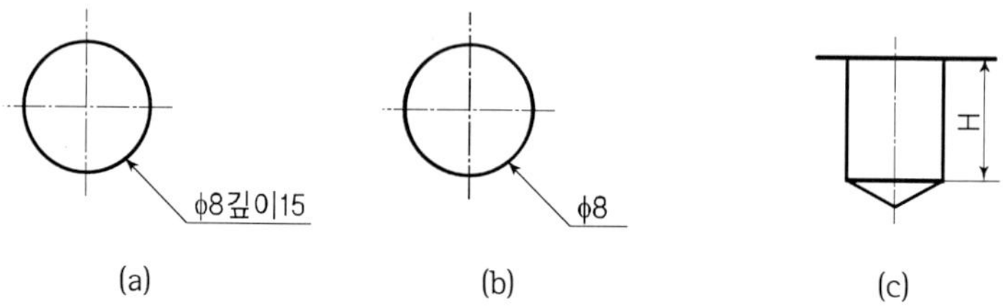

[구멍의 깊이]

[4] 자리파기의 표시방법

자리파기의 지름을 나타내는 치수 다음에 "자리파기" 라고 쓴다. 자리파기를 표시하는 도형은 그리지 않는다. 자리파기란 볼트, 너트 등의 자리를 좋게 하기 위한 것이며, 일반적으로 흑피를 깎은 정도로 한다. 따라서 자리파기의 깊이는 지시하지 않는다.

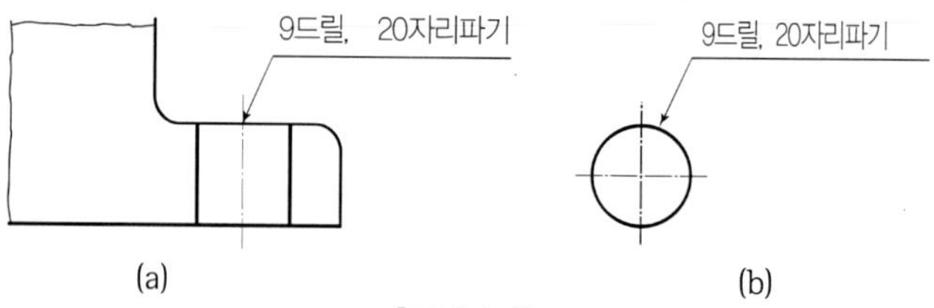

[자리파기]

[5] 깊은 자리파기의 표시방법

볼트 머리를 잠기게 하는 경우에 사용하는 깊은 자리파기의 표시방법은 깊은 자리파기의 지름을 나타내는 치수 다음에 "깊은 자리파기" 라고 쓴다. 다음에 "깊음" 이라고 쓰고 그 수치를 기입한다(그림 a, b). 다만, 깊은 자리파기의 아래 위치를 반대쪽 면으로부터 치수를 지시할 필요가 있을 때는 치수선을 사용하여 표시한다(그림 c).

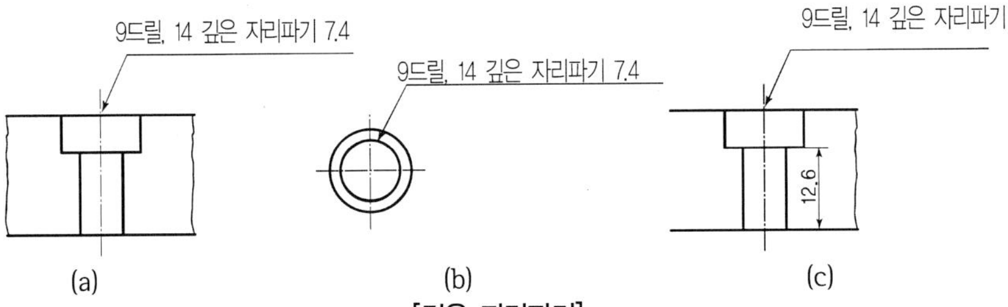

[깊은 자리파기]

[6] 긴원의 구멍

구멍의 기능 또는 가공방법에 따라 치수의 기입방법을 다음 어느 것인가에 따라 지시한다.

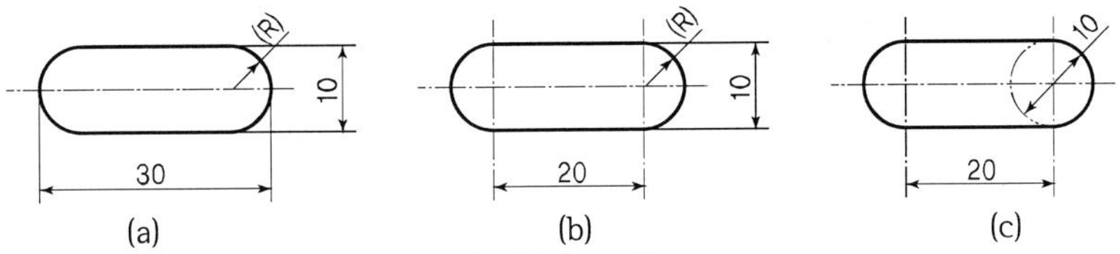

[긴원의 구멍]

[7] 경사진 구멍의 깊이

구멍 중심선상의 깊이로 표시하든(그림 a)가 그것에 따를 수 없는 경우에는 치수선을 사용하여 표시한다(그림 b).

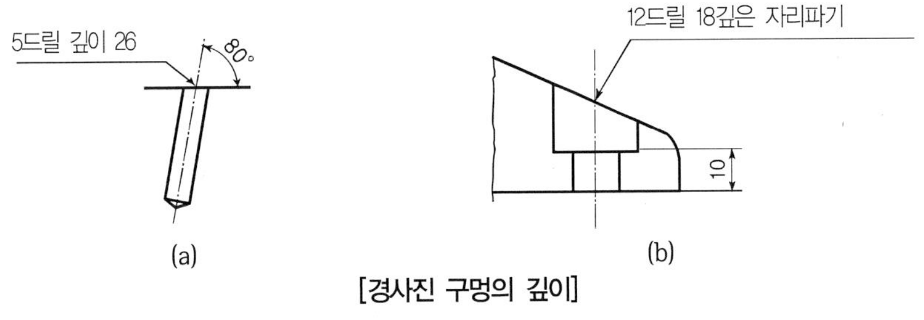

[경사진 구멍의 깊이]

6.5.3. 현, 원호의 길이의 표시방법

현의 길이는 원칙으로 현에 직각으로 치수 보조선을 긋고, 현에 평행한 치수선을 사용하여 표시한다. 원호의 길이는 현의 경우와 같은 치수 보조선을 긋고 그 원호와 동심의 원호를 치수선으로 하고, 치수 수치 위에 원호의 길이의 기호를 붙인다.

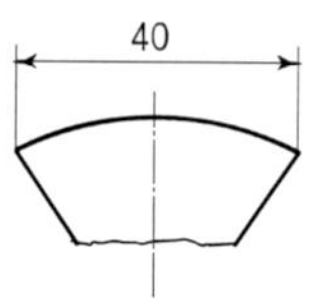

[현의 길이]

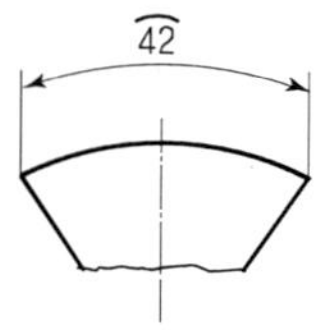

[원호의 길이]

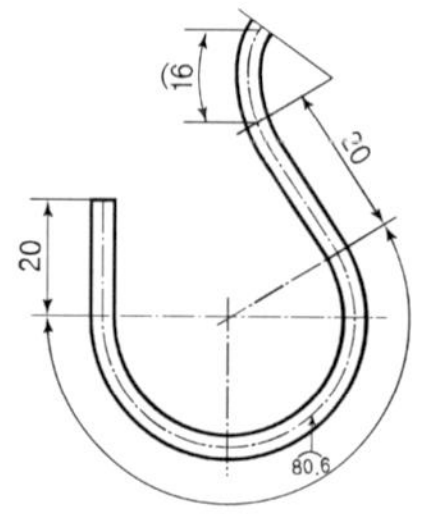

(a) 원호쪽에 화살표로 표시

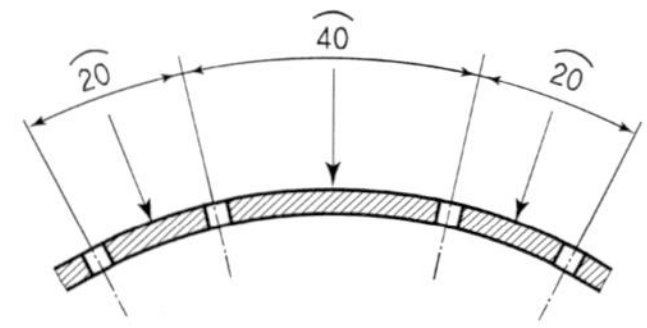

(b) 원호쪽에 화살표로 표시

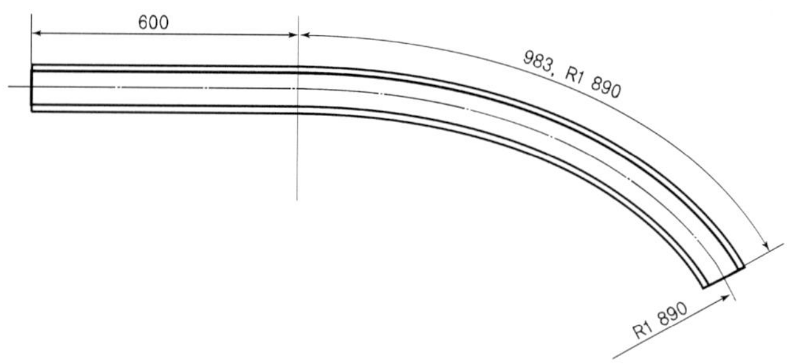

(c) 치수 수치 뒤에 원호의 반지름을 괄호에 넣어서 표시, 원호 길이의 기호 없음

[한 개의 원호의 길이를 명시할 필요가 있을 경우]

(a) 원호를 구성하는 각도가 클 때,
(b) 연속적으로 원호의 치수를 기입할 때

6.5.4. 곡선의 표시방법

원호로 구성되는 곡선의 치수는 일반적으로 이들 원호의 반지름과 그 중심 또는 원호의 접선의 위치로 표시하고, 원호로 구성되지 않은 곡선의 치수는 곡선상 임의의 점의 좌표 치수로 표시한다.

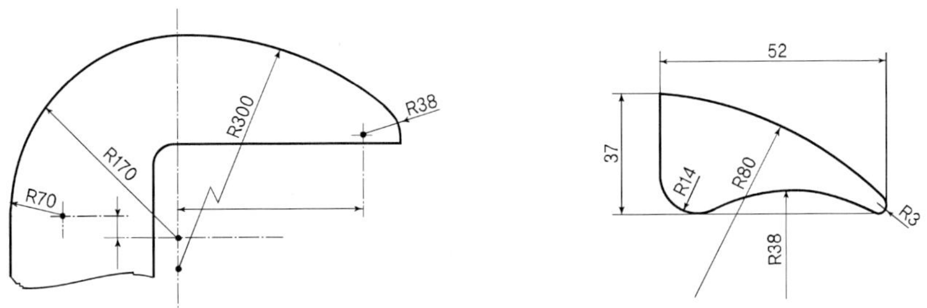

(a) (b)

[원호로 구성되는 곡선(원호의 반지름과 그 중심 또는 원호의 접선의 위치로 표시)]

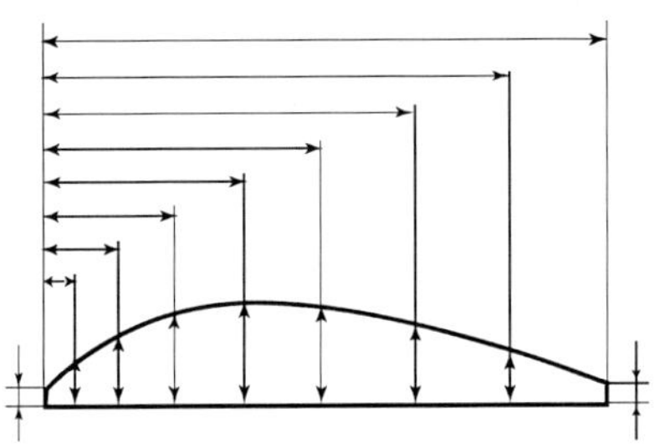

[원호로 구성되지 않은 곡선]
(곡선상 임의의 점의 좌표 치수로 표시)

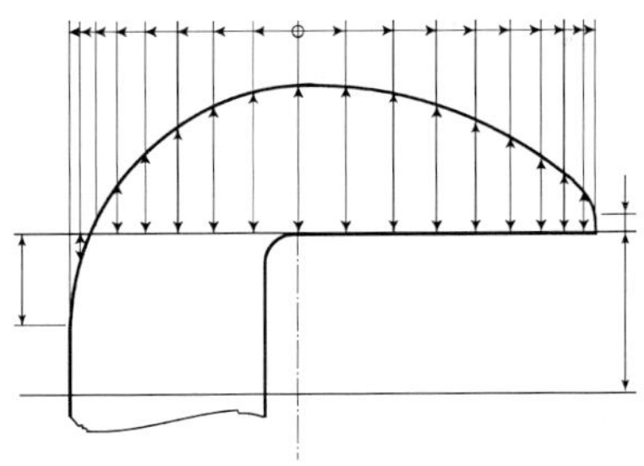

[원호로 구성되는 곡선의 좌표 치수사용 표시]

6.5.5. 모떼기의 표시방법

일반적인 모떼기는 보통 치수 기입방법에 따라 표시한다. 45° 모떼기의 경우에는 모떼기의 치수 수치×45° 또는 기호 C를 치수 수치 앞에 치수 숫자와 같은 크기로 기입하여 표시한다.

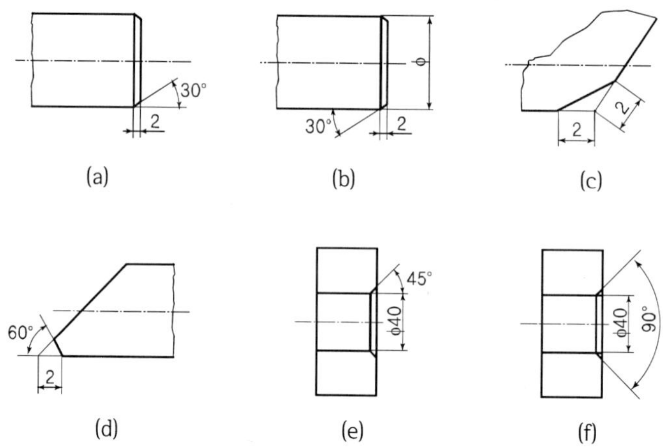

[일반적인 모떼기 표시]

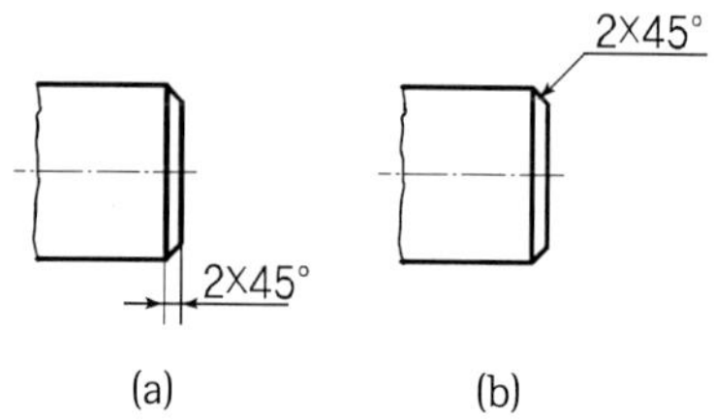

[45° 모떼기(각도 표시)]

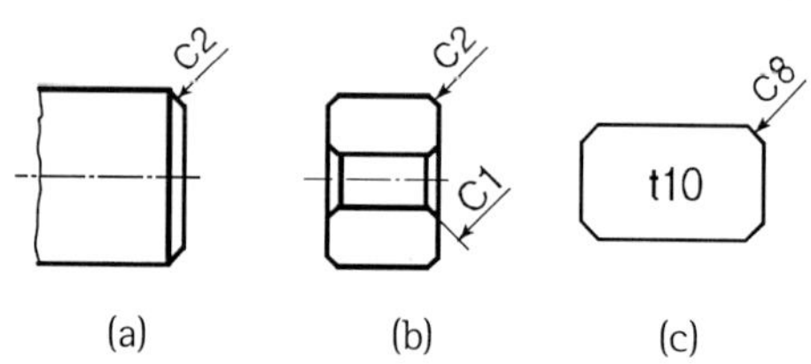

[45° 모떼기(기호 사용)]

6.5.6. 키홈의 표시방법

[1] 축의 키홈의 표시방법

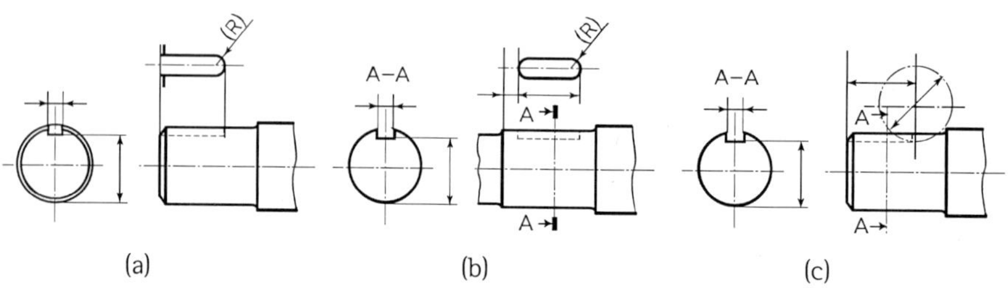

(a) (b) 키홈의 나비, 깊이, 길이, 위치 및 끝부를 표시
(c) 공구의 중심까지의 거리와 공구의 지름을 표시

[축의 키홈의 치수]

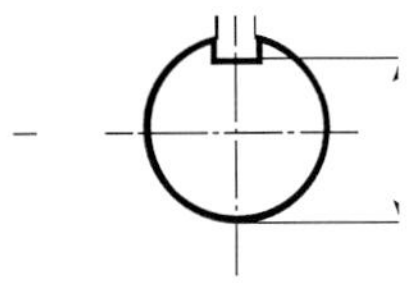

(a) 일반적인 경우

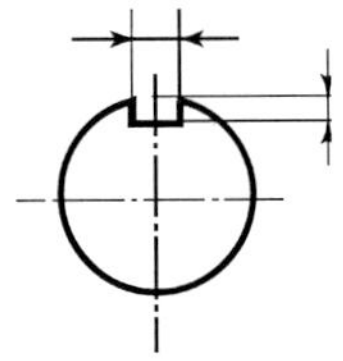

(b) 특별한 경우

[축의 키홈의 깊이]

[2] 구멍의 키홈의 표시방법

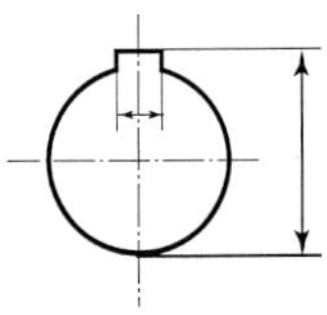
[구멍의 키홈의 치수]

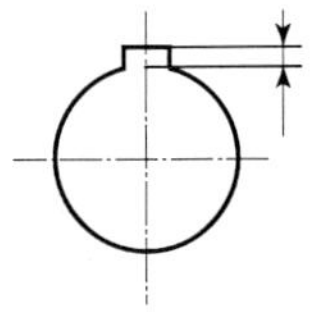
[키홈의 깊이(특별한 경우)]

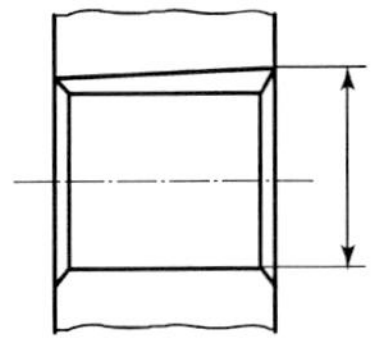
[경사 키용의 보스의 키홈의 깊이]
(키홈의 깊은 쪽에서 표시)

6.5.7. 테이퍼, 기울기의 표시방법

테이퍼는 원칙으로 중심선에 연하여 기입하고, 기울기는 원칙으로 변에 연하여 기입하고, 특별히 명확하게 나타낼 필요가 있을 경우에는 별도로 도시한다.

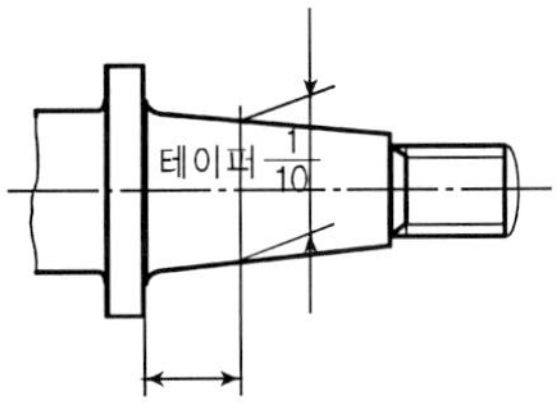

(a) 테이프는 중심선에 기입

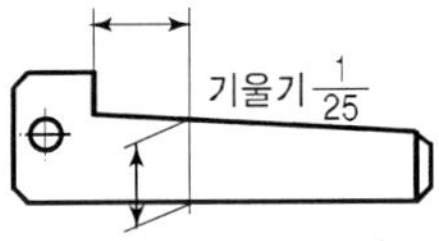

(b) 기울기는 변에 기입

[테이퍼, 기울기의 표시]

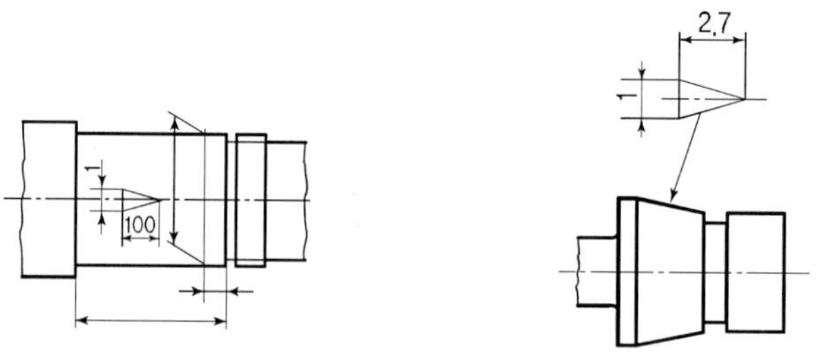

(a) (b)

[명확하게 나타낼 필요가 있을 경우에는 별도로 도시]

6.5.8. 얇은 두께부분의 표시방법

얇은 두께부분의 단면을 아주 굵은 선으로 그린 도형에 치수를 기입하는 경우에는 단면을 표시한 극히 굵은 선에 연하여 짧고 가는 실선을 긋고, 여기에 치수선의 끝 부분 기호를 댄다. 이 경우 가는 실선을 그려준 쪽까지의 치수를 의미한다.

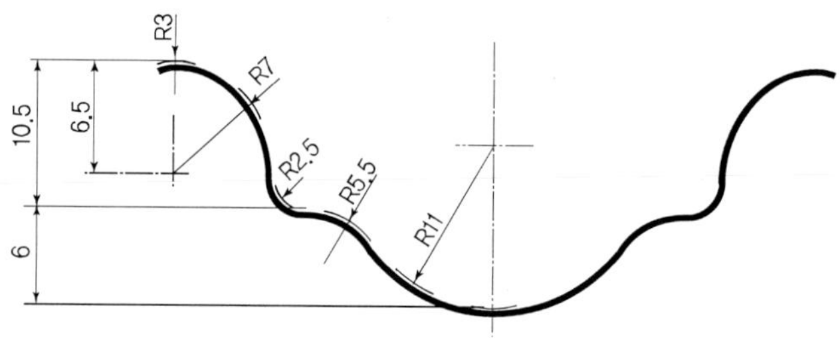

6. 6. 기타 일반 주의사항

① 치수 수치는 다음 사항을 고려하여 기입한다.

㉮ 치수 수치를 나타내는 일련의 치수 숫자는 도면에 그린 선에서 분할되지 않는 위치에 쓰는 것이 좋다(그림 a).

㉯ 치수 숫자는 선에 겹쳐서 기입하면 안된다(그림 c). 다만, 할 수 없는 경우에는 치수 숫자와 겹쳐지는 선의 부분을 중단하여 치수 수치를 기입한다(그림 d).

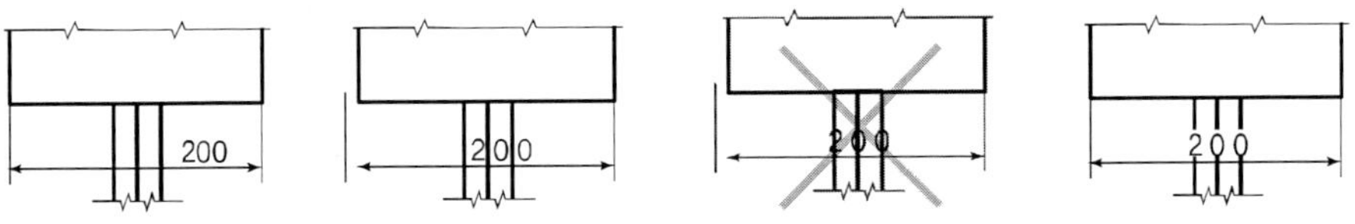

(a) 좋은 보기 (b) 좋지 못한 보기 (c) 나쁜 보기 (d) 선을 중단한 보기

㉰ 치수 수치는 치수선과 교차되는 장소에 기입하면 안 된다.

(a) 좋은 보기 (b) 나쁜 보기

② 치수선이 인접해서 연속하는 경우에는 치수선은 동일 직선상에 가지런하게 기입하는 것이 좋다(그림 a). 또, 관련되는 부분의 치수는 동일 직선상에 기입하는 것이 좋다(그림 b, c).

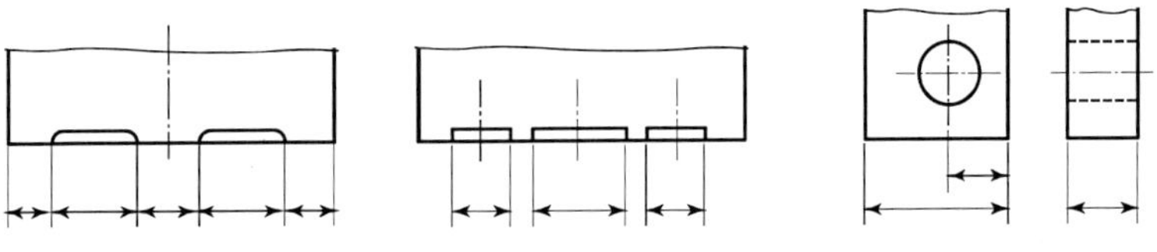

(a) (b) (c)

③ 치수 보조선을 긋고 기입하는 지름의 치수가 대칭 중심선의 방향에 몇 개 늘어선 경우에는 각 치수선은 되도록 같은 간격으로 긋고 작은 치수를 안쪽에, 큰 치수를 바깥쪽으로 치수 수치를 가지런하게 기입한다(그림 a). 다만, 지면의 형편으로 치수선의 간격이 좁은 경우에는 치수 수치를 대칭 중심선의 양쪽에 교대로 써도 좋다(그림 b).

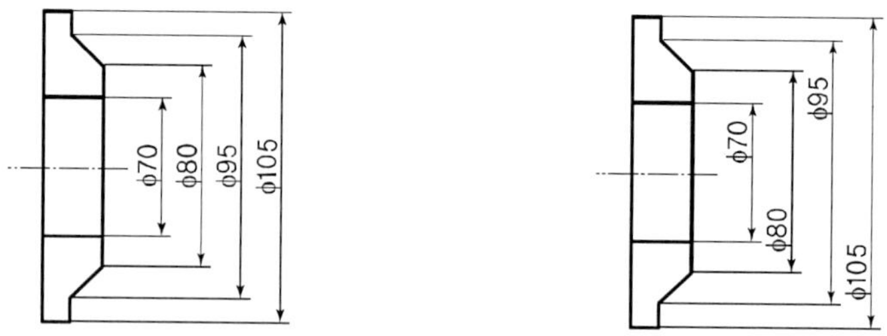

(a) (b)

④ 치수선이 길어서 그 중앙에 치수 수치를 기입하면 알기 어렵게 될 경우에는 어느 것이나 한쪽의 끝 부분 기호 가까이 치우쳐서 기입할 수 있다.

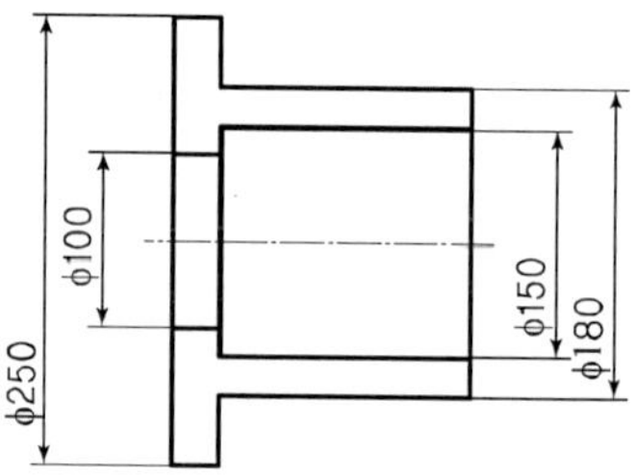

⑤ 대칭의 도형에서 중심선의 한쪽만을 표시한 그림에서는 치수선을 원칙으로 그 중심선을 넘어서 연장한다. 이 경우 연장한 치수선의 끝에는 끝부분 기호를 붙이지 않는다(그림 a, b). 다만, 오해할 여려가 없는 경우에는 치수선은 중심선을 넘지 않아도 좋다(그림 c). 대칭의 도형으로 다수의 지름 치수를 기입할 때는 치수선의 길이를 더 짧게 하여 그림 d의 보기와 같이 여러 단으로 분리하여 기입할 수 있다.

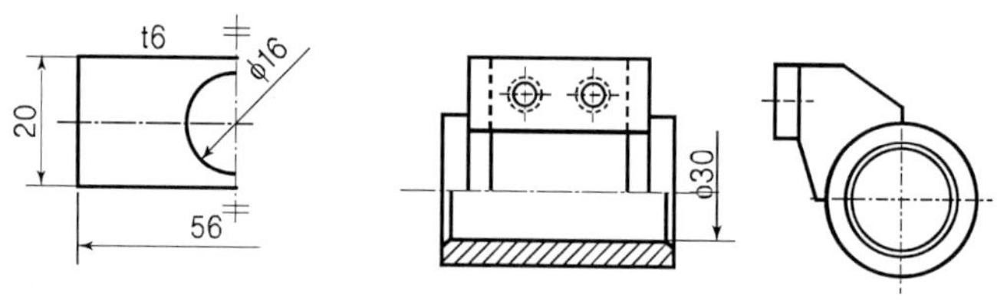

(a) (b)

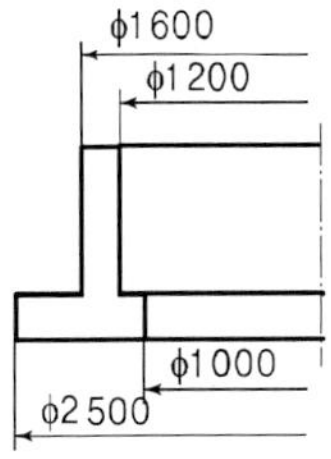

(c)

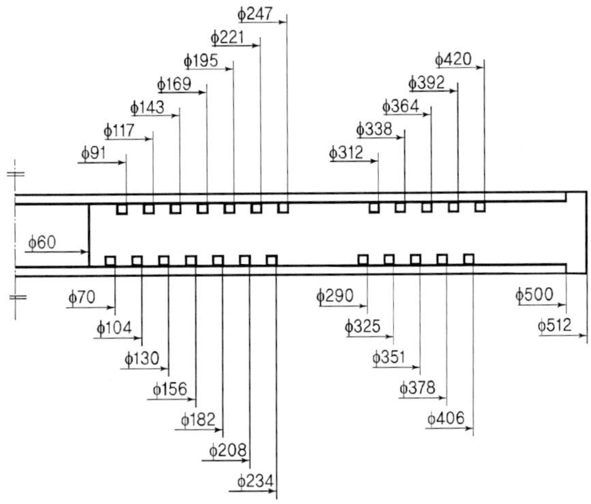

(d)

⑥ 치수 수치 대신 글자 기호를 써도 좋다. 이 경우 그 수치를 별도로 표시한다.

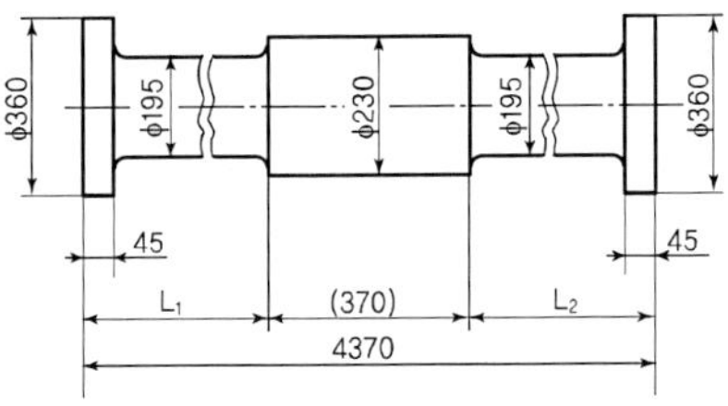

기 호 \ 품 번	1	2	3
L_1	1915	2500	3115
L_2	2085	1500	885

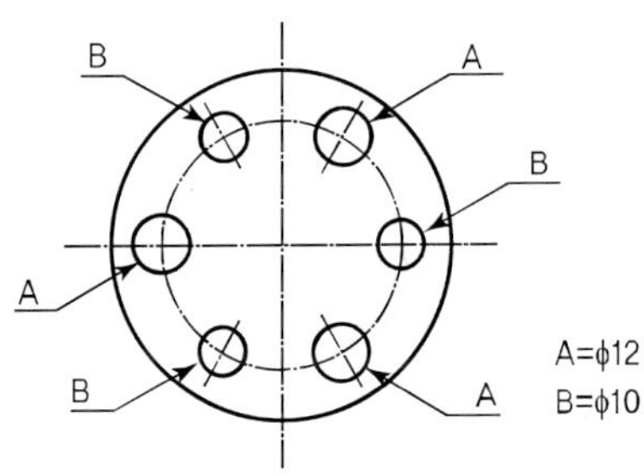

⑦ 서로 경사된 두 개의 면사이에 둥글기 또는 모떼기가 되어 있을 때, 두 면의 교차되는 위치를 나타낼 때는 둥글기 도는 모떼기를 하기 이전의 모양을 가는 실선으로 표시하고, 그 교점에서 치수 보조선을 끌어낸다(그림 a). 또, 이 경우 교점을 명확하게 표시할 필요가 있을 때에는 각각의 선을 서로 교차시키든가 또는 교점에 검은 둥근점으로 붙인다(그림 b, c).

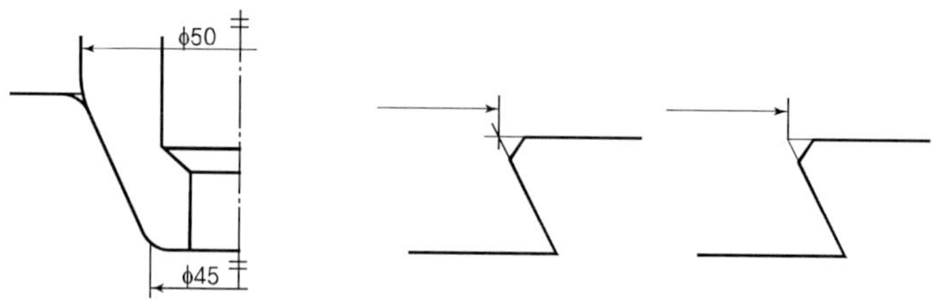

(a) (b) (c)

⑧ 원호부분의 치수는 원호가 180° 까지는 원칙으로 반지름으로 표시하고, 그 것을 넘는 경우에는 원칙으로 지름으로 표시한다(그림 a, b). 다만, 원호가 180° 이내라도 기능상 또는 가공상 특히 지름의 치수를 필요로 하는 것에 대하여는 지름의 치수를 기입한다(그림 c).

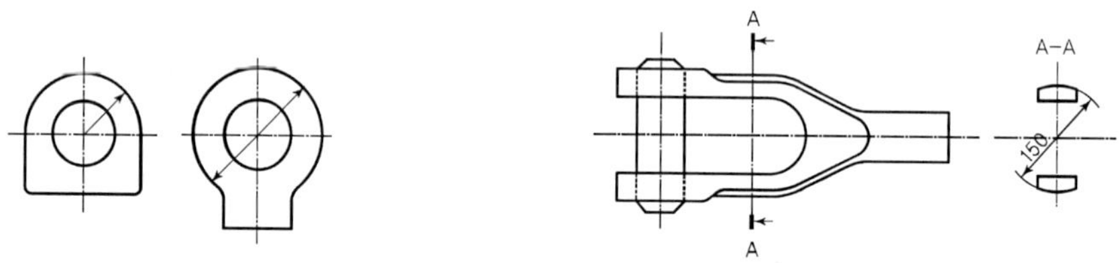

(a) (b) (c)

⑨ 반지름의 치수가 다른 곳에 지시한 치수에 따라 자연히 결정될 때에는 반지름의 치수선과 반지름의 기호로 원호인 것을 나타내고, 치수 수치는 기입하지 않는다.

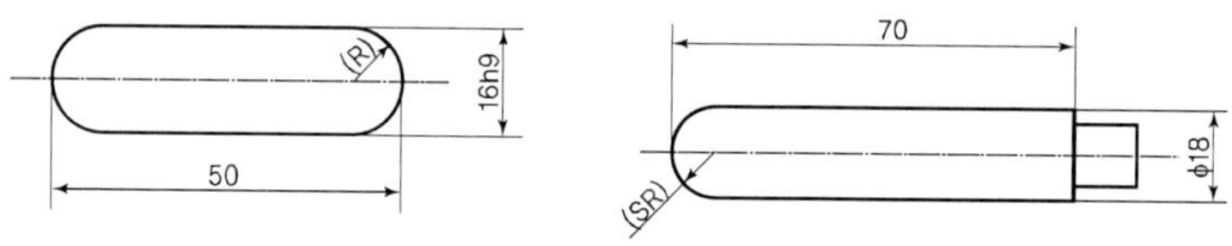

(a) (b)

⑩ 키홈이 단면에 나타나 있는 보스의 안지름 치수를 기입하는 경우에는 아래 그림의 보기에 따른다.

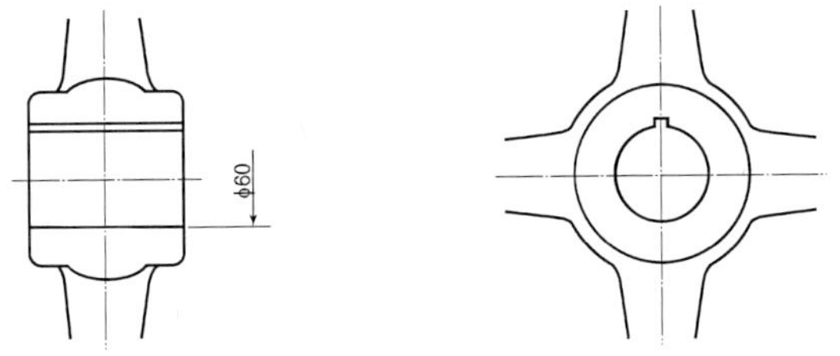

(a) (b)

⑪ 가공 또는 조립할 때 기준으로 할 곳이 있는 경우에는 치수는 그 곳을 기준으로 하여 기입한다(그림 a, b). 특히 그 곳을 나타낼 필요가 있는 경우에는 그 취지를 기입한다(그림 c).

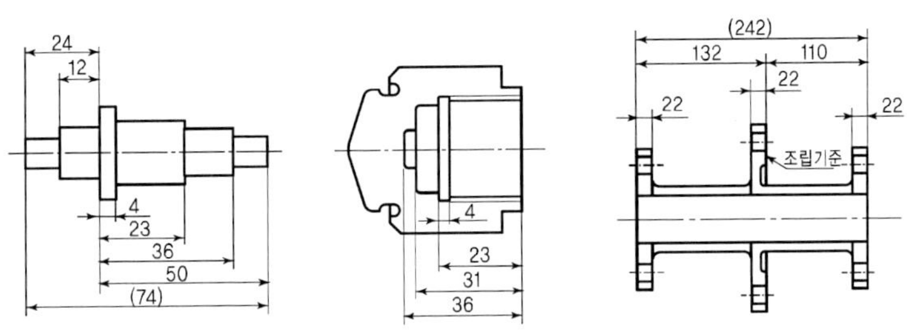

(a) (b) (c)

⑫ 공정을 달리하는 부분의 치수는 그 배열을 나누어서 기입하는 것이 좋다.

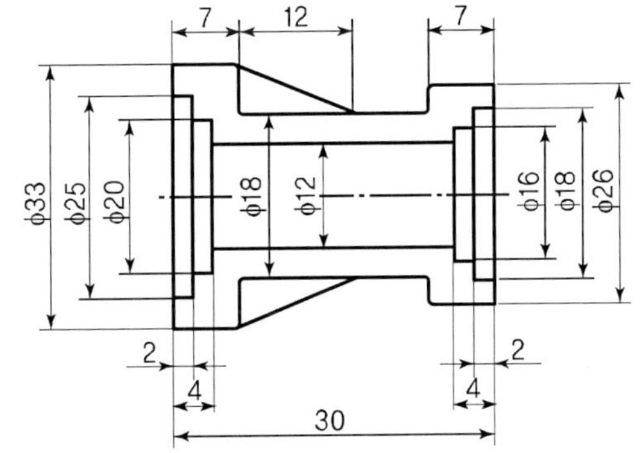

⑬ 서로 상호 관련되는 치수는 한곳에 모아서 기입한다. 보기를 들면 플랜지의 경우 볼트 구멍의 피치원 지름과 구멍의 치수와 구멍의 배치는 피치원이 그려져 있는 쪽 그림에 모아서 기입하는 것이 좋다.

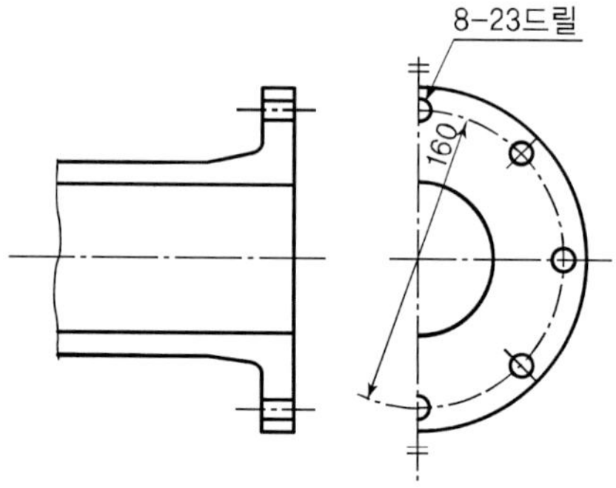

⑭ T형관 이음, 밸브 몸통, 곡 등의 플랜지와 같이 한 개의 물품에 똑 같은 치수 부분이 두개 이상 있을 경우에는 치수는 그 중 한 개에만 기입하는 것이 좋다. 이 경우, 명확한 때를 제외하고 치수를 기입하지 않는 부분에 동일 치수인 것을 주기한다.

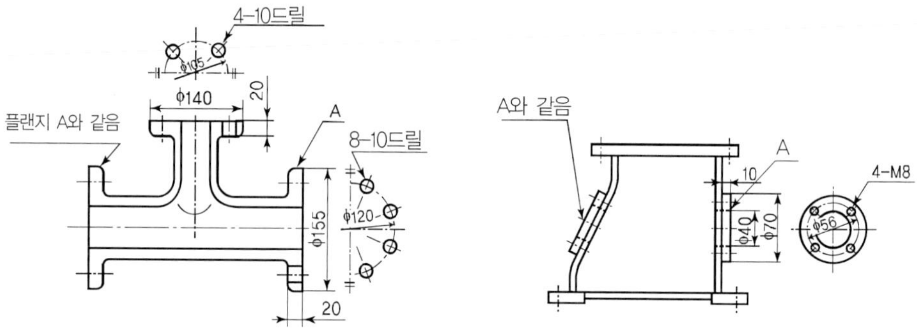

⑮ 일부의 치수 수치가 도면의 치수와 일치하지 않을 때에는 치수 수치 밑에 굵은 실선으로 밑줄을 긋는다. 다만, 일부를 절단하여 생략한 경우 등 특별히 치수가 일치하지 않는 것을 명시할 필요가 없는 경우에는 이 선을 생략한다.

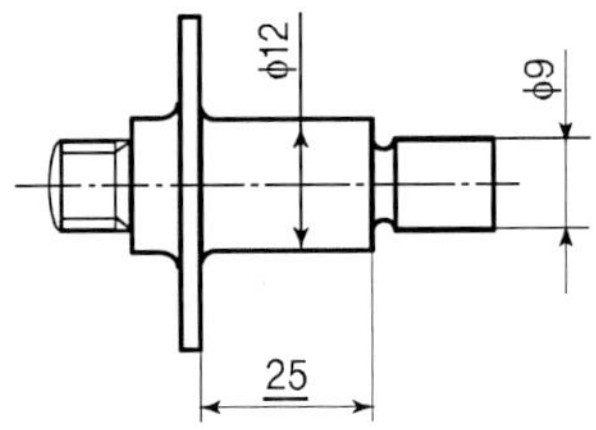

6. 7. 부품번호

여러 개의 부품으로 구성된 조립도에서는 그림 (a)와 같이 각 부품에 부품번호를 부여하고, 표제란의 상부에 부품번호, 품명, 품번, 재질, 수량 등을 기입된 부품표를 작성하여 부품간의 연관을 명확히 한다. 조립도에서 부품번호는 도형의 외부에 아라비아숫자를 사용하여 원 내에 기입하고, 대상으로 하는 도형에 지시선으로 연결한다. 지시선은 경사지게 그리고 인출되어진 쪽은 화살표 또는 검은 점을 붙인다.

일반적으로 부품의 외곽 외형선에서 인출할 때는 화살표를 부품의 내부 면에서 인출할 때는 검을 점을 사용한다. 부품번호의 배열은 가로 또는 세로로 나란히 하여 도면을 보기 쉽게 한다. 부품도에서 부품번호를 표시할 경우에는 그림 (b)에 나타낸 것과 같이 지시선을 이용하지 않고 도면의 상부에 기입한다.

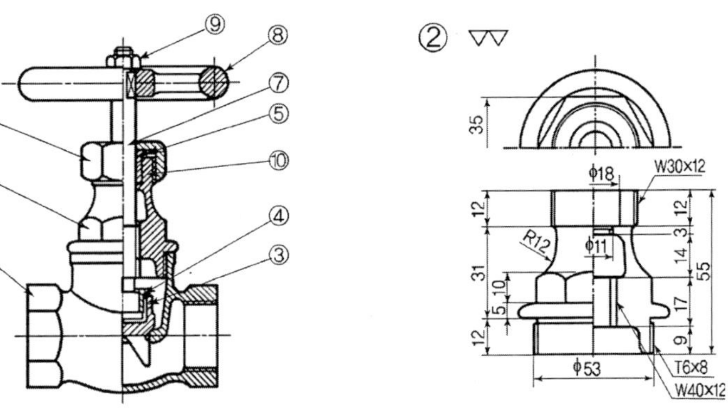

(a) (b)

[부품번호 기입법]

6. 8. 도면의 변경

도면이 출도된 후에 변경하였을 때는 변경한 곳에 적당한 기호를 부기하고 변경전의 도형, 치수 등은 적당히 보존한다. 이 경우 변경 년월일, 이유 등을 명확히 한다.

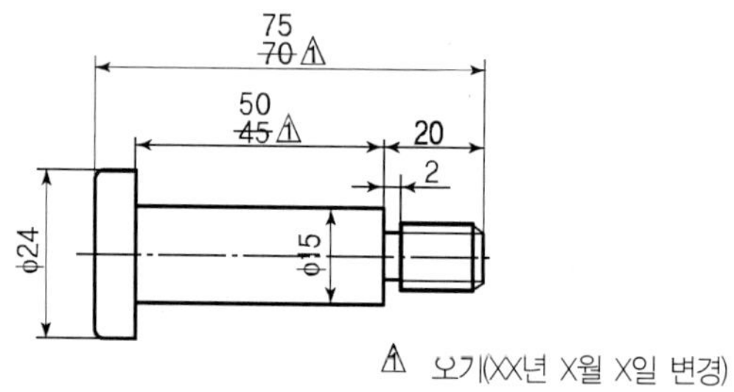

[도면의 변경의 표시]

CHAPTER 07

치수공차 및 끼워 맞춤

7. 1. 치수공차의 기입법

7.1.1. 위 · 아래 치수허용차의 기입

공차를 수치로 기입할 경우에는 기준 치수 다음에 위 · 아래의 치수허용차를 작은 숫자로 기입한다.

① 치수허용차는 기준치수와 같은 단위로 한다.

② 치수허용차가 0일 경우에는 0을 기입한다.

③ 위 · 아래 치수허용차가 다를 경우 소수점 이하의 유효 자릿수를 맞춘다. 단, 하나가 0일 경우는 제외된다.

[위 · 아래 치수허용차]

7.1.2. 허용 한계치수의 기입

공차의 기입을 허용 한계치수로 표시하는 경우에는 최대 허용치수는 위에, 최소 허용치수를 아래에 나타낸다.

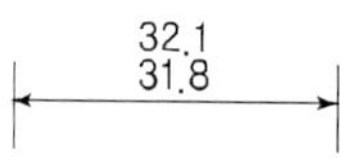

[허용 한계치수]

7.1.3. 같은 치수허용차의 기입

위·아래 치수허용차가 같은 경우에는 수치를 하나로 해도 된다.

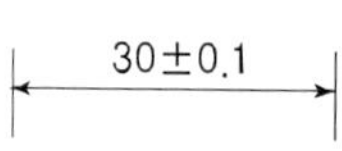

[같은 치수허용차]

7.1.4. 길이 치수에 공차기입

길이 치수에 공차를 기입할 경우에는 합 또는 차에 의한 치수의 불합리가 생기지 않도록 하고 치수 중 기능상 중요도가 적은 것은 기입하지 않거나 ( )를 붙여서 참고치수로 나타낸다.

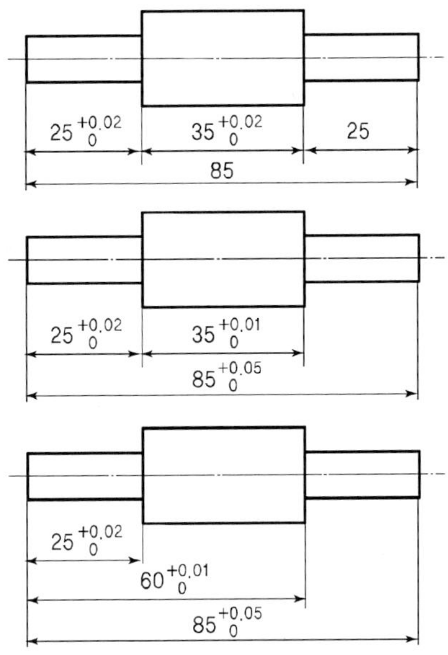

[길이 치수 공차 기입]

7.1.5. 구멍 및 축에 대한 치수허용차의 병기

같은 기준치수에 대하여 구멍 및 축에 대하여 위·아래 치수허용차를 병기할 필요가 있는 경우에는 치수선의 위아래에 그림과 같이 나타낸다.

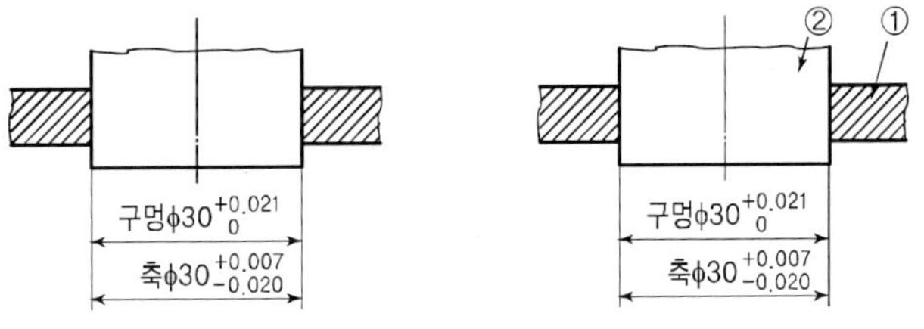

[구멍 및 축의 치수허용차]

7.1.6. 구멍 또는 축에 대해서만 공차를 기입

조립도에서 구멍 또는 축에 대해서만 공차를 기입할 경우에는 구멍 또는 축의 문자 또는 부품번호를 치수숫자의 앞에 붙인다.

7. 2. 끼워 맞춤의 기입법

기준 치수에 대하여 구멍 및 축에 대한 끼워 맞춤의 종류의 기호를 기입한다.

7.2.1. 기호의 기입 위치

기준 치수 뒤에 끼워 맞춤의 종류의 기호를 기입한다.

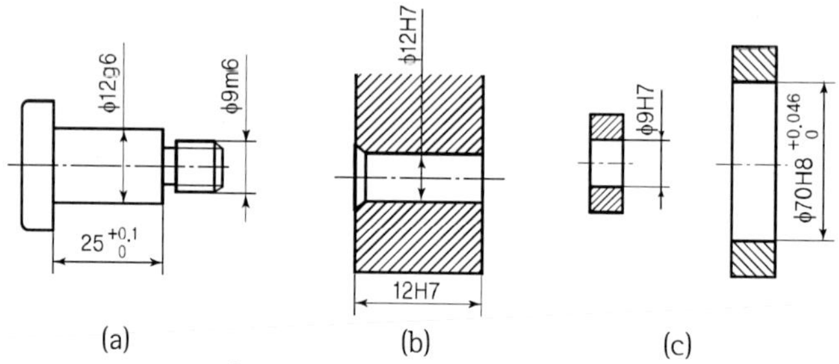

[끼워 맞춤의 공차 기호 기입법]

7.2.2. 기호와 치수허용차의 병기

필요한 경우에는 끼워 맞춤의 종류의 기호와 위·아래 치수허용차를 병기해도 좋다.

[기호와 치수허용차의 병기]

7.2.3. 구멍 및 축의 끼워 맞춤 기호의 병기

같은 기준 치수에 대하여 구멍 및 축의 끼워 맞춤 기호를 병기할 필요가 있는 경우 그림과 같이 한다.

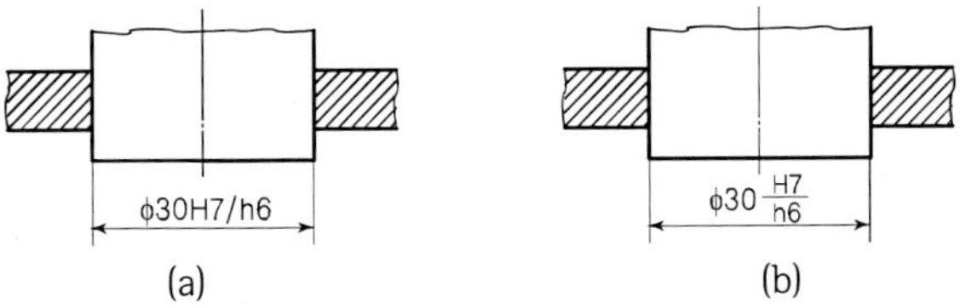

[구멍 및 축의 끼워 맞춤 기호의 병기]

CHAPTER 08

기하공차

8. 1. 기하공차 일반

도면에 있어서 대상물의 모양, 자세 및 흔들림 등에 대하여 허용할 수 있는 한계값, 즉 기하편차의 허용값을 기하공차라 하며, 기하공차에 의하여 규제되는 형체(이하 공차붙이 형체라 한다)에 있어서 그 형체가 기하학적으로 옳은 모양, 자세 또는 위치로부터 벗어나는 것이 허용되는 영역을 공차역이라 한다.

[기하공차의 종류와 그 기호]

적용하는 형체	공차의 종류		기 호
단독형체	형상공차	진직도 공차	⏤
		평면도 공차	⏥
		진원도 공차	○
		원통도 공차	⌭
단독형체 또는 관련형체		선의 윤곽도 공차	⌒
		면의 윤곽도 공차	⌓
관련형체	자세공차	평행도 공차	//
		직각도 공차	⊥
		경사도 공차	∠
	위치공차	위치도 공차	⌖
		동축도 공차 및 동심도 공차	◎
		대칭도 공차	⌯
	흔들림 공차	원주 흔들림 공차	↗
		온 흔들림 공차	⌰

기하공차를 지정할 때의 일반사항은 다음에 따른다.

① 도면에 지정하는 대상물의 모양, 자세 및 위치의 편차, 그리고 흔들림의 허용값에 대하여는 원칙적으로 기하공차에 의하여 도시한다.

② 형체에 지정한 치수의 허용한계는 특별히 지시가 없는 한 기하공차를 규제하지 않는다.

③ 기하공차는 기능상 요구, 호환성 등에 의하여 불가결한 곳에만 지정한다.

④ 기하공차의 지시는 생산방식, 측정방법 또는 검사방법을 특정한 것에 한정하지 않는다. 다만, 특정한 경우에는 별도로 지시한다.

[부가 기호]

표시하는 내용		기 호[1]
공차붙이 형체	직접 표시하는 경우	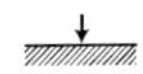
	문자 기호에 의해 표시하는 경우	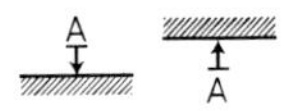
데이텀	직접 표시하는 경우	
	문자 기호에 의해 표시하는 경우	
데이텀 타겟 기입테		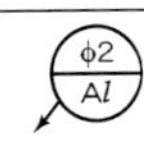
이론적으로 정확한 치수		[50]
돌출 공차역		Ⓟ
최대 실체 공차 방식		Ⓜ

주) 1 기호란 안의 문자 기호 및 수치는 P, M을 제외한 일례로 나타낸다.

8. 2. 기하공차 도시방법

8.2.1. 기하공차 도시방법

[1] 도시방법의 일반적 사항

① 단독 형체에 기하 공차를 지시하기 위하여는 공차의 종류와 공차값을 기입한 직4각형의 틀(이하 공차 기입틀이라 한다)과 그 형체를 지시선으로 연결해서 도시한다.

② 관련 형체에 기하 공차를 지시하기 위하여는 데이텀에 데이텀 3각 기호(직각이등변 3각형으로 한다)를 붙이고 공차 기입틀과 관련시켜서 ①에 준하여 도시한다.

[2] 공차 기입틀에의 표시사항

① 공차에 대한 표시사항은 공차 기입틀을 두 구획 또는 그 이상으로 구분하여 그 안에 아래와 같이 기입한다. 또한, 규제하는 형체가 단독 형체인 경우에는 문자기호를 붙이지 않는다.

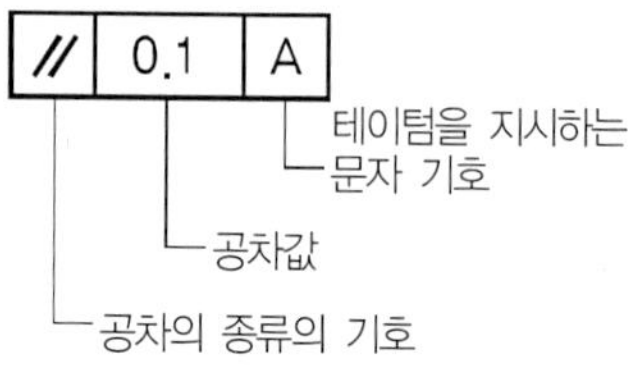

[기하 공차 기입틀]

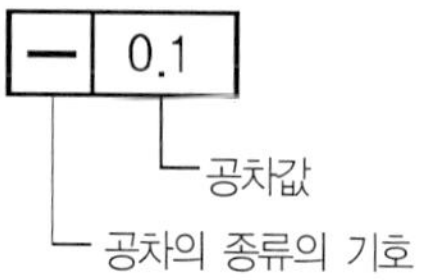

[단독형체의 기하 공차 기입틀]

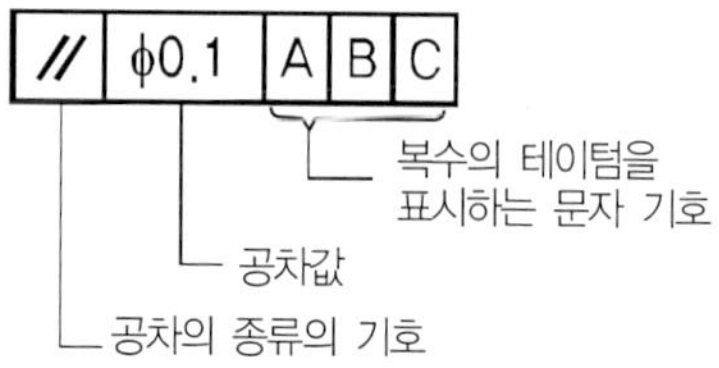

[복수 테이텀을 갖는 공차 기입틀]

② "6구멍", "4면"과 같은 공차붙이 형체에 연관시켜서 지시하는 주기는 공차 기입틀의 안쪽에 쓴다.

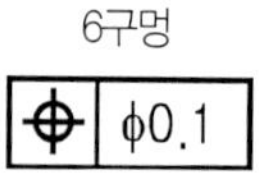

[연관된 주기 기입]

③ 한 개의 형체에 두 개 이상의 종류의 공차를 지시할 필요가 있을 때에는 이들의 공차 기입틀을 상하로 겹쳐서 기입한다.

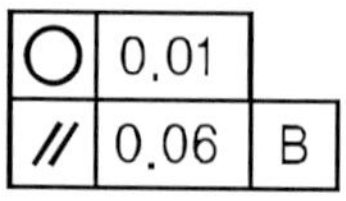

[복수의 기하공차 기입]

[3] 공차에 의하여 규제되는 형체의 표시방법

공차에 의하여 규제되는 형체는 공차 기입틀로부터 글어내어 끝에 화살표를 붙인 지시선에 의하여 다음의 규정에 따라 대상으로 하는 형체에 연결해서 나타낸다. 또한, 지시선에는 가는 실선을 사용한다.

① 선 또는 면 자체에 공차를 지정하는 경우에는 형체의 외형선 위 또는 외형선의연장선 위에(치수선의 위치를 명확하게 피해서) 지시선의 화살표를 수직으로 한다.

② 치수가 지정되어 있는 형체의 축선 또는 중심면에 공차를 지정하는 경우에는 치수선의 연장선이 공차 기입틀로부터의 지시선이 되도록 한다.

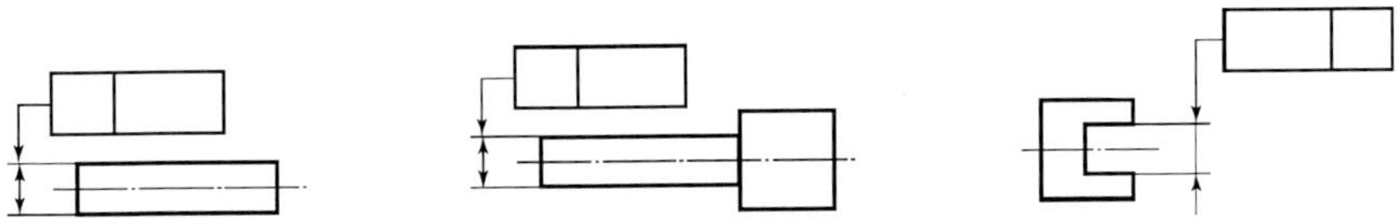

③ 축선 또는 중심면이 공통인 모든 형체의 축선 도는 중심면에 공차를 지정하는 경우에는 축선 또는 중심면을 나타내는 중심선에 수직으로, 공차 기입틀로부터의 지시선의 화살표를 댄다.

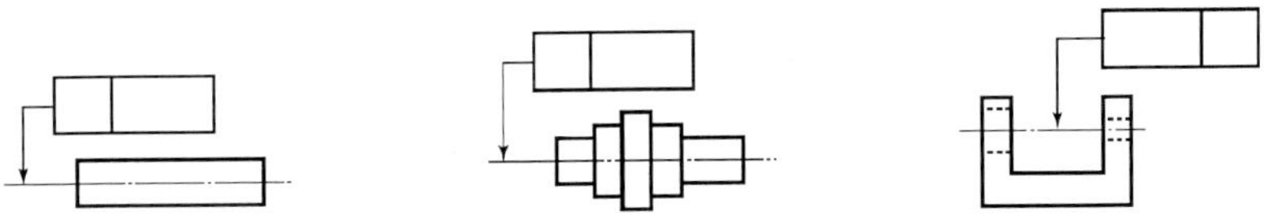

④ 여러 개 떨어져 있는 형체에 같은 공차를 지정하는 경우에는 개개의 형체에 각각 공차 기입틀로 지정하는 대신에 공통의 공차 기입틀로부터 끌어낸 지시선을 각각의 형체에 분기해서 대거나(그림 a), 각각의 형체를 문자기호로 나타낼 수 있다(그림 b).

(a) (b)

8.2.2. 데이텀 도시방법

관련 형체에 기하공차를 지시할 때는 그 공차역을 규제하기 위해서 설정한 이론적으로 정확한 기하학적 기준 데이텀을 지시할 필요가 있다. 데이텀은 같은 그림으로 나타내듯이 실용 데이텀 형체에 접촉시켜 구한다.

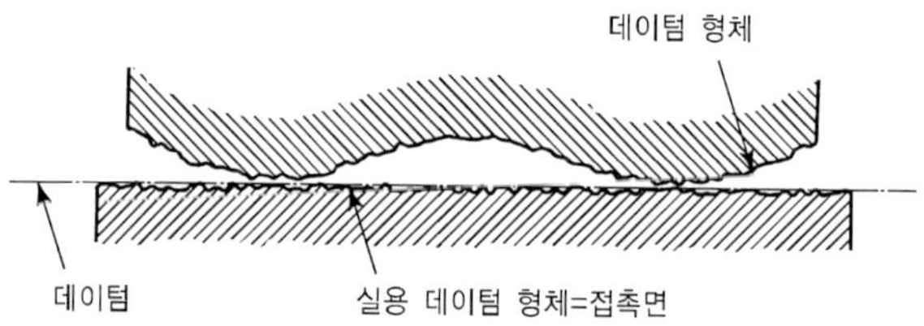

[1] 형체에 지정하는 공차가 데이텀과 관련되는 경우의 데이텀의 표시방법

데이텀은 원칙적으로 데이텀을 지시하는 문자기호에 의하여 나타낸다. 데이텀은 영어의 대문자를 정4각형으로 둘러싸고, 이것과 데이텀이라는 것을 나타내는 데이텀 3각 기호를 지시선을 사용하여 연결해서 나타낸다. 데이텀 3각 기호는 빈틈없이 칠해도 좋고, 칠하지 않아도 좋다.

[2] 데이텀을 지시하는 문자에 의한 데이텀의 표시방법

(1) 선 또는 면 자체가 데이텀 형체인 경우

형체의 외형선 위 또는 외형선을 연장한 가는 선 위에(치수선의 위치를 명확히 피해서) 데이텀의 3각 기호를 붙인다.

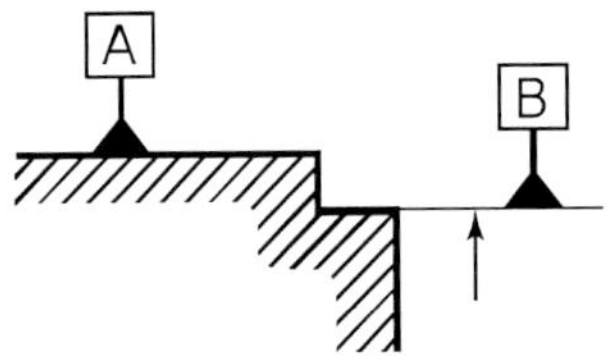

(2) 치수가 지정되어 있는 형체의 축직선 또는 중심 평면이 데이텀인 경우

① 치수선의 연장선을 데이텀의 지시선으로서 사용하여 나타낸다(그림 a, b).

② 치수선의 화살표를 치수 보조선 또는 외형선의 바깥쪽으로부터 기입한 경우에는 그 한쪽을 데이텀 3각 기호로 대용한다(그림 b, c).

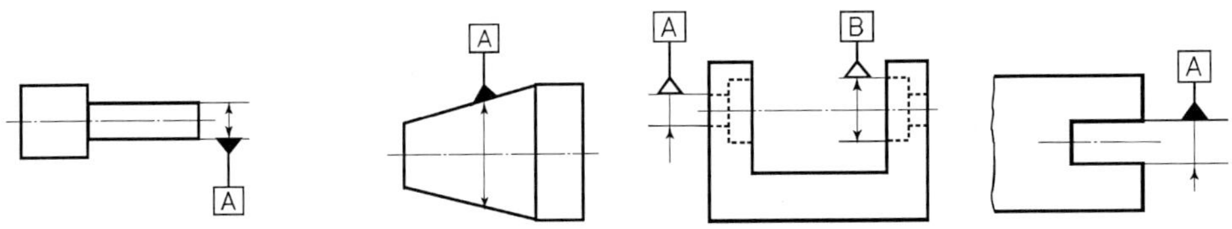

(a) (b) (c)

(3) 축직선 또는 중심 평면이 공통인 모든 형체의 축직선 또는 중심 평면이 데이텀인 경우

축직선 또는 중심 평면을 나타내는 중심선에 데이텀 3각 기호를 붙인다.

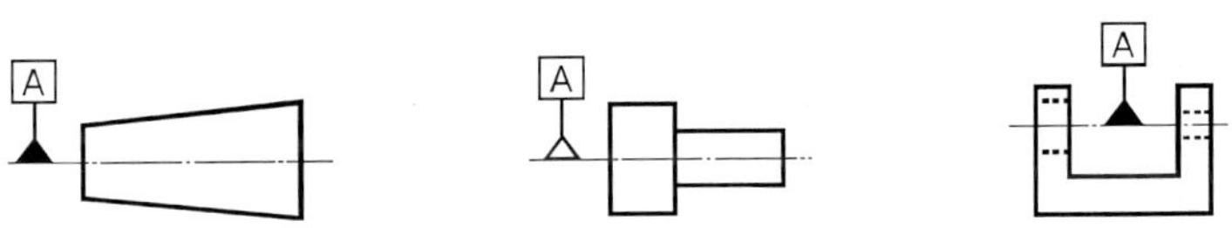

(4) 잘못 볼 염려가 없는 경우

공차 기입틀과 데이텀 3각 기호를 직접 지시선에 의하여 연결함으로써 데이텀을 지시하는 문자기호를 생략할 수 있다.

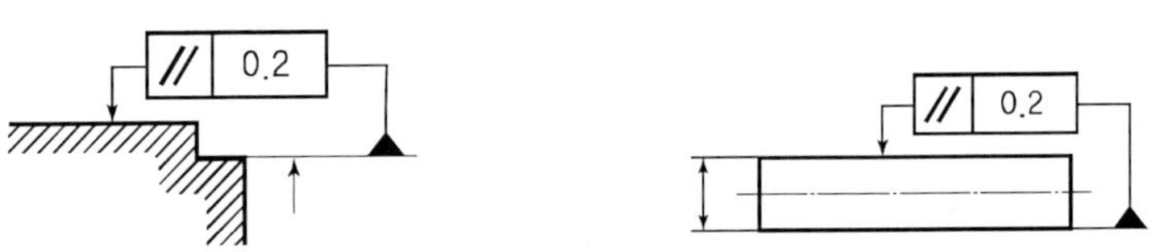

[3] 데이텀 지시하는 문자기호를 공차 기입틀에 기입방법

		A

한 개의 형체에 의하여 설정하는 데이텀

		A-B

두 개의 데이텀 형체에 의하여 설정하는 공통 데이텀

		A	C	B

두 개 이상의 데이텀이 있고, 우선순위가 A, B, C일 때

		AB

두 개 이상의 데이텀이 있고, 데이텀의 우선순위를 문제삼지 않을 때

[4] 공차 적용의 한정

① 선 또는 면의 어느 한정된 범위에만 공차값을 적용하고 싶을 경우, 선 또는 면에 따라 그린 굵은 1점 쇄선으로 한정하는 범위를 나타내고 도시한다.

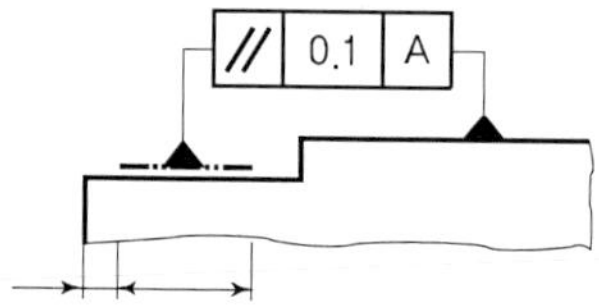

② 대상으로 한 형체의 임의의 위치에서 특정한 길이마다에 대하여 공차를 지정하는 경우에는 공차값 뒤에 사선을 긋고 그 길이를 기입한다.

//	0.01/100	A

③ 대상으로 한 형체의 전체에 대한 공차값과 그 형체의 어느 길이마다에 대한 공차값을 동시에 지정할 때에는 전자는 위쪽에, 후자는 아래쪽에 겹쳐서 기입하고 상하를 가로선으로 구획 짓는다.

//	0.1	A
	0.05/200	

④ 공차역 내에서의 형체의 성질을 특별히 지시하고 싶을 때에는 공차 기입틀 근처에 요구사항을 기입하거나 또는 이것을 인출선으로 연결한다.

8.2.3. 이론적으로 정확한 치수의 도시방법

위치도, 윤곽도 또는 경사도의 공차를 형체에 지정하는 경우에는 이론적으로 정확한 위치, 윤곽 또는 각도를 정하는 치수를 그림과 같이 4각형 틀로 둘러싸서 나타낸다.

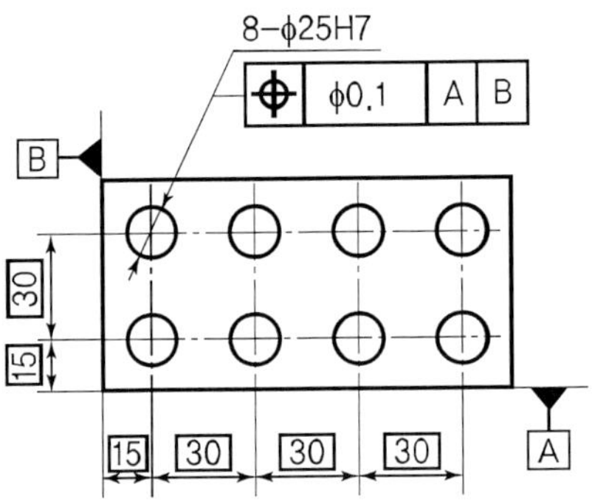

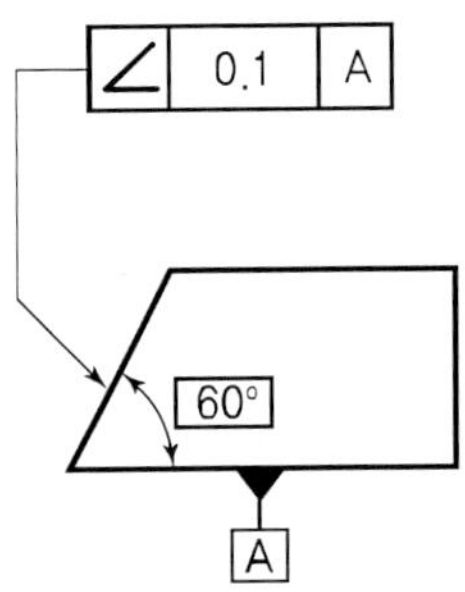

8. 3. 기하공차 지시방법

8.3.1. 돌출 공차역의 지시방법

공차역을 그 형체 자체의 내부가 아니고 그 외부에 지정하고 싶을 경우에는 그 돌출부를 가는 2점 쇄선으로 표시하고 그 치수 숫자 앞 및 공차값 뒤에 기호 ㅁ를 기입한다.

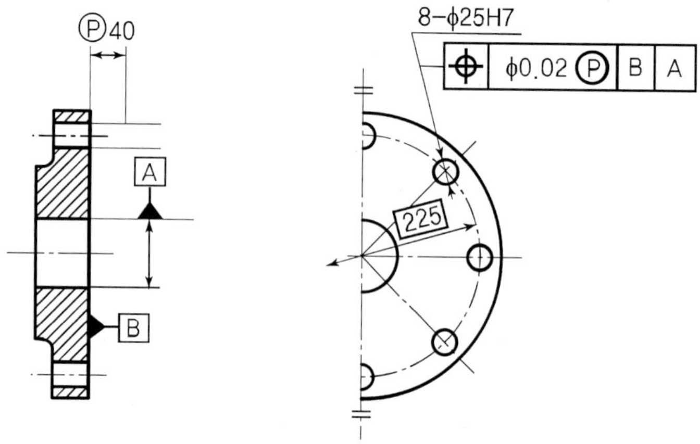

8.3.2. 최대 실체 공차방식의 적용을 지시하는 방법

① 최대 실체 공차방식을 적용하는 것을 지시하기 위하여는 최대 실체 공차방식을 공차의 대상으로 된 형체, 데이텀 형체 또는 그 양자에 적용하는가에 따라 기호 □을 사용하여 각각 다음과 같이 나타낸다.

⊕ | ϕ0.04 Ⓜ | A 공차붙이 형체에 적용하는 경우, 공차값 뒤에 □을 기입

⊕ | ϕ0.04 | A Ⓜ 데이텀 형체에 적용하는 경우, 데이텀을 나타내는 문자기호 뒤에 □

⊕ | ϕ0.04 Ⓜ | A Ⓜ 공차붙이 형체와 그 데이텀 형체의 양자에 적용하는 경우, 공차값 뒤와 데이텀을 나타내는 문자기호 뒤에 □을 기입

② 데이텀이 데이텀을 지시하는 문자기호에 의하여 표시되어 있지 않은 경우에 최대 실체 공차방식을 적용하는 것을 지시하기 위하여는 공차 기입틀의 세 번째의 구획에 기호 □을 기입한다.

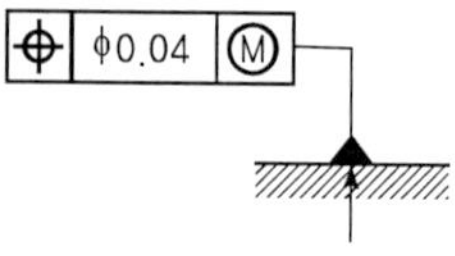

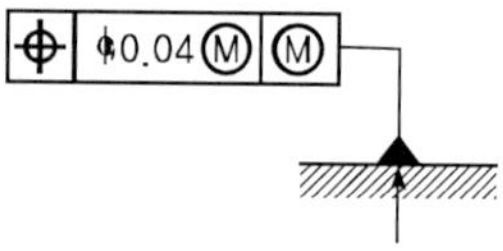

CHAPTER 09

표면 거칠기

9. 1. 다듬질 기호

표면의 결을 지시하는 경우 지시 기호 대신에 사용할 수 있는 다듬질 기호 및 그 기입 방법은 다음에 따른다. 다듬질 기호는 삼각기호(▽) 및 파형기호(~)로 한다. 삼각기호는 제거가공을 하는 면에 사용하고 파형기호는 제거 가공을 하지 않는 면에 사용한다. 또한, 다듬질 기호를 사용한 표면 거칠기의 지시 및 사용 보기는 다음에 따른다.

[다듬질 기호의 표면 거칠기의 표준 수열]

다듬질 기호	표준 거칠기의 표준 수열		
	R_a	R_{max}	R_z
▽▽▽▽	0.2a	0.8S	0.8Z
▽▽▽	1.6a	6.3S	6.3Z
▽▽	6.3a	25S	25Z
▽	25a	100S	100Z
～	특별히 규정하지 않는다.		

비고 1. 다듬질 기호의 삼각은 정삼각형으로 한다.
2. 표의 표준 수열 이외의 값을 특히 지시할 필요가 있는 경우에는, 다듬질 기호에 그 값을 부기한다.
3. 지시하는 표면 거칠기의 범위가 표의 서로 다른 구간에 걸치는 경우에는, 삼각의 수는 표면 거칠기의 상한에 맞춘다.

[표면가공의 등급]

등급	기 호	뜻
0	～	제거 가공을 하지 않는다.
1	▽▽▽ 1.6a G 25	λ_c 2.5mm에서 최대 1.6μ인 R_a가 연삭가공을 한 면
2	▽▽▽ G	KS B 0161의 범위에 들어가는 연삭가공을 한 면
3	▽▽▽ 0.8a	λ_c 0.8mm에서 최대 0.8μ인 R_a가 제거 가공을 하는 면

등급	기　호	뜻
4	▽▽▽	KS B 0161의 범위에 들어가는 제거가공을 한 면(약 1.6a)
5	50Z ▽	L 8mm에서 최대 50μ인 R_z의 제거 가공을 하는 면
6	100S ∼	L 8mm에서 최대 100μ인 R_{max}가 고운 주조 등의 면

파형 기호 및 삼각 기호의 수에 상당한 표면 거칠기의 값을 표제란에 또는 근처에 표시한 경우에는 기호 a, S, Z는 생략해도 좋다.

9.1.1. 도면 기입방법

① 기호는 지정하는 면 또는 면의 연장선, 면의 치수 보조선에 접하여 실체의 바깥쪽에 기입한다. 경우에 따라서는 지시선을 사용하여도 좋다.

(a)　　　(b)

[실체의 바깥쪽에 기입]

② 기호는 지정하는 면을 가장 잘 표시하는 투상도에 기입하며, 1개의 지정면에 대해서 2개소 이상 기입하지 않는다.

③ 가공물의 전면에 같은 정도의 표면 상태를 지정할 경우에는 부품기호의 옆에 다듬질 기호를 기입한다. 만일, 부품번호가 없으면 부품도의 위쪽 알아보기 쉬운 곳에 기입하며, 이 경우에는 각 면 위에 기입하는 것은 생략한다.

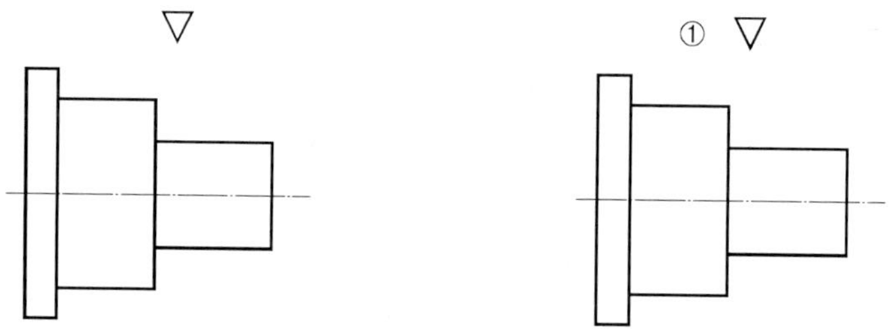

(a) (b)

[공물의 전면에 같은 정도의 표면 상태를 지정]

④ 1개의 부품에서 대부분이 같은 표면 상태이고 일부분만이 다를 경우에는 다듬질 기호를 괄호 속에 기입하고 도형의 지정면에 그 기호를 기입한다.

▽(▽▽ ▽▽▽)

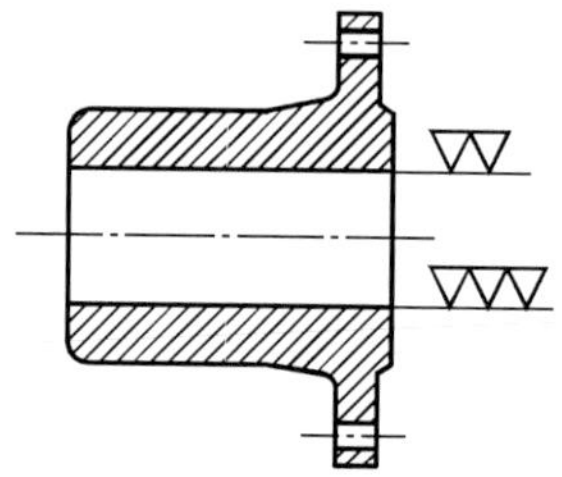

[일부분만이 다를 경우]

9. 2. 표면의 결

표면의 결은 주로 기계부품, 구조 부재 등의 표면에 있어서의 표면 거칠기, 제거 가공의 필요 여부, 줄무늬 방향, 표면 파상도 등을 의미하며, 제거 가공은 부품, 주재 등의 표층부를 제거하는 것이다.

면의 지시 기호는 지시하는 대상면을 나타내는 선에 실체를 향하여 접해서 그린다.

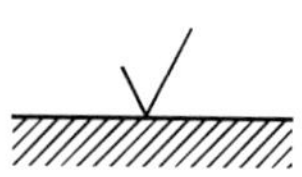 면의 지시기호 - 60° 로 열린 길이가 다른 꺾인선

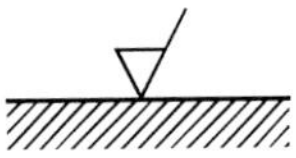

제거가공을 요하는 면의 지시기호 – 짧은 쪽 다리 끝에 가로선을 부가

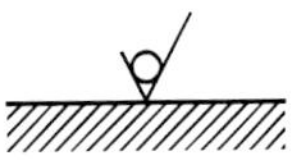

제거가공을 허락하지 않는 면의 지시기호 – 내접하는 원을 부가한

9.2.1. 면의 지시 기호에 대한 각 지시사항의 위치

표면의 결에 관한 지시사항은 면의 지시 기호에 대하여 표면 거칠기의 컷오프값 또는 기준 길이, 가공방법, 줄무늬 방향의 기호, 표면 파상도 등을 그림에 나타내는 위치에 배치하여 나타낸다. 그림에서 a 또는 f이 외는 필요에 따라 기입한다.

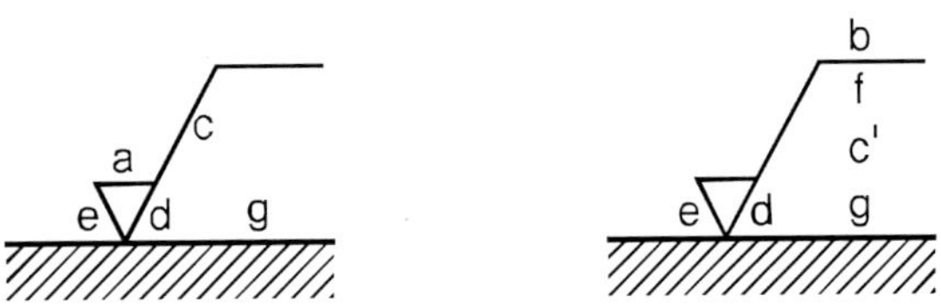

a : R_a의 값　　　　b : 가공방법
c : 컷오프값 • 평가길이　　　　c′ : 기준 길이•평가 길이
d : 줄무늬 방향의 기호
f : R_a이외의 파라미터(t_p일 때에는 파라미터/절단 레벨)
g : 표면 파상도(KS B 01610에 따른다)

[각 지시기호의 기입위치]

[가공방법의 약호]

가공방법	약 호		가공방법	약 호	
	I	II		I	II
선 삭	L	선삭	호닝가공	GH	호닝
드릴가공	D	드릴링	브러싱	FB	브러싱
보링	B	보링	래핑	FL	래프
밀링가공	M	밀링	줄 다듬질	FF	줄
평삭가공	P	평삭	스크레이핑	FS	스트레이퍼
형삭가공	SH	형삭	페이퍼 다듬질	FCA	페이퍼
연삭가공	G	연삭	주조	C	주조

[줄무늬 방향의 기호]

기호	뜻	설명도
=	가공에 의한 컷의 줄무늬 방향이 기호를 기입한 그림의 투상면에 평행	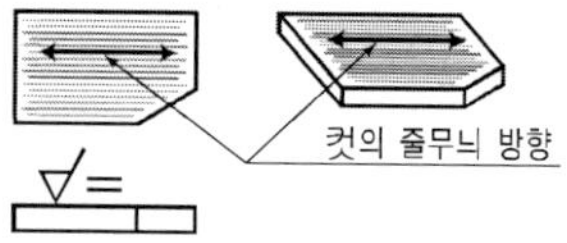
⊥	가공에 의한 컷의 줄무늬 방향이 기호를 기입한 그림의 투상면에 직각	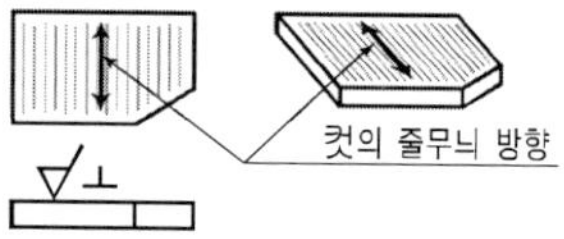
X	가공에 의한 컷의 줄무늬 방향이 기호를 기입한 그림의 투상면에 경사지고 두 방향으로 교차	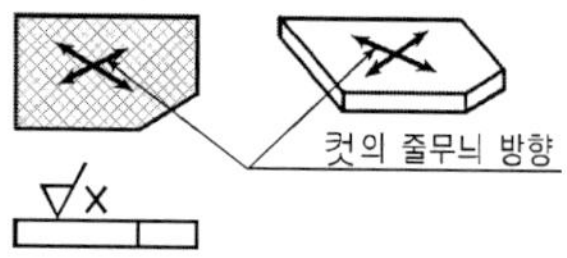
M	가공에 의한 컷의 줄무늬 방향이 여러 방향으로 교차 또는 무방향	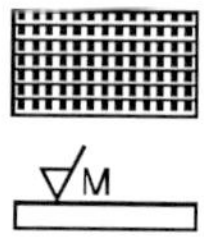
C	가공에 의한 컷의 줄무늬 방향이 기호를 기입한 면의 중심에 대하여 대략 동심원 모양	
R	가공에 의한 컷의 줄무늬가 기호를 기입한 면의 중심에 대하여 거의 방사모양	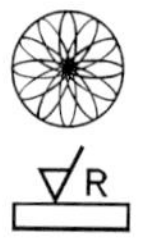

9. 3. 도면 기입방법

면의 결을 도면에 지시하는 경우에는 다음에 따른다.

① 기호는 그림의 아랫변 또는 오른쪽 변에서 읽을 수 있도록 기입한다.

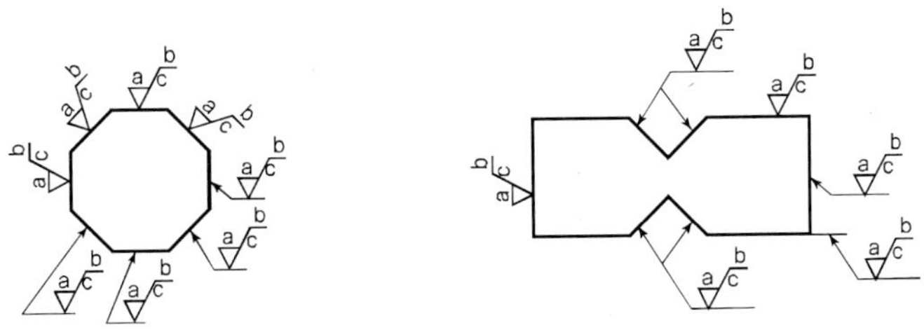

(a) (b)

[기호의 방향]

② R_a의 값만을 지시하는 경우에는 ①을 따르지 않아도 좋다.

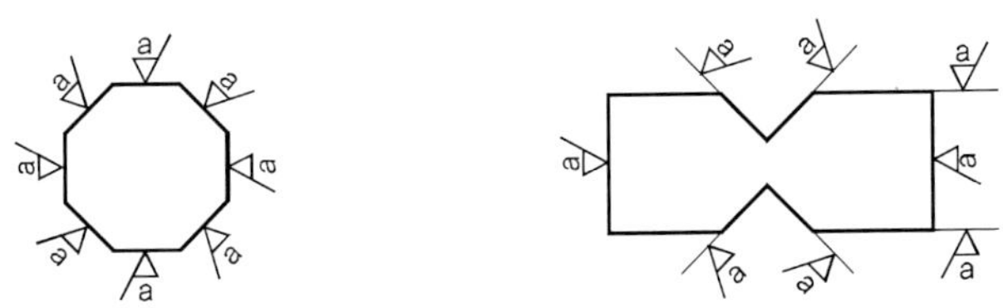

(a) (b)

[R_a만을 지시하는 경우의 기호의 방향]

③ 면의 지시 기호는 대상면을 나타내는 선, 그 연장선 또는 그것으로부터의 치수 보조선에 접하여 실체의 바깥쪽에 기입한다.

④ 그림의 관계에서 ③에 따를 수 없는 경우에는 대상면에서 인출한 인출선에 기입해도 좋다.

⑤ 둥글기 또는 모떼기에 면의 지시 기호를 기입하는 경우에는, 둥글기의 반지름 또는 모떼기를 나타내는 치수선을 연장한 인출선에 기입한다.

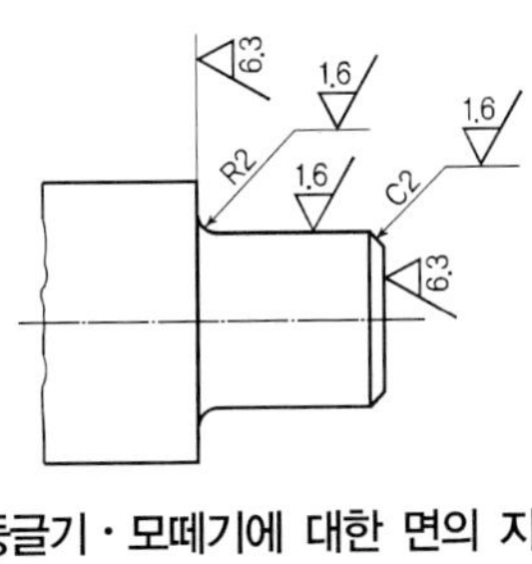

[둥글기 · 모떼기에 대한 면의 지시]

⑥ 둥근 구멍의 지름 치수 또는 인출선을 사용하여 나타내는 경우에는 이 지름 치수 다음에 기입한다.

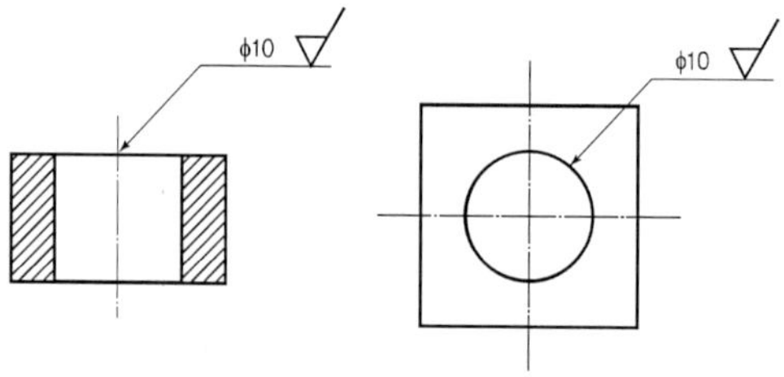

[지름 치수의 다음에 기입한 보기]

⑦ 표면의 결의 기호는 되도록 대상면을 나타내는 치수를 지시한 투상도 위에 기입하고, 동일한 면에 대하여는 2개소 이상에는 기입하지 않는다.

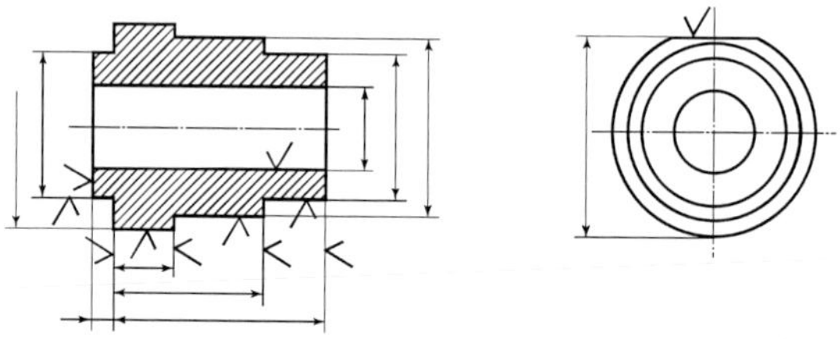

[면의 지시기호의 배치]